해외전시회 활용 성공을 위한 No.1 이론·실무지침서

해외전시마케팅

이론과 실무

최장우 지음

교우사
KYOWOOSA

- 중소기업의 해외전시회 활용 성공을 위한 실무지침서!
- 해외전시회 참가와 관련한 이론적 배경과 실무기법 소개

머리말

최근 인터넷의 영향에도 불구하고 효과적인 마케팅 수단의 하나인 전시회 또는 박람회를 통한 마케팅 활동이 더욱 늘어나고 있다. 세계무역기구(WTO)도 해외전시회 참가 지원을 무역촉진활동의 하나로 규정하고 정부가 자국기업의 해외전시회 참가를 지원할 수 있도록 허용하고 있다.

이제는 수출시장개척을 위한 국내 기업의 해외전시회 참가가 보편화되고 있으며, 이에 따라 KOTRA, 한국무역협회, 지자체, 산업단체 및 협회 등은 해외전시회와 박람회 참가를 적극 지원하고 있다. 그러나 해외전시회가 수출시장을 개척할 수 있는 유용한 마케팅 수단임에도 불구하고 많은 기업들이 기대한 만큼의 성과를 거두지 못하는 것은 전시회 참가에 따른 체계적이고 구체적인 사전준비가 소홀하기 때문이다. 이와 함께 국내에는 해외전시회 또는 박람회에 참가할 때 구체적인 성공전략과 실무기법을 종합적으로 제시해 주는 실무지침서가 부족한 것도 하나의 요인으로 작용한다.

이에 비해 선진국에서는 해외전시회를 기업의 종합적인 마케팅 전략의 일환으로 보고 사내에 전담부서를 설치하고 전시회 참가에 앞서 체계적인 계획을 수립하고 전시회 종료 후에도 성과를 철저하게 분석하여 전시회 참가의 효율성을 높이고 있는 실정이다.

이에 따라 필자는 특히 국내 중소기업들의 해외전시회 참가가 최근 크게 늘어나고 있는 시점에서 한국무역협회에서 16년간의 실무경험과 중소기업 수출지원센터 근무 및 컨설팅 경험, 그리고 대학에서 GTEP사업단(무역전문인력양성) 단장을 맡으면서 중소기업의 해외시장개척을 지원했던 경험 등을 토대로 국내 중소기업의 해외전시회 참가에 조금이나마 보탬이 되고자 해외전시회 참가 실무지침서를 발간하게 되었다.

P • R • E • F • A • C • E

본 지침서는 적극적으로 수출시장개척을 추진하고 있는 국내 내수중심 중소기업에게 해외전시회 참가를 통한 수출시장 개척 성공 실무가이드라인이 될 것으로 생각된다.

이 책은 총 16장으로 구성되어 있으며, 전시회의 개념과 특징을 이해하는 것에서부터 전시회 목표수립, 참가 대상 전시회 선정, 전시회 참가준비, 사전마케팅, 현장마케팅, 사후마케팅, 전시회 부스운영 및 상담진행기법, 정보수집전략 및 분석기법, 유망고객 발굴 기법, 전시회 사후관리기법, 전시회 성과 분석기법 등 해외 전시회의 참가계획 수립에서부터 성과분석에 이르기까지 전반적인 내용을 실무적인 측면에서 다루었다.

아무쪼록 이 책이 수출시장개척을 목적으로 해외전시회 또는 박람회에 참가할 계획을 갖고 있는 중소기업의 무역담당자들과 무역 분야에 진출하고자 하시는 분들, 그리고 대학의 무역학과, 국제통상학과, 컨벤션학과 등 무역 및 전시관련 분야를 전공하는 학생들에게 좋은 참고 서적이 되기를 기대한다.

끝으로 이 책이 발간될 수 있도록 지혜와 건강을 주신 하나님께 진심으로 감사드리며, 아울러 출판을 허락해 주신 교우사 사장님과 유용한 자료를 제공해 준 김연숙 박사님에게도 깊은 감사를 드린다.

2016년 8월

저자 최장우

차례

C • O • N • T • E • N • T • S

04 해외전시회 선정기법

05 해외전시회 참가절차 및 준비

06 전시품 선적 및 통관

C • O • N • T • E • N • T • S

C • O • N • T • E • N • T • S

13 해외전시회 정보수집전략 및 분석기법

14 해외전시회 사후관리

15 해외전시회 성과분석

C·O·N·T·E·N·T·S

16 해외전시회 성공전략

01

Trade Show Marketing Practices

해외전시회의 동향과 중요성

1. 해외전시회 동향

오늘날 해외시장 환경은 급격하게 변화하고 있으며 기업 간 경쟁이 어느 때보다 치열해지고 있어 기업은 여러 가지 매체를 활용하여 제품과 서비스를 고객에게 전달하기 위해 노력하고 있다. 특히, 정보화 발달로 인해 산업기술 전파가 가속화되면서 시장에서는 신속하고 효율적인 대응이 요구되고 있다. 이에 따라 기업은 단기간에 신제품과 신기술의 수준을 파악하고 국내외 시장의 요구와 추세 변화 및 경쟁업체 정보를 파악하기 위하여 효율적인 촉진수단을 필요로 하게 되었다. 해외전시회 참가는 오늘날 많은 기업들에게 제품과 서비스를 마케팅하기 위한 중요한 촉진수단이 되고 있다(Hansen, 2004). 해외전시회는 우리나라에서도 수출증대와 새로운 해외시장 진입수단으로 중소기업에게 긍정적인 효과를 가져다주고 있다. 해외전시회에 참가하는 기업들은 직접적인 판매성과를 얻게 되기 때문에 많은 비용의 투자에도 불구하고 긍정적인 투자대비 수익효과를 거둘 수 있다. 아울러, 해외전시회 참가업체들은 전시회를 통해 단기간에 많은 새로운 잠재고객을 발굴할 수도 있다.

기업은 해외전시회에 참가함으로써 고객의 욕구와 경쟁업체 정보를 직접 파악하고 신시장과 잠재고객을 효과적으로 확보할 수 있으며, 신상품 및 서비스를 소개하여 기업의 이미지를 부각시킬 수 있게 되어 해외전시회가 기업에게 있어 중요한 마케팅 수단이 되고 있다. 특히, 해외전시회는 제품 · 기술 · 정보가 결합된 통합 마케팅 수단으로서 지속적인 수출확대를 위한 인프라 역할을 하고 있다. 즉, 해외전시회를 통해 정보수집, 바이어 발굴 등이 가능하게 되어 해외시장개척, 수출증진, 교역 증대 효과를 가져와 국내 산업발전에도 기여할 수 있다.

전세계적으로도 전시회 개최가 더욱 활발해지고 있으며 해외시장개척을 위하여 이러한 전시회에 참가하는 외국기업들의 비중도 크게 늘어나고 있다(AUMA, 2006). 수출시장개척에 매우 적극적인 우리나라 기업들도 해외전시회를 매우 중요한 마케팅 수단으로 삼고 있으며(KOTRA, 2007), 해외전시회 참가는 가장 비용 효율적인 해외마케팅 수단의 하나로 외국 바이어와 대면 및 실제 상담을 통하여 상호 커뮤니케이션이 가능하고 다른 마케팅기법에 비해 직접적이기 때문에 우리기업들의 해외전시회 참가는 더욱 확대되고 있다. 독일의 경우 무역거래 중 60~70%가 전시회를 통해 성사될 만큼 전시회의 비중이 매우 크며, 미국에서도 기업의 마케팅 예산 중 무역전시회가 차지하는 비중이 20%를 상회할 만큼 해외전시회가 기업의 마케팅 수단으로서 높은 비중을 차지하고 있다.

특히, WTO 체제 하에서 기업에 대한 정부의 직접 보조금 지원은 금지되고 있지만 해외전시회 참가와 관련한 정부의 재정적인 지원은 WTO가 해외전시회를 무역촉진활동으로 분류하여 허용하고 있기 때문에 독일, 영국, 대만 등 많은 국가들이 무역진흥기관 또는 협회 등을 통하여 세계적으로 열리고 있는 무역전시회에 자국을 대표하는 국가관과 같은 단체관을 구성하여 자국 기업들이 참가하도록 지원하고 있다(KOTRA, 2004). 우리나라의 경우에도 산업통상자원부, 중소기업청 등 정부 부처가 각 부처 해당 산업 분야 기업들의 해외 마케팅 활동을 지원하기 위해 산하 기관 및 단체에게 정부예산을 배정하여 해외에서 개최되는 유망전시회에 한국관(Korea Pavilion) 또는 지방자치단체의 단체관(Pavilion)을 구성하여 희망하는 중소기업들이 공동으로 참가하도록 지원하고 있다. 이에 따라 해외 판로 및 수출지원정책의 일환으로 해외마케팅 지원사업에 대한 예산규모가 증가하고 있으며, 해외마케팅 지원사업의 가장 큰 역할과 비중을 차지하고 있는 해외전시회 참가에 대한 정부의 지원 역시 큰 폭으로 증가하고 있다.

한편, 전 세계적으로 매년 31,000여 개의 전시회(박람회 포함)가 개최되고 있으며, 이 중에서 주요 전시회만 해도 4,500여 개에 이르고 있다. 이 중에서 유럽(43%)과 북미(40%) 지역에서 열리는 전시회가 전체의 70%를 차지하고 있으며, 아시아는 9%로 중국과 홍콩이 그 대부분을 차지하고 있다. 최근에는 급속한 경제성장 과정에서 세계의 공장과 거대시장으로 부상한 중국이 적절한 공급업체를 소싱할 수 있는 다양한 기회를 제공해 주고 있어 중국지역 전시회가 크게 떠오르고 있다. 이에 따라 중국에서는 연간 5,000여 개의 전시회가 개최되고 있으며, 매년 전시회 개최 건수가 20% 이상 크게 증가하고 있다.

전시회 강국인 독일은 지속적인 전시장의 확장과 더불어 모든 분야의 전시회를 개최하고 있으며, 세계 100대 전시회 중 70%가 독일에서 개최되고 있으며 전체 전시회의 23%가 독일에서 열리고 있다. 독일의 전시산업은 2009년 유럽경제위기 이후 2010년 빠르게 회복하기 시작하여 매년 135건 이상의 국제무역전시회를 개최하고 있다. 2012년 기준 전체 전시회 개최 건수는 322회에 이르고 있다. 독일은 세계 상위 10개의 전시장 중 4곳[하노버(466,199㎡, 1위), 프랑크푸르트(345,697㎡ 2위), 퀼른(284,000㎡ 5위), 뒤셀도르프(262,704㎡ 6위)]이 위치하고 있다.

한편, 미국의 전시산업은 2012년 상반기 2.4% 성장률을 기록했으나 이후 성장률이 둔화되어 연간 1.5%의 성장률을 보이고 있다. 미국에서 개최되는 전시회 건수는 약 5천 회이며 라스베이거스, 시카고, 뉴욕순으로 개최 건수가 많다.

국내에서는 대한무역투자진흥공사(KOTRA), 한국무역협회(KITA), 중소기업청, 지자체, 업종별 산업단체, 농수산물유통공사, 중소기업진흥공단 등이 전시회를 주관하거나 지원하고 있다. 특히, KOTRA와 한국무역협회는 중소기업의 수출시장개척을 지원하기 위하여 해외시장 개척기금을 저리로 융자하여 전시회 참가에 따른 기업의 예산부담을 경감시켜 주고 있다.

한편, 전시회는 기존 또는 잠재 고객을 직접 대면(face to face)하여 상담할 수 있는 기회를 제공해 주기 때문에 기업 간(business to business) 판매와 마케팅 프로세스의 필수적인 수단이 되고 있다. 그리고 전시회는 유망한 잠재고객(high-potential prospects)을 발굴하고, 신제품을 출시하고 새로운 시장에 진입하고 대외관계를 촉진시키며 기존 고객과의 관계 강화에 기여하는 등 다양한 역할을 하고 있다.

위는 독일 CeBIT 2016에서 참관객들로 붐비는 장면임

▶ 전시회는 기업의 가장 중요한 마케팅 수단으로 자리매김

기업의 마케팅 예산 중 전시회 예산이 큰 비중을 차지하고 있어 전시회는 기업의 전체 판매 및 마케팅 전략 중에서 핵심적인 기능을 하고 있다. 미국 시카고에 소재한 전시산업연구센터(Center for Exhibition Industry Research : 이하 'CEIR' 이라 함)의 조사에 의하면, 기업의 전체 마케팅 예산에서 전시회 예산이 18.6%를 차지하는 것으로 나타났다. 따라서 전시회는 기업의 마케팅믹스(Marketing Mix) 전략에서 매우 중요한 비중을 차지한다는 것을 알 수 있다.

이상에서 설명한 것처럼 전시회는 기업의 마케팅 전략에서 긍정적인 역할을 하고 있지만, 최근에는 전시회 참가업체수가 크게 늘어나고 첨단기자재가 활용되며 고급 전시부스가 등장하는 등 여러 가지 이유로 기업의 전시회 참가비용 부담이 갈수록 증가하고 있다. 이에 따라 대부분 기업들은 최소한의 비용과 시간을 투자하여 어떻게 하면 해외전시회 참가를 통하여 최대의 성과를 거둘 수 있을 것인가에 대해 깊은 관심을 갖고 있다. 이를 위해서는 최근 인터넷의 발달에도 불구하고 전시회가 왜 기업으로부터 계속적으로 각광을 받고 있으며, 마케팅수단으로 어떤 기능을 하고 있는지를 명확하게 이해할 필요가 있다.

2. 해외전시회의 새로운 트렌드

전시회는 기업의 마케팅 전략에서 중요한 비중을 차지하고 있으며, 투입되는 예산 규모도 크기 때문에 전시회 참가를 통해서 어느 정도의 성과를 거두었느냐에 대해 기업의 관심이 높아지고 있다. 왜냐하면, 전시회 참가의 효과가 당초 예상보다 크게 미치지 못한다면 전시회 예산은 다른 예산으로 전용될 수 있기 때문이다.

전시회는 비용 효율적이고 가장 적극적인 마케팅 수단으로 텔레마케팅이나 광고매체에 비해 비용절감 효과가 큰 것으로 인식되고 있다(미국 CEIR, 1996).

미국 CEIR은 전시산업이 계속해서 성장할 수밖에 없는 몇 가지 긍정적인 추세를 다음과 같이 제시하였다.

첫째, 인터넷을 활용한 비즈니스가 최근 급속하게 증가하고 있음에도 불구하고 전통적인 판매방식인 전시회와 같은 "직접 대면에 의한 마케팅(face to face marketing)"의 중요성에 대하여 이론의 여지가 없는 것으로 인식되고 있다.

둘째, 기업 간 전시회의 2/3를 개최하고 있는 산업 및 무역단체들은 회원에 대한 서비스 제공차원에서 전시회를 더 많이 개최하고 있으며, 앞으로 이 추세는 이어질 것으로 전망되고 있다.

셋째, 대규모 전시회와 함께 특정한 목표 고객집단을 대상으로 하는 소규모 틈새 전시회(Niche Show)와 업종별 전문전시회의 개최 건수가 크게 늘어나고 있다. 앞으로도 업종이 더욱 세분화되면서 이러한 형태의 전시회가 크게 늘어날 것으로 전망된다.

넷째, 전시 참가업체 수가 점차 늘어나고 있기 때문에 전시공간에 대한 수요가 크게 늘어나고 있는 추세여서 각국은 전시산업을 육성하기 위하여 다각적인 노력을 기울이고 있다. 이러한 추세에 힘입어 전시회에 대한 기업의 관심이 크게 높아질 것이며 특히, 기업들은 갈수록 경쟁이 치열해지는 상황에서 살아남기 위하여 전시회를 생존경쟁의 수단으로 계속 활용할 것으로 보인다.

다섯째, 과거에 비해 기업의 의사결정권자들이 더 많이 전시회를 찾고 있다는 점이다. 미국 CEIR의 조사에 의하면, 전시회 참관객의 84%가 의사결정권을 갖고 전시회를 참관한 것으로 나타났다. 이러한 사실은 기업들로 하여금 전시회 참가를 촉진시

〈표 1-1〉 의사결정권자의 구매의사결정 기준

방 법	전시회	직접 판매	PR	인터넷	DM 발송	전문잡지	TM
비 율	90%	75%	75%	63%	58%	55%	50%

자료 : 미국 CEIR, Research Report, 2000.

키는 요인으로 작용하고 있다.

기업의 마케팅 담당자들은 앞으로도 전시회가 더욱 활성화될 것으로 전망하고 있다. 이러한 상황에서 기업의 전시회 담당부서는 전시회 참가비용을 절감하고 유망고객을 발굴해야 하는 등 경영진으로부터 많은 압박을 받고 있기 때문에 어떻게 하면 전시회에 효과적으로 참가하여 기대 이상의 성과를 거둘 수 있을 것인가를 고민하고 있다.

3. 마케팅수단으로서 해외전시회의 중요성

전시회는 상담에서 주문까지의 과정이 매우 신속하게 이루어지고 제품과 기업을 효과적으로 홍보하고 정보교환과 수집이 용이하다. 그리고 전시회는 고객의 니즈를 효과적으로 파악할 수 있고 고객과의 관계강화에 기여하는 등 여러 가지 장점을 갖고 있기 때문에 다른 마케팅 수단에 비해 선호되고 있다.

한편, 해외전시회는 기업의 해외시장개척 활동에 대해 여러 가지 유용성을 제공해 준다. 기업의 해외전시회 참가는 수출업체에게 경쟁자의 반응, 제품 연구개발, 가격책정 및 유통구조에 대한 정보를 확보하는 기회를 제공해 준다. 기업의 해외전시회 참가는 단순한 수출기업의 주문과 거래선 확보의 차원을 벗어나 하나의 통합마케팅 수단으로 인식되고 있다(이태희, 2006). 또한, 무역전시회는 해외시장에서 판매를 촉진하고 관계를 형성시키는 역할을 하며 특히 중소기업에게 새로운 고객을 만나는 기회를 제공하여 수출시장 진입에 필요한 기간을 크게 단축시킨다. Shoham(1992)

은 해외전시회의 유용성으로 첫째, 다른 많은 촉진수단이 간접적인 수단인 반면 무역전시회는 상대방과 직접 대면할 기회를 제공하는 직접적인 수단이며 둘째, 무역전시회는 구매자의 사무실이 아닌 중립적인 장소에서 열리기 때문에 구매담당자가 세일즈 담당자를 만나면서 거의 방해를 받지 않고 상담이 가능하며, 전시회를 통해 적격의 바이어를 만날 확률이 높다고 주장하였다.

최근 기업들의 전시회 참가 횟수가 급증하고 있음에도 불구하고, 기업들은 전시회가 가지는 마케팅 측면에서의 기능과 특성을 명확하게 인식하지 못하고 있다. 우리나라 기업들은 국내외 전시회에 열심히 참가하고 있지만, 전시회 참가 성과에 대해 회의적인 생각을 갖고 있는데, 이는 전시회를 전략적으로 활용하기 위한 노력이 부족한 데서 기인한다.

동일한 전시회에 참가하더라도 어떤 기업은 높은 성과를 거두고 돌아오는 반면, 매우 저조한 성과로 인해 예산만 낭비했다는 회의감만 갖고 돌아오는 기업들도 있다. 여기에는 여러 가지 요인이 있겠지만, 전시회의 기능과 특성에 대한 마케팅 관계자의 이해가 부족한 것도 원인으로 작용한다. 미국에서는 기업의 전시회 참가 성과를 실질적으로 측정하기 위한 방법으로 "전시회 투자수익률(ROTSI : Return On Trade Show Investment)" 개념을 도입하여 전시회 참가의 효율성과 생산성을 높이기 위해 노력하고 있다.

따라서 기업은 전시회 참가에 앞서 먼저 마케팅 수단으로서의 전시회의 기능과 특성을 명확하게 이해할 필요가 있기 때문에 이하에서는 전시회의 장단점을 설명하였다.

위는 전시회에서 부스요원과 방문객 간 거래상담 장면임

(1) 전시회의 장점

① 고객과의 현장 상담기회 제공

전시회는 기존 또는 잠재 고객과 현장에서 직접 대면하여 거래 상담을 할 수 있는 좋은 기회를 제공한다. 기업의 판매담당자들은 출장을 통하여 많은 비용과 시간을 투자하면서 여러 기업을 방문하는 것보다 한자리에서 유망한 잠재고객을 많이 만날 수 있는 전시회를 선호한다. 그리고 전시 참관객의 입장에서는 전시회를 통하여 새로운 아이디어와 정보를 물색하거나 해결방안을 모색하는 것이 목적이기 때문에 전시회는 다양한 판매자를 현장에서 만나 상담할 수 있는 기회의 장이라고 할 수 있다.

② 판매촉진 기회 제공

전시회는 적극적인 구매의사를 가진 바이어들이 참가하기 때문에 구매를 촉진시켜 주는 기능을 한다. 미국 CEIR의 조사에 의하면, 미국 기업의 구매의사 결정권자의 57%가 전시회 현장에서 구매를 결정하였고, 구매의사 결정권자들의 90%는 전시회를 통해 어떤 제품을 구매할 것인지를 결정한 것으로 나타났다.

③ 신규 거래선 발굴 기회 제공

전시회는 새로운 바이어를 발굴하는 데 도움을 준다. 바이어들은 새로운 제품과 거래처를 발굴하기 위해 전시회에 참가한다. 따라서 새로 개발한 유망 제품이 있다면 바이어들은 스스로 그 회사의 부스를 방문하게 될 것이다. 이러한 이유로 기업이 신제품을 개발하면 전시회를 통하여 신규시장 진입 가능성을 타진하게 된다.

④ 네트워킹과 협력관계 구축 기회 제공

전시회는 세미나나 컨퍼런스 등 전시회 기간 중에 함께 열리는 여러 형태의 이벤트를 통하여 네트워킹과 협력관계를 구축할 수 있는 기회를 제공한다. 일부 기업들은 동일 업종에 있는 사람들을 만나 정보를 교환하고 상호 관계성을 넓히기 위해서 전시회에 참가하는 경우도 있다. 경우에 따라 전시회에 참가한 경쟁업체들과도 긴밀한 비즈니스 파트너십을 구축할 수도 있다. 미국 CEIR의 조사에 의하면, 전시회 참가자들의 60%가 네트워킹을 구축하기 위해 전시회에 참가하는 것으로 나타났다.

⑤ 다양한 시장정보 수집 기회 제공

전시회는 바이어와 참가업체 모두에게 구매 및 판매와 관련된 최신 시장정보를 입수할 수 있는 기회를 제공해 준다. 전시 참가자들은 짧은 기간에 제품과 시장동향, 그리고 경쟁업체와 관련된 다양한 정보를 비교적 쉽게 수집할 수 있다. 바이어들도 공급업체 정보를 효과적으로 입수할 수 있다. 전시회 기간 중 열리는 세미나는 해당 제품이나 산업분야에 대한 최신 정보를 입수할 수 있는 기회를 제공해 준다.

⑥ 기업 브랜드 이미지 제고 기회 제공

전시회는 기업의 브랜드와 이미지를 효과적으로 홍보할 수 있는 기회를 제공해 준다. 많은 기업이 전시회를 자사의 브랜드와 이미지를 개발하고 형성하는 주요한 수단으로 활용하고 있다. 일반적으로 유명 전시회에는 전 세계적으로 내노라하는 기업들이 대거 참가하기 때문에 자기 회사를 알릴 수 있는 절호의 기회가 된다. 중소기업들도 전시회에서 대기업들과 어깨를 나란히 하여 주목을 받을 수 있으며, 이렇게 되면 단기간 내에 세계적인 기업으로 도약할 수 있는 기회를 갖게 된다.

⑦ 기업 홍보효과 극대화 기회 제공

전시회는 홍보효과가 크고 영향력이 지속적이고 장기적이라는 특징을 갖고 있다. 전시회는 신문, 잡지, TV 등의 광고방법과 비교할 수 없는 홍보 효과를 가져다주는데, 이는 불과 수일간에 걸쳐 수많은 참관객들에게 여러 가지 첨단기법을 활용하여 입체적으로 회사와 제품을 효과적으로 홍보할 수 있기 때문이다. 특히, 신제품을 갖고 전시회에 참가하게 되면 현지 매스컴의 집중적인 조명을 받기 때문에 비용을 들이지 않고도 회사와 제품을 홍보할 수 있게 된다. 그리고 이들의 보도내용은 구매에 결정적인 영향을 미치게 된다.

⑧ 신제품/신기술 소개 및 시장테스트 기회 제공

전시회는 신제품과 신기술을 소개하고 테스트할 수 있는 기회를 제공해 준다. 최근 들어 전시회를 통하여 신제품과 신기술을 출시하는 기업이 점차 늘어나고 있다. 이것은 전시회가 신제품이나 신기술의 시장성을 파악하는 데 있어 일종의 테스트 마켓 역할을 하기 때문이다. 예를 들어, 미국 라스베가스에서 열리는 소비재 전자전

(CES)의 경우 세계 유수의 전자메이커들이 전시회에 참가하는 목적은 그들이 개발한 신제품이나 신기술을 선보이고 참가자들의 반응을 파악하기 위한 것이다.

Focus 기업은 왜 전시회 참가를 선호하는가?

첫째, 상담에서 주문까지의 과정이 매우 신속하게 이루어지기 때문이다. 미국 CEIR의 조사에 의하면, 직접 방문에 의한 판매 시에는 거래가 성사되기까지 소요되는 방문 횟수가 3.7회가 필요하지만 전시회 참가 시에는 1.6회면 충분한 것으로 나타났다.
둘째, 전시회는 제품홍보에 있어 가장 효과적인 마케팅 수단이기 때문이다.
셋째, 정보교환과 수집에 가장 좋은 수단이기 때문이다.
넷째, 고객의 니즈를 가장 잘 파악할 수 있기 때문이다.
다섯째, 고객과의 관계를 강화하는 데 가장 효과적이기 때문이다.
여섯째, 고객의 최종 구매결정에 가장 영향을 많이 미치기 때문이다.
일곱째, 전시회 참가가 판매비용면에서 직접 방문 방법에 비해 유리하기 때문이다.

(2) 전시회의 단점

① 기업의 비용 부담

전시회는 다른 마케팅 수단에 비해 비용이 많이 소요된다는 단점이 있다. 따라서 비용이 많이 소요되는 전시회에 참가하기 위해서는 합리적인 이유가 존재해야 한다. 이러한 측면에서 중소기업들은 중장기적인 관점에서 미래에 대한 투자의 개념으로 인식하고 전시회에 참가해야 할 것이다. 전시회를 통하여 거래를 성사시키는 데에는 시간과 비용이 많이 드는 점이 있지만, 다른 마케팅 수단에 비해 성과를 빠르게 이끌어 낼 수 있으며 부수적인 다양한 효과를 거둘 수 있기 때문에 해외전시회에 대한 인식을 새롭게 할 필요가 있다.

② 전시회 성과에 대한 경영진과의 인식 미흡

전시회는 신규 바이어 발굴과 같은 단기적인 효과를 거둘 수 있지만, 중장기적인 효과도 무시되어서는 안 된다. 회사 경영진들은 단기적인 성과를 지나치게 중요시하고 있는데, 전시회에 참가해서 현장에서 거래를 성사시킨다는 것은 매우 어려운 일이라는 점을 인식할 필요가 있다. 전시회는 판매자와 구매자 간 탐색전이 벌어지는 현장이라고 할 수 있다. 탐색전을 통해 자신들의 니즈를 상대방이 충족시켜 줄 수 있다고 판단되면 전시회 종료 후 계속적인 상담으로 이어지게 된다. 이에 따라 거래가 성사되기까지는 상당한 시일이 소요될 수 있으므로 단기적인 성과만을 중시해서는 안 된다.

③ 사전계획 및 사후관리의 중요성에 대한 기업 인식 미흡

대다수 기업들은 부스임차, 할인행사, 파티 등에 많은 예산을 투입하지만, 전시회 참가계획수립, 프로모션, 자료수집, 사후관리 등에는 예산과 시간을 많이 투자하지 않으려 하기 때문에 전시회 참가 성과를 거두기가 어렵다. 특히, 대다수 중소기업들은 전시회가 종료되면 사후관리에 크게 힘을 기울이지 않고 전시회에 한번 참가한 것으로 만족하는 경우가 많다. 그리고 다른 업무로 바쁘다는 이유로 전시회에서 만난 부스 방문객들로부터 받은 명함을 그냥 책상서랍에 방치하는 경우도 많아 성과로 이어지지 못하는 현실적인 문제가 있다.

④ 전시회 성과 측정을 위한 명확한 기준 부재

전시회는 비용과 시간이 많이 소요되기 때문에 비교적 리스크가 큰 마케팅 수단이라고 할 수 있다. 전시회 성과를 측정할 수 있는 명확한 측정 기준과 도구가 존재하지 않기 때문에 기업 경영진들은 매출액 증가 등 단기적인 판매성과만을 중요시하고 있다.

4. 주요국의 중소기업 해외전시회 지원제도

우리나라와 선진국에서 중소기업을 위한 해외전시회 지원제도는 WTO 체제 출범 이후 기업에 대한 직접 보조금 지급이 불가능해지면서 수출지원정책의 일환으로 시작되었다. 이러한 지원제도는 미국, 독일, 프랑스, 일본, 대만, 한국 등에서 가장 활발하게 시행되고 있으며 중소기업의 해외시장개척에 크게 기여하고 있다. 이하에서는 미국, 일본 등 주요국의 중소기업 해외전시회 지원제도를 소개하였다.

(1) 미국

미 상무부 산하 ITA(International Trade Association: 국제무역위원회)는 해외주재 대사관 산하 FCS(Foreign Commerce Service: 해외무역지원기관)를 통해 해외전시회 정보수집, 시장정보 등을 기업에게 지원하고 있다. 일부 주정부를 제외하고 연방정부에서는 해외전시회 육성정책을 수행하고 있으며, 지방정부는 거의 관여하지 않고 있다. 미국의 지원제도 특징은 간접적으로 홍보 등은 지원하지만 직접적으로 해당기업에게 예산을 지원하지 않는다는 점이다.

(2) 독일

독일은 자국 중소기업의 경쟁력 강화와 수출촉진을 목적으로 자국 중소기업의 해외전시회 참가 시 재정적인 지원(임차료, 장치비, 비품임차료 등)과 전시회 운영에 관한 자문을 실시하고 있다. 특히, 전시회 지원제도는 중앙정부와 지방정부 차원에서 모두 이루어지고 있으며, 중앙정부에서는 경제기술부(위임기관 : 독일전시협회 AUMA)가 담당하고 있다. 경제기술부에서는 국가관과 단체참가를 지원하고 있으며, 단체참가의 경우 재정 및 정보제공을 지원한다. 지방정부도 단체 및 개별 참가에 대해 재정을 지원하고 있다.

(3) 프랑스

프랑스는 중앙정부 차원에서 자국기업의 수출 및 해외진출을 지원하기 위해 설립한 대외무역부 산하 Ubifrance(우리나라의 코트라와 같은 정부기관)에서 전담하고 있다. 지방정부 차원에서는 지역 상공회의소 및 지방정부에서 설립한 무역진흥기관에서 해외전시회 지원제도를 운영하고 있다. 중앙정부와 지방정부가 해외전시회 지원제도를 운영하는 목적은 프랑스 기업이 진출하지 않은 지역 또는 잠재력이 큰 시장에 자국의 중소기업이 진출할 수 있도록 지원하기 위해서이다. 지원하는 예산항목은 임차료, 장치비, 통신비 등이다.

(4) 일본

일본은 경제산업부 산하 JETRO(일본무역진흥회)를 통해 자국 중소기업의 해외전시회 참가를 지원하고 있다. 일본은 자국의 지방 특화산업 및 지방기업의 수출지원을 위해 해외에서 개최되는 전시회의 국가관 참가를 지원하며, 개발도상국의 경우에는 자국의 제품, 경제, 문화 등을 종합적으로 소개하기 위해 전시회에 참가하고 있다. 지원하는 예산항목은 대부분 장치비, 운송비, 통역비, 부스임차료 등이다.

5. 우리나라의 중소기업 해외전시회 지원제도

산업통상자원부에서는 전시산업발전법 제21조(전시산업의 지원)에 의거하여 해외마케팅 능력이 부족한 중소기업에게 해외전시회 참가에 대한 예산을 지원하고 있으며, 지원하고 있는 전시회는 3가지로 분류된다. 첫째, '단체참가 해외전시회'로 해외에서 개최되는 전시회에 한국관 등을 단체로 구성하여 참가하는 해외전시회를 말한다. 둘째, '개별참가 해외전시회'로 한국관을 구성하지 않고 개별기업이 독자적으로 참가하는 해외전시회를 말한다. 셋째, '해외 특별전시회'로 전략시장 개척을 위하여 국내 전시 주최 사업자가 해외에서 전시회를 개최(해외 주최 사업자와 공동으로 개최하는 경우도 포함)하고 국내기업이 단체로 참가하는 대규모 해외전시회를 말한다.

정부의 해외전시회 추진과정을 살펴보면, 첫째 전시산업발전법령 통합고시 제21조의 규정에 따라 해외전시회 지원사업 선정계획을 수립하고 일간지 또는 글로벌 전시포털 사이트(www.gep.or.kr) 등에 공고하고 있다. 또한, 해외전시회에 참가하였거나 참가계획이 있는 국내기업을 대상으로 업종별 또는 품목별 해외전시회 참가수요를 조사 분석하여 해외전시회 선정계획에 반영한다. 마지막으로 정부에서는 선정된 전시회에 대하여 품목별 선정위원회를 구성하고 지원 대상 전시회를 선정한다.

한편, 해외전시회에 참가하는 기업에게 지원되는 경비는 직접경비와 해외마케팅비로 구분된다. 직접경비는 전시회 참가를 위한 경직성 경비와 수행기관 지원비이며, 해외마케팅비는 전시회 참가기업의 참가성과 제고지원을 위한 전시회 운영비 및 부대 사업비이다. 예산은 지원 금액 한도 내에서 수행기관에 전시회 참가 직접경비의 50%를 지원하고 있으며, 국가전략 및 지원성과의 극대화를 위하여 일부 전시회의 경우 70%까지 지원하고 있다.

(1) 중앙정부의 단체 참가지원

중앙정부의 단체 참가지원과 관련하여 산업통상자원부는 KOTRA를 통해, 중소기업청은 중소기업중앙회를 통해 지원하고 있다. KOTRA는 산업통상자원부로부터 위임받아 국내 중소기업의 신흥시장 및 전략시장 진출을 지원하기 위해 한국관을 구성하여 연간 100회 내외의 세계 유명전시회에 참가하고 있다. KOTRA는 신청 접수된 단체 참가 해외전시회를 대상으로 전시회 참가 선호도, 수출품목 및 수출시장의 성장성, 국가정책 기여도 등의 평가항목으로 구성된 해외전시회 선정기준에 의해 평가한 후 산업통상자원부와의 협의를 거쳐 단체 참가 해외전시회 선정위원회에서 최종 선정하고 있다.

각 기업들은 통상적으로 전시회 개막 5~6개월 전부터 참가신청을 해야 하며, 참가비용(임차료, 장치비, 전시품 운송료, 공동수행기관 관리비)의 최대 50%까지 국고지원이 가능하다. 다만, 국가전략과 지원성과의 극대화를 위해 일부 전시회는 산업통상자원부와 협의하여 70%까지 지원할 수 있다. 또한, 참가업체에게 제공되는 부스는 업체당 1부스를 원칙으로 하되 최대 4부스까지 배정할 수 있다.

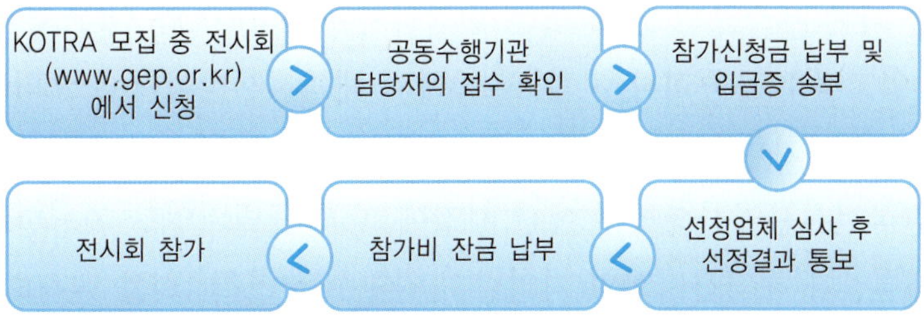

〈KOTRA를 통한 해외전시회 한국관 참가지원 절차 및 방법〉

한편, 중소기업청은 중소기업중앙회를 통해 업체당 1천만 원 범위 내에서 해외전시회 단체 참가를 지원하고 있다. 항목별 지원기준은 부스임차료의 경우 업체당 1부스 이내 임차료의 50%를 지원하되 전시회에 따라 최대 3개 부스까지 지원이 가능하다. 임차료에는 보험료, 등록료 및 부가세 등이 포함된다. 장치비는 KOTRA 전시회별 신청금액의 50%를 지원하되 보석, 화장품, 공예, 패션, 멀티미디어 업종은 80%까지 지원이 가능하다. 운송료는 1CBM 이내 편도 운송료의 50%(대형전시물의 경우 2CBM)가 지원되며 항공 운송료의 경우 선박운송경비에 준하여 지원한다. 이외에 홍보 부스 설치 및 운영비, 바이어 초청 간담회비, 항공료(주관단체 1인에 한함) 및 사전간담회 등 운영경비를 지원받는다. 이 지원 프로그램은 중기청과 중앙회가 홈페이지 및 신문 공고를 통해 모집 공고를 하고 선정심의위원회를 개최하여 최종 심사를 통해 선정한다.

(2) 중앙정부 개별 참가지원

중앙정부의 개별 참가지원은 기업이 한국관이나 단체관이 아니라 단독으로 해외전시회에 참가할 경우 지원해 주는 제도로 참가가 완료된 이후에 지원금이 지급된다. 한국전시산업진흥회는 "해외전시회 개별참가 선정계획"을 글로벌 전시포털 사이트(www.gep.or.kr)에 공고하며 연간 2회 선정계획을 공고하고 상반기 참가기업 공고는 전년도 12월에, 하반기 참가기업 공고는 당해 연도 4월에 모집 공고하는 것을 원칙으로 하며 예산집행 현황을 고려하여 필요한 경우 추가 모집공고를 할 수 있다.

개별참가 해외전시 참가 신청은 전시포털 사이트에서 인터넷 신청을 원칙으로 하고 인터넷으로 신청한 기업은 인터넷 신청서 및 증빙서류를 우편으로 제출해야 한다.

지원내역은 기본 부스료의 70% 또는 면적임차료의 100%와 1부스당 1CBM 기준 전시품 국내 입고장소(운송회사 지정 장소)에서 해외전시장까지 소요되는 해상운송(항공운송은 지원 불가) 편도 운송비로 개별 기업당 최대 700만원 한도 내에서 지원하고 있다. 한국전시산업진흥회는 예산 사정에 따라 개별기업당 지원한도를 조정할 수 있으며, 개별참가 해외전시회의 기업별 지원횟수는 연간 1회를 원칙으로 한다. 단체참가 해외전시회로 선정된 전시회는 개별 참가해도 지원되지 않으며 동일한 전시회에 정부 지원금을 중복 지원할 수 없다.

지원 대상 선정은 참가신청서 서류심사 및 해외전시회 지원 대상 선정위원회의 심사를 거쳐 확정되는데 서류심사는 해외전시회 개별참가 신청서 및 증빙서류를 바탕으로 인터넷 신청여부, 증빙서류의 사실여부 등을 심사한다. 선정위원회는 서류심사를 통과한 기업을 대상으로 수출잠재력, 해외전시회 참가성과, 정책호응도 등을 심사하여 지원순위를 정한 후 당해 연도 예산 범위 내에서 최종 지원기업을 선정한다.

온라인 신청 사이트 : www.gep.or.kr

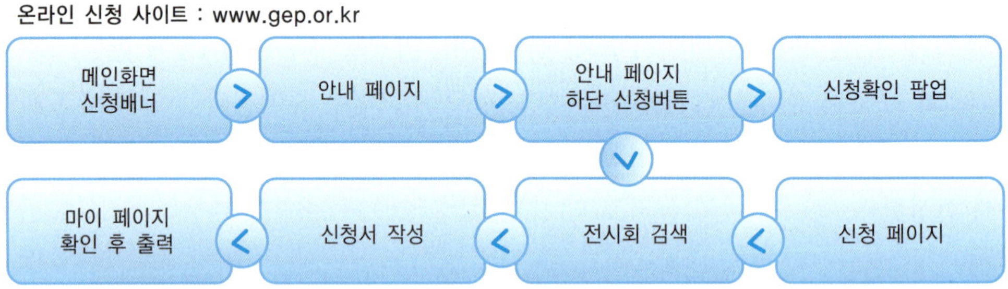

〈해외전문전시회 개별참가 지원사업 절차 및 방법〉

(3) 지자체 참가 지원

각 지자체에서도 도 및 광역시 내 공장등록 기업 및 수출실적이 해당 지자체로 집계되는 기업들을 대상으로 부스 임차료, 통역비 및 항공임 등을 전부 또는 일부 지원하고 있다. 지원 희망기업들은 각 지자체 홈페이지를 방문하여 해당 신청서를 제출해야 한다. 지자체별 세부 지원 전시회 정보는 글로벌 전시포털 사이트(www.gep.or.kr)를 통해 입수할 수 있다.

〈표 1-2〉 해외전시회 개별참가 지원 선정 기준(2016)

구 분	평가 항목	배점	평가 내용	비 고
전시회 유망성 (40)	전시회 유망성	20	UFI, AUMA 인증 또는 KOTRA 선정 프리미엄 전시회(20), 기타(10)	
	진출지역 중요도	15	신흥시장 또는 FTA체 · 타결국(15), 기타(10)	
	업종 중요도	5	신산업(5), 기타(0)	
기업 경쟁력 (50)	기업 기술력	10	지식재산권 또는 기술 관련 수상 실적(건당 5점)	전문 무역상사는 최고점 (30점) 적용
	제품 품질	20	국내외 품질 인증(건당 2점)	
	표준참가계획서 작성 충실도	20	매우 우수(20), 우수(15), 보통(10), 미흡(5), 매우 미흡(0)	
수혜실적 (5점)	최근 3년간 개별참가 수혜 실적	5	0~2회(5), 3회 이상(2)	
정책 호응도 (5점)	전시회 사전 수요조사, 사업 종료 6개월 후 실적 제출	5	2종 응답 또는 신규지원 기업(5), 1종 응답(3), 2종 모두 비협조(0)	
정책우대 (+10)	정부 정책 중요도	(+10)	내수기업수출기업화사업(5), 전문무역상사(5), FTA컨설팅이수기업(3), 고용창출 우수기업(3), 환율변동보험가입기업(2), 창조혁신센터 입주기업(3), 해외수출인큐베이터(BI) 입주기업(3)	내수기업 수출기업화 사업 : 전년도 수출실적이 0인 기업
수출성과 입증 (+3)	사업 종료 6개월 후 수출실적 기업	(+3)	전시회 참가지역에 대해 전년 대비 수출실적 증가 기업	
합 계		100 (+13)		

* 내수기업수출기업화사업 참가기업(5점), 해외수출인큐베이터(BI) 입주기업(3점) 가점 추가

** 내수기업수출기업화사업의 경우, 추후 산업통상자원부 정책 지침에 따라 명칭 및 대상 범위 변경 가능 예) 신규수출기업화 사업

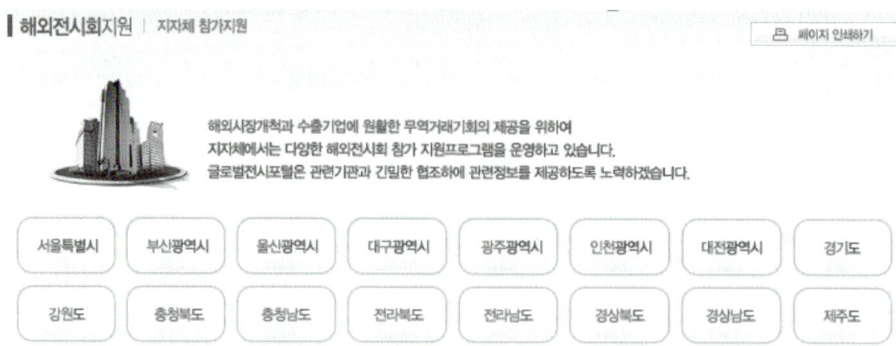

자료 : www.gep.or.kr

6. 해외전시회의 향후 전망

(1) 해외 전시산업

세계 전시산업은 2008년 금융위기 이후 완만한 성장 속에서 다음과 같이 지역별, 전시주최자별로 뚜렷한 성장세를 보이고 있다.

① 아시아의 뚜렷한 성장세

2008년 유럽발 금융위기에 따른 국제적인 경기침체로 인해 유럽 및 북미지역의 전시산업이 정체기를 맞이하였으며, 이와 반대로 아시아 · 태평양 지역과 남미지역은 꾸준히 성장하는 추세이다. 중국의 전시산업 규모는 매년 20% 이상 성장하고 있어 연간 5천 건 이상의 전시회가 개최되고 있다. 베이징, 상하이, 광저우 등 3대 주요 도시에서는 연간 3천 건 가량의 전시회가 개최되고 있다.

세계 전시장의 수는 지속적으로 증가하고 있으며 아시아의 전시장 증가율이 유럽, 북미, 중동 및 아프리카에 비해 뚜렷이 나타나고 있다.

세계 전시면적은 연평균 2.3% 증가하여 2011년 3,280만㎡이며, 전시장 개수는 1,197개이다. 대륙별 전시면적 비율(%)은 유럽 48%, 북미 24%, 아시아 20%, 남미 4%, 중동 2%, 아프리카 2%를 각각 차지하고 있다. 아시아 전시면적은 2006년 대비

38% 증가하여 2011년 660만m²에 이르고 있다. 각 대륙별 전시면적 증가율(%)을 살펴보면 유럽은 7%, 북미는 5%, 남미는 7%, 중동은 16%, 아프리카는 6%로 증가하였다.

특히, 중국은 2011년 전시면적이 475만m²로 세계 2위에 진입하였다. 아시아지역에서는 중국, 홍콩, 싱가포르, 일본, 한국 등이 전시회를 주도하고 있다.

전세계 공급현황

- 시설수 : 1,062개
- 총면적 : 2,760만㎡

대륙별 시설현황

구분	시설수 (개)	공급면적 (mn ㎡)
세계	1,062	27.6
유럽	465	14.3
북미	359	7.1
남미	38	0.9
아시아	127	3.9
대양주	16	0.3
중동	32	0.6
아프리카	25	0.5

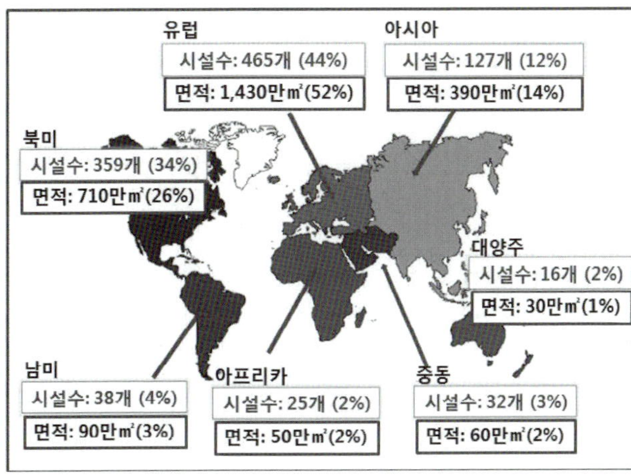

② 세계 전시회는 여전히 독일, 영국 등 유럽업체가 주도

세계 5대 전시사업자는 독일(2개) · 영국(2개) · 프랑스(1개)로 구성되어 있으며, 독일은 세계 100대 전시회의 70%를 개최하고 있다.

〈표 1-3〉 세계 5대 전시사업자의 매출 현황 (단위: 백만불)

	2009년	2010년	2012년
Reed Exhibition (영국)	1,117	1,120	1,447
GL Events (프랑스)	1,001	1,078	1,135
United Business Media(영국)	496	654	742
Messe Frankfurt(독일)	461	513	524
Messe Dusseldort(독일)	412	413	451

세계 10대 전시대국 순위

(단위 : 백만 m^2)

순위	국가	총 개최 면적	08년 대비 증감률(%)
1	미국	23.3	-7
2	중국	13.0	6
3	독일	8.8	-5
4	이탈리아	6.2	-5
5	프랑스	5.4	-8
6	스페인	3.5	-24
7	일본	3.2	-3
8	영국	2.8	-6
9	러시아	2.6	-13
10	브라질	2.6	4

UFI-December 2011

10대 전시장 중 4곳이 독일에 위치

순위	전시장 명칭	전시면적 (m^2)
1	하노버전시장(독)	466,100
2	프랑크푸르트전시장(독)	345,697
3	밀라노전시장(이)	345,000
4	광저우전시장(중)	338,000
5	퀼른전시장(독)	284,000
6	뒤셀도르프전시장(독)	262,704
7	시카고멕코믹전시장(미)	241,524
8	발렌시아전시장(스페인)	230,602
9	파리베르사이유전(프)	228,211
10	모스크바크로크스전(러)	226,399

*KINTEX : 108,049m^2
AUMA(2010)

세계 주요 전시주최자

주최자명	국가	매출액 (백만유로)
Reeds Exgibitions	영국	891
GL Events	프랑스	605.7
Messe Dusseldorf	독일	496
Messe Frankfurt	독일	440.2
Informa	영국	330.5
UBM	영국	324.6
Fiera Milano	이탈리아	306.5
VIPARIS	프랑스	300.4
Messe Munichen	독일	243.3
Deutsche Messe	독일	241.8

AUMA

아시아 주요 전시주최자

주최지
Reeds Exgibitions
China Foreign Trade Group
Hong Kong Trade Development Council
UBM Asia
Messe Frankfurt
China Council for the Promotion of International Trade council
Global Sources
Business Guide-Sha, Inc.
Allworld Exhibion
Messen Koln

BSG

이들 기업들은 신규투자의 50%를 중국에 투자하거나 LED China 등 중국 전시회 인수(영국 UBM)를 통해 중국시장 진출을 확대하고 있다.

위는 2015 중국 광조우 전시회 장면임

③ 전시회 부스 첨단화 및 녹색화 진행 추세

전시회 부스의 경우 기술 진보로 첨단화와 녹색화가 신행되고 있고 경량 디스플레이, LED조명, 비디오 모니터 등 신기술을 적용하여 전시주최자와 참가자 간의 상호 작용을 원활하게 하고 있다. 또한, 기존의 목공부스 대신에 시스템 부스를 사용하여 시설 재활용률이 향상되고 있다.

(2) 국내 전시산업

먼저 아시아의 급속한 전시산업 발전에 따라 국내 전시산업도 고성장을 추구해 왔으며, 이에 대응하여 국내 전시장 인프라 시설이 신축 또는 증축되고 있다. 전시면적은 연평균 7.9% 증가하여 2013년 27만m²이며 2008년 17만m² 대비 약 1.6% 증가하였다. 전시회 개최건수는 2008년 409건에서 2013년 569건으로 증가하였다. 전시산업의 GDP 비중은 2012년 0.28%로 독일(1.0%), 미국(0.82%), 프랑스(0.82%), 영국(0.64%) 등 타 국가에 비해 낮은 수준이다.

둘째, 국내 전시회는 아시아의 홍콩과 싱가포르에 비해 전시회 규모가 영세하고 해외 참가기업 및 참관객이 적어 대형화 및 국제화를 위해 국내 전시사업자는 해외시장 진출과 해외업체와의 제휴를 모색해야 한다.

셋째, 해외참가업체 및 참관객을 대상으로 한 국내 안전성 확보방안을 정부차원에서 적극 마련해야 한다. 2016년 2월 북한의 핵 실험 등에 관한 뉴스가 보도되면서 해외 참가업체 및 바이어들의 한국 방문을 꺼려 취소하는 사태가 발생하였다. 따라서 전시회 주최기관뿐만 아니라 정부가 나서서 한국의 안전성에 대해 국제사회와의 공조로 안전하다는 것을 적극 알릴 필요가 있다.

넷째, 국내 전시장과 관련하여 정부의 지원 대상에 포함될 수 있는 요건을 갖춘 5천㎡ 이상 대규모 전시장은 현재 수도권에 9개가 집중되어 있고, 나머지는 부산 · 경남 · 대구 · 광주에 각각 1개씩 소재하고 있다.

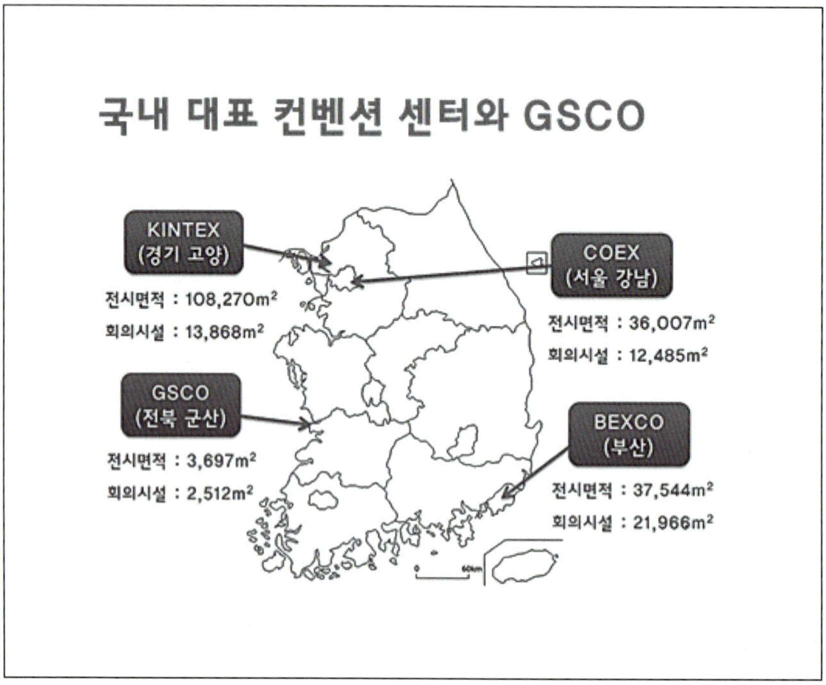

7. 해외전시산업의 환경변화 및 시사점

국제전시협회(UFI)의 2015년 자료(Global Exhibition Barometer)에 의하면, 2014년 하반기의 세계전시산업은 약간의 하향세를 보였고, 2015년에는 대륙별로 조금씩 다른 추세를 보인 것으로 나타났다. 전문가들은 아시아 지역에서의 전시산업이 상승세를 이어갈 것이라고 전망하고 있다. 다만, 전시산업의 국제화가 세계전시산업의 흐름에서 가장 두드러지는 현상인 만큼, 우리나라의 전시산업이 단순 무역거래 수단에서 벗어나 산업경쟁력이 생기고 관련 서비스 비즈니스가 활성화되고 전시회 자체의 성장을 견인하기 위해서는 국제화가 필수적으로 선행되어야 한다.

① 국제무역에서의 전시회 역할 증대

전시회는 해외시장 개척의 가장 대표적인 수단으로 독일의 경우 교역량의 20~30%가 전시회를 통해서 이루어지고, 미국의 경우 기업의 91%가 전시회를 제품 구매의 원천으로 활용하고 있다. 우리나라의 경우 수출의존도가 70% 이상에 달해 다른 나라에 비해 전시회의 활용도를 높여야 한다. 독일 전시협회(AUMA)의 조사 결과, B2B거래에 있어서 조사대상 기업의 85%가 전시회를 유용한 마케팅 수단으로 인지하는 것으로 나타났다. 세계적으로 전시산업은 하나의 새로운 동력산업으로 성장하고 있다.

② 전시산업의 역동성 증대

독일과 미국을 비롯한 선진국은 전시산업이 산업으로서의 역량을 발휘하고 있어 독일은 GDP의 1%, 홍콩은 21%를 차지하고 있다. 글로벌화에 따른 전시 상품 및 서비스의 범위도 확대되고 있을 뿐만 아니라 이제는 참가자의 감성을 중시하는 전시회가 등장하고 있고 나아가 회사의 성공스토리 등으로 소비자의 감성을 자극하는 방법도 늘어나고 있다. 특히, 전 세계 전시면적의 15%(475만㎡)을 차지하고 있는 중국을 중심으로 한 아시아 시장의 경쟁이 치열하게 전개되고 있다.

③ 전시회 간 치열한 경쟁 전개

해외 전시업계는 전시회 건수가 증가함에 따라 전시회 간 경쟁이 더욱 치열해질 것으로 예상되고 있다. 기존의 유명전시회의 규모는 작아지고 지역적인 전시들에 의한 투자가 증가함에 따라 다양한 종류의 전시회에 대한 관심이 증대되고 있다. 즉, 전시회 참가 후의 ROI는 많은 전시 참가업체에게 전시회 재참가를 결정하는 데 중요한 역할을 하고 있다. 따라서 전시회 참가에 따른 성과를 실질적으로 알 수 있는 성과 측정에 대한 필요성과 연구가 늘어나고 있다. 전시업계는 전시회의 전반적인 운영이나 부분적 도움을 위해 아웃소싱을 활용하여 경쟁력을 강화하고 있다.

④ 전시회 디자인의 시스템화 및 기술적 진보

전시회 공간이 즐거움과 쾌적함이 제공되는 visual merchandising 공간으로서의 역할이 요구되고 있다. 전시회의 경우 보통 500부스가 넘는 곳을 5초씩만 할애한다고 가정했을 때 참가자들이 통로를 지나면서 시선을 주는 시간 3~4 초안에 자사 부스의 이미지를 각인시켜야 하므로 부스 디자인의 정교화와 시스템화가 요구되고 있다. 또한, 다양한 ICT기술을 이용한 쌍방향 소통이 가능하게 하는 비디오 모니터 기기를 사용한다든지 경량의 디스플레이를 사용하여 참가자들의 차별화된 욕구를 충족시키려는 노력이 증가하고 있다.

⑤ 소셜 미디어 등 마케팅의 중요성 대두

최근 마케팅 수단으로 소셜 미디어의 활용이 그 어느 때보다 활발하게 이용되고 있다. 즉, E-mail, Blog, SNS 등을 통한 바이럴 마케팅이 증가되고 있다. 일례로 과거 자사의 신제품 시연 및 홍보를 지면이나 캠페인을 통해서 홍보하던 것과 달리 현재는 유튜브를 통한 자사제품의 품질 및 효용에 대한 홍보를 쉽게 전파하고 있어 상호 간의 의사소통과 상호작용이 증가하고 있다. 전시회 마케팅도 같은 맥락에서 소셜 미디어를 통해 24시간 시간과 장소의 제약 없이 홍보를 하고 있어 전시회에 대한 중요성을 고취시키고 있다.

02

Trade Show Marketing Practices

해외전시회의 개념 및 특징

1. 전시회의 개념

2001년 1월에 제정된 '무역거래기반조성에 관한 법률' 제2조 4항에 따르면, 무역전시회는 "무역 상담을 위하여 개최하는 견본 상품 전시회, 무역박람회, 무역상담회" 등으로 정의되고 있다. 또한, Morrow(2002)는 무역전시회를 구매자와 판매자 간의 커뮤니케이션을 통하여 진열된 제품과 제공되는 서비스를 현재 혹은 미래의 시섬에서 판매를 촉진하는 일시적이고 시간에 민감한 시장이라고 정의하였다. 무역전시회는 특정 산업의 대규모 마케팅 이벤트로서 해당산업의 공급업자, 유통업자, 관련 서비스업체들이 그들의 제품 및 서비스를 펼쳐 보여 홍보하는 이벤트 공간이다(Black, 1986). 무역전시회는 기업과 잠재고객 간의 제품, 서비스 및 다양한 정보의 교류를 가능하게 해주는 효과적인 매개체 역할을 한다(Nymstrom & Sangberg, 2000). 그리고 무역전시회는 기업의 제품에 대해 현재의 구매자 및 판매자뿐만 아니라 잠재적인 구매자까지 함께 모일 수 있는 장소를 제공해 준다(Morrow, 2002). 이처럼 무역전시회는 무역의 증진을 위하여 조직되었으며, 구매자와 판매자 사이에 다양한 커뮤니케이션 활동을 할 수 있는 한시적으로 개방된 공간이다(Feryer & Kim, 2001).

이상을 종합해 볼 때 무역전시회란 일정기간 동안 특정한 장소에서 다수의 업체들이 일정한 규모의 독자적인 공간을 확보하고 매출액을 늘리기 위해 바이어 혹은 소비자를 대상으로 경쟁적으로 제품, 기술, 서비스 판매, 홍보 및 마케팅 활동을 하는 행위이다. 전시회는 기업의 단순한 제품판촉 수단으로서만 간주되어서는 안되며, 마케팅 전략을 시연하는 장이 되어야 한다. 기업은 전시회에 참가하여 자사제품의 기술수준, 가격 및 디자인 등에 대해 경쟁기업들과 비교하여 어느 수준인지를 파악하고 확인할 수 있다. 따라서 대다수 기업들은 전시회 참가를 마케팅 전략의 필수적인 요소로 보고 있다.

▶종합적인 마케팅수단으로서 전시회의 개념 확대

전통적인 관점에서 전시회는 "유형(제품) 또는 무형의 상품(서비스)을 매개로 하여 특정 장소에서 일정 기간 동안 방문객과 참가업체 간에 상품거래와 홍보 등을 주요 목적으로 진행되는 일체의 마케팅 활동"으로 정의된다. 여기에는 특정 기업이나 단체가 주관하는 회의(conference), 세미나, 미팅(meeting) 등도 포함된다. 다시 말해, 전시회는 전시장에서 전시기간 중 상품과 서비스의 판매 및 구매를 목적으로 판매자와 구매자 간에 이루어지는 일체의 거래행위를 말한다. 따라서 전시회를 통해 관련 산업의 기술혁신 동향을 한눈에 파악할 수 있으며, 전시회는 새로운 시장에 진입하기 위한 주요한 통로가 되고 있다.

그러나 최근 들어 전시회의 기능이 단순한 마케팅 수단에 그치지 않고 신제품과 신기술을 소개하고 브랜드를 홍보하며 참가자들 간의 네트워킹 구축과 교육, 그리고 일반 방문객들에게는 엔터테인먼트 제공 장소로서 그 기능이 확대되어 종합 마케팅 수단으로 널리 활용되고 있다.

▶전시회 용어 다양하지만 명확한 정의는 미정립

한편, 전시회는 Show, Trade Show(Fair), Exhibition, Fair, Expo, Exposition 등 다양한 용어로 표현되고 있다. 미국 국제전시경영자협회(IAEM : International Association for Exhibition Management)는 전시회를 'Exhibition' 이라는 용어로 표현하면서, "전시회는 구매자(buyer)와 판매자(seller)가 진열된 제품 및 서비스를 상호작용을 통하여 현재 또는 미래의 시점에 구매할 수 있도록 개인이나 기업이 조성해주는 일시적이고 시간에 민감한(time sensitive) 시장(marketplace)"이라고 정의하였다. 전시회 용어의 정의는 국가별로 약간의 차이가 존재한다. 하지만 용어 각각에 대한 명확한 정의는 아직 확립되어 있지 않다.

일반적으로 전시회나 박람회를 의미할 때 사용하는 용어는 'Exhibition'과 'Fair'인데, 이들 용어 간에는 약간의 차이가 있다. 비즈니스가 이루어지는 방식에서 'Fair'는 현장에서 전시품목이 구매되고 판매되는 데 비해, 'Exhibition'에서는 전시품이 직접 판매되기보다는 주로 주문을 목적으로 전시가 이루어진다.

그리고 'Exposition'은 북미에서 주로 활용되는데, Exhibition보다는 좀 더 규모가 큰 전시행사를 의미한다. 'Show'는 용어상으로 행사적 성격이 강조되지만, 실질적으로는 박람회나 전시회를 의미한다. Exhibition이나 Fair가 유럽에서 주로 사용되는 반면, Show는 북미에서 자주 사용된다.

〈전시회의 개념 요약〉

▶Fair
- 어원은 불어, 사전적 의미로 축제, 장터를 의미
- 주로 유럽에서 사용, 직판 가능, 일반전시회 성격이 강함.

▶Exhibition
- 가장 일반적인 전시회 의미
- 유럽에서 많이 사용되며 현장 판매보다는 판매자가 물건을 보여주고 주문을 받는 전문적의 성격이 강하고 연례적으로 개최

▶Trade Sho
- 미주지역에서 많이 사용되며 Exhibition과 같은 의미로 보는 경향

▶Messe(라틴어의 Missa)
- 중세 독일 성당 행사에서 유래 현재는 『전시회』 뿐 아니라 『전시장』의 뜻으로도 쓰임.

▶Exposition(Expo)
- 세계 박람회로 각국 관에서 자국의 문화, 경제, 기술 등의 수준을 과시하고 일류기업의 기업관도 별도 마련함.
개최기간이 3~6개월
(예: 여수엑스포)

현재는 전시회나 박람회를 의미할 때 차이 없이 혼용되고 있다.

'Expo'는 세계박람회(World's Fair)를 의미하는데, 개최국들이 대외적으로 자국의 기술력, 경제력, 문화수준 등을 과시하고자 할 때 추진하는 것이 일반적이며, 막대한 비용이 소요된다. 전시기간은 3~6개월 정도이며 외국기업들은 국가단위의 국가관으로 참가하는 것이 일반적이다.

Expo는 세계박람회기구(BIE : Bureau of International Exposition)가 공식적으로 승인한 공인박람회와 세계박람회기구와 관계없이 명명된 박람회로 구분된다. BIE공인박람회는 다시 등록세계박람회와 인정세계박람회로 구별된다. 1851년 런던에서 세계 최초로 수정궁박람회가 개최된 이래 근대에 이르기까지 각국의 엑스포 개최가 빈번해지고 참가국의 부담이 가중됨에 따라 프랑스가 주도하여 1928년 세계박

〈표 2-1〉 세계박람회 구분

구분	등록세계박람회	인정세계박람회
주제	인류발전을 포함하는 광범위한 주제 선택	인류 활동 중 특정부분을 지칭하는 명확한 주제 선택
개최기간	6주 이상 ~ 6개월 이하	3주 이상 ~ 3개월 이하
개최주기	매 5년	등록박람회 사이에 1회 개최
박람회장 설치	개최국은 부지만 제공하고 참가국이 자국관 건설	개최국이 국가관을 건설하고 참가국은 임대료 부담
면적	제한없음	25ha 미만
사례	상해 Expo(2010.5.1.-1031)	여수 Expo(2012.5.12.-8.12)

람회기구(BIE)가 창설되었다. BIE는 박람회 개최 간격과 개최 내용에 관한 협약을 제정하여 관리하고 있으며, 우리나라는 1987년에 가입하였다.

위에서 설명한 용어는 역사적 배경에 따라 개념에 약간의 차이가 존재하지만 최근에는 전시회나 박람회를 의미할 때 별다른 차이 없이 혼용되고 있으며, 이하에서는 해외전시회(Trade Show)와 해외박람회(Trade Fair)를 "전시회"라는 용어로 정의하여 내용을 전개하였다. 따라서 전시회는 해외박람회를 포함하는 것으로 이해해야 한다.

2. 전시회의 구성요소

전시회는 일반적으로 전시 주최자, 전시 참가업체, 참관객, 전시장, 전시 서비스업체, 전시 스폰서 등으로 구성된다.

① 전시 주최자(Show Organizer or Show Manager)

전시 주최자는 전시사업을 통하여 수익을 실현하기 위해 전시회 기획, 전시장 임차, 참관객과 참가업체 유치 및 홍보활동, 전시회 관리운영 등 전시회와 관련한 전반적인 업무를 담당하는 자를 의미한다. 따라서 전시 주최자는 전문전시 주최업체, 조합 · 협회 · 단체, 언론기관, 전시장 운영과 정부 및 지자체 등을 말한다. 미국은 전시 주최자가 주로 관련 협회나 전시 전문업체이며, 독일은 대부분 전시장 운영자들이 전시 주최자의 역할을 한다.

② 전시 참가업체(Exhibitor, Seller, Product Supplier)

전시 참가업체는 전시 주최자로부터 전시부스를 임차하여 자사 제품이나 서비스에 대한 거래 상담과 홍보활동, 경쟁업체의 동향 파악, 기존 고객과의 유대강화, 신규거래선 발굴 등을 목적으로 전시회에 참가하는 개별기업을 의미한다. 참가업체는 대부분 기업이지만 공공기관, 지자체, 학교 등도 홍보를 위해 전시회에 참가하기도 한다.

③ 전시 참관객(Visitor, Buyer, Attendee, Audience)

전시 참관객은 전사회를 참관하는 모든 방문객들을 말한다. 여기에는 구매 상담을 위해 방문하는 바이어, 시장동향 파악과 정보 수집을 위해 참가하는 업계 관계자, 그리고 일반 방문객 등이 포함된다.

④ 전시 스폰서(Show Sponsor)

전시 스폰서는 전시 주최자와 공동으로 전시회를 지원하는 산업단체와 같은 조직이나 개별 기업을 말한다.

⑤ 전시장 운영자(Venue)

전시장 운영자(Venue)란 일정규모의 전시장을 직접 운영 관리하는 주체로 전시 주최자로부터 임대료를 받고 일정기간 동안 전시장을 대여해 준다.

⑥ 용역업체 또는 전시 서비스업체(Exhibition Service Contractor)

전시 서비스업체는 전시 주최자나 참가업체에게 전시회 개최 및 참가와 관련된 각종 서비스를 제공하는 용역업체를 말한다. 이들은 부스장치와 디자인, 비품, 전시품 운송 · 보관, 전기, 인력공급(통역 및 안내원 등), 호텔 및 여행 등 다양한 서비스를 제공한다.

3. 전시회의 유형

전시회는 품목, 지역, 산업특성별로 다음과 같이 다양하게 분류된다.

(1) 품목별 구분

전시되는 품목이나 분야에 따라 전문전시회, 종합전시회, 세계박람회(Expo) 등 세 가지 유형으로 구분되며, 상세한 내용은 아래의 〈표 2-2〉와 같다.

〈표 2-2〉 품목별 전시회 유형

구 분	전문전시회(박람회)	종합전시회(박람회)	세계박람회
전시품목	특정산업분야 또는 전문분야	다양한 산업분야 및 종합품목	산업, 과학, 기술, 문화, 예술 등 전 분야 망라
전시기간	3~5일	1~2주	6개월 이내
참가업체	개별업체, 유통업체	개별업체 및 정부기관	국가 단위
방 문 객	바이어	바이어와 일반인	일반인
사 례	한국 전자전, 기계전	한국상품전	상해 Expo, 여수 Expo

자료 : 송성수, "박람회가 1등 기업을 만든다", 박영사, 2006.

(2) 성격별 구분

미국 CEIR은 전시회를 산업특성에 따라 〈표 2-3〉과 같이 산업전시회, 소비재전시회, 혼합전시회 등 3가지로 분류하고 있다. 그러나 유럽에서는 전시회가 주로 산업전시회와 대중전시회 등 2가지로 분류되고 있다.

① 전문 산업전시회 또는 무역전시회(Trade Show)

순수한 상거래와 무역을 목적으로 하는 전문전시회로서 전문적인 분야의 해당 제품이나 관련제품만을 출품하도록 제한하고, 참관객도 순수한 구매자로 국한하여 일반 소비자의 참관을 제한한다. 즉, 전문 산업전시회 또는 무역전시회는 철저한 상거래 중심의 B2B(Business to Business) 전시회로서 참가업체들은 해당품목 생산업체나 유통업체로 제한되며, 방문객도 초대된 바이어로 제한된다. 미국에서 개최되는 전시회의 약 49%가 이러한 유형에 해당되며, 국내에서는 한국기계전, 한국전자부품전시회, 공작기계 전시회 등이 여기에 포함된다.

② 소비자전시회(Consumer or Public Show)

소비자전시회는 제품홍보와 판매를 목적으로 일반 대중을 상대로 하는 B2C(Business to Consumer) 전시회로서 일반인에게 공개되며, 입장료가 부과되는 것이 일반적이다. 참가업체들은 일반인들에게 전시품의 특성과 성능을 소개 및 홍보하여 소비자들의 반응을 살피는 기회로 활용한다. 가정용품 전시회, 자동차 전시회 등이 대표적인 예이며, 미국 전시회의 약 13%가 이러한 유형에 해당된다.

③ 혼합전시회(Combined or Mixed Show)

전문 산업전시회와 소비자 전시회가 혼합된 형태의 전시회로서 바이어와 일반 대중 모두에게 공개되지만 공개되는 시간을 달리하는 경우도 있다. 이러한 형태의 전시회는 미국 전시회의 약 38%를 차지하며 앞으로 그 비중이 점차 늘어날 것으로 예상된다. 국내에서는 정보통신전, 전자전 등이 여기에 해당된다.

위는 미국 라스베가스에서 개최된 "Consumer Electronics Show 2006"의 장면임

〈표 2-3〉 성격별 전시회 유형(미국 CEIR)

구 분	전문산업전시회 (Trade Show)	소비재전시회 (Consumer Show)	혼합전시회 (Combined Show)
제품유형 (Product Type)	산업제품(기계류 등)	소비재(생활용품 등)	무역전시회와 소비재전시회가 혼합된 형태
참가기업 (Exhibitor)	제조업체, 유통업체	소매업자(Retail Outlets) 및 직접 End-user를 접촉하고자 하는 제조업체	제조업체, 유통업체
참관객 (Visitor)	바이어(End-user)	일반대중	바이어, 일반대중
입장제한	바이어 및 초청장 소지자만 입장 가능	입장제한 없음	방문객 유형별로 참관일자 차등
사례	한국기계전	한국결혼상품전	서울국제식품 산업대전
점유율	미국에서 개최되는 전시회의 49% 차지	미국에서 개최되는 전시회의 13% 차지	미국 내에서 개최되는 전시회의 38% 차지

자료 : 이창현, "마케팅수단으로서의 전시회의 효과성 및 전략적 활용방안", 월간 전기산업, 2004년 11월호

(3) 지역별 구분

① 국내 전시회(National Shows)

국내 전시회에는 일반적으로 지역 전시회에 비해 구매 의사결정권을 가진 업계 관계자들이 많이 참석한다. 이들 전시회는 지역 전시회에 비해 참가업체 수나 참관객 수에 있어서 규모가 크다.

② 지역 전시회(Regional Shows)

지역 전시회는 국내 전시회에 비해 규모면에서 작고 일반적으로 낮은 수준의 의사결정권을 가진 관계자들이 참가한다. 그러나 전시회 참가 경험이 부족한 기업에게는 전시회를 경험할 수 있는 중요한 통로가 되기도 한다.

③ 국제 전시회(International Shows)

국제 전시회에는 세계 곳곳에서 많은 참관객과 기업들이 참가한다. 이들 전시회들은 일반적으로 비즈니스 사이클을 감안하여 개최되며, 다양한 수준의 의사결정권자들이 참가하기 때문에 참관객의 숫자가 많은 것이 특징이다.

(4) 산업특성별 구분

전시회는 산업특성에 따라 아래와 같이 두 가지 유형으로 구분된다.

① 수평적 전시회(horizontal show : industry-specific)

수평적 전시회에는 특정 산업분야의 다양한 판매자들이 참가한다. 일반적으로 참가자들은 이 전시회에 출품된 다양한 제품에 관심을 갖는다. 예를 들어, 식품전시회가 "Horizontal Show"라고 한다면, 건강식품 전시회는 "Vertical Show"에 해당된다.

② 수직적 전시회(vertical show : market-specific)

수직적 전시회에는 특정한 세부 시장분야에 관심을 갖고 있는 판매자와 고객들이 참가한다. 회사의 제품이나 서비스가 틈새시장 지향적일 경우에는 이러한 전시회에 참가하는 것이 유리하다.

(5) 새로운 형태의 전시회 : 사이버 전시회

사이버 전시회는 Off-Line이 아닌 인터넷(On-Line)상에서 개최되며, 기존의 실물 전시회가 인터넷상으로 확대된 것이다. 이는 출품업체에게는 실물 전시회의 비즈니스 기회를 인터넷으로까지 확대하여 새로운 마케팅 기회를 제공하고, 온라인 방문자들에게는 원격지 출품제품에 대한 정보수집 및 상담이 가능하도록 하여 출품업체와 방문자 모두에게 유용한 정보를 제공한다.

그러나 이러한 장점에도 불구하고 최근 들어 사이버 전시회의 발전이 한계에 직면하고 있는데, 그 이유는 대부분 기업들은 사이버 상에서가 아니라 실제로 만나서 비즈니스 하기를 더 원한다는 사실 때문이다. 사람들은 전시회장에서 제품의 실물을 보고 만지고 느껴 보기를 원하며 사람들과 직접 만나서 대화하고 관계를 구축하고 싶어 한다.

사이버 전시회가 그 기능적 한계로 인해 실물 전시회를 대체할 수는 없지만 앞으로 실물 전시회의 취약점을 보완해 주는 보조수단으로서 고유한 영역을 확보해 나갈 것으로 보인다.

Focus 사이버 전시회의 기대효과는?

- 현장 전시회와 연계한 사이버공간에서 시장개척의 마케팅 수단 제공
- 사이버 전시회와 현장 전시회의 연계에 의한 통합적 시너지 효과
- 전시 제품에 대한 인터넷 홍보로 탁월한 광고효과
- 온라인과 오프라인(off-line) 전시회의 통합적 시너지 효과
- 인터넷 잠재고객의 확보와 광범위한 시장수요 창출
- 현장 전시회 홍보강화 및 효과 극대화
- 전시회 및 전시산업의 고도화 및 활성화 촉진
- 전시회 대중화 실현 및 국민 일반에 전시문화 확산
- 기업 홍보촉진 및 마케팅 활성화에 따른 국민경제 기여

4. 전시회의 기능과 특성

(1) 전시회의 기능

전시회는 상품을 현장에서 내방객에게 소개하여 판매를 목적으로 하는 "판매 기능"과 경쟁기업의 동향을 분석하고 자사의 브랜드 이미지를 높이기 위한 "비판매 기능"을 동시에 갖고 있다. 즉, 전시회는 과거의 단순한 구매 및 판매장소의 성격에서 크게 벗어나 다른 마케팅믹스 수단들과 함께 효과적인 마케팅 수단으로서 간주되고 있다. 이에 대해 독일 전시장연합회(AUMA)는 "전시회를 국제마케팅 믹스전략의 일부로 파악해야 하며, 전시회 참가를 기업의 마케팅 프로그램에 필수적으로 포함시켜야 한다"라고 주장하였다.

전시회는 마케팅믹스(Marketing Mix)의 모든 측면에서 효과적인 마케팅 잠재력을 갖고 있다. 다시 말해, 기업은 커뮤니케이션, 가격, 유통 및 제품 측면에서 자사만의 독특한 마케팅 전략을 수행할 수 있기 때문에 전시회에 참가한다. 전시회는 커뮤니케이션, 제품, 가격, 유통 등 기본적인 마케팅믹스와 함께 시너지 효과의 관점에서도 그 역할이 고려되어야 한다. 이하에서는 전시회의 중요한 기능을 판매기능과 커뮤니케이션 기능이라는 두 가지 측면으로 구분하여 설명하였다.

1) 판매기능

전시회는 특정 구매집단에 대한 판매촉진 수단, 유망 잠재고객의 발굴 및 신시장 개척, 기존 및 잠재 고객의 핵심 의사결정권자와의 접촉기회 확보, 자사의 제품 및 서비스관련 정보의 전파, 실질적인 제품판매(현장판매), 신상품 소개 및 테스트, 잠재고객 발굴 등의 판매기능을 수행한다. 이를 제품, 가격, 유통 측면에서 구체적으로 설명하면 다음과 같다.

① 제품(Product) 기능

전시 참가업체는 전시회를 통하여 효과적인 제품믹스전략(product mix)을 수립할 수 있는 유리한 기회를 갖게 된다. 이것은 전시회장에서 자사 제품에 대한 고객들의 반응을 직접 점검할 수 있기 때문이다.

제품믹스정책 수단들은 제품의 질, 제품군, 브랜드 및 제품디자인 등으로 구성된다. 기업은 전시회에 참가할 때 자사가 생산하는 제품 중 어떤 제품을 위주로 전시할 것인가 하는 문제에 직면하게 된다. 신제품과 최신의 디자인, 그리고 업그레이드된 포장 형태의 제품을 전시하는 것이 바람직하다. 그리고 새로운 브랜드를 도입할 것인지 아니면 사용하고 있는 기존의 상표를 사용할 것인지도 결정해야 한다. 제품믹스 각각의 구성요소는 전시회 참가를 통해 검증될 수 있다. 전시회장을 찾아오는 고객과의 대화를 통해서 제품의 수용성을 검증받아야 하며, 기업은 이를 통해 제품믹스정책에 대한 소중한 정보를 얻을 수 있다.

② 가격(Price) 기능

전시 참가업체는 부스에서 내방객과의 거래 상담과정에서 가격 정보를 제공하게 되면 그들의 직접적인 반응을 즉시 파악할 수 있기 때문에 추후의 가격정책 수립에 반영할 수 있는 아이디어를 얻게 된다. 아울러, 전시 참가업체는 경쟁업체들의 가격 정보를 현장에서 수집하여 자사의 가격수준이 어느 정도인지를 파악할 수 있는 유리한 기회를 갖게 된다.

③ 유통(Distribution) 기능

전시 참가업체는 전시장에서 유통업자, 딜러 등 다양한 형태의 유통채널을 접촉함으로써 현재 자사와 거래관계를 맺고 있는 유통채널의 적합성이나 변화의 필요성을 진단할 수 있는 좋은 기회를 갖게 된다. 그리고 전시 참가업체는 전시회를 통해서 현지에 강력한 유통망을 가진 딜러나 판매 대행업자를 발굴할 수 있다. 또한, 기업은 전시회 참가를 통하여 유통채널 발굴을 위한 새로운 아이디어를 얻을 수도 있으며, 협력파트너를 쉽게 발굴할 수 있는 기회도 가질 수 있다.

〈통합마케팅 수단〉

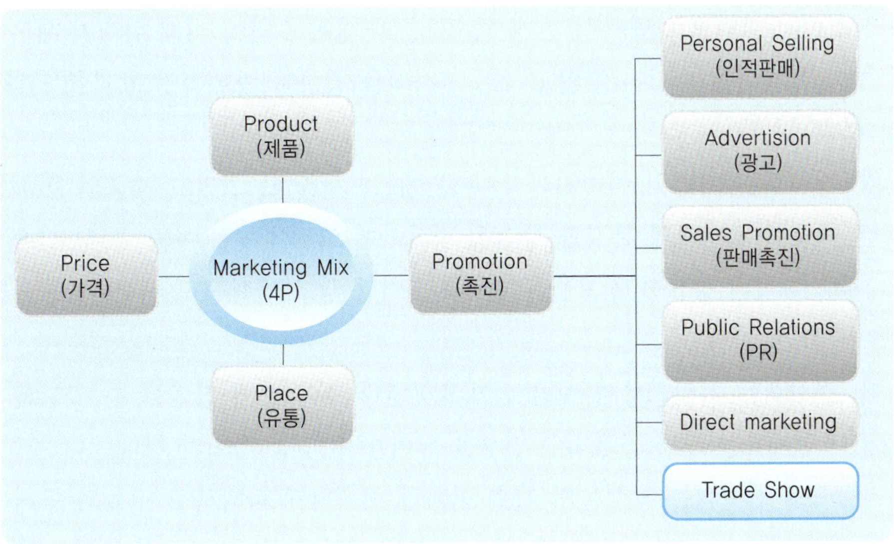

2) 커뮤니케이션 기능

기업과 고객이 직접 만나는 전시회는 일종의 매체 역할을 수행하는데, 정보의 교환과정을 의미하는 커뮤니케이션은 전시회 역할 중 중요한 부분을 차지한다. 다시 말해, 전시회에서 전시 참가업체들은 제품정보를 제공하는 "정보제공자(information giver)"의 역할을 수행하고, 전시 참관객들은 "정보수신자(information taker)"의 역할을 한다. 구체적으로 말하면, 커뮤니케이션 기능으로서 전시회는 기업과 브랜드 이미지 제고, 경쟁기업에 관한 정보수집, 고객으로부터의 신제품 평가 및 기능 보완의 기회, 신제품 테스트 등 다양한 역할을 수행한다. 기업은 커뮤니케이션 기능을 강화하기 위해 광고, 판매촉진, 인적 판매, 그리고 PR 등의 수단을 사용한다.

한편, 커뮤니케이션 수단으로서 전시회는 다음과 같이 몇 가지 측면에서 중요성을 갖고 있다.

첫째, 전시회는 참가업체와 참관객들 간에 긴밀한 관계를 구축할 수 있는 분위기를 조성해 준다. 이것은 전시회가 다른 마케팅 수단에 비해 제품 또는 서비스에 관한 정보를 보다 생생하고 능동적으로 전달할 수 있는 통로가 되기 때문이다.

둘째, 전시회는 제품시연회(Demo) 등을 통하여 제품의 판매촉진 효과를 극대화하여 참관객들의 높은 관심을 끌 수 있다는 점이다. 그러나 전시회는 일정기간 동안 제한된 장소에서 열리므로 반복성 면에서는 다른 마케팅 수단에 비해 뒤지기 때문에 사전에 치밀한 계획을 수립하지 않고서는 전시회를 통하여 판매촉진 효과를 극대화할 수 없다.

셋째, 전시회는 기업의 이미지와 우수한 애프터서비스, 그리고 제품의 우수성 등과 같은 제품이나 기업의 특징과 장점을 명확하게 고객에게 보여줄 수 있으며, 전시회 기간 중 수집된 중요한 정보들은 판매촉진이나 광고 전략을 수립할 때 중요한 참고자료가 될 수 있다.

넷째, 전시회는 기업으로 하여금 잠재고객에게 보다 쉽게 접근할 수 있도록 해주고 기존 고객에게는 보다 긍정적인 인상을 심어줄 수 있는 기회가 된다.

마지막으로 전시회는 고객들의 기호 변화를 신속하게 파악하고 그들의 구매 행동 변화에 대해 보다 빠르게 대처할 수 있는 기회를 제공해 준다.

Focus 전시회를 통한 브랜드 홍보 우수사례 : 크라운볼펜

이 회사는 1965년 볼펜팁 생산을 시작으로 창업한 필기구 전문업체로 빠르게 변화하는 소비자 욕구와 친환경제품이라는 세계적인 트렌드에 신속하게 대응하기 위해 신제품 개발과 제품홍보에 초점을 두고 있다. 크라운볼펜은 전시회 참가를 통해 당장의 바이어를 발굴하는 것보다 중장기적으로 자사제품의 브랜드 인지도 제고를 위한 제품홍보를 최고의 전시회 목표로 설정하고 있다. 이 회사는 자사제품의 우수성과 브랜드를 알리기 위해 일본과 유럽 등 선진국에서 열리고 있는 전시회에 거의 대부분 참가하고 있다. 이 회사는 전시회 참가를 통해 우선 바이어 발굴이라는 기존의 전략에서 탈피하여 브랜드 홍보를 통해 바이어들이 자발적으로 자기 회사를 찾아오는 방향으로 마케팅 전략을 전환하여 우수한 성과를 거두고 있는 좋은 기업사례라고 할 수 있다.

(2) 전시회의 특성

전시회에 참가하여 성과를 거두기 위해서는 아래와 같이 해당 전시회의 특성을 잘 이해하고 사전 준비를 철저하게 하는 것이 무엇보다 중요하다.

① 다양한 고객집단 존재

전시회에 참가하는 모든 참관객들이 회사의 잠재고객이 될 수 없다. 전시 참관객들은 모두가 다른 목적을 갖고 전시회에 참가한다. 따라서 전시회에는 다양한 고객집단이 참가하기 때문에 전시회 참가에 앞서 회사의 제품과 특성에 가장 부합하는 목표 고객집단을 설정하고 이들을 집중적으로 공략해야 한다.

② 참가 시기의 적절성 중요

적절한 시기(timing)에 참가하는 것이 필요하다. 즉, 신제품 개발과 관련하여 홍보 일정을 세우고 자사의 산업특성에 맞는 전시회를 참가하는 것이 중요하다. 예를 들어 선물용품의 경우 매년 11~12월이 성수기(hot season)이기 때문에 이를 감안하여 수개월 전에 개최되는 관련전시회를 선택할 필요가 있다. 미국의 경우 14,000여 전시회 중 40%가 3~6월에 개최되고 있다.

③ 유리한 판매촉진 환경 조성

대부분 매체들은 제품특성에 대한 설명과 사진 등을 통하여 고객들에게 어필하지만, 전시회에서는 실물이 전시되고 시연(demonstration)까지 보여주는 3차원적인 특성(third dimension)을 갖고 있어 생생하고 풍부한 정보가 제공된다. 따라서 전시 참가업체는 전시회에서 참관객들에게 3차원적이고 손으로 만져볼 수 있는 실제적인 체험환경을 조성해 주어야 한다. 이를 위해서는 전시부스도 경쟁업체들과 차별화되도록 디자인되어야 하며, 참관객들의 주목을 끌 수 있도록 전시품을 디스플레이 해야 하고 생동감 있는 제품 시연회를 실시하여 많은 참관객들이 부스를 방문하도록 유도해야 한다.

④ 높은 경제성 존재

전시회는 효과적으로 활용하기만 한다면 가장 경제적인(cost efficiency) 프로모션 수단이 될 수 있다. 전시회는 실제로 유망고객과의 접촉비용을 감소시켜 주는 역할을 한다. 그리고 전시회는 다른 마케팅 수단에 비해 6배 이상의 구매충동을 유발시킬 수 있으며, 신규 고객의 발굴비용을 절감시켜 준다는 연구결과들도 나오고 있다.

⑤ 마케팅효과의 지속성

마케팅효과의 지속성(long life span)을 들 수 있다. 전시회 개최기간은 수일간이지만 미래 판매에 미치는 영향력은 수개월 간 지속된다. 잡지광고는 지속 효과가 1주일 정도에 지나지 않지만, 전시회는 그 효과가 통상적으로 14주에 이른다. 미국 CEIR의 조사에 의하면, 전시 참관객의 91%는 전시회 종료 후 12개월 동안 전시장에서 획득한 정보를 구매활동에 활용하는 것으로 나타났다.

⑥ 마케팅효과의 극대화 가능

시너지를 통한 마케팅효과의 극대화(synergism)를 들 수 있다. PR, 광고, 대중매체 등 제반 마케팅 수단이 전시회와 함께 시행되어야 마케팅 효과를 극대화할 수 있다. 미국 CEIR의 조사에 의하면, 전시 참관객의 33%는 어느 기업의 서신, 이메일 등에 의한 사전 홍보활동에 의한 접촉을 계기로 그 회사의 전시부스를 방문하는 것으로 나타났다.

⑦ 고객니즈 충족의 신속성(Immediacy)

전시회에서는 참가기업에게 즉각적인 피드백을 받을 수 있기 때문에 고객의 관심이나 욕구를 현장에서 즉시 충족시킬 수 있다. 또한, 여러 경쟁기업이 동시에 참가하고 있기 때문에 이들을 상호 비교함으로써 구매를 더욱 촉진시킬 수 있다.

Focus 전시회의 이점

- 바이어 접촉비용을 절감해 준다.
- 쌍방향 커뮤니케이션이 가능하다.
- 현장에서 직접 주문을 받을 수 있다.
- 시장동향을 한눈에 파악할 수 있다.
- 새로운 아이디어를 창출할 수 있는 기회를 제공한다.
- 신규상품의 수요반응 조사가 가능하다.
- 자사의 판매요원이 훌륭한 실전경험을 쌓을 수 있는 교육의 장이 된다.
- 신제품에 대한 최종 소비자(end user)의 반응을 파악할 수 있다.

03

Trade Show Marketing Practices

해외전시회 참가 목표 수립

1. 개요

전시회는 기업이 선택할 수 있는 다양한 마케팅 수단 중 하나로 다른 수단에 비해 단기간에 최소비용으로 집중적인 마케팅 활동을 수행하고 그 결과가 빠르게 나타나는 장점을 가지고 있다. 이러한 장점을 잘 활용하려면 우선 전시회 참가 목적을 분명하게 해야 한다.

해외전시회 참가 목적은 전시회 종류 및 참가규모, 마케팅 전략, 예산, 부스장치, 홍보물, 필요인력 등 전시회 참가에 따른 모든 사항을 선택하는 기준이 되며, 전시회 세부 실행계획을 구체적으로 수립할 수 있도록 도와준다. 또한, 전시회 개최 기간 중에는 상담성과를 높일 수 있는 동기가 되며, 전시회 참가 후에는 참가성과를 평가하기 쉽게 해준다.

해외전시회를 통해 성과를 거두기 위해서는 아래의 단계를 거쳐 진행하는 것이 바람직하다.

첫째, 명확하고 구체적인 목표를 설정한다.

전시회 참가성과를 평가하게 될 기준에 따라 계획하고 투자한다. 이는 당연한 것처럼 들리지만, 지금까지 전시회에 참가하는 기업들은 이러한 부분을 관리하고 잘하는 노력을 보이지 않은 게 현실이다. 그 결과, 전시회는 "참가성과를 측정하기 어렵다"는 평가를 받아왔으며, 이로 인해 때로는 기업의 마케팅 예산배정 시 불이익을 받는 경우가 많았다. 전시회 참가성과는 측정할 수 있으며 반드시 측정되어야만 한다.

둘째, 전시회 참가를 결정하였다면 잠재 고객 유치 프로그램을 수립한다.

목표 고객을 설정하는 것은 매우 중요하다. 엄청나게 멋진 부스라 하더라도 목표 고객이 아닌 사람 앞이라면 소용이 없다. 따라서 참가할 전시회를 선택하는 것에는 많은 주의와 훈련을 필요로 한다. 전시회에 참가하기로 결정하였다면, 실제로 가능성 있는 잠재 고객을 유치하고, 그렇지 않은 고객을 최소화시킬 수 있도록 프로그램을 수립해야 한다. 만나고 싶은 고객이 누구인지, 고객과 어떤 대화를 나누고 싶은지에 대해 명확히 해야 하고, 사실상 현재의 고객들이 신규 사업에 있어서도 최상의 잠재 고객임을 잊어서는 안 된다. 따라서 전시회 참가전략의 일환으로 그들을 반드시 목표 고객으로 삼아야 한다.

셋째, 전시회 프로모션을 시행한다.

전시회에 참가하였을 때 전시회를 통해 얻을 수 있는 시장기회를 모두 획득하기 위해서는 단순한 전시회 운영에만 의존할 것이 아니라, 적극적인 사전 프로모션(pre-show promotion) 활동을 진행해야 한다. 전시회에 참가하였다고 참관객이 저절로 부스를 방문하는 것이 아니다. 이들은 대부분 전시회 참가 전에 일정을 잡는 경우가 많기 때문에 이들을 자사 부스로 유치하기 위해서는 적극적인 프로모션 활동이 필요하다.

넷째, 전시회를 통해 고객과의 접촉기회를 높이고 사후관리를 시행한다.

상담은 보통 전시회 현장에서 대부분 이루어지지만, 실질적인 계약은 대부분 전시회가 종료된 이후의 사후 활동 및 관리를 통해 성사된다. 전시회에서 고객과의 접촉에 있어 양보다는 질적인 측면을 중요시할 필요가 있다. 또한, 리드(lead)를 획득하고 관리하는 일은 하나의 과정으로 단지 이 과정에 신경을 쓰고 부지런하면 된다. 만약 이러한 리드를 관리하는 프로세스가 회사에 없다면, 당장 전시회 참가를 중지하고 이 프로그램을 먼저 갖추는 것이 필요하다.

다섯째, 전시회 참가활동의 비용효과성을 높인다.

단순히 인지도를 높이기 위해 전시회에 참가하는 것은 비효율적이다. 메일링리스트를 확보하기 위해 전시회에 참가하는 것 역시 투입되는 비용에 비하면 그리 효과적이라 할 수 없다. 이러한 목적을 위해서라면 전시회 참가보다 효과적인 다른 수단을 찾는 것이 나을 것이다. 또한, 전시회 참가는 무언가 화려하게 치장하여 허세를 부리기 위한 것도 아니다. 만약 전시회에 경쟁업체가 더 화려한 부스로 참가하고 많은 참관객을 유치하거나 전시회를 크게 후원한다고 해서 부러워할 필요는 없다. 왜냐하면, 목표고객에 집중하고 측정 가능한 전시회 참가 활동을 통해 그러한 업체들보다 더 큰 비즈니스 성과를 얻을 수 있기 때문이다.

여섯째, 부스직원에 대한 체계적인 교육을 실시한다.

이 모든 것은 결국 사람과 관련된 일이다. 전시회가 효과적인 대면 접촉 수단이라면, 그 수단은 상호 교류하는 양측과 관련된 사람들 사이에서 발생되어야 한다.

성공의 열쇠는 전시회를 통해 상호 교류할 수 있도록 제대로 된 고객을 목표로 삼아 그들(목표 고객들만)을 설득하는 것이다. 고객들과 효과적으로 소통하기 위해서는 능력 있는 직원을 선발하고 훈련시켜 강력한 동기를 유발시키는 것이 중요하다.

2. 해외전시회 참가 목표 수립의 중요성

▶전시회 참가 목표가 명확해야 우수한 성과 기대 가능

전시회는 참가하는 데 많은 비용과 시간이 소요된다는 단점이 있지만 가장 빠른 기간에 비즈니스 목표를 달성할 수 있는 효과적인 방법으로 인식되고 있다. 그러나 전시회 참가에 앞서 명확한 목표를 수립하지 않고 막연한 기대감을 갖고 참가하게 된다면 시간과 비용을 낭비할 수도 있다. 어떤 기업은 왜 전시회에 참가하느냐는 질문에 대해 "매년 습관적으로 참가한다", "경쟁업체들이 참가하기 때문에 우리 회사도 어쩔 수 없이 참가한다", "전시회에 가면 항상 흥밋거리가 있기 때문이다"라는 등의 답변을 하는 경우가 있는데, 이러한 생각은 잘못된 것이다.

미국 CEIR의 조사에 의하면, 전시회 참가업체의 71%가 특별한 목표 없이 전시회에 참가한 것으로 나타났다. CEIR은 구체적인 목표를 수립하고 전시회에 참가하는 기업이 그렇지 않은 기업에 비해 전시회를 통하여 더 많은 성과를 거두었다고 주장하였다. 따라서 전시회에 참가하기에 앞서 목표를 명확하게 수립하고 체계적으로 준비해야만 좋은 성과를 거둘 수 있다. 우선 한 두 가지의 핵심적인 전시회 참가 목표를 수립하고 여기에 온 힘을 기울이되, 전시회를 참관하는 모든 사람들을 대상으로 마케팅을 펼치겠다는 생각은 버려야 한다.

한편, 기업의 전시회 참가 목표는 판매 목표(selling objective)와 비판매 목표(non-selling objective)로 구분된다. Bonoma(1983)는 전시회 참가목표에 관한 이론적인 기초를 제공하였는데, 그는 전시회의 두 가지 목표를 다음의 〈표 3-1〉과 같이 분류하였다.

〈표 3-1〉 전시회 참가목표의 구분(Bonoma)

판매 기능	• 잠재고객의 발굴 • 기존 및 잠재 거래기업의 핵심 의사결정권자 접촉 • 자사의 제품과 서비스 및 인력에 대한 정보 유포 • 기존 고객과의 접촉을 통한 고객 불만사항 해결 • 현장에서의 상품 판매 등
비 판매 기능	• 기업 및 브랜드 이미지 제고 • 경쟁사 및 마케팅 정보수집 • 직원 사기 진작 및 교육 • 신제품 테스트

기업은 전시회 참가 의사결정 시 자사가 추구하는 가장 중요한 마케팅 목표가 무엇인지를 먼저 결정하고 이를 달성하는 데 있어 전시회와 다른 마케팅 수단을 비교분석하여 어느 것이 더 효과적인지를 판단한 후 전시회에 참가해야 한다. 특히, 전시회 참가를 통한 단기적인 효과와 장기적인 효과를 극대화하기 위해서는 판매 목표와 비판매 목표를 모두 고려시켜 참가 목표를 설정하는 것이 바람직하다.

〈표 3-2〉 전시회 참가 세부 목적

시장개척	시장조사
• 새로운 해외바이어 발굴 • 기존 거래처와 거래확대 및 관계강화 • 신규 에이전트, 딜러. 유통업체 발굴 • 동업자(사업파트너) 발굴 • 현장 직매	• 자사제품의 경쟁력 파악 • 정보 교환 • 제품 및 해당산업 동향 파악 • 신제품에 대한 고객반응 파악 • 경쟁국 또는 경쟁기업의 마케팅 노하우 습득 • 참관객 대상 설문조사
홍보 및 인적 네트워크 구축	**기타**
• 자사 및 제품 홍보 • 인적 네트워크 구축 • 언론 노출 • 주최자와의 관계 구축 • 기존 거래선에 대한 신뢰제고 • 지자체, 조합, 협회 등 수출유관기관, 현지공관 및 언론관계자와의 관계 구축	• 새로운 사업 구성 • 전시회에 직원파견을 통한 사기앙양 및 현장 교육 • 부대행사 참가 • 협력업체 발굴 • 경험 축적

자료 : KOTRA

Focus 기업의 전시회 참가목표 예시

기업은 대체로 아래와 같은 일반적인 목적을 갖고 전시회에 참가한다.

- 신규 거래선 발굴을 통한 새로운 시장 개척
- 기존 거래처와의 거래 확대 및 관계 강화
- 현장에서의 오더 수주
- 신제품 출시 및 고객 반응 조사
- 자사의 객관적인 경쟁력 파악(수출가능성 분석)
- 신규 에이전트, 딜러 또는 유통업체 발굴
- 기업 및 제품 브랜드 이미지 제고
- 최근 시장동향 파악
- 신제품 개발동향 및 신규 디자인 트렌드 파악
- 경쟁사 제품정보 입수 및 경쟁정도 파악
- 업계 관계자와의 네트워킹 구축
- 전시회 부대행사(세미나 등) 참가
- 직원 교육기회 활용(해외 판매경험 취득)

〈표 3-3〉 전시회 참가 목적

기본적인 목적	• 새로운 시장개척(기존시장에서의 틈새시장 발굴) • 자사의 객관적인 경쟁력 파악 • 수출기회 포착 및 수출가능성 평가 • 자사 신제품(신기술, 서비스) 및 기업 브랜드 홍보 • 동종업계 제품 및 해당산업 분야의 발전동향 파악 • 기존 거래처와의 관계강화 및 새로운 파트너 발굴
커뮤니케이션의 목적	• 개인적인 접촉의 심화 및 발전 • 새로운 고객층 발굴 • 고객명단의 확보 • 언론관계 강화 • 신제품 디자인에 대한 고객반응 점검 • 경험의 상호교환 및 판매기법 훈련
가격과 판매조건 책정의 목적	• 고객들에 대한 서비스 한계 점검 • 가격변동 가능한도의 점검
유통망 점검의 목적	• 유통망의 확대 • 새로운 판매대리점 물색
제품구성 결정의 목적	• 주력제품의 선정 • 시장에 새로 출하되기 시작한 제품의 성공여부 판단 • 혁신적인 제품의 소개 • 취급제품 범위의 확대

자료 : 전시마케팅, 아는 만큼 성공한다, 한국무역협회, 2010.

▶측정 가능한 목표를 설정하는 것이 가장 중요

한편, 전시회 참가 목표를 수립할 때에는 1차적인 목표(primary objective)와 2차적인 목표(secondary objective)로 구분하는 것이 좋다. 그리고 전시회 참가 목표를 설정할 때 고려해야 할 가장 중요한 요소는 “참가 목표가 달성 가능한 현실적이고(realistic) 도전적이며 측정 가능(measurable)한 것이어야 한다”는 점이다.

또한, 전시회 참가 목표에는 반드시 회사의 종합적인 마케팅 전략이 반영되어야 한다. 예를 들어, 어느 기업이 판매 사이클이 길고 복잡한 비즈니스에 관여하고 있다면 새로운 유망고객을 창출하는 것이 전시회 참가의 중요한 목표가 되어야 한다. 그러나 판매 사이클이 짧다면 전시회 현장에서 판매수익을 극대화하는 것이 전시회 참가의 주요한 목표가 되어야 한다.

따라서 많은 목표를 수립한다고 해서 성공을 보장해 주는 것은 아니다. 회사의 현실을 감안하여 전시회 참가를 통하여 진정으로 달성하고자 하는 핵심적인 목표를 몇 가지만 정하고 이것을 달성하는 데 총력을 기울이는 것이 무엇보다 중요하다. 1~2개의 핵심적인 목표를 정하게 되면 여기에 회사의 비용과 시간과 모든 자원을 집중시킬 수 있기 때문에 그만큼 전시회 성과 달성 가능성이 더 높아질 수 있다.

결론적으로 전시회 참가 목표를 수립하기에 앞서 아래의 사항에 대해 구체적으로 검토할 필요가 있다.

- 왜 전시회에 참가하고자 하는가?(기존 고객과의 관계를 강화하기 위한 것인지, 신제품을 시장에 출시하기 위한 것인지, 아니면 새로운 거래처를 발굴하기 위한 것인지 여부 등)
- 전시 참관객들 중 어떤 고객을 회사의 목표 고객집단(target audience)으로 설정할 것인가?
- 전시회를 통하여 회사가 전달하고자 하는 메시지가 무엇인가?
- 전시회 참가를 통하여 달성하고자 하는 현실적인 목표가 무엇인가?

〈표 3-4〉 전시회 참가 목표의 측정 가능한 방법 비교

전시회 참가목표	참가목표의 측정 가능한 방법
세일스 리드 창출	전시회 예상 참관객을 기준으로 현실적인 세일즈 리드 수를 정한다. 각 리드당 얼마나 많은 지출을 할 것인지 결정한다.
계약주문 창출	회사의 잠재성을 기준으로 예상되는 판매 계약금을 설정한다.
기업 이미지 개선	개선하고자 하는 이미지가 무엇인지를 정한다(예:나쁜 서비스에서 좋은 서비스로 전환)
새로운 대리점, 소매상 혹은 공급업체와의 계약	예상되는 계약건수 및 계약총액, 대상지역, 한 번 접촉 시 소요비용
언론홍보	보도 자료를 제공하고 싶은 매체의 선정
신상품 소개	방문객에게 알리고 싶은 상품결정, 상품소개에 누가 표적 참관객이 될 것인가에 대한 판단
경쟁업체 정보수집	어떤 경쟁업체를 평가할 것이며, 각 업체에서 무엇을 알고 싶어 하는지 판단
기존고객 접촉	누구를 만나게 될 것인가를 판단하고 현장에 전시장 밖에서는 얻을 수 없는 것이 무엇인가를 결정

자료 : 이창현, “마케팅 수단으로서의 전시회의 효과성 및 전략적 활용방안”, 월간 전기산업, 2004년 11월호

> **Focus 미국 Northrup Grumman사의 전시회 참가목표 수립**
>
> 미국 방산업체인 Northrup Grumman사는 세일즈 사이클이 7년 정도로 매우 긴 제품을 생산하고 있으며, 매년 300여 개의 전시회에 참가하고 있다. 이 회사의 전시회 참가 목표는 동종업종에 종사하는 특정 부류의 사람들을 접촉하는 것이다. 일반적으로 방위산업의 경우에는 구조적으로 전시회 현장에서 즉시 거래가 이루어지기가 어렵다. 왜냐하면, 구매 의사결정권자는 전시회에 참관하는 고객이 아니라 해당 국가의 정치계(의회)가 되기 때문이다. 따라서 이 경우에는 전시회 현장에서 신규 고객을 발굴하기가 매우 어렵기 때문에, 이 회사는 전시회 참가 목표를 다음과 같은 2가지로 정하였다.
>
> - 목표 1 : 특정 분야의 고객들과 접촉한다.
> - 목표 2 : 록히드, 보잉 등과 같은 파트너와 팀 미팅을 갖는다. 이들 기업은 경쟁업체이기도 하지만 파트너가 될 수도 있기 때문이다.

3. 해외전시회 참가 목표의 구분

(1) 전시 참가업체의 목표(exhibitors' show goals)

기업이 전시회에 참가하여 모든 참관객들을 접촉한다는 것은 불가능하다. 따라서 전시 참가업체는 아래의 여러 가지 목표 중에서 자사가 추구하고자 하는 핵심적인 목표가 무엇인지를 먼저 결정한 후 이를 실현하기 위한 자료나 정보를 사전에 체계적으로 준비해야 한다. 다시 말해, 기업은 전시회 참가에 앞서 전시회 참가를 위한 1차적인 목표와 2차적인 목표, 그리고 기타 목표는 무엇인지 먼저 결정하고 전시회 참가 목표 수립을 위한 구체적인 작업에 들어가야 한다.

- **새로운 판매 기회(sales leads)를 물색한다.**

기업이 전시회에 참가하는 가장 중요한 이유는 판매 기회를 확보하는 것이다. 유망한 신규고객을 만나기 위한 최선의 방법은 전시회장에서 가능한 많은 참관객들을 접촉하는 것이다. 따라서 기업은 현장에서 접촉하는 부스 방문객이 유망한 고객이 될 가능성이 있는지 여부를 파악하기 위해 어느 정도의 시간을 투입할 것인가를 사전에 정해 놓아야 한다.

● 동종 업계의 관계자를 접촉한다.

기업이 전시회에서 신규 고객을 확보하는 것이 가장 중요한 일이긴 하지만, 동종 업계의 관계자를 접촉하는 일도 소홀히 해서는 안 된다. 경우에 따라서는 부스 주변에 있는 어느 기업이 자사의 중요한 전략적 파트너가 될 수도 있기 때문이다. 그러므로 전시장이 덜 붐비는 시간에는 부스 주변의 기업들과 대화를 나눌 필요가 있다.

● 기존 고객과의 관계를 강화한다.

전시회에서 신규 고객을 발굴하는 것도 중요하지만 기존 고객과의 관계를 강화하는 노력도 중요하다. 기존 고객과의 관계를 지속시키기 위해서는 시간을 할애하여 그들을 부스에 직접 초청하여 대화를 갖는 것도 필요하다.

● 신제품을 출시하거나 마케팅 메시지를 노출시킨다.

대다수 기업은 전시회를 신제품을 출시하거나 자사의 마케팅 메시지를 고객들에게 노출시키는 중요한 통로로 활용하고 있다. 왜냐하면, 전시회에서 참관객들의 주의를 끌 수 있는 가장 효과적인 방법은 신제품을 출시하는 것이며, 이들에게 짧은 시간에 자사 및 제품에 대한 이미지를 각인시켜 줄 수 있는 마케팅 메시지를 제공하는 기회가 되기 때문이다.

● 기업 이미지를 제고한다.

자사의 이미지를 제고하기 위해서는 동종업계의 유명 전시회에 자주 참가하여 참관객들에게 제품과 자사의 이미지를 부각시키는 노력이 필요하다. 그러나 이러한 목적을 위하여 너무 많은 비용이 소요되는 전시회에 참가하는 것은 신중해야 한다.

● 자사 제품의 객관적인 경쟁력 실태를 파악한다.

일반적으로 특정 산업분야의 전시회에는 자사와 경쟁관계에 있거나 잠재적으로 경쟁관계가 될 수 있는 많은 기업들이 참가한다. 따라서 기업은 전시회를 통하여 경쟁업체의 제품과 판매 전략을 파악할 수 있는 좋은 기회를 갖게 된다. 그러나 기업은 자사의 경쟁력이 다른 기업에게도 노출될 수 있다는 점을 간과해서는 안 된다.

● 동종업종에 대한 지식 습득 기회를 갖게 된다.

기업은 전시회 참가를 통하여 관련업계의 제품 동향을 면밀히 파악하고 새로운 아이디어를 얻을 수 있는 기회를 갖게 된다. 특히, 유명 전시회에서는 전시회와 함께 관련분야의 세미나가 동시에 개최되는 경우가 많아 동종 업종에 대한 제품 및 기술향상과 관련된 지식을 습득할 수 있는 기회가 된다.

〈표 3-5〉 기업의 전시회 참가 목표 구분

구 분	내 용
전략적 목표	시장진입 및 시장점유율 제고, 시장지배력 확대 등
제품 지향적 목표	• 제품시연, 정보입수, 판매, 매출증대 등 – 자사제품의 시장수용성 점검 – 주력제품의 선정 – 신제품의 시장 성공여부 판단 – 혁신적인 신제품 소개 – 취급제품범위 확대
고객 지향적 목표	• 신규고객 확보, 고객의 요구 파악 – 고객들에 대한 서비스 한계 사항 점검

유통 지향적 목표	• 유통망 점검 – 유통망의 확대 – 유통단계의 축소 효과 측정 – 새로운 판매 대리점의 물색
가격 지향적 목표	• 가격테스트, 계약체결, 가격정보수집 등 – 가격변동 가능한도의 점검
의사소통 지향적 목표 (커뮤니케이션 목표)	• 기업이미지 및 인식도 제고, 브랜드 노출 강화 등 – 새로운 고객층 발굴 및 고객명단의 확보 – 기업 인지도 제고 – 기존 거래처와의 관계 강화 – 새로운 시장정보의 수집 – 기업의 신제품 및 디자인에 대한 고객반응 점검 – 고객의 니즈 파악 – 언론관계 강화 – 기업홍보활동 효과 제고

자료 : 저자정리

〈표 3-6〉 기업의 해외전시회 참가 목적

순위	구 분	비중(%)
1	신규 바이어 발굴	78.8
2	에이전트 발굴	4.9
3	시장동향 파악	3.7
4	기업 이미지 제고	3.2
5	기존 거래선 유지	3.1
6	기 타	3.1
7	신제품 테스트마켓 활용	1.6
8	네트워킹 구축	1.0
9	현장판매	0.5
합 계		100

자료 : 한국무역협회 업계 실태조사(2007.7)

(2) 전시 참관객의 목표(attendees' show goals)

일반적으로 전시 참관객들은 여러 가지 목적을 갖고 전시회에 참가하기 때문에 전시 참가업체의 입장에서는 이들의 아래와 같은 니즈를 정확히 파악하여 적절하게 대처한다면 이들을 주요 고객으로 확보할 수 있게 된다.

- **신제품과 서비스를 둘러볼 수 있는 기회를 물색한다.**

전시회 참관객의 대다수는 특정한 비즈니스 목적을 갖고 전시회에 참가하며 전시회를 통해 신선한 해결방안을 찾고자 한다. 참관객들은 자사가 당면하고 있는 비즈니스 혹은 기술적인 문제 해결에 도움이 될 수 있는 정보를 수집하기 위해 전시회에 참가한다. 따라서 전시 참가업체의 입장에서는 자사의 최신 제품과 서비스를 전시하여 참관객의 요구사항을 파악하고 자사의 제품만이 그들이 당면하고 있는 문제를 해결할 수 있는 최선의 방법이라는 확신을 심어주어야 한다.

- **특정 제품과 서비스 정보를 수집한다.**

일반적으로 전시회 참관객의 75%는 관련 제품과 서비스에 관한 특정한 정보를 수집하기 위해 전시회에 참가하는 것으로 알려지고 있다. 참관객들은 전반적인 시장 상황을 파악하고 아울러 자사제품과 관련된 특정 분야의 시장동향 정보를 입수하기 위하여 전시회에 참가한다. 이를 위해 참관객들은 전시회장에서 카탈로그나 기타 정보를 수집한다.

- **제품이나 서비스를 현장 구매한다.**

전시회 참관객들은 경우에 따라 현장에서 전시품을 구매하기도 하는데, 이것은 해당 전시 참가업체와 앞으로 거래를 진행하고자 하는 의사를 갖고 있기 때문이다.

- **업계 및 제품혁신 동향을 파악한다.**

전시회 참관객들은 자사 제품과 관련한 업계의 최근 동향을 파악하고 해당 제품의 기술혁신 정보를 수집하기 위해 전시회에 참가하는 경우도 있다. 특히, 참관객들은 전시회에서 자사제품과 디자인과 관련한 새로운 아이디어를 모색한다.

- **새로운 거래처를 물색하거나 기존 거래처와의 관계 강화를 위해 전시회에 참가한다.**

이를 위해 참관객들은 업계 관계자를 접촉하고 전략적 파트너 또는 신규 공급업체를 물색하기도 한다.

● **교육적인 목적으로 참가한다.**

이를 위해 참관객들은 전시회 기간 중 열리는 각종 세미나 혹은 특별행사에 참가하기도 한다.

4. 해외전시회 참가 목표 수립 절차

(1) 참가목표 체크리스트(Objectives Checklist) 작성

전시회 참가 목표는 회사의 마케팅 목표를 실현하는 데 기여할 수 있는 내용이 포함되어야 한다. 예를 들어, 농기계회사가 주로 농민들이 참여하는 전시회에 참가할 경우 이 회사의 1차적인 목표는 새로운 거래처를 발굴하는 것이며, 2차적인 목표는 기존 고객을 관리하는 것이 될 것이다.

그러나 새로운 서비스를 발표할 계획을 갖고 있는 텔레마케팅 회사의 경우에는 신제품을 소개하는 것이 전시회 참가의 1차적인 목표가 되고, 새로운 종업원을 모집하는 것이 2차적인 목표가 될 수 있을 것이다.

아래는 전시회 참가 목표를 수립할 때 참고할 수 있는 아이디어를 요약한 체크리스트이다. 이러한 아이디어 중에서 현재 회사가 직면하고 있는 비즈니스상의 문제점을 해결하기 위해서는 전시회를 통하여 무엇을 가장 먼저 수행해야 할 것인가를 심사숙고하여 전시회 참가 목표를 설정해야 한다.

- 신제품을 출시한다.
- 유망한 신규고객을 발굴한다.
- 향후에 접촉할 수 있는 새로운 잠재고객 정보를 수집한다.
- 신규시장에 진입한다.
- 제품을 판매하고 현장에서 계약을 체결한다.

- 회사 인지도를 제고시킨다.
- 비즈니스 파트너를 물색한다.
- 신규 직원을 모집한다.
- 전문가를 모집한다.
- 경쟁력, 산업동향, 신규 산업정보 수집 등 시장조사를 실시한다.
- 기존 고객을 관리한다.

Focus 기업의 전시회 참가목표 우선순위는?

미국 CEIR이 전시 참가업체를 대상으로 실시한 설문조사에 의하면, 기업의 전시회 참가 목표의 우선순위는 아래와 같이 나타났다.

1. 기존고객으로부터 판매기회 발굴
2. 신규고객으로부터 판매기회 발굴
3. 제품 또는 서비스에 대한 고객 교육
4. 현지 딜러에게 효과적인 판촉방법 노하우 전달
5. 회사의 인지도 제고
6. 새로운 제품 또는 서비스 출시
7. 경쟁현황에 관한 정보 축적
8. 대외홍보 효과
9. 새로운 고객정보 파악
10. 거래파트너 발굴
11. 고품질의 잠재고객 발굴
12. 핵심 고객과의 현지 미팅
13. 신규시장 진입

(2) 목표달성도 측정요소 개발

일단 전시회 참가 목표가 수립된 이후에는 목표 달성도 여부를 측정하기 위한 도구를 개발하여야 한다. 목표가 측정되지 않는다면 목표로서의 가치가 적기 때문에 목표를 계량화하는 작업이 필요하다. 전시회 참가 목표의 계량화가 중요한 이유는 다음과 같이 설명할 수 있다.

〈표 3-7〉 전시회 참가목표와 목표달성도 측정요소

전시회 참가 목표	전시회 참가 목표 달성도 측정 요소
신제품 출시	- 현장설명회(demo) 실적 건수 - 부스 방문객 수 - 주문 샘플 수 - 언론매체 게재(press mentions) 횟수 - 유망고객 수
판매기회 발굴	- 유망고객 수 - 유망고객 1인당 소요비용
새로운 잠재고객정보 수집	- 접촉한 잠재고객 수 - 접촉한 잠재고객 1인당 소요비용
신규시장 진입	- 동종업종 내 잠재고객 수 - 동종업종 내 유망고객 수
현장판매	- 판매실적 - 거래 건수 - 계약 체결된 주문 건수 - 신규 고객 수
회사 인지도 제고	- 부스 방문객 수 - 현장 설명회 건수 - 언론매체 게재 건수 - 회사의 노출 건수(세미나, 이벤트, 언론보도 등)
비즈니스 파트너 물색	- 모집한 비즈니스 파트너 숫자 - 모집 파트너당 비용 - 모집된 파트너의 지역적 판매범위
신규 직원 모집	- 신규 채용한 직원 수 - 신규 직원 1인당 비용 - 신규 직원 중 전문기술자 숫자
경쟁현황 조사	- 전시회에 참가한 경쟁업체 숫자와 분석결과
시장조사	- 고객설문조사 - 포커스 그룹 접촉실적
기존고객 관리	- 기존고객과의 약속 건수 - 기존고객에 대한 신제품 현장설명회 예정 건수 - 기존고객으로부터 발생한 판매실적

자료 : 저자 정리

첫째, 계량적인 목표는 어떤 목표의 달성도를 측정할 수 있는 하나의 표준이 된다. 따라서 이러한 표준은 전시회 간에 성과를 상호 비교할 수 있는 실증적이고 비교가능한 객관적인 지표가 될 수 있다.

둘째, 계량적인 목표는 원하는 시점에서 언제라도 성과가 체크될 수 있기 때문이다. 전시회 목표가 제대로 달성되고 있는가를 파악하는 것은 일반적으로 전시회가 종료된 이후에나 가능하지만, 계량적인 목표를 설정하게 되면 전시회가 진행되고 있는 순간에 언제라도 성과를 측정하는 것이 가능하게 된다. 이렇게 되면 전시회 중간에도 목표를 달성하지 못하도록 하는 문제점이 무엇이며, 해결방안은 무엇인지를 찾아낼 수 있는 기회가 주어지기 때문에 전시 참가업체의 입장에서 전시회 성과를 탄력적으로 조정할 수 있는 이점이 있다.

셋째, 계량적인 목표는 전시 부스요원별로 참가 목표를 달성하기 위한 업무를 배분하는 것을 가능하게 한다는 점이다. 이렇게 되면 각 부스요원은 자신이 달성해야 할 목표가 무엇인지를 명확하게 알 수 있게 된다. 한편, 〈표 3-7〉은 전시회 참가 목표를 측정하는데 고려할 수 있는 다양한 측정요소를 열거한 것이다.

5. 해외전시회 참가목표 설정 및 측정방법

1) 참가목표 계량화의 중요성

기업이 전시회 참가목표를 설정했다면 그 다음에는 각 목표를 측정 가능한 형태로 계량화하는 작업이 필요하다. "측정할 수 없는 것은 관리할 수 없다."는 말이 있다. 전시회 참가목표를 측정 가능한 형태로 계량화하는 것이 중요한 것은 바로 이 때문이다. 참가목표 계량화의 중요성을 정리하면 다음과 같다.

① 참가성과를 측정할 수 있는 기준이 된다.

전시회 종료 후 참가성과를 구체적으로 평가할 수 있기 때문에 향후 해당 전시회는 물론 다른 전시회의 참가전략 수립에도 영향을 미친다.

② 전시회 프로그램 운영이 잘 되고 있는지를 정기적으로 점검할 수 있다.
만약 4일 동안 전시회에 참가하면서 참관객 분석 및 부스통행량 분석을 통해 하루에 50건의 세일즈 리드를 창출하는 것을 목표로 설정했다고 하자. 첫째 날을 마친 후 세일즈 리드 창출건수가 10건에 불과했다면, 다음 날 전시회가 오픈하기 전까지 어떤 문제가 있는지를 점검할 수 있다. 디스플레이나 부스직원, 참관객 유치를 위한 현장 프로모션에 문제가 있을 수도 있고, 목표설정을 잘못했을 수도 있다. 이때 중요한 것은 무엇이 문제인지를 발견하고, 이를 해결할 방법을 모색하는 것이다. 해결방안이 도출된다면 남은 3일 동안은 보다 효과적으로 전시회를 운영할 수 있다.

③ 부스직원에게 보다 구체적으로 임무를 부여할 수 있다.
하루에 50건의 세일즈 리드 창출을 목표로 한 상황에서 5명의 부스직원이 투입된다면 한 사람당 하루 평균 10건의 세일즈 리드를 창출하도록 부스직원 각각에 대한 명확한 임무를 부여할 수 있다.

2) 참가 목표를 계량화하는 방법

참가목표의 유형에 따라 이를 측정하는 방법도 각각 다르기 마련이다. 따라서 참가목표를 계량화함에 있어 중요한 것은 설정된 참가목표가 실제로 측정이 가능해야 한다는 것이다. 예를 들어, 한 회사가 해당 산업 내에서의 기업이미지를 강화하는 것을 전시회 참가목표로 삼았다고 하자. 전시회가 끝난 뒤, 그 회사는 어떻게 그러한 목표달성에 성공했는지 여부를 파악할 수 있을까? 또 다른 어떤 회사는 세일즈 리드를 창출하는 것을 전시회 참가목표로 삼았다고 하자. 그 회사는 어떻게 전시회 참가비용을 충분히 상쇄할만한 세일즈 리드를 창출했는지 알 수 있을까?

참가목표를 계량화하기 위해서는 목표내용을 보다 명확히 할 필요가 있다. 만약 세일즈 리드나 현장계약 창출을 참가목표로 했다면, 단순히 리드건수나 주문금액을 계산하는 것만으로도 명확해지지만, 이미지 강화와 같은 참가목표는 보다 어려운 문제가 된다. 만약, 이미지 강화를 목표로 한다면, “우리 회사의 이미지는 무엇인가?, 우리 회사의 이미지를 현재 우리고객에게 강화시키려고 할 때 전달해야 할 3가지 핵심 메시지는 무엇인가?"와 같은 질문을 스스로 해 봄으로써 참가목표를 보다 명확히 할 수 있다. 전시회 참가목표를 명확히 하는 방법에 관한 예시는 〈표 3-8〉에 나타나 있다.

3) 해외전시회 참가목표 유형별 측정기준 및 방법

전시회 참가목표를 측정 가능한 형태로 계량화하는 방법에 대해서는 국제전시산업협회(UFI)를 비롯하여, 독일전시산업협회(AUMA), 미국의 전시산업연구센터(CEIR) 등이 각각의 전시회 참가목표 유형별 측정기준을 제시하고 있다. 이러한 해외 연구들과 국내 기업의 해외전시회 참가환경을 고려하여 국내 기업이 해외전시회에 참가하는 경우 고려할 수 있는 참가목표의 유형 및 각 유형별 측정기준을 다음 〈표 3-8〉과 같이 제시하였다.

〈표 3-8〉 해외전시회 참가목표 유형별 측정기준

구분	참가목표(Objectives)	측정기준(Metrics)
판매목표 (sales)	1. 세일즈 리드 창출	- 등급별(A,B,C) 세일즈 리드 창출 건수
		- 유효 세일즈 리드(B등급 이상) 창출 건수
		- 유효 세일즈 리드의 상담금액
		- 계약으로 연결된 세일즈 리드 건수
		- 계약 전환비율(sales conversion rate)
		- 계약 전환된 세일즈 리드의 주문금액
	2. 계약 체결	- 전시회 기간 중 체결된 계약 건수
		- 전시회 기간 중 체결된 계약 금액
		- 전시회 종료 후 체결된 계약 건수
		- 전시회 종료 후 체결된 계약 금액
고객관계 관리목표	3. 신규 고객 획득	- 신규 잠재고객(바이어) 발굴 건수
		- 신규 유망고객(바이어) 발굴 건수
		- 신규 거래고객 건수
	4. 기존고객 관계관리	- 기존 고객과의 미팅(약속) 건수
		- 기존 고객 신상품 시연/설명 횟수
		- 기존 고객과의 계약금액(전시회 기간 중)

홍보 목표	5. 신상품 소개/홍보	– 신상품 시연(demos)/설명 횟수
		– 샘플(samples) 요청 건수
	6. 브랜드인지도 제고	– 부스 통행량(부스를 지나간 참관객 수)
		– 부스 방문객 수
		– 홍보물(브로셔, 카달로그 등) 배포 건수
		– 미디어 노출 건수(전시회 개최 전, 중, 후)
		– 미디어 노출량(지면 크기, 방송시간)
신시장개발 목표	7. 신시장 개척	– 신규 유망고객(바이어) 발굴 건수
		– 유효 세일즈 리드(B등급 이상) 창출 건수
		– 조회(inquiry) 요청건수 / 제안요청(RFP) 건수
	8. 신규 판매채널 확대	– 신규 유통채널 확보 건수
		– 신규 회사파트너 확보 건수
정보수집 목표	9. 시장정보 수집	– 시장정보(고객, 시장동향) 수집량(건수)
	10. 경쟁사정보 수집	– 경쟁사정보(전략, 제품, 가격 등) 수집량(건수)
	11. 고객반응정보 수집	– 자사 제품에 대한 고객반응 수집량(건수)

(1) 판매목표의 수립 및 측정방법

전시회 참가목표 중 판매와 관련된 목표는 일반적으로 전시회 현장에서 창출되는 세일즈 리드(sales lead)와 계약체결 관련 목표로 구성된다. 특히, 전시회 현장에서는 즉각적인 계약보다는 바이어와의 상담이 주된 활동이기 때문에 판매와 관련된 목표의 측정 및 관리는 주로 세일즈 리드를 중심으로 이루어진다.

세일즈 리드란 일반적으로 우리 회사나 제품, 서비스에 관심을 표명한 바이어의 성명, 소속, 연락처, 관심내용, 요청사항 등과 같은 정보로 정의된다. 전시회에서 바이어와 상담한 내용이나 결과를 세일즈 리드 양식(일종의 상담양식)에 기술하거나 정리하게 되는데, 이러한 바이어와의 상담을 통해 파악한 바이어 정보(일반정보, 관심품목, 구매시기, 구매예산, 요청정보 등)를 세일즈 리드라고 한다. 이렇게 전시회 현장에서 창출된 세일즈 리드는 전시회 종료 후 사후관리(follow-up) 과정을 통해 실질적인 계약으로 연결 된다.

① 세일즈 리드 창출목표의 측정기준 및 방법

세일즈 리드 창출목표는 주로 세일즈 리드 창출건수(상담건수)와 상담금액을 기준으로 측정하며, 전시회가 종료된 후에는 세일즈 리드 중에서 계약으로 연결된 리드 건수, 세일즈 리드의 계약 전환비율, 계약 전환된 세일즈 리드의 주문금액을 기준으로 측정한다.

이 경우 세일즈 리드를 등급별로 분류하고 각 등급별 리드 건수를 파악하는 것이 필요하다. 보통 B 등급 이상의 세일즈 리드를 유효 세일즈 리드(qualified sales lead)라고 하여 별도로 분류할 필요가 있으며, 상담금액도 유효 세일즈 리드만을 대상으로 집계한다. 이를 측정하기 위해서는 세일즈 리드 양식(상담양식)을 사전에 준비하여 부스방문객 상담 시 이를 활용하여 상담결과를 기록으로 남기고 상담결과에 따라 세일즈 리드를 분류하고 전시회 종료 후에도 사후관리과정을 통해 세일즈 리드를 관리할 필요가 있다.

Focus 세일즈 리드의 등급별 분류

- 바이어와의 상담결과에 따라 상담한 바이어가 이른 시일 내에 구매할 계획이 있고(ready to buy), 구매(거래)규모가 커서 즉각적인 조치가 필요한 경우에는 A 등급으로 분류하고,
- 바이어의 구매규모(금액)가 적거나, 구매하기까지 시간이 오래 걸리는 경우(longer time frame)에는 B 등급으로 분류한다.
- 반면, 아직 즉각적인 구매계획이 없거나 단순한 관심을 표명한 정도여서 향후 제품소개자료 정도를 발송할 정도의 바이어라면 C 등급으로 구분한다.

계약으로 연결된 세일즈 리드 건수는 전시회 기간 중 창출된 리드 중에서 전시회 종료 후 사후관리과정을 거쳐 실제 계약이 체결된 리드 건수를 집계하여 측정한다. 이를 위해서는 세일즈 리드를 추적하는 시스템(tracking system) 혹은 관리체계가 필요하다. 즉, 전시회를 통해 창출된 세일즈 리드를 영업부서 혹은 사후관리 담당자에게 전달하고, 실제 계약으로 연결되었는지를 파악해야 하는 것이다. 한편, 세일즈 리드 사후관리기간은 통상 바이어의 구매 사이클에 따라 달라지는데, 통상 6개월에서 1년까지는 관리할 필요가 있다.

계약전환비율(sales conversion rate)은 전시회 기간 중 창출된 유효 세일즈 리드 중에서 실제 계약이 체결된 리드의 비율을 계산하여 측정한다. 이를 통해 전시회에서의 상담이 얼마나 효과적이었는지, 전시회 참가가 실제적인 계약성과가 있는지를 분석할 수 있다.

계약 전환된 세일즈 리드의 주문금액은 전시회 종료 후 사후관리과정을 통해 실제 계약으로 연결된 리드의 계약금액을 집계하여 측정한다. 이를 통해 해외전시회 참가가 매출(수출)증대에 효과가 있는지를 파악할 수 있다.

② 계약체결 목표의 측정기준 및 방법

계약체결 목표는 참가업체가 해외전시회 참가를 통한 실질적인 계약체결 및 매출증대 성과에 관심이 있는 경우 수립하는 항목으로, 전시회 개최기간 중 체결된 계약건수와 계약금액, 전시회 종료 후 체결된 계약건수 및 계약금액을 기준으로 측정한다.

전시회 개최기간 중 현장에서 체결된 계약건수와 계약금액은 부스직원이 해외참관객(부스방문객)과의 상담과정을 통해 창출되는 것으로 상담내역에 대한 분석을 통해 계약건수와 계약금액을 집계하여 측정한다. 다만, 전시회현장에서는 상담을 중심으로 업무활동이 진행되기 때문에, 현장에서 바로 실질적인 계약이 체결되는 경우는 많지 않을 것으로 보인다. 다만, 구매금액 규모가 크지 않고, 부스방문객이 구매의사결정을 내릴 수 있는 직위에 있다면 현장에서의 계약체결도 가능하다.

전시회 종료 후 체결된 계약건수와 계약금액은 전시회 개최 기간 중 창출된 세일즈 리드가 사후관리과정을 통해 계약으로 연결된 건수 및 계약금액을 집계하여 측정한다. 이는 앞서 세일즈 리드 창출목표의 측정항목 중 하나인 계약으로 연결된 세일즈 리드 건수, 계약 전환된 세일즈 리드의 주문금액과 같은 측정기준으로서 측정방법 역시 동일하다.

(2) 고객관계관리 목표의 수립 및 측정방법

전시회 참가목표 중 고객관계관리 목표는 전시회 참가를 통해 새롭게 발굴한 신규고객(바이어) 획득 목표와 기존고객 관계관리 목표로 구성된다. 전시회는 주로 신규 해외바이어 발굴 및 접촉을 목표로 하는 경우가 대부분이지만, 전시회에 새로 개발된 제품을 전시하는 경우, 기존 고객을 상대로 신상품을 소개하거나 홍보하는 경우처럼 기존고객과의 관계 유지 및 개선도 목표에 포함될 수 있다.

① 신규고객 획득목표의 측정기준 및 방법

신규고객 획득목표는 참가업체가 해외전시회 참가를 통해 새롭게 발굴하거나 개발한 신규 고객 수를 기준으로 측정한다. 이때, 새로 발굴한 고객을 유형에 따라 신규 잠재고객(바이어), 신규 유망고객(바이어), 신규 거래고객(바이어)으로 구분할 수 있다.

신규 잠재고객은 부스를 방문한 모든 참관객으로 최소한 명함을 제출하여 고객정보를 확인할 수 있는 방문객 수를 집계하여 측정한다.

신규 유망고객은 신규 잠재고객 중에서 향후 우리 회사의 고객이 될 가능성이 높은 방문객만을 따로 유망고객으로 분류한 후 이를 집계하여 측정한다.

유망고객 여부는 단순히 명함정보만으로는 판단할 수 없고, 방문객과 접촉한 부스직원의 평가 및 전시회 종료 후 별도의 정보를 활용한 부스방문객 분류과정을 통해 구분할 수 있다.

신규 거래고객은 전시회 현장에서 계약을 체결한 방문객 수를 기준으로 측정한다. 이는 보통 상담을 통해 이루어지기 때문에 거래가 이루어진 방문객에 대한 부스직원의 보고를 통해 집계할 수 있다.

② 기존고객 관계관리 목표의 측정기준 및 방법

기존고객 관계관리 목표는 기존고객과의 미팅(약속) 건수, 기존고객 대상 신상품 시연 및 설명 횟수, 전시회 기간 중 체결된 현재 고객과의 계약금액을 기준으로 측정한다.

기존고객과의 미팅(약속) 건수는 전시회 개최기간 중에 기존고객과 미팅을 한 횟수로 만나기로 약속한 건수를 집계하여 측정한다. 전시회 현장에서 기존고객과 미팅함으로써 관계개선을 도모하거나 새로운 기업정보 및 신상품 소개 등의 기회를 창출할 수 있다.

기존고객 대상 신상품 시연 및 설명 횟수는 전시회 개최기간 중 기존고객을 대상으로 한 신상품을 시연(demo)한 횟수나 설명한 횟수를 집계하여 측정한다. 이러한 신상품 홍보기회 확대를 통해 기존고객과의 신상품 구매 계약 체결 기회를 확보할 수 있다.

기존고객 계약금액은 전시회 개최기간 중 기존고객과 신규 구매계약을 체결한 금액을 집계하여 측정한다. 이미 거래관계를 구축하고 있는 기존고객의 경우 전시회 현장에서의 구매확정 확률이 신규고객보다 더 높을 수 있다.

(3) 홍보목표의 수립 및 측정방법

전시회 참가목표 중 홍보목표는 전시회 참가를 통한 신상품 소개 및 홍보 목표와 브랜드인지도 제고 목표로 구성된다. 전시회를 통한 홍보는 주로 기업이나 제품의 인지도 및 이미지 제고를 중심으로 이루어지는데, 이미지 제고 혹은 개선은 참관객을 대상으로 한 직접 설문조사를 통해 진행된다. 이러한 설문조사 방법은 해외전시회에 참가하는 국내 업체가 활용하기에는 비용도 많이 들고, 시행하는 데 어려움이 있기 때문에 주로 인지도 제고의 목표설정 및 측정방법을 구성하였다

① 신상품 소개/홍보 목표의 측정기준 및 방법

신상품 소개/홍보 목표는 신상품 시연(demos)/설명 횟수 및 샘플(samples) 요청 건수를 기준으로 측정한다.

신상품 시연/설명 횟수는 부스방문객을 대상으로 신상품을 시연하였거나 설명한 횟수를 집계하여 측정한다. 집계대상에는 신규 고객과 기존 고객을 모두 포함시킨다.

샘플(samples) 요청건수는 부스방문객 중에서 샘플을 요청한 방문객의 수를 집계하여 측정한다. 이러한 요청을 한 방문객은 다른 방문객보다 신상품에 대한 관심이 높은 참관객이라 할 수 있고, 신상품 시연/설명 횟수 기준보다 홍보효과의 정도가 더 높은 측정기준이라 할 수 있다. 이는 샘플 요청을 받은 부스직원의 보고를 통해 파악할 수 있으며, 사후관리과정을 통해 계약으로 연결될 가능성이 다른 참관객보다 높다고 할 수 있다

② 브랜드인지도 제고 목표의 측정기준 및 방법

브랜드인지도 제고 목표는 전시회 참가를 통한 홍보목표의 가장 일반화된 목표항

목이라 할 수 있으며, 부스 통행량(부스를 지나간 참관객 수), 부스방문객 수, 홍보물(브로슈어, 카탈로그 등) 배포건수, 미디어 노출 건수(전시회 전, 중, 후), 미디어 노출량(지면 크기, 방송시간)을 기준으로 측정한다.

부스통행량 기준은 부스가 얼마나 많은 참관객에게 노출되었는지를 측정하기 위한 것으로 부스를 지나간 참관객 수를 집계하여 측정한다. 부스를 지나친 참관객 중 직접 부스를 방문객 참관객도 있고, 부스 방문 없이 단순히 지나치기만 한 참관객도 있으나, 여기서의 관심은 우리 부스의 로고나 브랜드가 얼마나 노출되었느냐에 있기 때문에 부스를 직접 방문한 참관객도 모두 포함한다. 단, 몇 명이 우리 부스를 지나갔는지를 모두 다 집계하기 어려운 경우, 매시간대별로 5분씩 부스를 지나가는 방문객이 몇 명인지를 확인하여 시간별 방문객 수를 추정한 후 합산하여 집계할 수 있다.

부스 방문객 수는 우리 부스를 직접 방문한 참관객 수를 집계하여 측정한다. 이때 기준은 최소한 명함 이상의 정보를 남긴 부스방문객만을 대상으로 집계한다. 집계방식은 일반적인 경우 확보한 명함이나 그와 동등한 수준 이상의 정보(세일즈 리드)를 합산하여 측정한다.

홍보물(브로슈어, 카탈로그 등) 배포건수는 전시회 개최기간 동안 홍보물을 배포한 건수(혹은 홍보물은 전달받은 참관객 수)를 집계하여 측정한다.

미디어 노출건수는 전시회 개최 전, 개최기간, 종료 후 기간을 합쳐서 해당기업의 전시회 참가와 관련된 기사(전시제품 소개기사, 전시회 참가 기사 등)의 게재건수나 방송건수를 집계하여 측정한다. 이때 각 매체별로 분류하여 기사 게재 및 방송건수를 집계한다.

미디어 노출량(지면크기, 방송시간)은 미디어 노출건수와 마찬가지로 전시회 개최 전, 개최기간, 종료 후 기간을 합쳐서 해당 기업의 전시회 참가와 관련된 기사(전시제품 소개기사, 전시회 참가 기사 등)의 지면크기나 방송 시간을 측정한다. 인쇄매체나 온라인 매체의 경우, 해당 지면을 복사하거나 출력한 후 스크랩하는 방식으로 자료를 수집하고, 방송의 경우 해당 방송을 녹음 혹은 녹화하는 방식으로 저장하도록 한다.

(4) 신시장 개척목표의 수립 및 측정방법

전시회 참가목표 중 신시장 개척목표는 전시회 참가를 통한 신시장 개척목표와 신규 판매채널 확대 목표로 구성된다. 특히 해외전시회 참가는 해외 시장을 개척하거나 새로운 판로확대를 목표로 하는 경우가 많은데, 이러한 경우에 적합한 목표구성이라 할 수 있다.

① 신시장 개척목표의 측정기준 및 방법

신시장 개척목표는 신규 유망고객(바이어) 발굴건수, 유효 세일즈 리드 창출 건수, 조회(inquiry)/제안 요청(RFP) 건수를 기준으로 측정한다. 이 중에서 신규 유망고객 발굴건수 및 유효 세일즈 리드 창출건수는 각각 신규고객 획득 목표와 세일즈 리드 창출목표를 측정하는 기준으로 활용되었는데, 신시장 개척목표를 측정하는 기준으로도 활용된다.

신규 유망고객(바이어) 발굴 건수는 앞서 설명한 것처럼 신규 잠재고객 중에서 향후 우리 회사의 고객이 될 가능성이 높은 방문객만을 따로 유망고객으로 분류한 후 이를 집계하여 측정한다.

유효 세일즈 리드 창출건수도 전시회 개최기간 중 창출된 세일즈 리드 중에서 B등급 이상의 리드 건수를 집계하여 측정한다.

조회(inquiry)/제안요청(RFP) 건수는 전시회 개최기간 동안 부스방문객 또는 참관객이 요청한 조회(inquiry) 건수 혹은 제안요청(RFP) 건수를 집계하여 측정한다. 이러한 요청은 부스직원과의 상담을 통해 이루어지기 때문에 부스직원 보고를 통해 파악하도록 한다.

② 신규 판매채널 확대목표의 측정기준 및 방법

신규 판매채널 확대목표는 신규 유통채널 확보 건수와 신규 회사파트너 확보 건수를 기준으로 측정한다.

신규 유통채널 확보 건수는 전시회 개최기간 동안 새로운 채널관계를 구축한 유통파트너의 수를 집계하여 측정한다. 채널관계의 구축은 참가업체 관계자나 부스직원과의 미팅을 통해 추진되는데, 새로운 유통채널 구축이라고 평가할 수 있는지를 판단한 후 그에 부합되는 경우만 집계한다.

신규 회사파트너 확보 건수는 유통채널 파트너를 포함하여 해외 시장진출과 관련된 실질적인 회사파트너라고 평가할 만한 관계를 구축한 파트너의 숫자만을 집계하여 측정한다. 이 역시 참가업체 관계자나 부스직원과의 미팅을 통해 추진되기 때문에, 이들로부터의 보고 및 평가를 통해 파악한다.

(5) 정보수집 목표의 수립 및 측정방법

전시회 참가목표 중 정보수집 목표는 시장정보 수집, 경쟁자정보 수집, 고객반응정보 수집 목표로 구성된다. 전시회 참가를 통해 전반적인 시장동향이나 경쟁사의 신기술 및 신제품에 대한 정보의 수집, 자사 신제품에 대한 고객의 반응을 파악하는 것도 전시회 참가가 주는 좋은 기회라고 볼 수 있다. 전시회는 이러한 정보를 수집함에 있어 가장 효과적이면서도 효율적인 수단이라 할 수 있다.

① 시장정보 수집목표의 측정기준 및 방법

시장정보 수집목표는 전반적인 시장동향이나 고객동향 관련 정보의 수집량(건수)을 기준으로 측정한다. 이때 수집한 시장정보를 주제별로 구분하여 해당 자료와 함께 분류하고 관련 자료목록을 만들어 정보수집량(건수)을 파악할 수 있다.

② 경쟁자 정보 수집목표의 측정기준 및 방법

경쟁사정보(전략, 제품, 가격 등) 수집목표는 경쟁사의 전략, 제품, 가격 등에 대한 정보수집량(건수)을 기준으로 측정한다. 이때 수집한 경쟁사 정보는 기업별로 구분하여 해당 자료와 함께 분류하고 관련 자료목록을 만들어 정보수립량(건수)을 파악할 수 있다. 즉, 몇 개의 경쟁기업 정보를 수집했는지를 집계하는 방식으로도 측정이 가능하다.

③ 고객반응정보 수집목표의 측정기준 및 방법

고객반응정보 수집목표는 전시회에 출품한 제품에 대한 고객반응건수를 기준으로 측정한다. 보통 부스직원이 부스방문객을 대상으로 자사 제품에 대해 설명하고, 방문객의 피드백을 받기 때문에 부스직원의 보고(예: 세일즈 리드 혹은 고객 상담결과 등)를 통해 이를 파악한다.

4) 현실적이고 실제적인 참가목표 설정방법

다음으로는 실제로 기업에 맞는 현실적인 참가목표를 설정하는 작업이 필요하다. 다음 〈표 3-9〉에 세일즈 리드 창출 건수에 대한 현실적인 목표를 설정하는 방법을 예시하였다.

〈표 3-9〉 세일즈 리드 창출 건수에 대한 현실적 목표 설정방법 예시

구 분	수 치
총 참관객 수	5,000명
목표(대상) 참관객 수 (총 참관객의 10%라 가정)	500명
참관객 1명과 상담하는 데 소요되는 평균 시간	10분
전시회 총 활동시간(active show hours / busy hours) (활동적인 시간만을 포함, 참관객이 별로 없는 개장 직후나 폐장 직전 시간 등은 제외)	20시간
최대 리드창출 가능 건수 (6건/시간×20시간)	120건
최소(현실적) 리드창출 가능 건수 (120건×0.1) / 리드전환율(lead conversion rate)1)이 10%일 경우	
리드창출 목표 건수 (120건×0.5) / 리드전환율(lead conversion rate)이 50%일 경우	

위의 표에서 리드전환율(lead conversion rate)이란 부스직원과 접촉이 이루어진 부스방문객 중에서 상담으로 이어져 세일즈 리드를 작성한 참관객의 비율을 의미한다. 리드전환율이 10%라면, 부스직원과 접촉이 이루어진 참관객 중 10%가 실제로 상담을 하여 세일즈 리드를 작성했다는 것을 의미한다. 이 비율이 높을수록 부스방문고객이 상담으로 연결되는 확률이 높고 효과적인 부스활동이 이루어졌다고 볼 수 있다.

또 다른 사례를 살펴보자. 다음 〈표 3-10〉은 목표참관객에게 신제품을 시연하는 경우 어느 정도의 전시회 활동시간을 필요로 하는 지를 산출하는 방법을 예시한 것이다.

〈표 3-10〉 신상품 시연(demo)에 필요한 총전시시간 산출방법 예시

구분	수치
총참관객 수	5,000명
목표(대상) 참관객 수 (총참관객의 15%라 가정)	750명
부스 방문 고객 (목표 고객의 50%라 가정)	375명
참관객 1명에게 신상품 소개하는 데 소요되는 평균 시간	15분
신상품 시연(demo) 담당 부스직원	3명
신상품 시연(demo) 공간	3개
신상품 시연에 필요한 총시간 = 375명 / (4건/시간×3명)	31.25시간
전시회 총활동시간(active show hours / busy hours	20시간

이 경우 신상품 시연에 필요한 총전시시간은 31시간인데, 만약 전시회를 통해 활동할 수 있는 시간이 20시간뿐이라면, 어떻게 해야 할까? 상담직원과 제품소개 공간을 늘리든지, 아니면 신상품 소개와 관련된 목표를 축소해야 할 것이다.

마지막 사례로, 전시회에 참가하는 기업이 보유하고 있는 내부자원에 기초하여 현실적인 참가목표를 설정하는 방법을 다음 〈표 3-11〉에 제시하였다. 여기에서 제시한 바와 같이 만약 기업이 평균적인 판매전환율(sales conversion rate)에 대한 데이터를 가지고 있는 몇 건의 주문계약이 체결될 수 있을지도 예상이 가능하다. 판매전환

〈표 3-11〉 판매 주문 건수 목표 산출 방법 예시

구분	수치
총참관객 수	5,000명
목표(대상) 참관객 수 (총참관객의 10%라 가정)	500명
부스 방문 고객 (목표 고객의 50%라 가정)	250명
참관객 1명에게 신상품 소개하는 데 소요되는 평균 시간	10분
상담을 담당하는 부스직원	3명
전시회 총활동시간(active show hours / busy hours)	20시간
부스 상담 건수 (6건/시간×3명×20시간)	360건
리드전환율(lead conversion rate), 20%로 가정	72건
판매전환율(sales conversion rate), 50%로 가정	36건

율(sales conversion rate)이란 전시회 참가를 통해 창출된 세일즈 리드 중에서 실제 주문계약으로 연결된 비율을 의미한다.

전시회 참가를 통해 달성할 수 있는 목표의 현실적 수준은 해당 기업이 전시회에 투입할 수 있는 내부자원의 규모에 의해 결정된다. 따라서 전시회 참가를 통해 달성하고자 하는 참가목표의 우선순위를 정한 다음, 내부적으로 전시회에 투입 가능한 예산, 인력 등의 규모를 파악하여 현실적으로 달성 가능한 참가목표를 선택해야 한다. 예를 들어, 전시회에 참가하는 중요 고객에게 신제품을 시연하는 것을 목표로 삼았다면 전시품과 전시담당 직원 외에 신제품 시연을 위한 별도의 미팅 공간과 프리젠테이션 인력이 필요하다.

04 해외전시회 선정기법

Trade Show Marketing Practices

1. 참가 대상 해외전시회 선정의 중요성

▶충분한 사전조사로 기업특성에 부합하는 참가 대상 전시회 선정 필수

전시회는 짧은 기간에 한 장소에서 여러 공급업체와 유망 바이어를 만날 수 있는 통로가 된다. 전 세계적으로 매년 31,000여 회의 각종 전시회가 열리고 있으며, 지명도가 높은 전시회만 하더라도 약 4,500회에 달하며 국내에 알려지지 않은 전시회들도 많기 때문에 기업의 입장에서 어떤 전시회에 참가할 것인가를 결정하는 것은 쉬운 일이 아니다. 규모가 크고 유명전시회라고 해서 좋은 성과를 낼 수 있는 것도 아니다. “우리회사 제품 및 서비스와 성격이 얼마나 맞는가?”, “우리회사가 원하는 참가 성과는 낼수 있는가?” 등을 기준으로 전시회를 결정해야 한다. 특히, 중소기업의 경우 자사제품을 취급하는 바이어들이 주로 참가하는 전시회를 찾는 것이 무엇보다 중요하다.

전시회에 참가하기 위해서는 많은 비용과 시간이 소요되기 때문에 사전에 충분한 조사를 통하여 회사의 목표시장과 마케팅 목표를 달성할 수 있는 가장 적절한 전시회를 선정하여야 한다. 이를 위해서는 먼저 해당 전시회의 과거 실적을 조사하여 전시회에 실제적으로 어떤 종류의 참관객들과 기업이 참가하는지를 자세하게 파악할 필요가 있다.

▶종합전시회보다는 특정 품목에 특화된 전문전시회 참가 바람직

다음으로 고려해야 할 사항은 수평적 전시회(horizontal shows) 또는 수직적 전시회(vertical shows) 중 어떤 전시회에 참가할 것인가 하는 문제이다. 전자는 특정 산업분야의 다양한 제품이나 서비스가 판매되는 전시회로서 특정 산업분야에 속하는 많은 참관객들이 전시회에 참가하게 된다. 이에 비해 후자는 특정 제품분야에 속하는 고객들이 참가하는 전시회를 말한다. 예를 들어, "전자제품 전시회"는 다양한 종류의 전자제품이 전시되기 때문에 수평적 전시회에 해당되며, "보안장비 전시회"는 보안장비라는 특정 전자제품만을 대상으로 하기 때문에 수직적 전시회에 해당된다. 이러한 전시회에는 보안장비와 관련이 있는 부품업체 또는 완제품 업체들이 주로 참가하게 된다.

일반적으로 미국, 유럽 등 선진국 시장에 진출하기 위해서는 수직적 전시회와 같은 전문 전시회를 적극 활용하는 것이 바람직하다. 그러나 동남아 등 개도국에서 열리는 전시회는 규모가 작고 유력 바이어들이 불참하는 경우가 많기 때문에 참가할 때에는 신중을 기해야 한다. 가능하면 여러 가지 아이템을 전시하는 종합전시회보다는 특정 품목으로만 한정되는 전문 전시회에 참가하는 것이 효과적이다.

Focus 어떤 전시회가 좋은 전시회인가?

규모가 아무리 크고 유명한 전시회라고 하더라도 자사의 제품이 잘 팔리지 않는 전시회는 좋다고 말할 수 없다. 오히려 규모가 작고 지명도가 다소 떨어지는 전시회라고 하더라도 자사 제품이 잘 팔리면 좋은 전시회로 평가할 수 있다. 따라서 어느 전시회가 좋으냐는 주관적인 측면이 있어 기업마다 판단기준이 다를 수밖에 없지만, 일반적으로 아래의 조건을 충족시키는 전시회는 좋은 전시회로 인식된다.

- 전시주최자가 선정한 대표 전시품목에 우리 회사의 전시제품이 포함되어 있는 전시회
- 우리 회사의 참가 목적이 해당 전시회의 개최 성격과 목적에 부합되는 전시회
- 동종업계에서 유명한 국내외 기업들이 많이 참가하는 전시회
- 접근이 용이하고 잘 알려진 전시장에서 개최되는 전시회
- 국내외 전시관련 기관으로부터 인증 받은 전시회
- 우리 기업이 원하는 바이어 또는 참관객들이 많이 방문하는 전시회

- 과거 개최 성과가 우수하고 참가업체들의 만족도가 높은 전시회
- 개최국뿐만 아니라 인근 국가 등 해외 참관객들이 많은 방문하는 전시회
- 우리 기업의 제품이나 브랜드를 효과적으로 홍보할 수 있는 전시회
- 신제품이 많이 출품되는 전시회
- 참가비 부담이 크지 않은 전시회
- 언론의 주목을 받을 수 있는 전시회
- 다양한 부대행사가 개최되는 전시회
- 신뢰도가 높은 전시주최자가 개최하는 전시회
- 정부, 지자체 및 무역지원기관이 후원 또는 파견하는 전시회
- 중앙정부 또는 지자체로부터 예산지원을 받는 전시회
- 부스 확보가 용이한 전시회
- 참가기간 중 인근 호텔 예약이 용이한 전시회

자료 : 전시마케팅기법, 조기창, 두남출판사, 2013.

2. 해외전시회 선정 기준

결론적으로 전 세계의 수많은 전시회 중에서 자사의 특성에 부합하는 적절한 전시회를 선정하기 위해서는 이하에서 설명하는 체계적인 접근방식이 필요하다.

▶참가 대상 전시회 선정을 위한 객관적인 선정기준 마련 필요

참가 대상 전시회를 선정할 때 참고해야 할 가장 중요한 기준은 참관객이다. 관련 분야의 사람들이 전시회에 참가하고 있는지와 그들이 접촉 대상인지 여부를 살펴보고, 만일 그렇다면 이미 90%의 의사결정이 이루어졌다고 볼 수 있다. 그렇지 않다면 다른 기준을 적용하여 참가 대상 전시회를 결정하여야 한다.

참관객의 질적 수준과 숫자를 파악하기 위해서는 전시 주최자로부터 해당 전시회와 관련된 과거의 실적 정보를 비롯하여 아래와 같은 정보를 수집하여야 한다.

- 지난 3~5년간 총 참관객수 및 향후 예상 참관객 수

- 순수 참관객 수(net attendance) : 전시 주최자들은 세미나 강사, 기자, 학생, 부스 파견 직원, 배우자 등을 전시 참가업체에 포함시켜 참관객 수를 부풀리는 경향이 있는데, 전시 주최자에게 순수 참관객 수와 산정방식을 문의해야 한다.
- 참관객의 특성 : 직급, 업종, 회사규모, 구매권한, 제품관심도
- 전시 참가업체 수 및 전시공간 총면적
- Top 10 전시 참가업체 명단 : 전시회의 제품주제 파악에 필요
- 경쟁업체 참가 여부
- Square foot 당 임대비용
- 전시회 개막 시간 및 일자
- 전년도 전시회 프로그램 샘플 및 전시 디렉토리 등

또한, 전년도 해당 전시회에 참가했던 기업을 접촉하여 참관객의 질적, 양적 수준에 만족하는지와 전시 주최자의 서비스 내용과 전시운영 능력, 그리고 책임감은 어떠했는지를 파악할 수 있다.

Focus 일반적인 전시회 선정 기준은?

- 전시회 참가 목적은?(판매상담, 신규고객 확보, 신상품 소개 및 시장조사, 바이어 확보, 기업 이미지 향상, 현지 대리점 확보, 직접 소매, 경쟁사 동향 파악 등)
- 자사제품과 부합되는 전시회인가?
- 참가업체 수는 많은가?(유력 바이어 참관 여부 체크)
- 공략대상 수요층을 고려할 때, 어느 전시회가 적절한가?
- 최근 자사제품과 관련한 수요가 증가하는 지역에서 개최되는 전시회인가?
- 취약시장 진출에 도움이 되는 전시회인가?
- 예산수준에서 참가가 적정한 전시회인가?
- 유력한 바이어가 많이 참가하는 전시회인가?
- 목표달성의 측정이 가능한 전시회인가?
- 자사의 생산계획과 부합되는 전시회인가?

〈표 4-1〉 산업분야별 국제 유명 전시회 현황

구 분	해당분야 유명 전시회명
소비재	• 프랑크푸르트 춘계소비재박람회(Ambiente) • 파리소비재박람회(Maison Et Obejet)
자동차부품	• 디트로이트 ASE • 프랑크푸르트 Autome Chanika • 파리 Equip Auto • 라스베가스 AAPEX
식 품	• 쾰른 ANUGA, 파리 SIAL, 싱가포르 Food & Hotel Asia
전자제품	• 라스베가스 CES, 베를린 IEA
정보통신	• 하노버 CeBIT, 싱가포르 Communic Asia, 뮌헨 Systems
미용제품	• 볼로냐 미용박람회(Cosmoprof), 파리 Cosmeeting, 홍콩 CosmoprofAsia
안경제품	• 파리 SILMO, 밀라노 MIDO

자료 : 송성수, "박람회가 1등 기업을 만든다", 박영사, 2006, pp.66 내용 재정리

3. 해외전시회 선정 시 고려사항

참가 대상 전시회를 선정하기 위해 고려해야 할 사항으로는 전시회 참가 목적 및 목표와 부합하는지, 마케팅을 위해 지역 및 시기적으로 최적의 전시회인지, 전시회 성격이 마케팅 활동에 부합되는지 등의 여부를 확인해야 한다. 또한, 전시주최자, 개최횟수, 전시면적, 국가별 참가업체 및 참관객 수, 인증 여부 및 참가업체 만족도, 언론 홍보 및 보도 정도, 주요 참가업체 및 동종업체의 참가 여부, 세미나 및 이벤트 등 부대행사를 확인해야 한다. 그리고 소요예산과 중앙정부 및 지자체로부터 예산 지원을 받을 수 있는지 여부도 검토해야 한다. 아울러, 개최 전시장의 지명도가 떨어지고 규모가 작고 낙후되어 있을 경우에도 참가업체와 참관객들이 모이지 않는다. 따라서 개최 장소에 대한 검토는 매우 중요하다.

회사의 전시회 참가 목표에 가장 부합되는 전시회가 어느 것인지를 파악하기 위해서는 아래의 사항에 대한 종합적이고 체계적인 분석이 필요하다.

(1) 전시회 규모

참가할 전시회의 규모가 커야만 반드시 바람직한 것은 아니다. 대형 전시회와 소형 전시회는 나름대로 아래와 같은 장단점을 갖고 있으므로 이를 고려하여 참가할 전시회를 결정해야 한다. 전시회 규모보다는 회사의 목표 고객집단에 해당하는 참관객들이 많이 전시회에 참가하느냐가 더 중요하다고 할 수 있다.

〈표 4-2〉 전시회 규모별 장단점

구 분	장 점	단 점
소형 전시회	- 전시회에 처음 참가하는 기업에게 유용하다. - 비용이 적게 든다. - 참관객들은 주로 특정 틈새시장과 관련되는 경우가 많다.	- 참관객 수가 많지 않아 신규 거래처를 확보하는 것이 어렵다. - 참관객들의 구매력 수준이 낮은 것이 일반적이다. - 대형 전시회에 비해 전시회 운영체계가 미흡하다. - 해당 전시회에 대한 업계의 관심이 크지 않다.
대형 전시회	- 참가자 수가 많아 비교적 용이하게 신규 거래처를 확보하는 것이 가능하다. - 부스가 대기업 부스 주변에 위치하게 되면 참관객을 유인하는 데 유리하다. - 비교적 높은 수준의 의사결정권을 가진 사람들이 참가한다. - 전시회 운영업체의 운영 능력이 우수하여 현장에서 필요한 불편사항을 쉽게 해결할 수 있다.	- 전시회 참가비용과 물류비용이 많이 소요된다. - 대기업의 부스에 압도되어 자사의 위치가 드러나지 않을 수도 있다. - 자사의 부스가 참관객의 발길이 적은 구석에 위치할 경우 리스크는 커지게 된다. - 참관객 수가 많을수록 귀사의 상황에 부합하는 고객을 만나기가 오히려 어려울 수도 있다.

(2) 전시회 판촉물

전시 주최자가 제공하는 전시회 관련 판촉물을 분석하게 되면 전시회가 목표로 하는 참관객과 전시회 기간 중 행사, 전시 주최자의 광고 및 판촉계획, 참가가능 품목, 참가업체 분석자료 및 설문내용, 공공기관의 후원 또는 공인여부 등에 관한 다양한 정보를 입수할 수 있다.

(3) 전시 주최자

전시 주최자를 직접 접촉하게 되면 예상 참관객 및 그들의 성격 등 전시회에 관한 분석 자료를 입수할 수 있다. 전시부스 예약 시기, 예치금 납부 여부, 자체 부스설치 가능 여부, 작업 가능시간, 전시부스 사양(Spec), 호텔예약 대행 여부, 전시회 기간 중 행사, 제품설명회 제한 여부, 전시 주최자의 보험 부담의 범위 등 구체적인 조건을 알 수 있다.

▶ 전시 주최자 평가기준은 무엇인가?

- 전시회의 시장 내 위치
- 전시장의 인프라 및 기능
- 전시회 각 부분별 통계 : 참가업체, 참관객, 사용면적 등
- 전시 주최자의 대외이미지
- 전시 주최자의 광고 및 홍보 노력
- 전시 서비스 품질

Focus 전시 주최자로부터 수집 가능한 정보는?

- 전시 참가업체 및 출품제품군에 관한 정보
- 참관객 정보
- 보도자료
- 서비스제공내역(임차료에 포함 여부 확인)
- 신문보도
- 참관객 유치를 위한 마케팅활동 내용
- 전시 참가업체용 주차증 및 입장권
- 전시회 개최지역(도시) 및 대중교통 안내정보 등

이하는 홍콩무역발전국(Hong Kong Trade Development Council)이 전시 주최자로서 자체적으로 운영하는 전시 관련 포털사이트(www.tdctradefairs.com)를 예시한 것이다. 전시 참가업체와 참관객들은 이 사이트를 방문하여 전시회와 관련된 제

반 정보를 수집할 수 있다.

위는 홍콩무역발전국(www.tdctrade.com)이 운영하는 전시회관련 사이트 초기화면임

(4) 과거 전시회 실적

전시회 검색 웹사이트를 검색하거나 전시 주최자로부터 직접 입수한 해당 전시회와 관련된 과거 실적자료(참관객, 전시회 참여업체 등)를 세밀하게 검토하여 참가가 적절한 전시회인지 여부를 파악한다. 특히, 해당 전시회에 참가했던 업체 명단을 입수하여 이들로부터 경험담을 들어보고 참가할 계획이 있는지 여부를 파악하면 전시회 선정에 큰 도움이 될 것이다. 과거의 통계자료를 활용하면 유망한 참관객의 규모를 계산할 수 있다.

그런 후에 이들이 회사의 목표 고객집단과 밀접한 관계가 있는지를 분석하여 경쟁력 있는 전시회의 우선순위를 정한다. 우선 전시 주최자가 말하는 참관객을 회사의 목표 고객집단과 상호 비교하여야 한다. 회사가 엔지니어를 찾고 있다면 총참관객 중 엔지니어 분야로 좁혀져야 한다. 그러나 목표 고객집단 모두가 회사의 제품에 대해 관심을 갖고 있다고 생각해서는 안 된다. 따라서 잠재 고객집단은 엔지니어 분야에서 제품에 관심을 갖고 있는 참관객으로 제한되어야 한다.

이러한 과정을 거쳐 전시회에 현실적으로 참가할 수 있는 유망 참관객 수에 관한 추정치가 산정되면 유망 참관객 수를 기준으로 경쟁력 있는 전시회의 우선순위를 결정해야 한다. 이러한 과정을 거치게 되면 전시회 총 참관객 수와 실제로 만나고자 하는 참관객 수 간에 상당한 차이가 존재한다는 것을 알 수 있게 된다.

과거 전시회 실적은 다음과 같이 KOTRA의 전시포털사이트(www.gep.or.kr)를 통하여 입수할 수 있다.

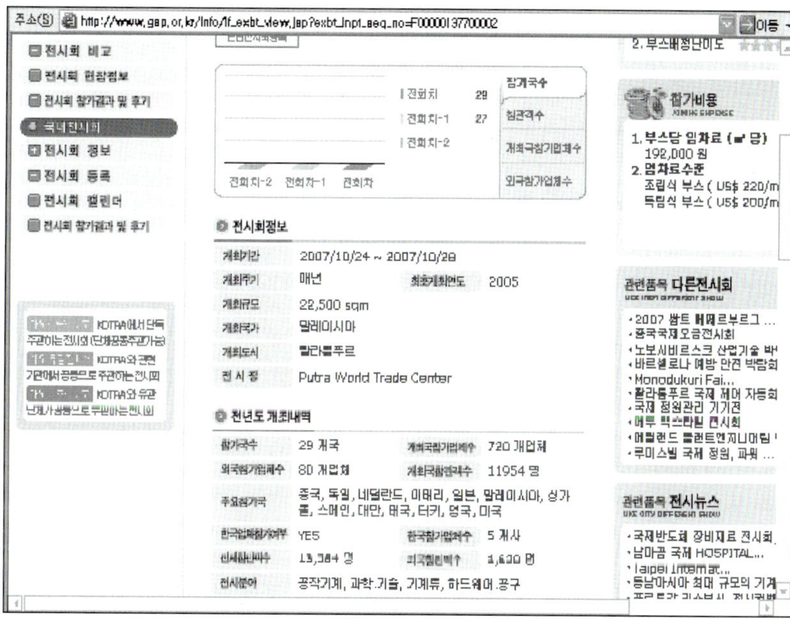

위는 전시포털사이트(www.gep.or.kr)에서 제공하는 해외전시회비교 메뉴임

(5) 개최 장소

전시회가 개최되는 장소가 귀사가 진출을 목표로 하고 있는 지역인지 여부를 파악해야 한다. 이를 위해서는 전시회 개최지의 국가정보, 지역정보, 주변지역의 경제여건 등을 분석한다. 이와 함께 전시회가 개최되는 주변 지역에 회사의 에이전트나 현지 법인이 소재하고 있는지 여부도 조사한다. 그렇다면 전시회 참가 시 이들로부터 현장 지원을 받을 수 있기 때문이다.

(6) 개최 시기

전시회의 개최기간이 개최 장소의 휴일이나 공휴일과 중복되는지 여부를 파악하고 되도록 겹치지 않는 것이 유리하다. 그리고 개최국에서 열리는 대규모 행사와도 겹치는지 여부도 확인할 필요가 있다. 또한, 회사가 취급하는 제품과 관련하여 특별한 판매시즌이 존재한다면 이보다 훨씬 앞서 개최되는 전시회에 참가하여 회사의 생산계획에 차질이 발생하지 않도록 조치할 필요가 있다.

(7) 참가업체 및 해외 바이어 평가 분석

해당 전시회에 참가하는 업체의 규모와 해외 바이어의 수준 등에 대해서도 평가한다. 대부분 기업은 참가비용 등 전시회와 관련된 정보를 제공하는 것을 기피하지 않는다. 따라서 이들을 통하여 과거 전시회 참가시의 문제점, 참가업체 수 및 성격, 내방객 수, 참가업체의 평균 부스규모 및 장치수준 등을 알아볼 필요가 있다.

Focus 해외전시회 선정 시 주요 체크 포인트

- 자사의 전시회 참가 목적과 목표에 부합되는 전시회인가?
- 개최장소와 시기가 적합한가?
- 전시주최자가 믿을 만한가?
- 과거 어떤 기업들이 얼마나 참가했는가?
- 과거 참가기업들의 국가별 분포는 어떠한가?
- 과거에 참가했던 기업들의 만족도는?
- 과거 어떤 부류의 참관객이 얼마나 방문했으며 국가별 분포는?
- 전시회 개최 기간 중 인근 국가에서도 유사 전시회가 개최되고 있는가?
- 공신력있는 기관에서 인증받은 전시회인가?
- 유사 전시회와 비교할 때 참가비는 적절한가?
- 주요 전시품은 무엇인가?
- 전시회가 해당 국가에서 어느 정도 위상을 차지하고 있는가?
- 과거 한국기업도 참가한 적이 있는가?
- 국내외 경쟁업체들이 참가하는 전시회인가?
- 조합, 협회, KOTRA 및 지자체 등에서 단체로 참가하는 전시회인가?
- 전시회 개최국가의 정치 및 경제상황은 어떠한가?

- 전시회 개최국가 및 인근국가에서 자사 제품에 대한 경쟁력은 어떠한가?
- 중앙정부나 지자체에서 예산지원이 가능한 전시회인가?
- 전시회 기간 중 항공권 구입 및 호텔예약에 문제는 없는가?
- 투입비용 대비 긍정적인 성과가 예상되는 전시회인가?
- 조기신청에 따른 할인 혜택이 부여되는 전시회인가?
- 장기적으로 지속적인 참가가 예상되는 전시회인가?
- 최근 몇 년간 전시회 개최 규모 추이는 어떠한가?
- 어떤 부대행사가 개최되는가?
- 부스 배정 원칙은 무엇인가?
- 전시회 개최 전시장 지명도는 어떠한가?
- 전시회 개최국 정부가 지원하는 전시회인가?
- 현지에서 통역, 안내원 확보에 문제가 없는가?
- 현지 인터넷 사정은 열악하지 않은가?
- 원하는 만큼의 부스 면적 확보가 가능한가?
- 현장판매 및 전시품 판매 처리가 가능한가?
- 전시장 개장 시간은 언제이고 별도의 비즈니스 Hour 또는 Day가 있는가?
- 전문 비즈니스맨들만 입장이 가능한 전시회인가?

자료 : 전시마케팅기법, 조기창, 두남출판사, 2013.

4. 해외전시회 선정 절차

자사의 제품이나 서비스와 관련한 유명 전시회를 발굴하고 전시회 각각의 성격을 파악한 후에는 실제로 참가할 전시회를 선정하여야 한다. 참가할 전시회를 효과적으로 선정하기 위해서는 우선 참가대상 전시회 리스트를 작성하고 기대성과, 지명도, 소요경비, 과거 참가실적 등을 고려하여 참가 우선순위를 정한다. 이와 함께 회사의 인력과 예산 사정 등을 종합적으로 고려하여 참가할 전시회를 최종적으로 결정한다.

대부분 기업은 참가 대상 전시회를 선정할 때 전시회에 어떤 기업과 참관객이 참가하느냐를 가장 중요한 기준으로 생각하고 있는데, 실제로 참가할 전시회를 선정하는 것은 그리 간단한 일이 아니다. 이하에서는 해당 기업에 가장 알맞은 전시회를 선정하는 단계별 절차를 설명하였다.

(1) 전시회 참가목표를 이해한다(Understand your objectives)

참가할 전시회를 선정하기 위해서는 먼저 회사가 어떤 목표를 갖고 전시회에 참가할 것인가를 정확하게 이해할 필요가 있다. 이는 전시회 목표별로 만나야 할 대상자가 다르며, 전시회마다 참관객의 특성이 상이하기 때문이다.

(2) 회사가 만나고자 하는 고객의 특성을 정의한다(Define your audience)

전시회에서 회사가 만나고자 하는 고객이 누구냐에 대한 질문에 '참관객 모두'라고 답변한다면 이는 잘못 판단하는 것이다. 왜냐하면, 참관객마다 찾는 제품이나 서비스가 달라 모든 참관객들을 대상으로 전시회에 참가한다는 것은 불합리하기 때문이다. 어느 기업이 이러한 생각을 갖고 전시회에 참가한다면 저렴한 비용으로 고객명단을 구입하여 무작위로 메일을 보내는 스팸메일업자와 다를 바 없다. 전시회는 분명이와 다르다고 할 수 있다.

전시회에서는 자사제품에 관심을 갖고 있는 고객을 직접 대면(face to face)하여 거래 상담을 하기 때문에 관심이 없는 참관객은 아예 그 회사의 부스에 관심을 보이지 않을 것이다. 결론적으로 전시회에서 제품을 구매할 의향을 갖고 있거나 깊은 관심을 갖고 있는 유망한 목표 고객집단에 속할 가능성이 크다고 할 수 있다.

(3) 고객 프로파일을 작성한다(Establish a Customer Profile)

위에서 설명한 내용에 대한 해결방안은 고객 프로파일을 작성하는 것이다. 그 방법으로는 군집분석(cluster analysis), 요인분석(factor analysis) 등과 같은 통계기법이 있지만, 좋은 고객 프로파일은 일반 상식에 근거하여 좋은 계획을 수립하는 것으로부터 출발한다. 여기에는 2가지 방법이 있다. 그 하나는 인구통계학적인(demographic) 방법으로 연령, 소비습관, 주거지, 비즈니스 타입 등과 같이 개인적이고 비즈니스와 관련된 요인을 토대로 하는 것이며, 다른 하나는 심리적인(psycho-graphic) 방법으로 고객들은 얼마나 자주 회사의 제품을 주문하는지, 그들은 무엇을 주문하는지, 그들이 긍정적으로 반응하는 마케팅기법은 무엇인지 등과 같이 어떤 상황에서 고객들이 어떻게 반응하는지를 토대로 하는 것이다. 이러한 2가지 방법을 기초로 해야만 기업에게 가장 의미 있는 고객 프로파일을 작성할 수 있을 것이다.

이러한 작업을 시작하는 출발점은 기존 고객의 특성을 파악하는 것이다. 즉, 기존 고객들이 왜 당신 회사의 제품이나 서비스를 구매하는지를 이해하는 것이다. 고객을 정의하는 것은 회사가 제공하고 있는 제품이나 서비스의 특징과 장점을 이해하는 것에서부터 시작한다. 고객들은 자신들의 문제점이나 니즈에 대한 특별한 해결방안을 모색하기 위하여 회사로 다가오게 된다. 회사가 이들의 니즈를 완전히 이해하게 된 이후에는 해결책을 제시하는 것이다.

한편, 회사 제품의 장점을 부각시킬 때에는 항상 고객의 입장에서 이루어져야 한다. 회사의 기존 고객이 제품으로부터 어떤 혜택을 받고 있는지를 이해하게 된다면 전시회에 참가하는 미래의 고객들에게도 강력한 설득 수단이 될 것이다. 고객 프로파일을 작성하기 위해서는 먼저 회사의 제품이나 서비스를 고객의 시각에서 자세히 살펴보아야 한다.

(4) 회사의 목표시장에 초점을 맞춘다(Focus on Your Target Market)

회사의 제품이나 서비스를 갖고 어느 전시회에 참가한 모든 고객들을 100% 만족시킨다는 것은 불가능하다. 어느 중소기업은 자사가 개발한 컴퓨터게임이 국내외에서 최초로 개발된 것이기 때문에 모든 사람들이 관심을 갖게 될 것으로 생각한다. 그러나 게임을 좋아하는 사람들은 이에 관심을 갖게 될지도 모르겠지만, 게임을 싫어하는 사람도 많다는 사실을 간과해서는 안 된다. 전시회에 참가했다고 해서 모두가 회사의 고객이 되는 것은 아니다.

따라서 전시회를 통하여 공략할 대상인 목표고객 집단을 파악하기 위해서는 먼저 일반 참관객 그룹을 인구통계학적(demographic), 심리학적(psycho-graphic), 그리고 행동학적(behavioral)인 데이터를 갖고 고객집단을 특징별로 세분화하는 작업이 필요하다.

▶인구통계학적인 측면

이와 관련해서는 "우리 회사의 고객은 누구인가?(Who is my customer)" 하는 질문에 답변하는 것이 중요하다. 기업이 일반 소비자를 대상으로 할 때에는 연령, 소득, 성별, 주거지, 직업, 교육수준, 부의 정도, 가족 수, 국적, 주택 소유 여부 등의 인구통계학적 데이터를 기초로 일반적인 고객집단을 일부 세분화된 고객집단으로 분류할 수 있다. 그리고 기업 간 비즈니스에서는 기업의 규모, 제품의 형태, 예산, 종업원 수, 매출액, 지점 수, 소유주, 업종 등이 인구통계학적 자료로 활용될 것이다.

▶심리학적인 측면

이와 관련해서는 "그들은 무엇을 하는가?(What do they do?)"라는 질문에 답변할 필요가 있다. 이것은 목표 고객집단의 태도, 신념, 감정 등을 분석하는 내용으로, 일반 소비자를 대상으로 하는 기업의 경우에는 소비자의 취미, 여가시간, 사회적 책임, 생활방식 등이, 그리고 기업 간 비즈니스에서는 사회적 책임, 환경적 양심, 비즈니스 스타일, 동종업계에서의 위치, 이노베이션, 제휴관계, 종업원 관계, 종업원 형태, 경영 스타일, 주주 관계 등의 심리학적인 데이터를 기초로 목표 고객집단을 분류해야 한다.

▶행동적인 측면

이에 대에서는 "그들은 그것을 어떻게 하는가(How do they do it?)"라는 질문에 답변해야 한다. 비즈니스 형태가 어떠할지라도 이에 관한 분석은 고객들이 구매한 횟수, 구매물량, 의사결정 주기, 구매 장소 등 고객의 습관에 따라 고객을 다르게 분류하는 것이다.

상기의 과정을 통하여 고객 프로파일이 작성되면 이는 전시마케팅을 전개하는 데 있어 가장 중요한 기초자료가 될 것이다. 이러한 과정을 마친 후에는 다음 단계로 "그 고객들을 어떻게 접촉할 수 있는가(How can I reach them?)" 하는 문제에 답해야 한다.

▶고객집단에게 가장 중요한 사항은 무엇인가?

〈표 4-3〉에 예시된 바와 같이 당신 회사가 목표로 하는 고객집단이 가장 필요로 하는 사항이 무엇인지를 사전에 파악해야만 종합적인 전시회 참가계획을 수립할 때 반영할 수 있을 것이다.

〈표 4-3〉 고객의 니즈 파악

구 분	매우 그렇다	그렇다	아니다	전혀 아니다
가격				
브랜드 네임				
회사 지명도				
제품의 다양성				
제품사용의 편리성				
품질보증(워런티)				
세일즈맨				
고객서비스				
프로모션				
대금지불조건				
제품 품질				
융통성				
기타				

(5) 고객 프로파일의 우선순위를 설정한다

위에서 설명한 기준에 의거하여 일반 고객집단을 일부 목표 고객집단으로 분류하고, 이들을 다시 A, B, C 등급으로 분류하고 각 등급별 고객을 공략하는 구체적인 계획을 수립하게 된다.

5. 목표 고객집단 분석

참가 대상 전시회를 선정하기에 앞서 회사의 제품특성에 부합하는 목표 고객집단(target customer)을 파악하는 것이 무엇보다 중요하다. 왜냐하면, 이것은 어느 전시회에 참가할 것인지, 전시회 부스와 마케팅 자료를 어떻게 디자인할 것인지, 그리고 자사의 제품과 서비스를 어떻게 출시할 것인지 등과 관련한 제반 의사결정에 도움을 주기 때문이다. 전시회와 관련한 의사결정 과정에서 항상 간과해서는 안 될 사항은 "특정 전시회가 자사의 목표 고객집단을 접촉하는 데 어떻게 기여할 것인가"에 관한 것이다.

회사가 전시회에서 공략할 목표 고객집단이 개인 또는 기업이든지 간에 일단 선정되면 이들에 대해 아래와 같은 세부 내용을 파악해야 한다.

▶목표 고객이 개인일 경우

- 연령 : 목표 고객을 연령대별로 세분화하는 작업이 필요하다.
- 소득 : 목표 고객의 소득수준을 분석한다.
- 성별 : 목표 집단을 성별로 분류하고 구성비를 분석한다.
- 직업 : 목표 고객을 직업별로 분류하고 가능하면 담당 업무를 파악한다.
- 구매력 : 목표 고객이 구매 의사결정권을 갖고 있는지를 분석한다.
- 교육 : 목표 고객의 교육 수준을 파악한다.
- 가족 : 목표 고객의 결혼 여부, 자녀 수 등 가족 사항을 파악한다.
- 신뢰도 : 목표 고객은 회사의 제품이나 서비스에 대해 어느 정도의 신뢰도 내지 인지도를 갖고 있는지를 파악한다.
- 구매동기 : 목표 고객이 회사의 제품이나 서비스를 선택하는 동기는 무엇인지를 알아낸다.
- 취미 : 목표 고객의 취미는 무엇인지를 파악한다.
- 주소 : 목표 고객의 거주지 내지 직장 소재지를 파악한다.

▶목표 고객이 기업일 경우

- 업종 : 목표 고객은 어느 업종에 속하며, 구체적인 비즈니스 분야는 무엇인지를 파악한다.
- 회사 규모 : 목표 고객의 종업원 수, 지사 수 및 영업점(outlet) 수는 어느 정도인지를 조사한다.
- 소재지 : 목표 고객의 소재지가 인근 지역인지, 국내인지 아니면 외국인지를 조사한다.
- 수입(revenue) : 목표 고객의 연간 수입이 어느 정도인지를 파악한다.
- 예산 : 목표 고객은 귀사 제품이나 서비스에 대해 어느 정도의 예산을 지출할 의사가 있는지를 조사한다.
- 제품 및 서비스 : 목표 고객에 대해 어느 제품 또는 서비스를 판매할 것인지를 결정한다.
- 비즈니스 유형 : 목표 고객의 공식적 또는 비공식적인 비즈니스 유형은 무엇인지를 파악한다.
- 단체 : 목표 고객이 가입하고 있는 그룹, 단체, 연합체 등은 무엇인지를 조사한다.
- 구매동기 : 목표 고객이 귀사의 제품이나 서비스를 구매하고자 하는 동기는 무엇인지를 파악한다.

기업의 특성과 상황에 부합하는 이상적인 목표 고객집단이 파악되면 자사 제품이나 서비스와 관련하여 가장 밀접한 목표고객 리스트를 작성할 필요가 있다. 왜냐하면, 전시회 참가에 앞서 전시회 사전마케팅(pre-show promotion plan)의 일환으로 전화, 우편, 이메일 등으로 잠재적인 목표고객을 접촉하는 것이 무엇보다 중요하기 때문이다. 회사의 리스트에 있는 개인이나 업체 중에서 일부는 이미 회사가 참가하려는 전시회에 참가했을 수도 있지만, 회사로부터 정보를 입수한 후에 전시회 참가 여부를 결정하는 경우도 있다는 사실을 간과해서는 안 될 것이다.

▶잠재 목표고객 리스트 확보방법

잠재적인 목표고객의 리스트를 확보하기 위해서는 아래와 같은 정보 소스를 적극 활용해야 한다.

• 기존에 확보한 연락처

대부분 기업은 나름대로 자사의 거래처로 발전시키고자 하는 유망한 고객 리스트를 확보하고 있다. 따라서 이들의 이름은 유망 목표고객 리스트 상단에 위치해야 할 것이며, 전시회 기간 중 미팅 약속을 하는 것이 중요하다.

• 전시 주최자

전시회 운영업체는 검증되고 신뢰할 만한 전시회 참가자 리스트를 확보할 수 있는 유일한 정보원이다. 이러한 리스트는 이들 업체의 중요한 자산의 일부이기 때문에 유료로 리스트를 판매하기도 하지만, 경우에 따라서는 과거 전시회 정보를 무료로 제공하는 경우도 있다.

• 무역 또는 산업단체

산업단체는 회원을 갖고 있기 때문에 귀사의 요구를 충족시켜 줄 잠재적인 목표고객 리스트를 제공해 줄 수 있는 중요한 정보원이다. 이들 산업단체들이 발간하는 디렉토리에는 회사가 당장 접촉할 수 있는 잠재적인 목표 고객이 포함되어 있다.

• 무역잡지

무역잡지에 소개된 회사의 업종과 관련된 고객의 리스트를 확보하는 것도 가능할 것이다.

6. 해외전시회 정보 수집방법

시장정보를 토대로 참가 대상 전시회를 결정하기 위한 세부기준이 마련되면 회사의 취급제품과 관련하여 전 세계적으로 개최되는 유명 전시회 정보를 수집하여 비교 분석해야 한다.

미국 CEIR의 조사에 의하면, 미국에서만 1년에 15,000여개의 크고 작은 전시회가 열리고 있다. 이들 전시회 중에서 어느 전시회에 참가할 것인가를 결정하는 것은 매우 어렵고 중요한 문제이기 때문에 아래와 같은 다양한 경로를 통하여 체계적으로 사전 조사를 실시하는 것이 필요하다.

〈표 4-4〉 해외전시회 정보수집 경로

구 분	비중(%)
주최측 참가안내	37.5
전시종합포털	31.7
업종별 단체 및 지자체	12.1
관련업체 소개	10.5
전시 관련 잡지	2.3
전시 관련 전문 여행사 팩스	1.6
신문기사 또는 광고	0.7
기 타	3.5

자료 : 한국무역협회 업체 실태조사(2007.7)

(1) 전시회 관련 웹사이트

전 세계적으로 전시회와 관련된 웹사이트는 다수 존재하는데, 이 중에서 잘 알려진 사이트로는 미국의 www.tradeshowweek.com 및 www.exhibitionline.com, 독일의 www.m-averlag.com(독일의 대표적인 전시회 디렉토리) 등이 있으며, 우리나라에는 KOTRA의 글로벌전시포털(http://www.gep.or.kr)이 있다. 이들 웹사이트는 전시 참가업체 수, 전시장 크기, 참관객 수, 개최 장소, 이벤트 내용, 참가업체 및 참관객 연락처 등 전시회와 관련한 다양한 정보를 제공하기 때문에 사전에 이들을 통하여 관련 정보를 입수해야 한다.

각국의 정부관련 기관과 전시회 전문 운영업체들도 자체 웹사이트를 구축 · 운영하고 있으며, 참가업체와 참관객을 유치하기 위하여 전시회와 관련한 다양한 정보를 제공하고 있다.

① 국내 웹사이트 활용

• KOTRA 글로벌 전시포털사이트 활용

KOTRA는 한국전시산업진흥회와 공동으로 전시회 전문 포털사이트(www.gep.or.kr)를 통하여 해외전시회 및 국내전시회 정보를 무료 제공하고 있다. GEP(Global Exhibition Portal)는 주제별, 국가별, 품목별, 기간별 전시회 검색이 가능하여 이용하기에 매우 편리하며, 전시회 명칭, 개최 주기, 개최 규모, 부스임차료, 과거 참가현황, 전시분야, 주최자, 연락처 등의 세부 전시회 정보를 제공하고 있다. 또한, 이 사이트는 주요 업종별 해외전시회의 인지도를 상호 비교한 유용한 정보

[http://www.gep.or.kr]

위는 KOTRA가 운영하는 전시포털사이트(www.gep.or.kr)의 초기화면임

도 제공하고 있다. 이외에도 한국전시산업진흥회(www.kei.or.kr)와 한국무역협회(www.kita.net) 등도 유용한 전시회 정보를 웹사이트를 통해 제공하고 있다.

〈표 4-5〉 글로벌 전시포털사이트 정보제공 내용

항목	세부항목	항목	세부항목
전시회 정보	개최기간 개최주기 최초 개최연도 개최규모 개최국가 개최도시 전시장	참가비용	부스당 임차료 임차료 수준
전년도 개최결과	참가국수 개최국 참가업체수 외국 참가업체수 주요 참가국 한국업체 참가여부 전체 참관객수 외국 참관객수 전시분야	주최자 정보	주최기관 담당자 주소 전화 팩스 홈페이지 이메일
전시회 평가	전시회 지명도 전시회 난이도	참고정보	등록일 최종수정일 조회수 출처

자료 : www.gep.or.kr

② 해외 웹사이트 활용

글로벌소스사(www.globalsources.com)는 국별 세부 전시회정보를 제공하고 있다. 이 회사가 제공하고 있는 서비스의 장점은 국별로 개최되는 업데이트된 전시회 정보를 실시간으로 일목요연하게 검색할 수 있다는 점이다. 이 서비스를 이용하기 위해서는 글로벌소스사의 사이트에 접속한 후 초기화면 좌측 중간의 「Trade Show Center」를 클릭한 후 다음 화면에서 해당 국가를 선택하면 된다.

[http://www.globalsources.com]

위 화면은 글로벌소시스사가 운영하는 인터넷사이트의 전시관련 메뉴임

이외에도 독일의 www.expo-database.de는 전 세계 전시회에 관한 모든 정보를 산업분야, 개최국, 도시, 전시회명, 전시회 개최기간별로 검색할 수 있도록 서비스를 제공하고 있다. 독일의 전시연합회(AUMA)가 운영하는 www.auma-fairs.de에도 독일을 비롯한 전 세계 전시정보가 망라되어 있다. 또한, 미국의 TSCentral사가 운영하는 www.tsnn.com은 전시회, 세미나, 컨벤션 등 다양한 정보를 제공하고 있다. 특히, 이 사이트는 미국 내에서 열리는 전시회를 검색할 때 유용하다.

▶전시회/박람회 정보제공 관련 주요 해외 웹사이트

- Tradeshowweek.com
- Eventseye.com
- Expocentral.com
- Jupiterevents.com
- Expofairs.com

- Expoworld.net
- Exhibitornet.com
- Allconferences.com
- Exhibitions.co.uk
- Expodatabase.com
- MyTradeFairs.com
- Tradeshow.alibaba.com
- Tradeshowplaza.com
- Biztradeshows.com
- Allworldexhibitions.com
- FITA.org

(2) 인터넷 검색엔진

구글 또는 야후 등의 인터넷 검색엔진을 통해서도 다양한 전시회 정보를 입수할 수 있다. 이러한 경로를 통하여 보다 구체적이고 정확한 전시회 정보를 수집하기 위해서는 적절한 검색어를 입력하는 것이 무엇보다 중요하다.

(3) 산업단체(Industry Associations)

대부분의 비영리 산업단체들은 회원관리와 서비스제공 차원에서 업종별 전시회를 자주 개최하고 있으며, 관련 정보를 웹사이트에 게시하고 있다. 이들이 주최하는 전시회는 주로 회원들을 대상으로 하기 때문에 특정 산업분야의 바이어 발굴을 목표로 하는 경우 유용한 정보수집 수단이 될 것이다. 미국 CEIR의 조사에 의하면, 북미에서 개최되는 전시회의 3/4이 산업단체들이 주관하는 것으로 나타났다. 이러한 경로를 통하여 전시회 정보를 수집하는 사람들은 매우 중요한 잠재고객이 될 가능성이 크다고 할 수 있다.

(4) 기존 고객(Existing Customers)

당신 회사의 기존 고객을 통해 그들이 어느 전시회에 주로 참가하고 있는지에 관한 정보를 수집할 수 있는데, 이러한 경로를 활용하게 되면 동종 업종에 있는 다양한 잠재고객을 접촉할 수 있다는 이점이 있다.

(5) 경쟁업체(Competitors)

회사와 경쟁관계에 있는 업체들이 주로 참가하고 있는 전시회가 무엇인지를 파악하는 것도 매우 중요하다. 만일 경쟁업체들이 참가하는 전시회에 참가하여 자사의 이미지를 알릴 수 있다면 다양한 잠재고객과 좋은 거래관계를 구축할 수 있는 절호의 기회가 될 수 있다. 일부 경쟁업체들은 자사의 웹사이트에 그들이 주로 참가하는 전시회 정보를 게시하기도 한다.

(6) 무역잡지(Trade Magazines)

대부분의 무역잡지는 산업단체나 관련 업체가 주로 회원으로 구성되는 구독자에게 서비스 차원에서 전시회 정보를 제공하고 있다. 예를 들어, 우리나라의 경우 (주)매경은 국내 중소기업의 수출상품 해외홍보를 지원하기 위하여 "바이어스가이드(buyer's guide)"라는 홍보지를 특정 제품분야별로 발간하여 해외의 유망 고객에게 배포하고 있다.

(7) 국제전시회 디렉토리(Tradeshow Directory)

세계 주요 국가들은 국제전시회 디렉토리를 발간하고 있는데, 전 세계적으로 대표적인 디렉토리는 미국의 "Tradeshow Week Directory", 독일의 "m+a Tradeshow Directory"가 있다.

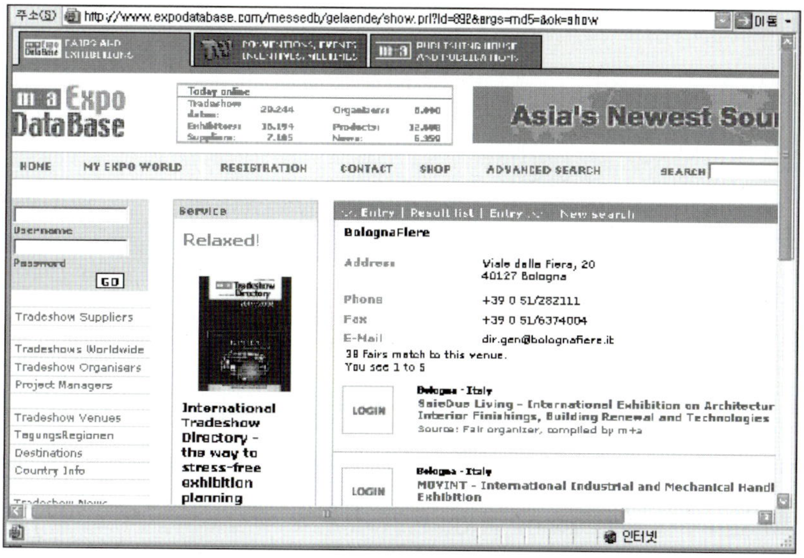

위는 [m+a TradeshowDirectory]의 초기화면임

각국의 무역지원기관들은 오프라인 국제전시회 디렉토리 외에도 최근에는 인터넷 전시회 디렉토리를 동시에 발간하기도 한다. 아래는 비즈트레이드쇼(www.biztradeshows.com)가 운영하는 인터넷 전시회 디렉토리로서 업종, 국가, 일정, 도시별로 개최되는 각종 전시회, 박람회, 엑스포, 컨퍼런스, 세미나 등에 관한 매우 유용한 종합적인 정보를 제공하고 있다.

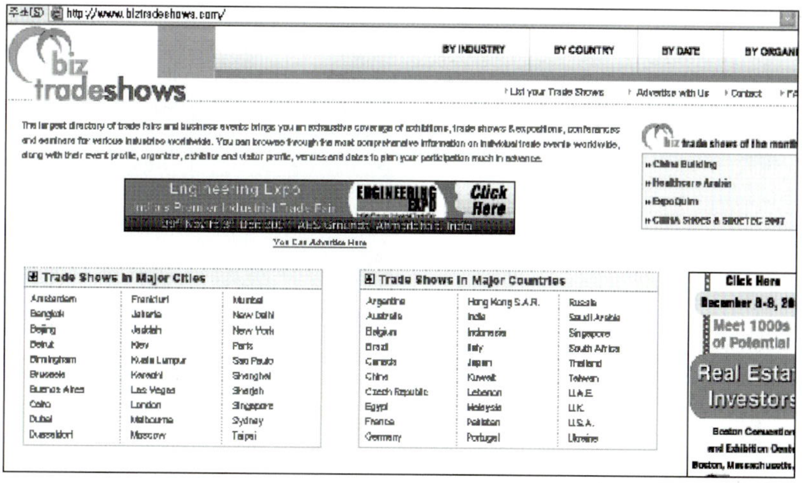

위는 비즈트레이드쇼가 운영하는 전시회 인터넷 디렉토리 초기화면임

(8) 공급업체(Suppliers)

공급업체들은 특정 산업분야에 대하여 많은 지식을 갖고 있으며, 특히 산업동향에 대해 정통하다. 이들과 좋은 관계를 유지하게 되면 그들 대부분이 국내외적으로 우수한 네트워킹을 구축하고 있기 때문에 그 관계를 잘 활용할 수 있으며, 다양한 전시정보를 입수할 수도 있을 것이다.

(9) 전시대행사

기업이 독자적으로 전시회 참가를 추진할 경우에는 국내외 전시대행사를 적극 활용하는 것도 한 가지 방법일 수 있다. 밀러프리맨은 영국의 주요 그룹인 United News & Media사의 계열사로서 출판, 국제회의 및 국제무역 박람회에 전문화된 업체이다. 연간 450여 회의 국제회의와 국제무역박람회를 개최하고 있으며, 55개 사업분야와 관련된 440여 종의 각종 출판물과 270여 종의 무역잡지, 그리고 CD-Rom과 웹사이트 등을 운영하고 있다.

[http://www.unmf.com]

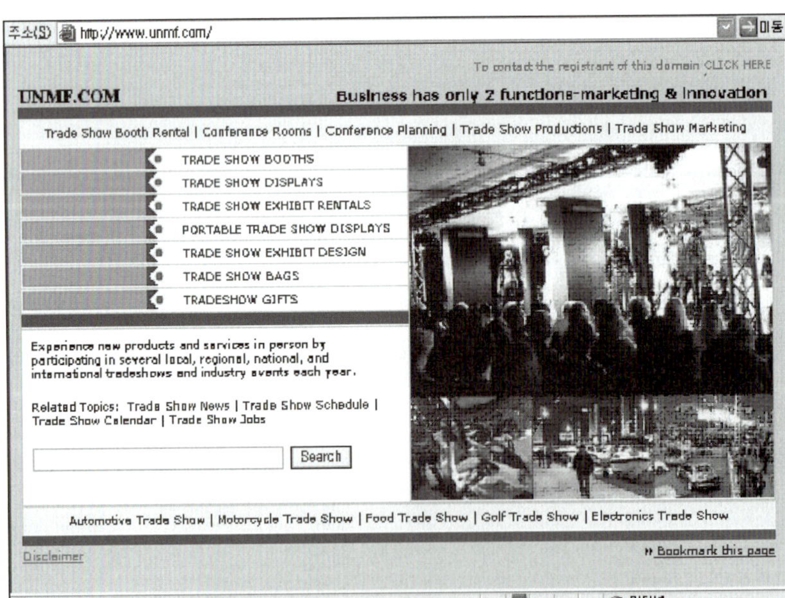

위는 전시 대행업체인 밀러프리맨이 운영하는 웹사이트 초기화면임

국내외 전시대행사 현황

- 해외 유명 전시주최사
  - Reed Exhibitions (영국) : www.reedexpo.com
  - United Business Media (영국) : www.events.ubm.com
  - Messe Frankfurt (독일) : www.messefrankfurt.com
  - China Foreign Trade Group (중국) : www.cftc.org.cn
  - Hong Kong Development Council (홍콩) : www.hktdc.com
  - Global Sources (중국) : www.globalsources.com
  - Allworld Exhibitions (영국) : www.allworldexhibitions.com
  - Messe Koeln (독일) : www.messekoeln.de
  - GL Events (프랑스) : www.gl-events.com
  - Messe Dusseldorf (독일) : www.messe-dusseldorf.de
  - Informa (영국) : www.informa.com
  - Fiera Milano (이탈리아) : www.fieramilano.it
  - VIPARIS (프랑스) : www.viparis.com
  - Messe Munchen (독일) : www.messemunchen.de
  - Deutsche Messe (독일) : www.deutsche-messe.de
  - MCH Group (중국) : www.mch-group.com
  - Messe Berlin (독일) : www.messe-berlin.de
  - Comexposium (프랑스) : www.comexposium.com
  - Tokyo Big Sight (일본) : www.bigsight.jp
  - ITE Group (영국) : www.ite-expositions.com
  - Nielsen Expositions (미국) : www.eventseye.com
  - Amsterdam RAI (네덜란드) : www.rai.nl
  - NEC Birmingham (영국) : www.necgroup.co.uk
  - IFEMA Madrid (스페인) : www.ifema.es
  - Messe Stuttgart (독일) : www.messe-stuttgart.de
  - BolognaFiere (이탈리아) : www.bolognafiere.it
  - Fira Barcelona (스페인) : www.firabcn.es
  - AUMA (독일) : www.auma.de
  - CETRA (대만) : www.taipeitradeshows.com
- 국내 전시대행사
  - IPR : www.ipr.co.kr
  - www.kfairs.com
  - 밀리프리만코리아 : www.mfkorea.com
  - Sun Int'l : www.suninter.co.kr
  - 한독상공회의소 : www.kgcci.com
  - 인터페어스 : www.interfairs.com
  - CMP코리아 : www.cmp-korea.co.kr

(10) 전시회 기존 참가업체

전시 주최자로부터 특정 전시회에 참가하였던 업체들을 개별적으로 접촉하여 그들로부터 전시회에 참가하여 어떤 성과를 거두었는지, 그 전시회에 대한 전반적인 소감은 어떤지, 그리고 다음에도 참가할 것인지 등에 관한 경험과 향후 계획을 파악하는 것도 필요하다.

7. 해외전시회 선정 평가 작업 실행

기업은 위와 같은 다양한 경로를 통하여 입수된 전시회 정보를 분석하여, 이들 중에서 자사의 업종과 직접 관련이 있는 유망한 일부 전시회를 선정하고 이들에 대한 각각의 세부정보를 수집한다. 주로 전시 주최자가 운영하는 웹사이트를 통하여 해당 전시회와 관련된 과거 실적 등 매우 중요한 세부정보를 수집할 수 있다. 다음 단계로는 위에서 선정된 일부 전시회에 관한 각각의 정보에 근거하여 참가 대상 전시회 선정을 위한 평가작업(show evaluation)을 수행해야 한다.

- 전시회명(show name)
- 개최일자(date)
- 개최장소(location)
- 예상 참가자 수(anticipated attendance)
- 참가업체 수(number of exhibitors)
- 주관업체(who exhibits)
- 참가비용(cost to exhibit)
- 등록마감일자(registration deadline)

상기 작업이 종료되면 다음의 양식에 근거하여 참가할 전시회를 최종 선정하게 된다.

〈표 4-6〉 참가 대상 해외 전시회 선정 평가표

평 가 지 표	전시회 A	전시회 B	전시회 C
① 전시회 명칭			
② 일반전시회 또는 전문전시회 여부			
③ 전시 참관객(Attendance) • 지난해 전시 참관객 수 / 예상 참관객 수 • 전시 참가업체 수 • 방문객 수 • 전시 참가자 특징 • 전시 참가업체의 유형 • 지속적 전시 참가업체 명단 • 방문객의 유형(유통업체, 정부관계자, 일반 고객, 회사 대표자 등)			
④ 전시회 개최 장소(Location) • 국가 및 도시명			
⑤ 전시회 개최 주기(Frequency) • 6개월, 1년, 격년 등			
⑥ 전시회 역사(History) • 전시회 개최 경력(년 수) • 전시회 개최 목적			
⑦ 전시 주최자(Organizer) • 전시 주최자명 • 주소, 연락처(전화, 팩스, 이메일, 웹사이트) • 담당자(성명, 직위)			
⑧ 전시시설(Facilities) • 전시회 개최 건물의 세부사항 • 전시장의 도심 소재 여부 • 부스 크기 • 기타 시설(회의실, 제품 Demo 시설) • 호텔 등 숙박시설			
⑨ 전시회 참가비용(Fees) • 업체 참가비용 • 전시부스 렌트비용 • 방문객 참관비용			
⑩ 전시회 신청방법(Application) • 신청기한 및 방법 • 신청 제한사항 • 신청서류(비자 등)			

05

Trade Show Marketing Practices

해외전시회 참가절차 및 준비

1. 해외전시회 참가 준비의 중요성

참가할 전시회가 결정된 후 전시회에서 최대의 성과를 거두기 위해서는 전시회 참가 준비계획을 체계적으로 수립하여 충분한 시간을 두고 하나씩 차근차근 준비해야 한다. 전시회의 성공을 보장해 주는 4가지 필수 요소는 계획(Plan), 프로모션(Promote), 판매(Sell), 사후관리(Follow Up) 등이며 이 중에서 어느 하나라도 소홀히 해서는 안 된다.

전시회 참가 준비 과정을 살펴보면, 먼저 회사의 제품과 전시회 참가 목표에 가장 부합되는 전시회를 선정한다. 이때 공동관 또는 개별 참가여부를 결정해야 하는데 전시회 참가 경험이 없는 기업은 참가경비의 일부를 지원해주는 국가관 형태로 참가하여 경험을 쌓는 것이 바람직하다. 그 다음으로 전시 주최자에게 참가신청서를 제출하여 전시회 참가를 확정하고 부스를 예약하여야 한다. 또한, 전시회 참가 예산을 확보하고 부스요원을 선발하여 교육시킨 다음 구체적인 사전마케팅(Pre-Show Promotion), 현장마케팅(On-Site Promotion), 사후마케팅(Post-Show Promotion)계획을 수립하여야 한다. 이러한 준비과정을 상세하게 설명하면 〈그림 5-1〉과 같다.

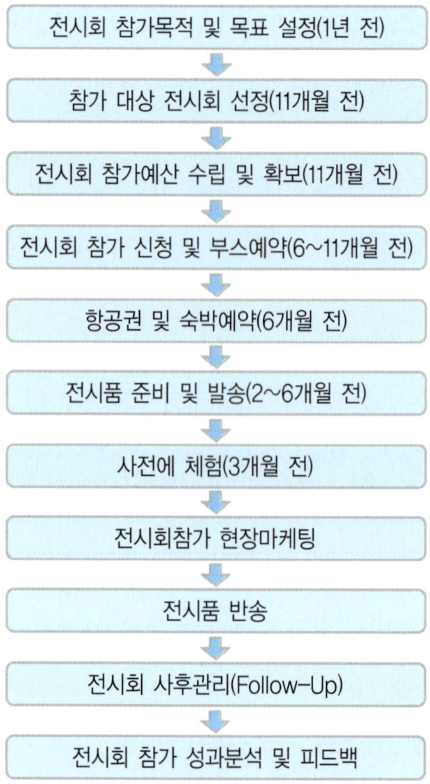

[그림 5-1] 전시회 업무 추진 절차

2. 해외전시회 참가 준비계획 수립

전시회는 비교적 짧은 기간에 많은 잠재고객을 만나볼 수 있는 최선의 방법으로 인식되고 있다. 특히, 중소기업의 입장에서 전시회는 가장 효과적인 판매촉진 수단이라고 할 수 있다. 어느 조사에 따르면 설문 응답자의 91%는 전시회를 제품구매 정보 수집을 위한 "매우 유용한 수단(extremely useful tool)"으로 인식하고 있는 것으로 나타났다. 그러나 전시회가 다른 마케팅 수단에 비해 여러 가지 장점을 갖고 있더라도 전시회 참가에 앞서 철저하게 준비하지 않으면 아무런 성과를 가져다주지 못할 것이다. 따라서 최소한 전시회 개막 수개월 전부터 전시회 참가를 대비하여 철저하게 준비해야 한다.

전시회 참가를 통해 성과를 거두기 위해서는 "전시회 개막 전(Before the Show)", "전시회 진행 중(During the Show)", "전시회 종료 후(After the Show)" 등 3단계로 구분하고 각 단계에서 구체적으로 다음과 같은 사항을 준비해야 한다.

(1) 전시회 개막 전 준비사항(Before the Show)

① 참가할 전시회를 신중하게 선정해야 한다.

전시회에 참가하기 위해서는 많은 시간과 비용과 자원을 필요로 하기 때문에 참가할 전시회를 선정하는 데 신중을 기해야 한다. 참가할 전시회가 회사의 제품에 부합되며, 목표고객집단에 해당되는 참관객들이 참가하는지를 검토해야 한다. 많은 참관객들이 참가하는 대규모 전시회보다는 비록 규모는 작더라도 회사의 잠재고객에 해당되는 참관객들이 많이 참가하는 전시회가 더 가치가 있을 것이다.

② 전시회 참가 매뉴얼을 자세하게 검토해야 한다.

전시회 참가 준비에 본격적으로 돌입하기에 앞서 전시 주최자가 보내준 전시회 참가 매뉴얼(show manual)을 자세하게 살펴보아야 한다. 매뉴얼에는 전시 세부일정, 등록정보 및 양식, 전시장 도면, 세미나 등 전시회와 관련하여 알고 싶어 하는 내용이 모두 포함되어 있다.

③ 전시회 참가 목표를 명확하게 수립해야 한다.

회사가 전시회를 통하여 달성하고자 하는 목표가 무엇인지를 명확하게 설정해야 한다. 전시회를 통하여 회사 인지도를 제고할 것인지, 회사제품에 관심이 있는 잠재고객을 발굴할 것인지, 아니면 경쟁업체의 상황을 체크할 것인지 등의 전시회 참가 목표를 사전에 수립하는 것이 절대적으로 필요하다.

④ 전시회 성과 측정기준을 수립해야 한다.

전시회 참가 목표별로 달성도를 측정할 수 있는 기준을 마련해야만 특정 전시회 참가에 소요되는 비용투자 이상의 성과를 거둘 수 있을 것인지, 또는 다음 년도에도 참가할 가치가 있는 것인지 등에 관한 의사결정을 내릴 수 있다.

⑤ 전시회 참가계획서를 작성해야 한다.

분야별 준비업무 내용과 구체적인 추진 일정이 명시된 전시회 참가계획서를 작성하여 차질이 발생하지 않도록 준비해야 한다.

⑥ 전시 마케팅 메시지를 개발해야 한다.

전시부스를 통하여 고객들에게 전달하고자 하는 핵심적인 메시지를 개발해야 한다.

⑦ 전시회 참가 사실을 적극 홍보해야 한다.

전시부스에 많은 방문객들을 유치하기 위해서는 전시회 참가에 앞서 회사가 특정 전시회에 참가할 계획이라는 사실을 보도자료 또는 전시 주최자가 발간하는 전시회 디렉토리 및 프로그램, 웹사이트 등 다양한 홍보매체를 통하여 고객들에게 적극적으로 알릴 필요가 있다.

⑧ 브로슈어, 경품 등 전시부스에서 필요한 자료를 제작해야 한다.

전시장에서 배포할 핸드아웃, 브로슈어, 경품 등 마케팅 자료를 미리 준비해야 한다.

⑨ 전시부스 디자인 계획을 잘 수립해야 한다.

전시부스를 디자인할 때에는 먼저 방문객들의 통행에 불편이 없도록 충분한 공간을 확보해야 하고, 회사 로고가 멀리서도 보일 수 있도록 해야 하며, 부스 그래픽도 사람들의 관심을 끌 수 있는 내용으로 구성해야 하는 등 구체적인 전시부스 디자인계획을 수립하여 시행하여야 한다.

⑩ 전시부스 데모 자료를 철저하게 준비해야 한다.

전시 참관객들의 관심을 끌고 그들에게 회사의 제품을 잘 알리기 위해서는 전시부스에서 수행하는 제품시연회 자료를 파워포인트 등을 활용하여 간단명료하게 작성해야 한다.

⑪ 부스요원 복장에 독창성을 발휘해야 한다.

전시부스에서 근무하는 요원들의 복장을 통일시켜 회사의 이미지를 고객들에게 효과적으로 전달할 수 있도록 복장에 신경을 써야 한다.

⑫ 전시회 참가에 앞서 부스요원을 훈련시켜야 한다.

전시부스에서 근무하게 될 부스요원에게 참관객 유치 및 응대 기법, 제품시연기법, 거래상담기법 등 제반사항을 훈련시켜야만 좋은 성과를 거둘 수 있다. 전시부스를 잘 꾸미는 것도 중요하지만 유능한 부스요원을 선발하고 교육시키는 것도 그에 못지않게 매우 중요하다.

(2) 전시회 진행 중 준비사항(During the Show)

① 부스요원 근무일정표를 사전에 수립한다.

전시부스 근무요원이 휴식 및 식사시간을 차질 없이 가질 수 있도록 부스요원의 교대근무 일정표를 사전에 수립해야 한다. 부스요원이 항상 웃는 모습으로 방문객들을 대하게 하고 업무 생산성을 높이고 항상 신선하게 보이게 하기 위해서는 적절한 휴식이 필요하다. 휴식시간이 없이 하루 종일 부스에서 근무하게 되면 오히려 역효과가 날 수도 있다.

② 부스요원에게 고객정보를 빠짐없이 기록하도록 교육시켜야 한다.

전시회 종료 후 사후관리를 효과적으로 진행하기 위해서는 부스에서 방문객과의 상담과정에서 방문객이 요청한 사항, 방문객에 대한 각종 정보 등을 항상 기록하도록 조치해야 한다.

③ 부스요원들에게 방문객들을 맞이하는 기법을 숙지시켜야 한다.

대부분 전시 참가업체들은 전시부스에 파견된 요원들이 방문객을 맞이할 때 따뜻하고 웃는 모습으로 대하여야 한다는 점을 별로 중요하게 생각하지 않는다. 그러나 방문객의 입장에서는 부스요원에 대한 인식이 매우 중요하다. 따라서 부스요원들은 업무시간에 등을 돌리고 있거나 전화 받는 것을 가급적 삼가야 하는 등 부스요원들에게 부스맨십(Boothmanship) 교육을 실시하여야 한다.

④ 부스요원들이 건강을 유지하도록 주지시켜야 한다.

전시부스에서 하루 종일 근무하게 되면 피로감을 많이 느끼게 된다. 따라서 부스요원은 건강관리를 잘 하는 것이 무엇보다 중요하다. 부스요원들이 근무시간에 커피를 너무 마셔서 수면에 방해가 되지 않도록 해야 한다. 이와 같이 전시회 참가에 앞서 부스요원들에게 건강을 유지하는 기법 등을 충분히 주지시킬 필요가 있다.

⑤ 부스요원들에게 시간적인 여유가 있으면 주변 부스를 둘러보도록 교육시킨다.

하루 종일 부스 안에서만 머무는 것은 정말 힘겨운 일이다. 따라서 부스요원으로 하여금 여유 시간이 생기면 전시장을 둘러보고 필요한 경우 경쟁업체 부스를 방문하게 하거나 필요한 정보를 수집하도록 해야 한다. 또한, 어느 회사의 부스가 방문객들의 관심을 많이 끌고 있는지, 그 비결이 무엇인지를 파악하도록 한다.

(3) 전시회 종료 후 준비사항(After the Show)

① 부스 방문객들의 요청사항에 대해 신속하게 대처하도록 사후관리 계획을 수립한다.

전시부스 방문객이 요청한 자료는 24시간 내에 보내주어야 한다. 전시회 기간 중이라도 회사에 연락해서 자료를 요청한 방문객에게 신속하게 자료를 보내도록 조치할 수도 있다. 신속한 반응은 방문객에게 좋은 인상을 주어 거래를 성사시키는 요인이 된다는 점을 간과해서는 안 된다.

② 전시부스를 방문한 유망 잠재고객을 지속적으로 접촉하도록 한다.

전시부스에서 만나 거래 상담을 했던 고객들과 지속적으로 접촉하여 거래가 종료될 때까지 최선의 노력을 기울여야 한다.

③ 전시부스 방문객에게 감사서한을 신속하게 보내도록 한다.

이것은 비용을 적게 들이면서도 전시부스를 방문한 고객들에게 좋은 인상을 주어 계속적으로 상담을 이어갈 수 있는 통로가 되기 때문에 소홀히 해서는 안 된다.

〈표 5-1〉 주요 이슈별 해외전시회 참가준비 세부사항

구분	세부사항
전시회 참가목표 수립	• 참가목적 구체화 – 신규거래선 발굴 – 수출상담, 계약, 현장판매 – 정보수집 및 시장조사 – 기업 및 제품의 해외인지도 제고 – 신제품 발표 – 현지 에이전트 발굴 • 목표시장 결정 – 자사제품의 수요가 증가하는 지역은? – 수출다변화를 위해 개척해야 할 시장은? – 제품의 개발, 생산계획과 부합되는 지역은? – 주어진 예산 범위 내에서 참가 가능한가? – 유력바이어가 참관하는 전시회는? – 국내 경쟁업체가 참가 안하는 지역은?
참가 대상 전시회 발굴	• 전시회 디렉토리 검색 • 전시에이전트 대행 전시회 • 인터넷 검색 – 무역유관기관(무역협회, KOTRA, 전시진흥회) – 해외 전시회 검색사이트 • 참가비 지원여부 확인 – 정부, 지자체, 무역기관, 업종별 단체
전시회 참가준비	• 마케팅플랜 작성(사전, 현장, 사후) • 소요예산의 산정 및 확보 • 참가신청서(부대시설사용 포함) • 전시물품의 선성, 제삭 빛 운송 순비 • 교통(비자), 숙박 등 확인
전시물품 운송	• 전시물품 운송방법 결정시 고려사항 – 적시, 안전, 최소비용으로 통관 • 보세통관(ATA Carnet : 대한상공회의소) • Handy Carry(Invoice, Packing List 준비)
사전마케팅 (Pre-Show Promotion)	• 해외바이어 정보 수집 – 기존 고객 및 잠재고객 – 업종별 단체의 회원사 명부 – Yellow Page(전화번호부) – 업종별 전문지 구독자 리스트 – D&B, Kompass 등 디렉토리 – Trade Portal Site • 기타 사전마케팅 – 광고(무역잡지, 전시디렉토리 등) – 홈페이지 배너, Pop-up 광고 – 보도자료 배포(신제품 소개 등) – 스폰서 프로그램 활용, 특별이벤트 홍보 등

현장마케팅 (On-Site Promotion)	• 부스에 홍보물 부착 및 제품 디스플레이 • Promotion 방법 – 현지 홍보(보도자료 배포) – 스타 활용 – 판촉물 배포 – 게임과 경품 추첨 – 홍보자료 배포(브로슈어, 카탈로그 등)
사후마케팅 (Post-Show Promotion)	• 방문객 명함 등 주요 정보 정리 • 바이어별 인콰이어리, 상담내용 정리 • 전시회 관련 인콰이어리 추진 상황 Follow-Up • 전시회 수집정보 DB정리, 지속적 접촉 • 차기 전시회 준비

자료 : 한국무역협회 무역실무매뉴얼

〈표 5-2〉 일정별 해외전시회 세부 준비사항

1년~11개월 전	• 대상전시회 개최목적, 참가업체 및 참관객 분석 • 개최국의 자사제품에 대한 시장동향 조사 • 참가전시회 선정 후 참가면적 확정, 예치금 및 참가신청서 송부 • 경험 있는 상담요원을 포함하여 박람회 참가팀 구성 • 예산책정 등 참가계획 수립
10개월~8개월 전	• 장치계획 개시 (기존장치물 보완, 신규장치물 구입여부 결정) • 장치전문가와 협의하여 부스디자인 결정 • 연출계획이 전시회 주최자 규정과의 적합성 여부 검토
7개월 전	• 자사의 전시회 참가팀과 전시품에 대해 협의 • 전시품 준비를 위한 생산부서 및 디자인부서와의 협의 • 홍보물 제작처와 협의 개시
6개월 전	• 전시회에 필요한 소모품 준비 • 전시회 기간 중 상담요원 및 주요 바이어 접대 장소 예약 • 상담요원을 위한 호텔 및 항공권 예약
5개월 전	• 회사 및 제품홍보자료를 전시회 주최자에 송부 • 부스에 필요한 가구 등 집기 사용신청 • 전시회 참가팀과 업무추진 점검 및 조정회의
4개월 전	• 신제품 소개자료 및 판촉물 제작 • 전시품 운송회사 결정 및 세부 발송일정 확정 • 부스 상담요원 교육실시
3개월 전	• 내방객 유치를 위한 사전 마케팅 활동 개시 • 현 고객 및 잠재 고객에 개별 초청장 발송 • 장치물 최종 확인

2개월 전	• 호텔 및 항공권 예약 확인 • 부스상담요원과 업무분장, 현지출장 일정 최종 확인
1개월 전	• 서비스 신청서의 접수여부를 전시회 주최자에 확인 • 방명록, 사무용품 등 상담준비물 점검 • 현지출장비 준비(신용카드, 여행자수표, 현금 등)
장치일	• 신청한 서비스가 요청대로 준비되었는지 확인 • 상담진행 및 제품시연 사전연습
전시기간 중	• 상담진행 중간평가 및 수정사항 점검을 위한 일일회의 • 부스 정리정돈 철저 • 폐막 후 부스철거 준비 • 차기 참가예정인 경우 부스 예약
전시회 폐막 후	• 부스철거 및 전시품 포장 감독 • 상담실적 및 상담성과 정리, 분석 • 비용대비 투자수익률 분석

Focus 해외전시회 주요 준비 사항 [체크리스트]

- 참가신청서 작성 및 부스 예약(위치선택 or 추첨)
- 각종 신청사항 제출(디렉토리, 뱃지, 상호, 주차권 등)
- 참가계획 수립(목표, 출장예산, 출장자, 추진일정 등)
- 사전 마케팅(바이어 명단 입수, DM 발송 및 TM 실시)
- 홍보물 제작(영어/현지어 브로슈어, 리플릿, X배너 등)
- 부스 내 이벤트(시식/시음/커피) 및 프레젠테이션 준비
- 전시품 운송방안 수립(핸드캐리, 특송, 보세운송 등)
- 숙소 및 항공편 예약(한국관 공식 여행사 활용)

해외전시회 기타 준비사항

- 부스선택(기본조립/맞춤형) 및 부스디자인(배너포함)
- 가구비품 신청(테이블, 의자, 전시대, 선반 등)
- 전화/팩스 및 유무선 인터넷 회선 신청 * 전화로밍 or 현지폰 신청
- 전기, 조명, 급배수, 압축공기 등 필요 시 추가신청
- PDP, 오디오, 노트북, 데스크탑 PC 추가신청
- 부스요원/통역 수배 및 충분한 사전교육 실시
- Give-away(판촉품) 제작

3. 해외전시회 참가 신청

▶전시회 참가 신청은 빠를수록 효과적

전시회 참가 목표가 수립되고 참가 대상 전시회가 결정되면, 신속하게 전시회 참가 신청을 할 필요가 있다. 대부분의 전시 주최자는 전시 참가업체를 효과적으로 유치하기 위하여 조기에 참가신청을 하는 업체에 대해서는 할인혜택을 부여하거나 부스를 우선 배정해 주는 등의 인센티브를 제공하고 있어 전시회 참가 신청은 가급적 서두르는 것이 바람직하다. 특히, 세계적으로 유명한 전문전시회일수록 조기에 참가 신청이 마감되는 것이 일반적이므로 참가 신청은 빠를수록 좋다. 전시회에 따라 참가 신청 마감일이 다소 차이가 있겠지만, 대개는 전시회 개막 6~10개월 전에 마감되는 것이 일반적이다.

▶전시 주최자의 전시회 매뉴얼 내용을 숙지하고 대처

KOTRA, 한국무역협회 등 국내 무역지원기관이나 지자체, 정부기관 등이 주관하는 전시회는 해당 기관에 참가 신청을 하면 되지만, 기업이 개별적으로 해외전시회에 참가할 경우에는 전시 주최자를 직접 접촉하여 참가신청서를 요청해야 한다. 최근에는 전시 주최자가 운영하는 웹사이트에 들어가면 참가신청서를 다운로드 받을 수 있도록 되어 있다. 참가신청서를 작성하여 전시 주최자에게 팩스나 이메일로 보내면 된다. 전시 참가신청서(Exhibitor Application Form)에는 신청업체 내역, 부스 신청 규모, 전시품 출품내역 등의 사항을 기재하도록 되어 있다. 그러나 이때 유의해야 할 사항은 참가신청서를 꼼꼼히 살펴보고 누락사항이 없도록 주의 깊게 작성해야 한다는 것이다.

최근에는 대부분의 전시회가 홈페이지에서 온라인으로 신청 받고 참가비도 신용카드로 즉시 결제하도록 되어 있어 편리하고 신속한 참가 신청이 가능하다. 부스 임차료의 경우 일반적으로 참가 신청과 동시에 임차료의 20~50%를 납부하고 개막 3~6개월 전에 잔금을 완납해야 한다. 일부 유명 전시회는 참가 신청과 동시에 부스임차료를 100% 완납하도록 요구하기도 한다. 온라인 참가 신청 완료 후 신청서가 제대로 접수되었는지 전시주최자를 통해 확인해야 한다.

부스 배정은 기존 고객에게 우선권을 주는 것이 일반적이지만, 처음 신청한 고객에게 선착순으로 1,2,3 순위로 결정하거나 전시면적을 많이 예약한 고객에게 우선권을 주기도 한다. 이외에도 전시 참가업체의 지명도 및 영향력을 고려하거나 주최자가 일방적으로 결정하기도 한다. 전시 참가업체는 가능한 유리한 위치의 부스를 배정받도록 노력해야 하며, 불리한 위치를 배정받았을 경우에는 전시주최자에게 최대한 이의를 제기해야 한다.

아울러 신청서를 제출할 때 부대서비스도 동시에 신청해야 한다. 조립식 부스로 신청할 경우에는 전시주최자가 기본적으로 제공하는 집기 외에 필요한 경우 의자, 전시대, 주방용기, 조명, 오디오 및 비디오기, 사무용 기기, 화분 등 인테리어 용품 등을 추가로 신청하며, 각종 유틸리티(전기, 전화, 인터넷, 급배수, 압축공기, 가스 등)도 체크하여 신청한다. 그리고 전시회 파견요원뿐만 아니라 통역요원 및 안내원 등 인력의 전시회 출입증 및 주차증도 발급 신청해야 한다. 그리고 전시주최자들은 공식 디렉토리를 발간하는데 여기에 출품회사 및 상품정보를 작성하여 기한 내 제출한다.

유명 전시회일수록 전시회 기간에는 항공권 및 호텔 확보가 어렵기 때문에 항공권과 호텔 예약은 빠를수록 유리하다. 저가 항공권을 이용하게 되면 여러 차례 갈아타게 되고 목적지에 도착했을 때에는 피곤함을 느끼기 때문에 최상의 컨디션을 유지할 수 없다. 따라서 가능하면 국적 항공기를 이용하고 직항이 없다면 갈아타는 횟수를 최소화하는 것이 필요하다. 그리고 출장자가 휴대하는 품목이 많으면 무료로 1인당 수화물을 많이 실어주는 항공편을 이용하는 것이 좋다. 숙박의 경우 예약시기를 놓치게 되면 전시장과 멀리 떨어진 곳의 호텔을 이용할 수밖에 없으므로 전시장까지 가는데 시간이 많이 소요되어 비즈니스 활동에 큰 영향을 주게 된다. 따라서 전시장에서 가까운 호텔을 예약하는 것이 중요하며 호텔 주변에 한국식당, 환전소 및 쇼핑센타가 있으면 더 좋다. 그러나 우범지대에 있는 호텔은 피하는 것이 바람직하다.

한편, 전시 주최자들은 참가 신청을 한 업체들에 대해 일반적으로 다음과 같은 정보를 요청한다.

- 배정받고자 하는 전시부스의 최대 및 최소 규모의 면적(평방미터)
- 전시부스 위치 : 전시장 내 혹은 전시장 밖

- 전시부스의 폭과 길이
- 전시부스의 형태
- 전시 주최자가 제시한 전시장 내부의 기본 배치도에 변경사항이 있는지 여부
- 출품될 제품의 세부사항(해당 제품이 어느 업종에 분류되는지 여부 확인)
- 해당 전시부스에 타 업체와 함께 참가할 것인지 여부 등

위는 전시 주최자의 전시 매뉴얼임

▶전시회 참가는 체계적인 준비과정을 거쳐 진행

전시회 참가 준비는 주먹구구식으로 해서는 안 되며, 전시회 참가 업무준비 매뉴얼과 추진일정표를 수립하여 전시회 업무를 프로세스화 내지 시스템화할 필요가 있다. 전시회 참가 업무 준비 매뉴얼은 어느 특정 업체가 과거의 경험을 토대로 하여 전시회 참가준비에 참고가 될 수 있는 내용들을 체계적으로 기록한 회사 자체의 업무지침이라고 할 수 있다. 그리고 전시회 참가준비 업무는 일정에 따라 추진되어야 하는 특성을 갖고 있기 때문에 자사의 특성에 부합되는 전시회 업무추진 일정표를 만들어 활용하는 것이 효과적이다.

〈표 5-3〉 전시회 업무 추진 일정표

추 진 업 무		추진예정시기		실제시행일
		D-Day	일자	
기본계획	• 참가대상 전시회 선정 • 참가신청서 제출 • 부스 확보 • 참가세부계획 및 예산수립			
사전마케팅	• 바이어 유치활동 개시			
활동	• 홍보활동 개시 • 상담계획 작성			
서비스신청	• 전기, 전화, 인터넷, 청소, 임시인력 고용 등			
전시품 출품 및 선적	• 출품계획 수립 • 전시품 제작 완료 • 전시품 발송 • 현지통관			
전시장치	• 장치계획 수립 • 장치업체 선정 • 전시장치 시공			
개관준비 및 부스운영	• 부스상담요원 선발 및 교육 • 호텔 및 항공편 예약 • 부스상담요원 현지 도착 • 전시품 진열 • 개관			
사후관리	• 전시품 사후처리 • 성과분석 및 보고서 작성			

자료 : 송성수, "박람회가 1등 기업을 만든다", 박영사, 2006, 85.

2016년 해외전시회 참가신청서(예)

전시회명		접수번호	
업체명			
주소			
홈페이지			
대표자		사업자등록번호	
전화번호		팩 스	
설립연도		종업원 수	
'15 매출액		'15 수출실적	
담당자명		부 서	
담당자mobile		담당자E-mail	
주요제품/ 등록상표		주요수출국	

해외전시회 참가경험	총 참가횟수		최근 3년간 참가횟수	
	최근 참가 전시회명			

신청부스	부스유형	신청개수	비고
	기본부스 (3x3)	개	1면 개방
	기본부스 (3x3)	개	2면 개방
	Raw Space	㎡	장소만 임대

	전시품목명	HS코드	제품설명
1			
2			
3			

당사는 상기 기재된 내용과 같이 2016년 해외박람회 참가를 신청합니다.

20 년 월 일

신청자 : (회사명판)

(직인)

2016년 해외전시회 참가신청서

Country and City*	
국가/도시	
Full Name of Exhibitor*	
참가기업명	
Address of Exhibitor*	
참가기업주소	
Corporate Representative 법인대표*	
Booth Rate 부스가격	Standard Booth(3M*3M): 5800RMB for each ; + coner 1000RMB
Origin of Exhibits (Products)* 진시품(제품) 원신지	
Products on Display*	
참가제품(상세설명) 사진첨부*	
Sectors of Concentration 참가기업*	☐ Fashion Garment(의류) ☐ Home Textiles(가정용방직품) ☐ Art Deco Gifts(장식품) ☐ Consumer Goods(일용소비품)

Seeking Trade Partner 필요한무역대상*	☐ Domestic(국내) ☐ Overseas(국외) ☐ Agent(대리상) ☐ Retailer(소매상) ☐ Cooperation Organization(합작기관)
Contact Person (개인연락처)*	
Tel (전화)*	
E-mail (이메일)*	
Address of Contact(주소)*	
Zip Code(우편번호)	
Mobile Phone(핸드폰)	
Website(홈페이지)	
Brief Introduction of the Exhibitor(회사소개)*	
Business Certificate (회사영업직조) 사업자등록증 (영문)*	

[전시회 참가 신청 양식 : 예시 1]

Trade Show Application Form

WCWWA 2007 Conference & Trade Show
October 13 - 26, 2007
Edmonton, Alberta

Environmental Excellence

Contact Name ____________________

Company ____________________

Mailing Address ____________________

City ____________ Province ________ Postal Code ________

Phone ____________ Fax ____________

Email ____________________

MSSA (Municipal Service and Suppliers Association) Membership Number ________

⇨ **Booth Application**

Please indicate booth preference from floor plan provided: First ☐ Second ☐ Third ☐
Visit www.wcwwa.ca for current list of booths available
Booths include one 10' x 10' draped booth, one 8' skirted table and two chairs

	By June 1/07	After June 1/07	Quantity	Total
☐ MSSA Member booth	$950	$1050	x______	= ______
☐ Non MSSA Member booth*	$1175	$1275	x______	= ______
☐ Additional Company Representative(s)**	$100	$100	x______	= ______
☐ Banquet Ticket(s)	$50	$50	x______	= ______

*Non Member fee includes a 2007 MSSA Membership
**Please supply a list of *Additional Company Rep Names*

Subtotal ______
GST ______
GRAND TOTAL ______

Electrical and Show services information available at www.wcwwa.ca

**Company representative registration includes:
Tuesday evening Fiesta (full host), Wednesday meals, social events and access to all technical papers

⇨ **Payment Method**

☐ Cheque (Payable to Western Canada Water & Wastewater Association)
☐ Visa
☐ MasterCard

Cardholder Name ____________________
Card Number ____________________
Expiry Date ____________________
Signature ____________________

Return application form and payment to:
WCWWA
#203 - 301 14 Street NW, Calgary, AB T2N 2A1
Fax: 1-877-283-2007
Phone: 1-877-283-2003 or 283-2003 local
Email: member@wcwwa.ca

Exhibitor Cancellation Policy:
- Cancellation received before July 1, 2007: 100% refund plus $50 service charge.
- Cancellation received July 1 to July 31, 2007: 50% refund plus $50 service charge.
- Cancellation received after July 31, 2007: NO REFUND
- Substitutions welcome

No Booth will be Confirmed without Payment
GST No R108199589

[전시회 참가 신청양식 : 예시 2]

Livestock Trade Show Application Form

November 15 – 17, 2007
Prairieland Park
Saskatoon, Saskatchewan

GENERAL INFORMATION

MOVE IN TIMES: Available Sunday, November 11 at 12:00 noon.
Must be set up by Wednesday, November 14 at 9:00 a.m.

MOVE OUT TIMES: Booths must remain intact until 5:00 p.m. Saturday, November 17th. All displays must be out of the buildings by Sunday, November 18th at 12:00 noon.

SHOW DATES:
Thursday, November 15 – Saturday, November 17, 2007.

LIVESTOCK REGULATIONS:

1. All animals entered must be halter broke. Loose housed animals will be restricted to one animal per 10' x 10' pen.

2.. Tie outs will be available.

3. **Health Regulations**
In the interest of maintaining a high standard of animal health, all livestock are subject to inspection following delivery and throughout the period of the show by officers of the Health of Animals Branch and/or Vet employed by the Exhibition. If evidence of an infectious or contagious disease is discovered, the owner of the infected animal shall be required to move it to a designated isolated area, or on order from the Fall Fair Committee remove it from the premises. Such animal will not be permitted to be exhibited or sold. Animals found to be infected with Mange, Ringworm, Warts, Pinkeye or any other infectious or contagious disease, shall be treated or dealt with in accordance with the instructions of the veterinarian appointed by the Fall Fair Show Committee. Animals exempt from Brucellosis test are: (i) Animals from Brucellosis Free Listed Herds (ii) Animals from Brucellosis Free Regions, i.e. New Brunswick, Newfoundland, Northwest Territories, Prince Edward Island, Yukon Territory, B.C., Alberta, Saskatchewan and Manitoba.

SERVICES PROVIDED:
1. Security - from 7:00 p.m. Monday, November 12 to 12:00 noon, Sunday, November 18.
2. Forklift - available during set-up and tear-down.
3. Electrical - one 110V outlet per indoor space. If additional service is required please indicate on application.
4. Penning provided for animal exhibits as requested.
5. Drapery - backs - eight feet high.
6. Exhibit aids - you can rent tables, chairs, carpet, spotlights, etc. from the display company contracted for the show. Contact information will be provided with your confirmation package.
7. Door dimensions: 18' wide x 18' high
8. Rental space fees will be refunded, with the exception of $25.00 administrative fee, where cancellations are received by October 31, 2007. No refunds will be paid on late cancellations or no-shows. Prairieland Park reserves the right to reject or cancel any or all orders or confirmations and refund rental fees paid.

LIABILITY INSURANCE:
Refer to Rule # 13 for required Public Liability Insurance.

SUGGESTIONS TO EXHIBITORS:
1. Apply early and provide generous detail regarding your proposed exhibit.
2. Order your exhibit requirements from the display firms well in advance to avoid disappointment.
3. Order a private phone for your booth by contacting SaskTel directly at (306) 931-6464.
4. **ELECTRICAL SERVICE:** One 110V 15 amp outlet is provided with each space. If additional electrical service is required, it can be provided - at cost. Please provide complete details of your electrical requirements.

APPLICATION DEADLINE: October 15, 2007 - (Applications will be considered after the deadline based on availability of space)

November 15 - 17, 2007
Prairieland Park
Saskatoon, Saskatchewan

SASKATOON FALL FAIR

APPLICATION/LICENCE FOR LIVESTOCK EXHIBIT SPACE:

NOTE: All applications are subject to review and approval by selection committee. Applications not accepted will have their rental fees fully refunded.

Farm Name ______

Address ______

City ______ Province ______ Postal Code ______

Contact Persons ______ Phone ______

______ Phone ______

We propose the following exhibit: (List items to be displayed or sold, manufacturers and attach literature. The committee requires this information to assess your exhibit and alert us to items which may be promoted. For livestock exhibits, please identify the breed of livestock you are exhibiting.)

______

Do you require any additional penning? (ie. Loose-housed animals) ______

LIVESTOCK EXHIBIT SPACE RATES:

Please select location: With the purebred stabling ______ OR In the commercial barn ______

TOTAL # OF SPACES	*5 x 10* ______	@ $50.00=	$ ______
	10 x 10 ______	@ $100.00=	$ ______
Add 6% Goods and Services Taxes (GST# - R121676126)			$ ______
Total Cost			$ ______

Visa and Mastercard accepted

Credit Card ______ Credit Card # ______ Expiry Date ______

Name of card holder ______

RETURN COMPLETE APPLICATION FORM TO:
Saskatoon Prairieland Park Corporation
P.O. Box 6010, Saskatoon, SK S7K 4E4
Telephone: (306) 931-7149
Fax: (306) 931-7886

APPLICATION DEADLINE
October 15, 2007

Payment in full of exhibit space rented must accompany this application.
Please return this page only with money order or cheque payable to:
Saskatoon Prairieland Park Corporation, Box 6010, Saskatoon, Saskatchewan, S7K 4E4.

Date ______ Signature of Exhibitor or Representative

______
Saskatoon Prairieland Park Corporation
(to be signed upon acceptance of application)

For office use:
Date application received ______ Space # ______ Amount received ______ Receipt # ______ Inv. # ______

[전시 참관객의 전시회 참관 신청양식 예시]

Visitors Application Form for U.S. Trade Shows

Company

Name

Address

Phone

E-mail

Website

- ☐ I am an importer
- ☐ I am an agent
- ☐ I am a manufacturer
- ☐ I represent a trade association

Interest in following show

그리고 전시 참가업체는 전시회 참가 신청에 앞서 다음의 사항을 면밀하게 체크할 필요가 있다.

- 전시회 참가 소요예산 추산
- 전시회 부스 위치 선정
- 부스에 필요한 사무용품, 집기 등 서비스 예약
- 출장계획 수립 등

대기업들은 전시회에 참가할 때 준비할 사항이 많기 때문에 사내에 전시 전담자를 두고 있다. 왜냐하면, 전시회 참가에는 많은 비용이 소요되고 준비 여부에 따라 성과가 달라지기 때문이다. 따라서 전시회 준비는 가급적 주먹구구식 방식을 지양하고 사전에 계획을 체계적으로 수립하고 시행하는 것이 바람직하다.

Focus 전시 담당자가 준비해야 할 필수사항은?

- 참가대상 전시회를 발굴하고 필요한 부스를 확보한다.
- 전시회 참가 세부계획과 예산을 수립한다.
- 참가업체 매뉴얼(Exhibitor's Manual)을 잘 숙지하여 필요한 조치를 취한다.
- 전시 주최자를 수시로 접촉하여 긴밀한 업무협력 관계를 구축한다.
- 회사 내 관련부서와 긴밀한 업무관계를 구축하여 전시참가관련 업무협조가 원활히 이루어지도록 노력한다.
- 주요 참가준비 업무(바이어 유치, 부스장치, 전시품 운송 등)를 차질 없이 추진한다.
- 전시회 기간 중 부스관리 운영 및 상담활동을 수행한다.
- 전시기간 중 시장동향 및 경쟁업체관련 정보를 수집하고 세미나 등 부대행사에 참가한다.
- 전시회 종료 후 사후관리 및 성과분석을 실시하고 차년도 계획을 수립한다.

4. 전시부스 예약

▶전시 주최자를 접촉하라

일단 참가할 전시회가 결정되면 전시회 참가신청을 위하여 전시 주최자를 접촉해야 하는데, 일반적으로 전시 주최자가 운영하는 웹사이트를 통하여 이에 관한 세부정보를 입수할 수 있다.

▶전시 주최자에게 구체적인 정보를 요청하라

전시 주최자가 파악되면 전시회 개최기간, 예약 마감일자, 참가비, 참가자 수 등에 관한 과거의 실적자료를 요청하고 신청절차를 문의해야 한다. 전시 주최자는 등록양식, 참가비 지급, 스폰서십, 부스 서비스 선택, 전시회 물품선적 등에 관한 세부정보가 들어 있는 소포(packet)를 전시 참가업체에게 보내지만, 최근에는 이메일을 통해 기업이 요청한 정보를 신속하게 보내주고 있다.

▶등록양식을 작성하여 팩스로 송부하라

일단 전시 주최자로부터 각종 서류를 수령한 후 먼저 등록양식을 작성하여 참가비 지급내역과 함께 팩스 또는 이메일로 전시 주최자에게 보내야 한다. 팩스로 서류를 보내게 되면 추후 전시회 참가신청과 관련하여 혹시 문제가 발생할 때 증거자료로 활용할 수 있을 것이다.

▶가능한 한 신속하게 전시부스를 예약하라

대부분 전시 주최자들은 많은 참가업체를 유치하기 위하여 조기 신청자에 대하여 할인혜택을 부여하고 있으며, 전시회 부스 우선 배정 등과 같은 특별한 인센티브를 제공하기도 한다. 또한, 전시 주최자는 전시회 개막에 앞서 전시 참가업체에 관한 세부정보를 웹사이트에 게시하여 잠재고객들에게 사전에 홍보 기회를 제공하기 때문에 참가신청은 빠를수록 바람직하다.

[전시부스 예약 신청 양식 예시]

Lands & Resources Secretariat

ONLY A MATTER OF TIME

APPLICATION FOR TRADE SHOW SPACE
"ONLY A MATTER OF TIME"
Air & Energy Conference & TRADESHOW
October 2-4, 2007

Federation of Saskatchewan Indian Nations
Suite 100 – 103A Packham Avenue * Saskatoon, Saskatchewan * S7N 4K4 * Canada

Exhibits will be held in the break and social area. Available space will be released on a first-come, first-served basis (based on the date of the completed application form and provided full payment is received). Full payment must accompany this application for it to be processed and failure to make full payment constitutes a cancellation of this contract. Payment of Booth Registration Fee does not include conference registration, Banquet or Luncheons. Set up can begin at 6:00 p.m. Tuesday, October 2, 2007.

Exhibitor Company Name: ____________________
Contact Person (please print): ____________________
Address: ____________________
____
Postal/Zip Code: ______________ Email: ______________
Telephone: ______________ Fax: ______________
Company website: ____________________
Name and Address of Company for Invoicing (if different from above): ____________________
____
______________ Postal/Zip Code: ______________

Description of Business/Products: (Provide a listing of all products you wish to display, promote, distribute or sell. This information is important when assessing your exhibit and will be used in promotional material.) ____
____
____
____

Type of Business: ☐ Exhibit only (promotion) ☐ Direct Sales ☐Government Agency/Non-Profit

EARLY BIRD EXHIBIT REGISTRATION FEE IS 4:00 p.m. September 14, 2007.
Trade Show Space: Booth Fee: (Early) $350__________ Booth Fee After Deadline $400________

Booth rental includes drapes 8' high at the back and 4' high on the sides and electricity.
Number of booths required: ______________

Fee Enclosed: [ ] Yes [ ] No

Payment: [ ] Cheque [ ] Cash [ ] Money Order Total Amount Enclosed: $____________

Please make cheques payable to: FSIN Lands & Resources Secretariat
Suite #100-103A Packham Avenue
Saskatoon, SK S7N 4K4
Fax: 306.665.1318

For more information please contact the following:
Conference Information – Tina Giroux at (306) 956-6943 – tina.giroux@fsin.com
Banquet Information - Lori Worm (306) 956-1038 - lori.worm@fsin.com
Trade Show Information – Judy Wasacase at (306) 956-6927 – judy.wasacase@fsin.com
Registration Information – Trina Albert at (306) 956-1021 – trina.albert@fsin.com

OFFICE USE ONLY
AMOUNT PAID:____________ DATE RECEIVED: ____________ BOOTH #: ________

5. 해외전시회 참가예산 확보

전시회에 참가하기 위해서는 많은 예산이 소요되기 때문에 예산 내역서를 작성하여 치밀한 계획에 따라 준비하는 것이 바람직하다. 최근 들어 유명 전시회의 경우에는 거래성사의 가능성이 높기 때문에 참가업체 숫자가 크게 늘어나면서 부스임차료가 지속적으로 인상되어 기업의 비용부담을 가중시키고 있다. 그리고 물가상승도 전시회 예산 인상에 한 몫을 하고 있다. 따라서 기업의 입장에서는 전시회 참가예산을 체계적으로 산정하여 예산부담을 줄이면서 전시회 참가 성과를 극대화하기 위한 노력을 기울여야 한다.

전시회 참가 예산은 일반적으로 부스임차료, 부스 장치비(설치 및 철거), 시청각장비 사용료, 전기 및 배관설치비, 창고비, 가구임대료, 전시부스 그래픽 비용, 스폰서십 비용, 파견 직원 출장비 등으로 구성된다. 그러나 이중에서 전시부스 임차비용이 전체의 1/4 이상을 차지하고 그 뒤를 이어 출장비용이 높은 비중을 차지한다.

〈표 5-4〉 해외전시회 참가예산 항목별 구성비

예산 항목명	전체예산 중 구성비
전시부스 임차비	25-35%
부스장치비(booth construction)	12-18%
서비스 사용료(전기, 카펫, 의자 등)	12-20%
선적 및 운송비	10%
판매 촉진비	6-10%
출장비 및 숙박비	18-21%

자료 : CEIR

▶전시회 참가 예산을 수립할 때 고려해야 할 사항은?

전시회에 참가할 때에는 기본적으로 다음의 경우에 발생하는 비용요소를 감안해야 한다.

- 전시회 주최자에게 지불해야 할 전시부스 임차료와 같은 비용(여기에는 전시 주

최자가 참가업체들에게 제공하는 서비스에 대한 비용도 포함되어야 함)

- 전시회 참가준비에 소요되는 비용
- 전시부스 설치 및 전시부스 내의 전기 공급 장치 설치비용
- 광고, 홍보 및 판촉활동 비용
- 인건비 등

〈표 5-5〉 해외전시회 예산수립 전 고려사항

구분	고려사항	장점	약점
참가형태	개별참가	• 전시회 자체 선정 가능	• 과도한 예산 투입 • 전시회 참가관련 모든 과정을 직접 수행
	공동참가	• 예산 절감 가능 • 파견기관에서 참가과정업무 상당부분 대행	• 단체 파견 전시회로만 참가 국한 • 개인행동 제약 • 경쟁률이 높은 전시회는 탈락 가능성 높음
부스형태	조립식부스	• 예산 절감 가능 • 부스에 대해 신경 쓸 필요 없음	• 개성있는 부스 설치 불가
	독립식부스	• 자사 특성을 살릴 수 있는 개성 있는 부스 설치 가능 • 부스 위치 선정시 유리 • 많은 참관객 접객 효과	• 과다 비용 • 일정 규모 이상의 부스 임차 의무 • 전문장치업체 직접 선정 및 계약 필요
외부지원 예산	외부지원 예산(일부)	• 예산 절감	• 지원기관의 예산집행 지침 준수 및 사후증빙서 제출
	자체예산	• 자사 의도대로 예산 집행 가능	• 전시회 참가에 따른 모든 경비 자체 부담
파견인원	1명	• 예산 절감	• 동시다발 바이어 방문 시 응대 어려움
	2명 이상	• 동시다발 바이어 방문 시 응대 가능 • 분업을 통한 부스업무 효율화 가능	• 비용 증대

자료 : 전시마케팅기법, 조기창, 두남출판사, 2013.

▶전시회 참가 예산은 어떤 항목으로 구성되는가?

전시회 참가 예산은 구체적으로 아래와 같이 전시부스 임차료, 전기료, 부스장치비, 물류운송비, 인건비, 출장비 및 엔터테인먼트비, 전시회 개막 전/후 판매촉진비 등 8개의 항목으로 구성된다.

• 전시부스 임차료

전시부스 임차료는 임차한 전시공간의 면적(square foot 또는 square meter)을 기준으로 부과된다. 전시부스 임차료(space rental)는 공간 자체에 대한 것만을 의미하며, 일반적으로 카펫, 전기, 노무비, 창고비, 기타 비용은 여기에 포함되지 않지만, 경우에 따라서는 책상, 의자, 휴지통 사용비용이 포함되기도 한다. 그러나 전시회마다 약간의 차이가 있으므로 전시부스 임차료가 어떻게 구성되는지를 전시 주최자가 제공하는 전시회 참가 매뉴얼을 통해 사전에 확실하게 점검할 필요가 있다.

• 전기료

전기료는 시설과 관련된 전기사용료와 전등, 컴퓨터 등을 사용할 때 발생하는 비용으로 구성된다.

• 부스장치비

부스장치비는 하드웨어에 해당하는 부스관련 비용과 그래픽, 테이블, 테이블보, 의자 등 소프트웨어와 관련되어 발생하는 비용을 합한 것을 의미한다. 전시부스 구조물의 비용이 5,000달러라고 한다면, 소프트웨어 비용을 전시부스 구조물 비용의 절반 이상에 해당하는 2,500달러 이상으로 책정해야 한다. 여기에는 전시부스 설치 및 해체비용이 포함된다.

• 물류운송비

일반적으로 대부분 전시 주최자는 운송업체를 공식 지정하고 있다. 얼핏 보기에 이들 업체의 비용은 비싸게 보일지 모르겠지만, 이들은 전시회를 잘 이해하고 있고 전시품 하역 장소에서 우선적으로 하역할 수 있는 권한을 부여받고 있어 전시품을 정해진 시간 내에 배송할 수 있는 이점을 갖고 있다. 전시품의 운송을 최후의 순간까지 미루게 되면 불리한 운임을 적용받기 때문에 비용이 많이 들 수 있다. 전시 주최자가 운송업체를 공식적으로 지정하지 않는다면 주변에 있는 다른 전시 참가업체들과 공동으로 운송업체와 운임 협상을 하게 되면 보다 유리한 조건으로 전시품을 운송할 수 있을 것이다.

물류운송비는 전시품을 전시회장의 하역장소(loading dock)까지 운송하고, 전시회 종료 후 전시품을 본국으로 반송하는 데 소요되는 비용을 말한다. 여기에는 전시품 운송 및 통관비용, 보험료, 창고비용 등이 포함된다.

- **인건비**

전시회에 직원을 파견하기 위해서는 급여와 기회비용 등 많은 비용이 소요된다. 여기에 전시부스 상담요원이 파견되어 있는 동안 그 요원의 업무를 대신하여 처리할 다른 직원을 투입할 경우 그 투입비용을 포함시켜야 한다. 이외에도 인건비에는 통역원 및 부스 안내요원 고용비용도 포함된다.

- **출장비 및 엔터테인먼트 비용**

항공운임, 렌트카, 택시비, 주차비, 호텔 숙식비, 팁, 세미나(또는 컨퍼런스) 참가비, 골프비, 신문대금, 인터넷사용료 등이 여기에 포함된다.

- **전시회 개막 전 판매촉진비**

전시회 프로그램 및 전시회 웹사이트 광고비, 무역잡지(최소 전시회 2개월 전), 웹사이트 홍보비, 우편, 브로슈어, 뉴스레터, CD, 자사 웹사이트에 무역전시 관련 메뉴 디자인 및 포스팅, 경품, 고객선물, 이벤트, 일반 참관객을 위한 제품 샘플/할인제도 등과 관련한 모든 비용이 여기에 포함된다.

- **전시회 개막 후 판매촉진비**

무역잡지 광고비(전시회 후 2개월), 관련 웹사이트 홍보비, 고객 발송용 자료제작비, Follow-up 선물비, 유망고객 송부용 샘플 및 할인비용, 부스 파견요원 포상비 등이 포함된다.

〈표 5-6〉 해외전시회 참가예산 작성 양식

항 목		예상비용	실제 집행액
전시공간 임차비 (exhibit space)	전시부스 바닥면적 임차비용		
	소 계		
운영비 (서비스 사용료)	전기, 카펫, 청소비, 가구비, 조명, 음식접대 설비, 인터넷사용료 장비임차료(컴퓨터, TV, 휴지통, 전화코드) 기타 서비스 사용료		
	소 계		
부스 장치비	부스 디자인비 부스 장치 및 철거비용 그래픽 조명 기타 부스 장치비		
	소 계		
물류비 (선적 및 운송비)	전시품 발송비 현지운송 및 통관비		
	소 계		
통신비/판매촉진비	시장조사비용 사전 접촉비용(전화료, 우편료) 메일링리스트 입수비용 홍보물제작비(카탈로그, 브로슈어 등) 제품 demo자료 스폰서십 비용 언론홍보비 사후관리비(전화료, 우편료 등) 인터넷사용료		
	소 계		
출장 및 숙박비	항공임, 숙박비, 식비, 일비 렌트카비 엔터테인먼트 비용		
	소 계		
인건비	부스파견 요원 임금 파견 요원 교육훈련비 의복비(파견 요원 유니폼) 통역비 안내원(도우미) 고용경비		
	소 계		

〈표 5-7〉 해외전시회 참가 시 지출항목 체크리스트

비용구분	세 부 항 목
기본비용	• 부스바닥면적 임차비용 • 전력 사용비 및 관련설비 설치비 • 기타비용(전시부스 근무요원의 출입증 신청비, 주차장 이용료)
전시부스 조립, 장식 및 설계비용	• 전시부스 조립 및 철거비용 • 전시부스 비품비(가구, 카펫, 조명, 음식접대설비, VCR) • 전시부스 설계비(부스장식 소요비용)
전시부스 내 서비스 및 홍보비용	• 내방객을 위한 접대 및 선물비 • 전시물품 홍보를 위한 홍보물 인쇄비용 • 전시회 참가업체 디렉토리 등재, 신문광고, 보도자료 제작 및 번역비용 • 전시부스 내 전화, 팩스, 인터넷 전용회선 및 컴퓨터 설치비
전시물품의 운송 및 수송비용	• 전시물품의 운송비(회사에서 전시장), 보험료 등 • 전시회 참가 전후에 발생하는 쓰레기 및 폐기물 처리비
출장비용	• 임직원의 항공임 및 현지 체재비용
기타비용	• 전시회 사전준비 및 사후 비즈니스 비용 등

▶해외전시회 참가예산 절약 방법

전시회 예산에서 가장 큰 비중을 차지하는 항목은 부스 임차료와 장치비이지만 경직성 비용이라서 예산 설삼이 용이하지는 않지민 할인제도를 사용하거나 전시주최자와의 협상을 통해 절감할 수 있는 방법도 있다.

(1) 부스임차료

부스 임차료는 부스 면적 규모와 부스 형태에 따라 차이가 난다. 보통 1개 부스는 9평방미터(3mx3m)를 기준으로 단가가 책정된다. 일부 전시회는 부스 위치에 따라 단가를 차등 적용하기도 한다. 해외전시회의 경우 조기 신청자에 대해 할인제를 적용하기도 하며, 참가 규모와 참가기업의 지명도에 따라 전시주최자와 협상을 통해 할인받거나 무료로 추가 부스를 배정받을 수도 있다.

(2) 장치비

장치비는 독립부스 또는 조립부스 여부에 따라 크게 차이가 난다. 선진국 장치업체들은 부스 디자인이 우수하지만 많은 비용을 요구하므로 부스 디자인을 국내 장치업체들에게 의뢰한 후 디자인 도안을 현지 장치업체에게 전달하고 도안대로 설치해 줄 것을 요구할 수도 있다. 또한, 국내 장치업체의 대부분은 해외 유명 전시장이 지정한 현지 장치업체들과 에이전트 계약이 체결되어 있으므로 국내 장치업체를 통해 부스장치를 의뢰하면 비용을 절감할 수 있다.

(3) 유틸리티(utility) 비용

대부분 전시주최자는 참가업체의 편의를 위해 서비스업체를 지정하고 있으며, 참가업체 매뉴얼에 지정업체 정보가 상세하게 소개되어 있다. 전시회 참가 신청할 때 필요한 서비스를 함께 신청하면 할인된 가격으로 서비스를 받을 수 있다. 전시회 기간 중에는 서비스 신청비용도 크게 올라가고 서비스를 신속하게 받을 수 없다는 점을 유의해야 한다.

(4) 전시품 운송비

전시품 운송비 절감을 위해서는 무엇보다 임차한 전시면적에 적합한 전시품을 갖고 가는 것이 중요하다. KOTRA 공동물류센터 사업에 참여하여 전시품을 현지에서 조달하거나 전시회에 개별 참가하는 경우에도 국내 다른 기업과 공동으로 전시품을 발송하면 운송비를 절감할 수 있다.

그리고 부피가 크지 않고 무게도 적게 나간다면 항공사에서 허용하는 범위 내에서 최대한 휴대하되 항공사에 따라 무료 수하물 허용량이 다르므로 반드시 사전에 확인한 후 허용 무게와 수량이 유리한 항공편을 선택하는 것도 바람직하다. 대부분 전시주최자는 공식 운송업체를 지정하고 있으므로 전시회 참가기업은 전시주최자가 추천하는 운송업체를 이용하는 것이 바람직하다. 전시품의 분실 및 손망실에 대비하여 보험에 가입할 필요도 있다.

Focus 전시품 운송비 절감 방법

- 임차한 전시부스 면적을 감안하여 최적의 양만을 발송
- 제품의 부피, 무게 및 수량을 세밀하게 따져본 후 운송회사를 통해 발송할 제품과 핸드캐리 제품을 구분
- 전시품 운송 시 최소 무게 비용을 지불해야 하는 경우가 있으므로 전시품을 작은 상자로 포장하여 수량을 가급적 많게 하지 말고 큰 상자 단위로 포장
- 해당 전시회에 참가하는 국내기업들이 동일 운송회사를 지정하여 공동 활용
- 지나치게 많은 포장 소재를 사용하게 되면 포장 박스 수가 늘어날 가능성이 있음.
- 충분한 시간 여유를 갖고 전시품 발송
- 코트라 공동 물류지원센터 사업에 참여하여 현지에서 전시품 조달
- 코트라 및 지자체 해외전시회 지원 프로그램 활용
- 전시품은 가능한 한 현지에서 처리(반송비 절감)

(5) 비품임차 및 구입비

부피가 큰 비품은 현지에서 임대해야 하겠지만 노트북, 배너걸이대 등 소품은 한국에서 직접 갖고 가는 것이 좋다. 전기제품을 휴대할 경우 전압과 현지 소켓 형태를 감안하여 멀티탭, 변압기, 전기 연장선 등을 준비하는 것이 필요하다. 휴대용 청소기를 가져가게 되면 전시기간 중 청소비용을 절감할 수도 있다. 현지에서 추가로 필요한 소모품은 전시장에서 임차하는 것보다 외부에서 구입하는 것이 유리하다.

(6) 통역 및 안내원 채용비

유학생이나 교민이 적어 통역을 구하기 어려운 국가에서 개최되는 전시회에서는 통역 및 안내원 채용비가 매우 비싼 편이다. 한국어 통역은 KOTRA 해외무역관이나 해당 국가 유학생회 또는 교민회를 통해 조달하는 것이 유리하다. 그러나 예산 절감만을 강조하여 경험과 외국어 실력이 부족한 통역을 활용하게 되면 상담이 제대로 이루어지지 않기 때문에 다소 비용이 들더라도 실력 있는 통역을 활용할 필요가 있다.

(7) 광고, 홍보 및 판촉활동비

전시 참가업체는 자사의 전시부스로 내방객들을 유도하기 위해 별도로 광고 및 홍보 활동을 전개해야 한다. 해당 전시회의 공식 디렉토리, 전문지나 일간지 등에 전시회 참가내용(참가업체명, 전시기간, 전시부스 번호, 출품내역 등)을 광고할 수 있다. KOTRA의 해외무역관을 통해 관련경비를 절감할 수 있다.

(8) 항공임, 숙박비 및 식비

유명전시회 기간에는 항공권과 호텔 확보가 매우 어렵거나 확보가 가능하더라도 가격이 매우 비싸다. 항공권과 호텔은 빨리 예약할수록 비용 절감이 가능하다. 호텔 및 식비 절감을 위해서는 전시장에서 가까운 한국인이 운영하는 게스트하우스를 활용하는 것도 하나의 방법이 된다. KOTRA 해외무역관에 의뢰할 경우 무역관의 특별 할인율이 적용되는 호텔 예약이 가능할 수도 있다.

Focus 해외전시회 참가경비를 절감하는 방법은?

중소기업들은 현실적으로 막대한 예산이 소요되기 때문에 전시회에 참가하기가 어려운 것이 현실이다. 이에 따라 정부(산업자원부, 정보통신부, 중소기업청 등)와 지자체, 경제단체 등은 중소기업의 전시회 참가경비를 여러 가지 방식으로 지원해 주고 있다. 공동관 참가 시에는 기관별로 예산지원액에 다소 차이가 있으나 대체로 임차료, 장치비 등 직접경비의 50%를 지원하고 있다. 지원금액 한도는 전시회 부스비용의 70% 이내, 부스 장치비의 20% 이내에서 최고 7백만원 한도까지 지원하고 있다. 그러나 책정예산보다 신청업체가 많아서 신청업체를 심사하여 선별 지원한다는 점에 유의해야 한다.

또한, 한국무역협회와 KOTRA와 같은 무역지원기관들은 해외전시회 참가업체에 대해 자금을 지원하고 있다. 한국무역협회는 중소기업의 전시회 참가를 촉진시키기 위해 1억 한도 내에서 연리 4%, 2년 거치 일시상환 조건으로 전시회 참가경비를 융자 지원하고 있다. KOTRA는 중소기업이 독자적인 수출전략에 의거하여 해외전시회 또는 박람회에 참가할 때 소요경비의 일부를 지원하고 있다. 최근에는 기업이 개별적으로 참가하는 경우에 대해서도 비용을 지원하는 기관이 늘어나고 있는 추세이다. 따라서 기업은 이를 적극 활용하여 전시회 참가예산을 절감할 필요가 있다.

국내 전시포털사이트(www.gep.or.kr)에 들어가면, 지자체나 정부기관별 예산지원 사항에 관한 세부적인 정보를 입수할 수 있다.

6. 전시부스 위치 선정

(1) 개 요

▶전시부스의 위치는 상담실적에 큰 영향 미쳐

전시회 참가 성공 요건에는 여러 가지가 있겠지만, 좋은 위치에 있는 전시부스를 확보하는 것이 무엇보다 중요하다. 물론 부스위치가 전시회의 성공을 보장해 주는 것은 아니지만, 참관객들의 통행이 뜸한 곳에 부스가 위치하고 있다면 좋은 상담실적을 기대하기는 어려울 것이다. 따라서 전시부스를 선택할 때 반드시 고려해야 할 사항은 부스의 위치(location), 크기(size), 형태(style) 등인데, 이 중에서 부스의 위치는 가장 중요하다.

▶좋은 부스를 배정받기 위해서는 신속한 참가신청 필수

대부분의 전시 주최자는 참가 신청할 때 참가업체에 대하여 부스위치를 선택할 수 있는 기회를 부여한다. 유럽이나 미국의 경우 부스 배정은 선착순으로 이루어지는 경우가 많기 때문에 유명 전시회일수록 전시회가 끝나자마자 차기 전시회 참가예약을 하는 기업들이 많다. 그리고 일부 전시 주최자는 해당 전시회에 지속적으로 참가하는 업체에게 우선권을 부여하기도 한다. 그러나 일반적으로 전시 주최자는 참가 횟수, 부스의 크기, 스폰서십의 형태 등을 감안하여 전시부스를 배정한다. 전시회에 처음 참가하거나 중소기업의 경우에는 전시부스 공간을 선택할 수 있는 기회를 갖지 못한다.

회사가 부스위치를 선택할 기회를 갖는다면 심사숙고하여 결정해야 할 것이다. 그러나 최적의 전시회 부스 위치를 선택한다고 해서 반드시 거래가 성사되는 것은 아니며, 이것보다는 전시회 개막에 앞서 잠재 고객과의 사전 접촉을 통해 얼마나 철저하게 준비하였느냐가 성패를 좌우한다고 할 수 있다.

[전시부스 위치 선택 양식 예시]

KANSAS LIVESTOCK ASSOCIATION

EXHIBIT SPACE AGREEMENT
KLA Convention and Trade Show
Thursday, November 29, 2007
Century II Convention Center
Wichita, Kansas

For KLA office use only
Date/Payment Received
____
Booth(s) Assigned
____

Please type or print

Reserve ____________ (number) booth(s) at the 2007 KLA Convention and Trade Show in Expo Hall of the Century II Convention Center.

Mailing address

All correspondence should be sent to:

______________________ Representative and/or Contact Person
______________________ Phone
______________________ Company
______________________ Fax
______________________ Address
______________________ E-mail
______________________ City/State/Zip

Booth location preference

Prices include over 90 days on the KLA Virtual Trade Show, 10' x 10' booth, drapes, two badges with Thursday lunch tickets, 8' table, two chairs, signage, wastebasket, reception sponsorship.

	Before Nov. 1	*After* Nov. 1
First booth	$500	$550
Second booth	$325	$375
Third booth	$225	$275
Fourth booth	$150	$200

1st Preference _____ 2nd Preference _____
3rd Preference _____ 4th Preference _____
_____ We would like to have the same as 2006.

Thursday evening drink tickets are available at a discount price of $6.00 each.

KLA reserves the right to assign all booth spaces; assignments are made on a first-come, first-served basis.

Enclose check payable to KLA and mail with agreement by October 17, 2007, to:

Kansas Livestock Association
6031 SW 37th Street, Topeka, KS 66614-5129

Contact information: (785) 273-5115 or brett@kla.org

Payment:

____	Booth(s)	$_____
____	Thursday evening drink tickets @ $6.00 each	$_____
	Total	$_____

(over)

(2) 전시부스 위치 선정기준

① 전시회 참가목표

최적의 전시부스의 위치를 결정하는 문제는 기업의 전시회 참가 목표와 밀접하게 관련되어 있다. 전시회 기간 중 가급적 많은 잠재고객과 접촉하는 것이 목표라면 참관객들의 통행이 잦은 곳, 즉 전시장의 정문에서 가까운 곳에 전시부스를 정하는 것이 유리할 것이다. 그러나 이러한 위치는 참관객들이 잘 모일 수 있는 이점을 갖고 있지만, 또 한편으로는 대부분 참관객들은 너무 복잡한 곳에 위치한 전시부스 방문을 회피하는 경향이 있다는 점도 고려해야 한다. 왜냐하면, 이러한 장소는 너무 소음이 많아서 부스업무를 수행하는 데 오히려 방해가 될 수도 있기 때문이다.

그러나 기존 고객이나 유망 고객과 전시장에서 비즈니스 미팅을 갖기로 약속한 경우에는 통행이 빈번한 곳보다는 조용한 장소를 선택하는 것이 유리할 것이다.

② 전시회 규모

전시회 규모가 클수록 전시부스의 위치는 중요한 요소가 되기 때문에 전시부스의 위치를 선정할 때 더욱 신중을 기해야 한다. 전체 부스의 개수가 소수인 전시회에서는 참관객들이 거의 모든 참가업체의 부스를 방문할 수 있을 것이다. 그러나 대규모 전시회에서는 전시부스의 위치가 잘못 선정되면 군중 속에 묻혀버릴 수도 있다는 점을 간과해서는 안 된다.

③ 경쟁업체

전시부스의 위치가 경쟁업체에 가깝게 있어야 유리하다는 견해에 대하여 전문가들 사이에는 찬반의견이 대립되고 있다. 그러나 전시 주최자는 업종별로 유사한 참가업체를 한 곳에 모아놓기 때문에 이러한 경우에는 전시 참가업체가 전시부스를 선택할 수 있는 권한이 없다. 따라서 이 경우 참관객의 입장에서는 한 곳에서 유사한 제품을 볼 수 있는 기회가 주어지기 때문에 가급적 경쟁업체의 부스에서 가까운 곳에 위치하는 것이 바람직할 것이다.

④ 주변 참가업체

돋보이는 전시부스가 있는 건너편에 회사의 부스가 위치하게 된다면 매우 불리할 것이다. 물론 이러한 전시부스를 통해 배우는 점도 있겠지만, 사전에 이 업체와 프로모션 활동을 조정하는 등 부스운영과 관련하여 협조를 구하지 않는다면 피해를 볼 가능성이 크다.

⑤ 참관객의 통행 빈도

가장 좋은 전시부스의 위치는 참관객들의 통행이 지속적으로 이루어지는 곳이라는 점에서 이견이 없다. 전시부스의 위치가 전시회장 입구에서 멀어질수록 참관객들은 피로감을 느끼게 되므로 전시부스 업무의 효율성이 떨어질 수 있다.

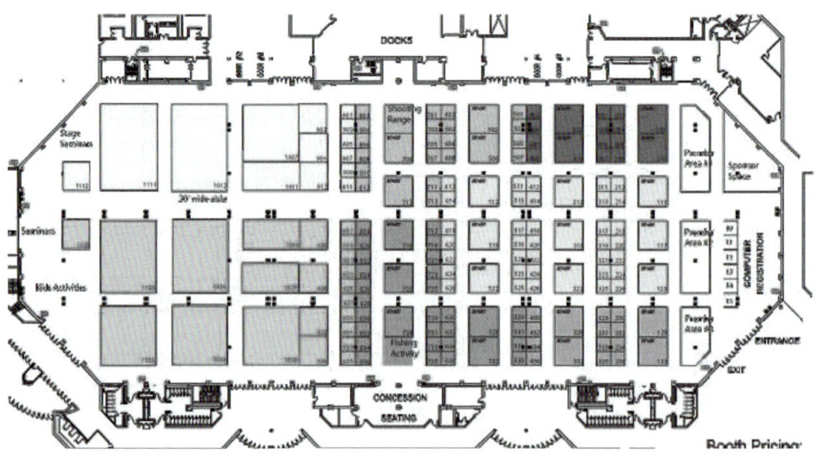

(3) 전시부스 위치 선정 시 고려사항

전시회 참가업체의 대부분은 전시장 입구 주변이나 중앙을 가장 유리한 부스 위치로 인식하고 있다. 그러나 어느 곳이 부스 위치로 좋으냐는 전시장의 레이아웃이나 성격 등에 따라 달라질 수 있다. 전시부스의 위치를 선택할 때에는 다음의 사항을 참고하면 많은 도움이 될 것이다.

- **참관객들이 주로 이용하는 동선 주변을 선택하라.**

전시장 입구나 중앙, 주 통로 양쪽 등은 동선이 시작 또는 집결되는 곳이기 때문에 매우 유리한 장소이다.

• **가급적 코너를 선택하라.**

코너는 일반 통로에 비해 사람들의 왕래가 많기 때문에 참관객들이 방문할 가능성이 높아지게 된다.

• **부스 센터를 확보하라.**

기업의 목표가 가급적 많은 방문객들과 접촉하는 것이라면 될 수 있는 한 센터를 확보하는 것이 중요하다.

• **오른쪽 부스를 확보하라.**

심리학자들은 사람들이 어떤 개방된 통로를 걸을 때 본성적으로 오른쪽을 주시하는 경향이 있다고 지적한다. 따라서 전시부스가 통로 오른편에 위치하게 되면 그만큼 방문객의 숫자도 많아질 것이다.

• **대기업 부스 주변을 선택하라.**

부스 위치가 대기업 부스 근처에 위치하게 되면 그만큼 대기업을 방문한 참관객의 시선을 끌 수 있는 기회를 갖게 된다. 관련업계를 리드하는 업체의 부스가 위치한 곳은 그만큼 참관객들의 출입이 많아지게 된다.

• **경쟁업체의 주변 부스를 선택하라.**

어느 기업이 경쟁업체에 비해 경쟁력을 갖고 있다면 방문객들에게 자연스럽게 상호 비교가 가능하도록 경쟁업체의 부스 주변에 부스를 확보하는 것이 유리하다.

• **업종별로 전문화된 부스를 선택하라.**

최근에는 품목 또는 전문 분야별로 전시장의 홀이 구분되는 경우가 많기 때문에 이러한 전시회에서는 해당 홀에 위치한 부스를 선택하는 것이 바람직하다.

▶부스위치로 피해야 할 장소(areas to avoid)는?

• **통로 안쪽 가장자리는 피하라.**

통로 안쪽 가장자리는 일반적으로 참관객들의 출입이 다른 장소에 비해 적고 주의를 끌기가 어렵다.

• **물류창고(loading docks) 근처는 피하라.**

이러한 장소는 소음이 많이 발생하고 전시 참가업체의 통행이 잦기 때문에 주변에 소재한 부스의 상담요원과 방문객들에게 많은 불편을 초래하게 된다.

• **화장실 근처는 피하라.**

많은 참관객들이 화장실을 드나들지만 가급적 빨리 용무를 마치고 전시부스로 돌아가기를 원하기 때문에 화장실 주변에 위치한 전시부스에는 그만큼 참관객들의 방문이 많지 않을 것이다.

• **장애물(obstacles)이 있는 장소는 피하라.**

음수대(water pipes), 소방장비, 기둥, 낮은 천정 등이 있는 장소는 가급적 피하는 것이 좋다. 이런 시설들은 참관객들의 부스 방문에 부정적인 영향을 미치게 된다. 특히, 기둥이 많은 부스는 그만큼 전시공간이 줄어들고 전시품 디스플레이에 어려움이 있기 때문에 가급적 피하는 것이 유리하다.

• **계단에 가까운 장소는 피하라.**

이러한 장소는 참관객들의 출입이 잦지만 그들의 목적은 부스에 있는 것이 아니라

〈표 5-8〉 전시부스 위치의 장단점

좋은 위치의 전시부스	나쁜 위치의 전시부스
• 업종별로 전문화된 전시관에 위치한 부스 • 1층 전시관 • 중앙통로 부근 부스 • 코너형 부스 • 유명 대기업이나 선진국 참가기업 부근 부스 • 휴게실이나 바이어를 위한 비즈니스 라운지 부근 부스 • 출입구에서 가까운 부스 • 전체 조명이 밝은 전시 부스 • 국내 참가업체들이 모여 있는 부스 • 경쟁업체들의 주변 부스 • 2개 부스 이상 임차한 대형업체 주변	• 별관에 위치한 부스 • 지하나 2,3층에 위치한 부스 • 화장실, 물류창고 부근 부스 • 장애물(소방장비, 기둥, 낮은 천장), 음식 코너 부근 부스 • 구석진 부근 부스 • 후진국 참가기업들 부근 부스 • 자사 전시품과 관련이 없거나 적은 전시품들이 집중 배정되어 있는 부근 부스 • 에어컨, 공조기 부근 부스 • 기본부스만 모여 있는 곳

다른 목적 때문에 계단을 통과하게 되고, 특히 계단에 가까운 전시부스의 경우에는 제품시연회를 할 때 주변 환경 때문에 많은 방해를 받게 된다.

이외에도 어두운 곳(dark spaces), 세미나 행사 주변 장소, 복도 끝 등은 가급적 피하는 것이 유리하다.

7. 전시부스 서비스 신청 및 보험가입

(1) 전시부스 서비스 신청

일반적으로 전시 주최자는 참가업체에게 참가신청서 또는 전시부스 임대배정 확인서를 보낼 때 참가업체들이 이용할 수 있는 다양한 서비스와 관련한 주문양식을 동봉한다. 전시 주최자가 제공하는 주요 서비스 내용은 다음과 같다.

- 전시부스 자재의 임차
- 가구 및 주방용구, 바닥재, 조명, 시청각기자재 등의 임차
- 전시품 운송
- 출품한 제품의 케이스 혹은 운반용기의 임시 보관
- 숙소예약
- 전시스탠드 청소 및 경비
- 화물운송보험 및 전시회 특별보험
- 전기 및 수도, 압축공기 공급 시설의 설치
- 통신수단의 설치
- 아르바이트인력(도우미)의 알선
- 자유 출입증 및 주차증 발급
- 사진촬영 등

전시부스 공간을 임차했다고 해서 현장에서 필요한 모든 서비스가 자동적으로 제공되는 것은 아니다. 전시장의 공용 전등이나 이미 바닥에 깔려있는 카펫은 무료로

제공되지만, 그 외에는 전시 주최자로부터 임차하여 사용해야 한다. 카펫의 경우에도 전시장 바닥에 깔려있지 않은 경우에는 카펫 사용료를 부담해야 한다.

일반적으로 전시 참가업체는 전시 주최자가 제공하는 서비스 내용 중에서 현장에서 반드시 필요한 것들을 유료로 신청하여 사용하게 된다. 일부 전시 주최자들은 일찍 전시 참가신청을 하는 기업에게 고객 유치차원에서 전시공간의 내용과 함께 현장에서 필요한 서비스 내용이 포함된 패키지 서비스를 제공하는 경우도 있다. 어떤 서비스를 활용할 것인가는 전시 참가업체가 선택할 문제이지만, 어떤 서비스의 경우에는 의무적으로 사용하게 되어 있어 전시 주최자의 매뉴얼을 반드시 참고해야 한다.

한편, 전시 참가업체는 카펫, 전기, 책상, 의자, 부스 청소 등 기본적인 서비스를 사전에 신청하고 전시회 기간 중 현장에서 필요한 서비스는 그때마다 추가적으로 신청하면 비용을 절감할 수 있다. 따라서 전시 참가업체는 아래의 〈표 5-9〉에 열거된 여러 가지 서비스 중에서 우선순위를 정하여 신청 여부를 결정해야 한다.

〈표 5-9〉 전시부스 서비스 신청내용 체크리스트

서비스 내용	필수사항	선택사항	불필요사항
전시부스 장치 및 철거 (Exhibit Installation & Dismantling : I&D)			
후방 벽(Back Wall and Side Draping)			
카펫/마루(Carpet & Flooring)			
가구(Furniture)			
디스플레이 지원물(Display aids)			
전기(Electricity)			
배관(Plumbing)			
휴지통(Wastebasket)			
청소(cleaning)			
전화선 및 전화(Telephone line and Telephone)			
인터넷 접속(Internet connection)			
컴퓨터 렌트(Computer rental)			
오디오/비디오 렌트(Audio/Visual rental)			
사진기(Photography)			
임시고용원(Host/Hostess)			
방문객 정보판독기(Lead retrieval system)			
보안장치(Security cages)			
화분(Flowers/plants)			
기타			

[전시부스 서비스 신청 양식 예시]

The World Under One Roof

Century II
Convention Center

REMIT TO:

Century II Convention Center
Exhibitor Services Department
225 West Douglas
Wichita, KS 67202
316-264-9121
Fax 316-303-8688

PLEASE SEE REVERSE SIDE FOR PAYMENT INSTRUCTIONS

Utilities Order Form

Event __________
Exhibitor's Company Name __________
Address __________
City ________ State ______ Zip ______
(MUST BE BILLING ADDRESS IF PAYING BY CREDIT CARD)
Exhibitor's Name __________
Phone __________
Event Dates ________ Booth # ______
Authorized Signature: __________

NOTICE:
Form
07B
Supersedes all previous forms

A check or credit card information for the total services requested must accompany this order form. **To receive advance price, the payment and order form must be received in our office five days prior to the published move-in date of your event.** Regular prices will be collected on orders placed after this date. All rates charged are for the run of the show, unless otherwise noted. Tax amounts are included in the listed price. Regulations and credit card information can be found on the reverse side of this form.

ITEM	Quantity	Advance Price	Regular Price	TOTAL
ELECTRICAL SERVICE				
20 AMP 110 V. SINGLE OUTLET		$ 32.19	$ 64.38	
20 AMP 208 V. 1 OR 3 PHASE *circle one*		$ 48.29	$ 96.57	
30 AMP 208 V. 1 OR 3 PHASE *circle one*		$ 53.65	$107.30	
50 AMP 208 V. 1 OR 3 PHASE *circle one*		$ 69.75	$139.49	
100 AMP 208 V. 1 OR 3 PHASE *circle one*		$118.03	$236.06	
100 AMP 480 V. 3 PHASE		$118.03	$236.06	
15' EXTENSION CORD		$ 4.29	$ 8.58	
25' EXTENSION CORD		$ 5.37	$ 10.73	
GROUNDED 3 WAY PLUG-IN		$ 3.22	$ 6.44	
GROUNDED 6 PLUG-IN STRIP		$ 8.58	$ 17.17	
2-300 W. LIGHTS ON POLE w/ power		$ 42.92	$ 85.40	
SIGN HANGING (see reverse) $53.65 sign, $96.57 banner, $268.15 oversize (*$26.83 fee if not rec'd 5 prior to move-in*)				
TELEPHONE SERVICES				
TOUCH TONE PHONE LINE		$96.57	$128.76	
TOUCH TONE PHONE		$10.73	$21.46	
INTERNET SERVICES				
Cable Modem: $160.95 Installation & 1st Day; $26.83/additional day (*$26.83 fee if not rec'd 5 days prior to move-in*)				
Wireless Hub: $53.65 in addition to Cable Modem charge				
SPECIAL SERVICES				
FORKLIFT (5000 lb) with OPERATOR			$80.48/hr	
WATER FILL/DRAIN: 1-100 GALLONS		$59.02	$118.03	
101-500 GALLONS		$80.48	$160.95	
500 & UP		$107.30	$214.60	
NATURAL GAS CONNECTION ($26.83/additional fitting)		$107.30	$214.60	
COMPRESSED AIR (Expo Hall only; quote for mtg rms)		$59.02	$118.03	
All State, City and Local Taxes have been included in pricing Thank you! Please read reverse side. **TOTAL AMOUNT DUE**				

(2) 보험 가입

▶전시회 특별보험 가입 바람직

전시 참가업체들은 전시장에는 많은 사람들이 모이고 전시품의 운송 과정에서 분실 등 여러 가지 위험에 노출되어 있기 때문에 이러한 각종 위험을 커버하기 위해서는 사전에 보험에 가입하는 것이 좋다. 일반적으로 전시 주최자는 제3자에 대한 대인상해와 대물손해만 책임을 지기 때문에 전시회 특별보험(Special Exhibitions Policy)에 가입할 필요가 있다.

전시회 특별보험은 운송 및 전시회장 현지에서의 체재기간 중에 발생하는 리스크 즉, 전시부스와 부스의 부수 장비, 조립과 해체, 전시회에 출품된 제품관련 전체 위험, 선적과 하역 중에 발생하는 손해, 공무원들로 인해 발생한 손해 등도 부보한다.

▶해외시장 개척보험 가입

정부는 중소기업이 전시회에 참가하기 위해서는 막대한 비용이 소요되기 때문에 한국무역보험공사를 통하여 전시회 참가 후 수출이 성사되지 않을 경우 2년 후 전시회 지출경비 총액의 95%까지 보상해주는 해외시장개척보험제도를 운영하고 있다. 만일 전시회 참가를 통하여 수출성사가 불확실한 기업은 이러한 보험제도를 적극 활용할 필요가 있다.

8. 해외전시회 참가 출장계획 수립

전시회 개막일이 다가올수록 전시관련 비용이 인상되기 때문에 전시회 참가 신청이 완료되는 대로 항공티켓과 숙소예약을 서두르는 것이 바람직하다. 전시회 오픈 전날에 도착해서 전시회가 종료되는 날에 귀국하는 것이 가장 이상적이겠지만, 전시회 사전 또는 사후에 현지에서 더 많은 고객을 접촉할 계획을 갖고 있다면 출장기간을 충분하게 잡을 필요가 있다. 출장기간을 너무 빠듯하게 잡으면 항공 일정이 예기치 못한 상황으로 인하여 지연될 경우 대처하기가 어렵기 때문에 유의해야 한다.

숙소와 관련해서는 비용이 다소 비싸더라도 가급적 전시장에서 가깝고 교통이 편리한 호텔 중에서 전시 주최자가 공식적으로 지정한 호텔을 활용하는 것이 바람직하다. 전시장에서 멀어질수록 숙박비는 저렴하겠지만 숙소까지 소요되는 비용과 시간, 그리고 피로도 등을 감안하면 효과가 떨어질 수도 있음을 알아야 한다. 경우에 따라서는 전시회 기간 중 아침저녁으로 교통체증이 심해서 피곤할 때도 있다.

▶출장정보 수집을 위한 국가정보 웹사이트

이와 함께 전시회가 개최되는 국가와 지역에 대한 다양한 정보를 수집하여 숙지하고 참가해야 한다. 이에 관한 정보는 한국무역협회의 무역포털사이트(www.kita.net)와 KOTRA의 웹사이트(www.kotra.or.kr)의 "국가현황(country profile)자료"를 검색하거나 글로벌 전시포털사이트(www.gep.or.kr)에서 제공하는 출장정보 메뉴를 활용하여 수집할 수 있다.

• KOTRA(www.globalwindow.org)

KOTRA는 우리나라의 주요 교역국가에 관한 Country Profile 서비스를 제공하고 있다. 이 사이트를 이용하기 위해서는 초기화면 좌측상단의 「무역정보-세계비즈니스정보」를 선택한 후 해당 국가를 클릭하면 된다. 이 사이트의 장점은 무역마케팅에 실질적인 도움이 되는 상거래 체크포인트, 현지 히트상품 현황, 마케팅, 투자, 현지상관습, 진출 성패사례, 수입규제사례 등 유용한 정보가 제공된다는 점이다.

위는 KOTRA가 운영하는 웹사이트(www.kotra.or.kr) 중 국가정보제공 메뉴 초기화면임

• 한국무역협회(www.kita.net)

한국무역협회는 국별정보(Country Profile)를 무료로 제공하고 있다. 이 사이트는 국가 일반개황, 정치 및 외교현황, 경제 · 무역현황, 무역관련제도, 마케팅 정보, 외국인투자제도 및 절차, 출장 및 여행정보, 우리나라와의 교역관계, 수출유망품목, 수입유망품목 현황 등 비즈니스와 밀접한 관련이 있는 실질적인 정보를 제공하고 있다. 특히, 무역협회는 중국과 관련한 다양한 정보욕구를 충족시켜 주기 위하여 중국에 관한 종합정보를 제공하는 '중국포털' 을 동시에 운영하고 있으며, 이를 통하여 중국 관세율, 중국 제조업체, 중국바이어 등 다양한 정보가 제공되고 있다. 국가정보를 입수하기 위해서는 사이트(www.kita.net)에 접속하여 초기화면의 「국가정보」 메뉴를 클릭하면 된다.

• 대한상공회의소(www.korcham.net)

대한상공회의소도 세계 주요국가에 관한 개괄적인 정보를 Country Profile DB를 통해 제공하고 있다. 이 정보는 요약된 국가정보라는 측면에서 한국무역협회 등의 국가정보와 구별된다.

• 미국 컨트리와치사(www.countrywatch.com)

컨트리와치닷컴사가 운영하는 국가정보 제공 웹사이트(www.countrywatch.com)는 전 세계 191개국의 정치, 경제, 기업 및 비즈니스, 환경 등 세부정보를 제공하고 있다. 이 사이트는 매우 구체적이고 실시간으로 업데이트 된 국가정보를 제공하고 있어 특정 국가의 시장조사에 매우 유용하다.

[http://www.countrywatch.com]

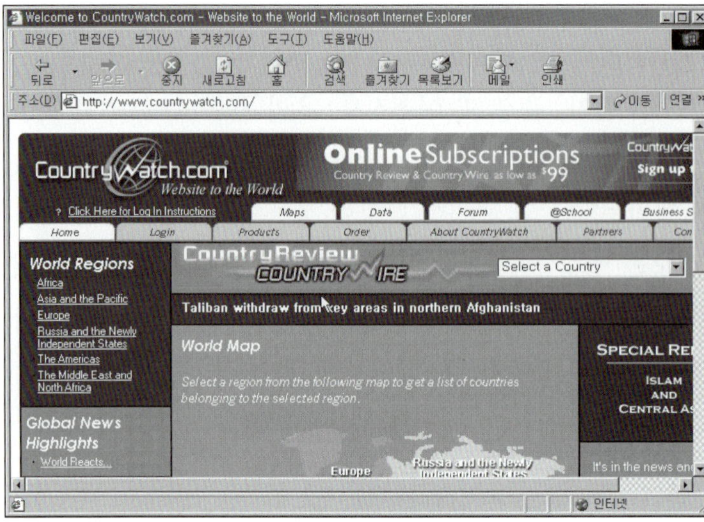

■ 미국 CIA Factbook

미국 CIA(www.odci.gov/cia)는 263개국의 일반개황, 경제현황 등 비즈니스에 매우 유용하고 업데이트 된 정보를 수시로 무료 제공하고 있다. 세계 각국의 신뢰성 있는 정보와 지도가 실시간 제공되는 것이 장점이다.

[http://www.odci.gov]

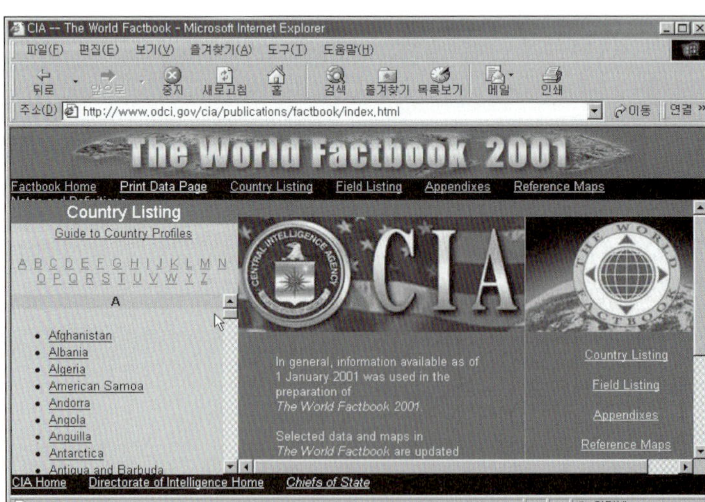

• **유럽국가 정보**

유로페이지(www.europages.com)는 주요 유럽국가와 제3국 등 150여 개국의 국가정보(옐로우 페이지)를 제공하고 있다. 이 사이트에는 각국의 일반개황, 경제 및 비즈니스 현황, 여행 등 다양한 정보가 수록되어 있어 유럽기업과의 비즈니스에 매우 유용하다.

[http://www.europages.com]

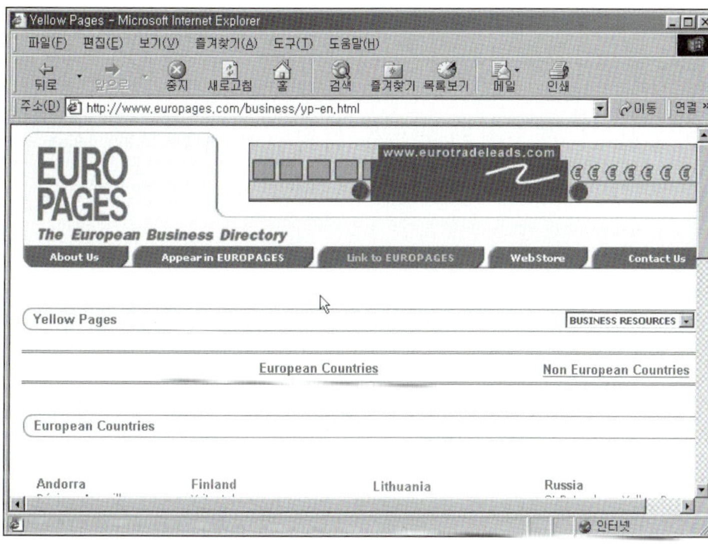

▶숙소를 예약할 때 고려해야 할 사항은?

숙소를 예약할 때 아래의 사항을 참고하면 많은 도움이 될 것이다.

• **대중교통이 편리한 호텔을 예약하라.**

전시장에 위치한 컨벤션 호텔을 예약할 수 없고 렌트카 또는 택시를 활용할 계획이 없다면 대중교통이 편리한 곳에 숙소를 예약하는 것이 바람직할 것이다. 대형 전시회의 경우에는 셔틀버스가 운행되는데, 가급적 가까운 셔틀버스 정류장 인근에 숙소를 정하는 것이 좋다.

• **숙소는 개인별로 예약하라.**

대부분 중소기업은 전시회 참가경비를 절감하기 위해 여러 직원을 전시회에 참가

시킬 때 일반적으로 두 명이 한 방을 사용하도록 한다. 그러나 숙박비를 지나치게 절감하다 보면 오히려 전시회 참가의 효율성이 떨어질 수도 있다. 왜냐하면, 전시부스 상담요원들은 부스에서 낯선 고객을 계속 접촉해야 하고 하루 종일 서 있어 피로도가 매우 높기 때문에 일과 후에는 오히려 혼자만의 시간을 보내기를 원한다. 따라서 이들의 피로를 최소화하여 전시 업무의 효율성을 높이기 위한 노력이 필요하다.

▶숙소 및 항공편 예약은 빠를수록 좋다

유명 전시회의 경우에는 개막일이 임박할수록 숙소나 항공편 예약이 어렵게 되고 비용도 평소에 비해 크게 인상되므로 가급적 서두르는 것이 좋다. 독일 유명 전시회는 전시회에 참가했다가 귀국할 때 곧바로 다음 연도에 개최될 전시회 참가 예약을 미리 해두는 것이 바람직하다.

▶출장준비 사항 체크리스트

- 호텔예약을 한다(전시회 주최회사와 연계된 호텔 이용 가능).
- 모든 인쇄물과 그래픽을 선적할 준비를 한다(언론매체 홍보자료는 직접 휴대가 편리).
- 해당국가 및 인근국가 정보를 수집한다.
- 현지 비즈니스 스타일, 상관습, 기호, 에티켓, 상담시 유의사항 등을 파악한다.
- 부스설치 지시서를 부스설치 업체에게 송부하고 별도로 한 세트를 휴대한다.
- 외주를 주어야 하는 사항들을 점검한다.
- 보험가입 여부를 점검한다(여행자 보험 가입은 필수).
- 전시장 보관시설에 장비 또는 귀중품을 보관할 수 있는지 체크한다.
- 전시품 운송 및 선적에 따른 모든 조치를 한다(상대국 통관절차 및 서류를 확인하고 운송 및 통관업체와 협의).
- 운송업체 담당자 긴급연락처, KOTRA 해외무역관 및 공관 연락처 등을 준비한다.
- 기사 홍보자료 및 광고 문안을 준비한다.
- 전시면적, 부스 서비스 등에 필요한 비용을 전시회 운영기관에 기간 내 납부한다.

- 전시부스 업무분담 스케줄을 준비한다.
- 전시기간 중 착용할 배지, 인콰이어리 양식, 전시장 내 가구 등을 준비한다(배지는 일반적으로 전시 주최자가 제공함).
- 회사 안내책자 및 각종 증거자료(facts sheet)를 준비한다.
- 전시부스에서 사용할 장비를 체크한다(여유분의 전구, 퓨즈, 케이블, 교체부품, 공구 등을 준비).
- 배지판독기(badge reader equipment)를 준비한다.
- 사무용품(마킹펜 등 필기구, 종이, 멀티탭 등)을 준비한다.
- 충분한 명함을 준비한다.
- 비자와 여권을 확인한다(여권 유효기간, 비자 발급 소요일자 등).
- 노트북과 카메라(메모리카드, 충전기 포함), 로밍된 휴대폰 등을 준비한다.
- 간단한 세제와 세면도구(스킨로션, 면도기, 치약, 칫솔) 등을 준비한다.
- 비상약(소화제, 감기약, 두통약, 상처치료제, 일회용 반창고 등)을 준비한다.

9. 판촉 및 마케팅자료 준비

기업이 전시회에 참가하여 새로운 고객을 발굴하고 거래를 성사시키기 위해서는 사전에 여러 가지 방법을 통해 잠재고객을 접촉할 필요가 있다. 일반적으로 전시회 참관객의 75%는 전시회 개막에 앞서 미리 어떤 기업의 부스를 방문할 것인지를 결정하는 것으로 알려지고 있다. 따라서 전시회가 개최되기 전에 가급적 많은 잠재 고객을 부스에 초청하게 되면, 전시회 기간 중 구매력이 높은 잠재고객을 현장에서 효율적으로 접촉할 수 있을 것이다.

Focus 해외전시회 개막 직전에 부스요원이 해야 할 사항은?

부스상담요원은 현지에 도착하는 대로 아래의 사항을 빠짐없이 체크하여 전시회 개막에 대비하여야 한다.

- 자사부스 상태를 점검(부스 위치, 위치 및 면적이 도면과 차이가 있는지, 주변 부스상태 등)한다.
- 전시품을 인수하고 도난방지에 유의한다.
- 방문객의 관심을 끌 수 있도록 전시품을 잘 디스플레이 한다.
- 전시 주최자를 통하여 서비스 신청사항(전기, 전화, 인터넷, 냉장고, 주차권 등)을 확인한다.
- 부스 도우미에 대한 오리엔테이션 교육을 실시한다(도우미는 개막 3~4주 전에 확정하여 제품소개 책자, 상담자료 등을 보내서 출품 제품에 대해 숙지하도록 한다).
- 다른 회사의 부스를 둘러보면서 참고할 사항을 파악한다.
- 개막 전날 오후까지 모든 준비를 마무리한다.

사전마케팅계획을 전략적으로 잘 수립하게 되면 그만큼 전시회의 성공 가능성이 높아질 것이다. 회사가 전시회에 참가할 계획을 갖고 있으며 부스를 꼭 방문해 줄 것을 요청하는 간단한 내용의 이메일이나 엽서를 사전에 보내서 잠재고객의 관심을 제고시켜야 한다. 기업의 각종 판촉자료에는 반드시 보내는 사람의 이름, 회사명, 회사 웹사이트 URL, 이메일 주소, 전화번호 등이 포함되도록 해야 한다.

10. 해외전시회 참가 업무 매뉴얼 작성

부스요원은 전시회 참가에 앞서 세부사항을 체계적으로 정리하여 부스업무를 용이하고 효율적으로 수행하기 위한 업무 매뉴얼을 작성해야 한다. 일반적으로 전시회 참가 업무 매뉴얼은 아래의 〈표 5-10〉과 같은 항목으로 구성된다.

〈표 5-10〉 해외전시회 참가 업무매뉴얼 구성내용

구분	내용
계획	• 전시회 참가목적 및 전시회 개요, 업무추진일정, 비목별 세부예산, 참가팀의 회의내용
운송	• 선하증권(B/L) 사본, 국내 운송회사 담당자와 연락처, 현지 운송회사 담당자와 연락처, 전시품 운송경로, 전시품 도착 확인방법
전시품과 부스연출	• 전시품 및 장치물 내역, 그래픽, 부스 최종 완성도, 변경 시 처리 방법 및 연락처
서비스 신청	• 인력고용, 전기, 전화, 청소, 임차물 등 전시 주최자에 제출한 각종 서비스 신청서 사본
광고 및 판촉	• 사전홍보 및 판촉내용, 바이어 초청장 내용 및 발송 리스트
상담 추진	• 상담목표 및 계획, 제품정보, 판매 상담건의 처리방법, 상담요원 간 일일 회의결과, 고객정보
판매상담 양식	• 상담양식
상담요원의 목표	• 상담요원의 개인별 목표, 상담요원의 일정 및 개인별 업무분장, 세미나 등 전시회 부대행사 참석내용, 상담요원에 대한 교육훈련 내용, 상담요원 숙소와 연락처
전시장과 부스위치	• 전시장과 부스위치, 전시장 전체 도면, 자사부스 위치 도면, 전시장 내의 시설 및 연락처, 전시장에서 외부로의 연락방법
기타	• 전시회 개최국에 대한 국가정보, 자사제품의 현지 시장동향 정보

06

Trade Show Marketing Practices

전시품 선적 및 통관

1. 개 요

부스배정이 이루어진 후에는 어떤 전시품을 갖고 갈 것인가를 결정해야 한다. 기존 제품을 전시할 것인가 아니면 신제품을 전시할 것인가를 결정해야 한다.

전시품의 선적과 운송이 늦어지게 되면 전시와 거래 상담에 어려움이 발생할 수 있기 때문에 전시품의 운송 및 통관 문제를 소홀히 다루어서는 안 된다.

전시부스를 예약하고 관련 서류를 전시 주최자에게 송부하고 출장계획을 수립하는 단계에서는 운송과 통관문제가 발생하지 않지만, 전시품을 보내고 반송하는 과정은 물류와 밀접한 관련이 있기 때문에 전시회 참가에 앞서 구체적인 계획을 수립하여야 한다.

전시회마다 다르겠지만 일반적으로 전시회 개막 6주 전부터 전시회에 갖고 갈 각종 마케팅자료, 홍보자료, 전시품, 전시 그래픽 등의 선적준비를 시작한다면 충분한 시간이 될 것이다. 그러나 지나치게 임박해서 선적을 하게 되면 선적비용이 많이 들어갈 수 있으므로 유의하여야 한다. 일부 전시회에서는 전시회가 열리기 전 특정 기간 이전에 전시품 도착을 금지하고 있으므로 사전에 전시 주최자를 접촉하여 상세한 내용을 파악할 필요가 있다.

▶전시품 선적 절차

- 전시품 체크리스트를 작성하여 철저한 선적준비를 한다(전시품 수량/부피, 제품

출시일정, 지적재산권 침해 여부, 선적서류 등)

- 선적할 물품을 준비한다(전시품, 홍보물, 선물용품, 소모품을 용도별로 선적 준비를 완료한다).
- 전시품 운송에 필요한 서류를 준비한다.
- 전시품의 운송방법(개별 수송, 혼적 수송, 공동 수송 등)을 선택한다.
- 전시품의 운송에 필요한 포장재를 선택한다.
- 적절한 운송수단을 선택하여 전시품을 전시회가 열리는 현장으로 발송한다.

2. 전시품의 선적

전시부스를 예약하고 나면 전시 주최자로부터 전시매뉴얼이나 바인더 또는 패킷(packet)을 받게 된다. 이 매뉴얼에는 전시 주최자와 연계되어 있는 운송업체의 명단과 함께 항공운송비용 등 전시품의 선적과 관련한 여러 가지 정보가 포함되어 있다.

(1) 선적대상 물품

중소기업의 전시부스 파견 요원들은 경비절감을 위해 전시회에서 소요되는 물품을 가급적 핸드캐리 하는 경향이 있다. 그러나 너무 무겁거나 부피가 큰 물품을 핸드캐리하게 되면 전시회가 열리기도 전에 지쳐버릴 수 있으며, 핸드캐리 물품의 중량이 초과할 경우에는 항공운임을 추가로 부담하는 경우도 있기 때문에 유의해야 한다.

▶전시회 참가 시 준비해야 할 선적물품

- **전시부스** : 사이즈가 가장 적은 Pop-up 부스는 일반적으로 선박회사의 컨테이너를 활용하여 선적할 수 있는데, 이 경우에는 전시부스를 구성하는 모든 부분품이 다 포장되었는지를 확실하게 점검해야 한다.
- **전시품** : 전시품의 부피가 크거나 무겁지 않다면 가방에 1~2개의 샘플만 챙기고 나머지는 선박회사를 통하여 전시회가 열리기 전에 충분한 시간을 갖고 발송하면 된다.
- **마케팅자료** : 비행기를 이용할 경우에는 핵심적인 마케팅자료만 챙기고 각종 인쇄물은 충분한 시간을 두고 전시회장으로 발송해야 한다.
- **명함** : 전시회 규모에 따라 다르겠지만 명함은 충분히 준비하는 것이 좋다.
- **기타 부스 필요물품** : 부스에서 필요한 포장 테이프, 가위, 전구, 전기 연결코드, 명함, 펜, 종이, 스테이플러, 전시 반송품 부착 라벨, 상담일지, 카메라, 비상약품 등을 챙기되, 가급적 한 개의 박스에 넣고 표시를 해 두는 것이 좋다.

〈표 6-1〉 선적대상 물품의 구성

전시품	제품 및 시연을 위한 기타 물품 • 지역/시즌에 부합하는 제품구성 • 주력제품 선정	**홍보물**	카탈로그(영문, 현지어) • 포스터, 패널, 실사출력물 등
선물용품	• 바이어용 • 일반 참관객용(쇼핑백 등)	**소모품**	사무용품, 장치보조물 • 스테이플러, 테이프, 상담노트, 명함 등

(2) 선적 시기

전시물품을 언제 선적할 것인가 하는 문제는 참가 전시회의 형태에 따라 달라지게 된다.

• 대규모 전시회

이들의 대부분은 일반적으로 대규모 컨퍼런스센터에서 개최되는 것이 일반적이므로 전시회 개막 수주 전에 전시품 도착을 허용한다. 사전에 전시 주최자를 통하여 전시품의 도착 허용기간을 반드시 체크할 필요가 있다. 전시물품을 신속하게 보내면 출국에 앞서 전시품이 안전하게 도착했는지 여부를 확인할 수 있는 충분한 시간을 갖게 된다.

• 소규모 전시회

이들 전시회는 주로 호텔에서 열리기 때문에 전시품을 보관할 충분한 공간이 없어 전시회 개막 하루 내지 이틀 전에 전시품 도착을 허용하고 있다. 전시품을 선편으로 보낼 때에는 이러한 상황을 감안하여 선적 시기를 결정해야 한다. 어떤 전시회의 경우에는 전시품 도착일자를 사전에 엄격하게 규제하고 있어 전시품이 이 기간보다 빨리 도착하면 벌금을 부과하기도 한다.

그리고 마케팅 자료는 출국 하루 이틀 전에 DHL과 같은 국제특급우편으로 보낼 수도 있지만 비용이 많이 든다는 점을 간과해서는 안 된다.

(3) 선적 장소

선적물품을 보내야 하는 장소는 전시 참가업체로 등록할 때 전시 주최자가 지정하는 곳으로 하면 된다. 이때에는 전시물품에 장소 및 주소, 전시회 이름, 전시일자 등을 상세하게 기재해야 한다.

컨벤션센터에서 열리는 대규모 전시회의 경우에는 일반적으로 전시물품 발송 장소의 주소가 정해져 있지만, 호텔에서 열리는 소규모 전시회는 전시장 관리자에게 보내되 잘 인식할 수 있도록 회사에 관한 자세한 정보를 기재하여야 한다.

출국하기 전에 전시물품이 도착했는지 미리 체크하는 것이 좋다. 특히, 호텔에 전시물품을 보낼 때에는 프론트 데스크가 아니라 전시회 코디네이터에게 전시물품의 수신 여부를 체크해야 한다.

선박회사를 이용할 경우에는 양질의 선적서비스(선적물품의 위치 추적 등)와 경쟁적인 가격을 제시하고 신뢰할 수 있는 회사를 선정하는 것이 매우 중요하다.

(4) 운송방법

전시회에 갖고 갈 제품과 전시회에 필요한 물품들은 회사의 규모와 전시회 일정계획에 맞추어 운송해야 한다. 주로 사용하는 운송방법으로는 선박을 이용한 해상운송과 항공편을 이용한 항공운송, 그리고 개인의 휴대가 가능한 물품은 핸드캐리로 운송하게 된다.

〈표 6-2〉 전시품 운송방법 비교

방 법	장 점	단 점	비 고
해상운송	운임이 저렴함	운송기간이 김	보편적
항공운송	운송기간이 짧음	운임이 비쌈	–
핸드캐리	소량일 경우 추가 운송비 부담 없음	이동시 불편하고 통관 시 차질 발생 가능(extra charge)	신제품 등 소량운송에 적합

(5) 전시품 포장

마케팅자료 등을 선적할 때에는 아래 사항에 유의하여 포장해서 보내야 한다.

- 단단한 고품질 박스를 사용하라.
- 선적물품의 개수를 가급적 줄여라 : 선적물품의 개수를 많게 하면 나중에 수령 여부를 추적하는 데 시간이 많이 소요된다. 다만, 무거운 물품을 사이즈가 큰 박스에 포장하게 되면 운송과정에서 손상될 우려가 있으며, 또 박스 하나에 너무 많은 물품을 포장하게 되면 운반과정에서 어려움이 발생할 수 있다.
- 선적물품의 개수를 파악하고 해당 숫자를 기재하라.
- 선적물품에 대해서는 보험에 가입하는 것이 좋다.

(6) 선적 제외 물품

선적회사가 아무리 신뢰할만 하더라도 전시회에 사용될 중요한 물품은 핸드캐리 하는 것이 바람직하다. 선적된 물품이 정확하게 도착한다 하더라도 선적물품을 하역하기 전에 전시회 등록서류나 각종 문서들이 필요할 수도 있다. 따라서 다음과 같은 물품은 출국할 때에 직접 소지해야 한다.

- **전시회 관련 각종 서류** : 전시회 참가 자격 및 각종 서비스 신청과 관련하여 전시 주최자에게 지불한 대금지급서류 등은 항상 소지하는 것이 바람직하다.
- **마케팅자료의 전자사본 및 하드 카피** : 추가 인쇄할 필요가 있는 마케팅자료의 전자 사본이나 하드 카피를 추가로 준비해야 한다.
- **여분의 명함** : 선적물품의 도착이 지연될 경우를 대비하여 명함을 추가로 약간 준비하는 것이 좋다.

Focus ▸▸▸ 개인물품 준비요령

전시회에서 쓸 모든 물품의 선적을 완료한 후에는 전시회 기간 동안 필요한 개인물품을 포장해야 한다.

- 편안한 신발과 양말 : 교대로 신을 수 있도록 편안한 신발 두 켤레와 양말을 준비한다.
- 편안한 옷 : 호텔에 머물 때에는 정장을 할 필요가 없으므로 편안한 옷을 준비한다.
- 부스 의복 : 특히 로고가 부착된 옷을 입을 경우에는 만일의 사태에 대비하여 여벌을 준비하는 것이 좋다.
- 전기충전기 : 휴대폰, 컴퓨터 충전기를 준비하는 것을 잊어서는 안 된다.

〈표 6-3〉 전시회 발송용 물품 체크 리스트

전시부스 물품	□ 부스 □ 배너 및 사인(signs) □ 조명	□ 전시품 디스플레이 지지대 □ 제품사진/제품설명도 □ 컴퓨터 및 시청각 장비
전시품 및 전시품 샘플	□ 신제 □ 과거 프로젝트 수행 실적 바인더(서비스제품의 경우)	□ 기존 제품

마케팅 자료	□ 카탈로그 □ 브로슈어 □ 명함 □ 기타	□ 주문양식 □ 판매계약서(sales sheets) □ 경품
전시부스 사용용품	□ 상담일지(노트북) □ 스테이플러 □ 선적 라벨	□ 펜(마킹펜) □ 끈, 포장 테이프 □ 선적 봉투/자료/서류
전시부스 사용용품	□ 고객약속사항 기재 장부 및 달력 □ 기타 양식 □ 휴대용 진공청소기 □ 건전지 □ 손전등	□ 가위 □ 박스 절단기 등 공구 □ Extension 코드 □ 기 타

3. 전시물품 선적서류 준비

전시품이 구비되면 선적에 필요한 상업송장, 포장명세서, 선하증권 등의 선적서류를 준비해야 한다. 그리고 전시용 제품을 수출 또는 재수입할 경우에는 ATA까르네(물품무관세임시통과증서)로 수출입 통관을 진행해야 한다. 즉, 전시 참가업체는 상공회의소에 등록한 후 까르네 서류를 발급받아 전시품 수출 시 세관에 제출하면 된다. 그리고 전시품을 재수입하는 경우에는 일반 화물과 동일하게 진행하되 수입통관할 때 까르네 서류를 세관에 제출하면 수입관세를 부담하지 않고 수입통관을 할 수 있게 된다.

- **상업송장(Commercial Invoice)**

제품의 명세서 내지 대금청구서의 역할을 하는 필수적인 선적서류로서 전시 참가업체가 직접 작성한다.

- **포장명세서(Packing List)**

전시품의 포장내역을 표시하는 서류로 통관할 때 실제로 포장 안에 어떤 물품이 들어있는지를 증빙하는 서류로 전시 참가업체가 직접 작성한다.

〈Commercial Invoice 양식 예시〉

<table>
<tr><td colspan="2">① SELLER
DAESUNG INDUSTRIAL CO., LTD.
146-1, SOOSONG-DONG, CHONGRO-KU
C.P.O. BOX 7917, SEOUL, KOREA</td><td colspan="4">⑦ INVOICE NO. AND DATE
DS - 960123 JULY. 19, 2000

⑧ L/C NO. AND DATE
LC0232/904901 JUNE. 5, 2000</td></tr>
<tr><td colspan="2">② CONSIGNEE

TO ORDER OF THE FUJI BANK LTD. TOKYO</td><td colspan="4">⑨ BUYER (IF OTHER THAN CONSIGNEE)
OKAMOTO INDUSTRIES INC.
3-27-12 HONHGO BUNKYO-KU
TOKYO, JAPAN</td></tr>
<tr><td colspan="2">③ SAILING ON OR ABOUT
JULY. 20, 2000</td><td colspan="4">⑩ OTHER REFERENCES
AS Per P/O No. DIC-96-007 DATED
MAY. 30, 2000</td></tr>
<tr><td>④ VESSEL/FLIGHT
BROWN 709E</td><td>⑤ FROM
BUSAN, KOREA</td><td colspan="4" rowspan="2">⑪ TERMS OF DELIVERY AND PAYMENT
CIF YOKOHAMA, JAPAN
AT 60 DAYS AFTER SIGHT</td></tr>
<tr><td colspan="2">⑥ TO
YOKOHAMA, JAPAN</td></tr>
<tr><td>⑫ SHIPPING MARKS</td><td>⑬ NO. & KIND OF PKGS</td><td>⑭ GOODS DESCRIPTION</td><td>⑮ QUANTITY</td><td>UNIT PRICE</td><td>AMOUNT</td></tr>
<tr><td colspan="6">C/NO. 1-1-300 AUTOMOBILE TUBES
ITEM : AUTO TUBE
SIZE : SIZE VALVE
Q'TY : 550-13 TR13 2,100PCS @US$1.80 US$3,780.00
600-14 TR13 3,900PCS 1.90 7,410.00

TOTAL : 6,000PCS US$11,190.00

**</td></tr>
<tr><td colspan="2">C.P.O. Box : 7917 SEOUL
Cable Address : FONECA SEOUL
Telex Code : DESCO K24416
Telephone No. : 735/5671
733/8194</td><td colspan="4">SIGNED BY</td></tr>
</table>

〈Bills of Lading 양식 예시〉

<table>
<tr><td colspan="4">① Shipper/Exporter
ABC TRADING CO. LTD.
1. PIL-DONG, JUNG-KU, SEOUL, KOREA</td><td colspan="7">⑪ B/L No. ; But 1004</td></tr>
<tr><td colspan="4">② Consignee
TO ORDER OF ABC BANK</td><td colspan="7"></td></tr>
<tr><td colspan="4">③ Notify Party
ABC IMPORT CORP.
P.O.BOX 1, BOSTON, USA</td><td colspan="7"></td></tr>
<tr><td>Pre-Carrage by</td><td colspan="3">⑥ Place of Receipt
PUSAN, KOREA</td><td colspan="7"></td></tr>
<tr><td>④ Ocean Vessel
WONIS JIN</td><td colspan="3">⑦ Voyage No.
1234E</td><td colspan="7">⑫ Flag</td></tr>
<tr><td colspan="11">⑤ Port of Loading ⑧ Port of Discharge ⑨ Place of Delivery ⑩ Final Destination(For the Merchant Ref.)
PUSAN, KOREA BOSTON, USA BOSTON, USA BOSTON, USA</td></tr>
<tr><td colspan="2">⑬ Container No. ⑭ Seal No.
Marks & No

ISCU1104

Total No. of Containers or
Packages(in words)</td><td colspan="3">⑮ No. & Kinds
of Containers
or Packages

1 CNTR</td><td colspan="2">⑯
Description
of Goods

LIGHT BULBS
(64,000 PCS)</td><td colspan="2">⑰ Gross
Weight

4,631 KGS</td><td colspan="2">Measurement

58,000 CBM</td></tr>
<tr><td>⑱ Freight and Charges</td><td colspan="2">⑲ Revenue tons</td><td colspan="3">⑳ Rate</td><td colspan="2">Per</td><td colspan="2">Prepaid</td><td>Collect</td></tr>
<tr><td>Freight prepaid at</td><td colspan="3">Freight payable at</td><td colspan="7" rowspan="2">Place and Date of Issue
May 20, 1999, Seoul
Signature</td></tr>
<tr><td>Total prepaid in</td><td colspan="3">No. of original B/L</td></tr>
<tr><td colspan="4">Laden on board vessel
Date Signature
May 21, 1999</td><td colspan="7">ABC Shipping Co. Ltd.
as agent for a carrier, zzz Liner Ltd.</td></tr>
</table>

• **수출면장**

전시물품의 수출을 허용하는 수출면허서류로서 세관이 수출자에게 발급한다. 수출자는 수출면장을 제시해야만 본선에 선적하거나 항공기에 적재할 수 있게 된다.

• **선하증권**(Bills of Lading : B/L) **혹은** Airway Bill

운송화물의 수령 또는 선적을 입증하는 중요한 서류로서 선박회사나 복합물류업체가 화주(전시 참가업체)에게 발급한다. 이 서류가 있어야만 목적지에서 전시물품을 수령할 수 있다. 항공화물운송장(Airway Bill)은 항공운송화물에 대해 화주와 운송인 간에 화물의 운송계약이 체결되었다는 것을 입증하는 서류이다.

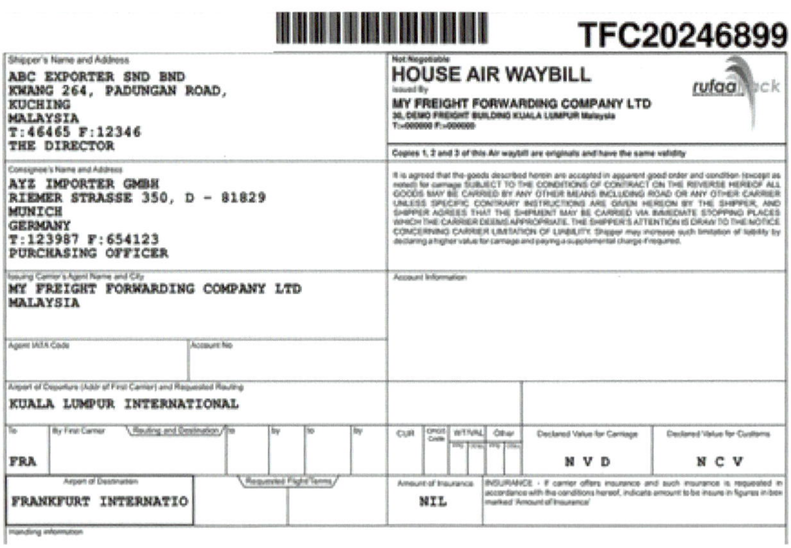

TFC20246899

Shipper's Name and Address
ABC EXPORTER SND BND
KWANG 264, PADUNGAN ROAD,
KUCHING
MALAYSIA
T:46465 F:12346
THE DIRECTOR

Not Negotiable
HOUSE AIR WAYBILL
Issued By
MY FREIGHT FORWARDING COMPANY LTD
30, DEMO FREIGHT BUILDING KUALA LUMPUR Malaysia

Copies 1, 2 and 3 of this Air waybill are originals and have the same validity

Consignee's Name and Address
AYZ IMPORTER GMBH
RIEMER STRASSE 350, D - 81829
MUNICH
GERMANY
T:123987 F:654123
PURCHASING OFFICER

It is agreed that the goods described herein are accepted in apparent good order and condition (except as noted) for carriage SUBJECT TO THE CONDITIONS OF CONTRACT ON THE REVERSE HEREOF. ALL GOODS MAY BE CARRIED BY ANY OTHER MEANS INCLUDING ROAD OR ANY OTHER CARRIER UNLESS SPECIFIC CONTRARY INSTRUCTIONS ARE GIVEN HEREON BY THE SHIPPER, AND SHIPPER AGREES THAT THE SHIPMENT MAY BE CARRIED VIA INTERMEDIATE STOPPING PLACES WHICH THE CARRIER DEEMS APPROPRIATE. THE SHIPPER'S ATTENTION IS DRAWN TO THE NOTICE CONCERNING CARRIER LIMITATION OF LIABILITY. Shipper may increase such limitation of liability by declaring a higher value for carriage and paying a supplemental charge if required.

Issuing Carrier's Agent Name and City
MY FREIGHT FORWARDING COMPANY LTD
MALAYSIA

Account Information

Agent IATA Code | Account No

Airport of Departure (Addr of First Carrier) and Requested Routing
KUALA LUMPUR INTERNATIONAL

To	By First Carrier	Routing and Destination	to	by	to	by	CUR	CHGS Code	WT/VAL	Other	Declared Value for Carriage	Declared Value for Customs
FRA											N V D	N C V

Airport of Destination
FRANKFURT INTERNATIO

Requested Flight/Terms

Amount of Insurance
NIL

INSURANCE - If carrier offers insurance and such insurance is requested in accordance with the conditions hereof, indicate amount to be insured in figures in box marked 'Amount of Insurance'

Handling Information

〈Air Waybill 샘플〉

• **수출보험**(Export Insurance)

수출업자(전시 참가업체)가 수입업자의 신용위험이나 수입국의 정치상황 등으로 인하여 수출대금을 회수하지 못하는 손해를 보상하는 신용보험으로 한국무역보험공사가 전시 참가업체에게 보험가입의 사실을 입증하기 위해 발급하는 서류이다.

• ATA Carnet(**물품 무관세 임시통관증서**)

ATA는 '일시수입' 이라는 뜻의 프랑스어 'Admission Temporaire' 와 동일한 의미의 영어인 'Temporary Admission' 의 합성어이다. 'Carnet' 은 프랑스어로 증서라는 의미를 갖고 있으며, 물품의 무관세 임시 통관증서를 말한다.

이는 ATA협약 가입국 간에 일시적으로 물품을 수입/수출 또는 보세운송하기 위하여 필요로 하는 복잡한 통관서류나 담보금을 대신하는 증서를 이용하여 통관절차를 신속하고 편리하게 하려는 목적을 갖고 있다. 따라서 ATA Carnet을 이용하게 되면 통관할 때 부가적인 통관서류의 작성이 필요 없으며, 관세, 부가세, 담보금 등을 수입국 세관에 납부할 필요가 없게 된다.

이 증서는 중남미와 아프리카를 제외한 ATA에 가입된 67개국에서 통용되고 있다. ATA 까르네를 이용하게 되면 ATA 협약가입국에서 신속하고 원활한 통관을 할 수 있다. 다만, 일정 기간 내에 해당물품을 재반출해야 하며 재반출하지 않을 경우에는 협약위반이 되어 관세를 납부해야 한다.

우리나라의 경우 ATA 까르네는 대한상공회의소, 부산상공회의소, 대구상공회의소, 안양상공회의소 등 4곳을 통해서만 발급받을 수 있다.

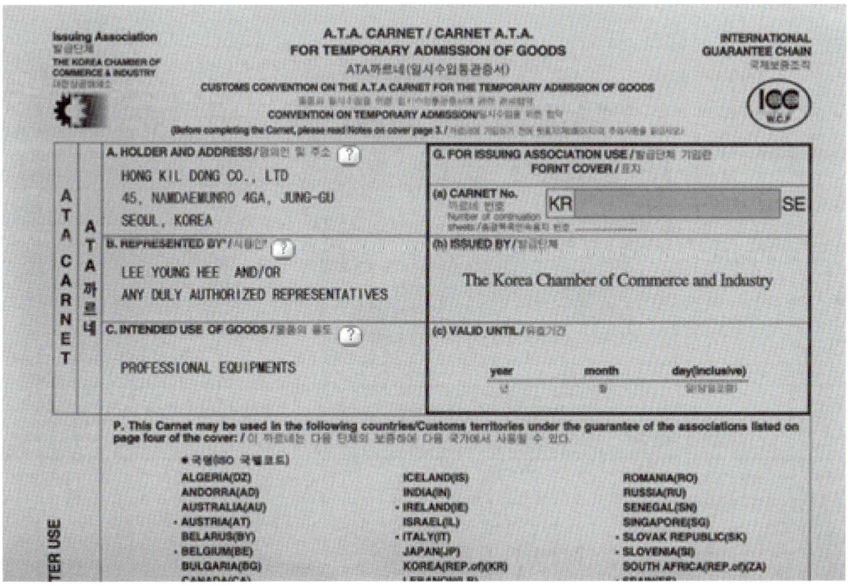
Issuing Association
THE KOREA CHAMBER OF COMMERCE & INDUSTRY

A.T.A. CARNET / CARNET A.T.A.
FOR TEMPORARY ADMISSION OF GOODS
ATA까르네(일시수입통관증서)
CUSTOMS CONVENTION ON THE A.T.A CARNET FOR THE TEMPORARY ADMISSION OF GOODS
CONVENTION ON TEMPORARY ADMISSION
(Before completing the Carnet, please read Notes on cover page 3.)

INTERNATIONAL GUARANTEE CHAIN
ICC W.C.F

ATA CARNET / ATA 까르네

A. HOLDER AND ADDRESS
HONG KIL DONG CO., LTD
45, NAMDAEMUNRO 4GA, JUNG-GU
SEOUL, KOREA

B. REPRESENTED BY*
LEE YOUNG HEE AND/OR
ANY DULY AUTHORIZED REPRESENTATIVES

C. INTENDED USE OF GOODS
PROFESSIONAL EQUIPMENTS

G. FOR ISSUING ASSOCIATION USE
FORNT COVER

(a) CARNET No. KR SE
Number of continuation sheets

(b) ISSUED BY
The Korea Chamber of Commerce and Industry

(c) VALID UNTIL
year month day(inclusive)

P. This Carnet may be used in the following countries/Customs territories under the guarantee of the associations listed on page four of the cover:

ALGERIA(DZ) ICELAND(IS) ROMANIA(RO)
ANDORRA(AD) INDIA(IN) RUSSIA(RU)
AUSTRALIA(AU) • IRELAND(IE) SENEGAL(SN)
• AUSTRIA(AT) ISRAEL(IL) SINGAPORE(SG)
BELARUS(BY) • ITALY(IT) • SLOVAK REPUBLIC(SK)
• BELGIUM(BE) JAPAN(JP) • SLOVENIA(SI)
BULGARIA(BG) KOREA(REP.of)(KR) SOUTH AFRICA(REP.of)(ZA)

위는 ATA Carnet 실제 샘플임.

ATA까르네 발급신청서

무역관계증명서 발급규정에 의거하여 ATA까르네 발급을 신청하며 대한상공회의소 발급규정에서

신 청 자
회사명
대표자 (인)

발급결	담 당	팀 장

까르네 명의인 (한 글)	사업자등록번호		서명등록번호	
	회 사 명 / 주 소			
연 락 처	부(실) 과(팀) 담당자성명 전화 팩스			
주 소 (「개인」에 한함)		주 민 등 록 번 호		
직 업 및 직 장 (「개인」에 한함)		전 화 번 호		
까르네 사용자				
물 품 의 용 도 해당되는 곳에 V표	☐ 상품 견본(Commercial Samples) ☐ 직업용구(Professional Equipments) ☐ 전람회 박람회 등 명 칭 :			
일 시 수 입 국	1 2 3 4 5 / 6 7 8 9 10			
보 세 운 송 국	1 2 3 4 5			
물품의 수출방법 해당되는 곳에 V표	☐ 휴대 ☐ 운송사 ☐ 우편		수 출 예 정 일	년 월 일
대 상 물 품	총 액 : ₩		재 수 입 예 정 일	년 월 일

하기란은 기입하지 마시오

발 급 일		CARNET 번호		유효기간
담보의종류	☐ 보험 ☐ 현금	담 보 금 액	₩	수 수 료 ₩

반환결	담 당	팀 장

까르네반환일 년 월 일	담보해제일 년 월 일
담보금반환에 따른 의견	

4. 전시물품의 반송

대부분 전시품은 원칙적으로 면세로 반입되기 때문에 현장에서 판매할 수 없다. 특히, 유럽과 북미 등 선진국에서 개최되는 전시회에서는 전시품을 반드시 반출하도록 하고 있다는 점에 유의해야 한다. 현지에서 판매하거나 바이어에게 무료로 줄 계획을 갖고 있다면 미리 관세를 납부하고 통관하는 것이 바람직하다. 그러나 일부 국가와 전시주최자들은 관세 납부에 관계없이 전시품의 가치가 크지 않다면 현장 판매를 문제 삼지 않는 경우도 있다. 그러나 이 경우에도 가능하면 전시회 기간 중에는 예약만 받고 마지막 날에 판매하는 것이 좋다. 만일 특정 바이어가 자사의 고가 전시품을 전시회가 종료된 이후에 인수하겠다고 하는 경우에는 계약금을 사전에 받아놓는 것이 좋다. 왜냐하면 구매하겠다고 약속한 바이어가 변심하거나 약속 시간에 나타나지 않을 수도 있기 때문이다. 판매가 예약된 경우에는 전시품에 "Sold Out"이라고 표기하는 것이 좋다.

전시회가 종료된 이후에는 남은 전시용 제품이니 샘플, 각종 자료 등을 본국으로 반송해야 하는데, 아래의 사항을 참고하면 유용할 것이다.

- 전시품 반송용 라벨을 준비한다. 전시 주최자나 호텔 비즈니스센터로부터 선적물품의 본국 송부용 라벨을 받아서 잘 작성해 두는 것이 좋나.
- 전시부스에 남은 각종 물품을 동일한 박스에 포장한다. 이때 다른 전시 참가업체로부터 수집한 마케팅자료도 함께 포장한다.
- 전시부스에 또 다른 물품이 남아 있지는 않은지 체크한다.
- 포장된 박스에 라벨을 부착하고 봉하면 귀국 준비가 종료된다.

▶반드시 핸드캐리 할 필요가 있는 전시물품

일부 전시회에서는 포장된 박스를 그대로 전시부스에 놓으면 알아서 본국으로 보내주는 경우도 있다. 그러나 전시회 기간 중 수집한 아래와 같은 중요한 자료는 선적물품과 함께 보내지 말고 직접 휴대하는 것이 좋다.

- 접촉고객 자료 또는 노트북 : 전시부스를 방문한 고객자료는 가장 소중한 자산

이고 사무실에 돌아오는 대로 사후관리의 가장 기초적인 자료가 된다. 이러한 자료를 선적물품에 포함시켜 분실되거나 지연되는 위험을 자초해서는 안 된다.

- 주문자료 : 전시부스에서 수주한 주문 자료나 영수증 등은 매우 중요한 자료로 시간에 민감한 특성을 갖고 있다.
- 선적관련 자료 : 선적물품의 재 선적에 따른 각종 서류를 직접 휴대해야 한다.
- 전시 주최자 전화번호 등 : 귀국 후 전시부스 픽업 내지 철거 등과 관련한 문제가 있을 때 접촉할 수 있는 연락처를 미리 확보해 두어야 한다.

Focus 전시회 종료 후 전시품 처리는 어떻게 하는가?

전시회가 끝난 후 전시품을 현지에서 기증하거나 판매할 수도 있다. 기증할 경우에는 관세와는 무관하지만, 현지 판매할 경우에는 세관당국에 신고를 필하고 세금을 납부해야 한다. 그리고 전시회 종료 후 전시품을 폐기처분할 경우에는 전시 주최자에게 신고하여 필요한 절차를 거쳐야 한다. 전시품을 폐기할 경우에는 그 발생비용을 누가 부담해야 하는지를 전시 주최자에게 문의하여야 한다.

5. 전시품의 운송 및 통관 시 유의사항

전시품이 준비되면 전시 개막일 1~2일 전에 전시장에 도착되도록 운송회사에 의뢰해야 한다. 부피가 큰 전시품은 해상운송을 이용하는 데 운임이 저렴하지만 시간이 오래 걸리므로 반드시 운송회사를 통해 운송기간을 확인하고 결정해야 한다. 그러나 부피가 크지 않고 무게가 많이 나가지 않는 전시품은 항공운송을 이용할 수 있는데, 운임은 다소 비싸지만 운송기간이 짧게 걸린다는 장점이 있다. 전시품을 휴대할 경우에는 항공사마다 무료로 실어주는 무게와 가방 또는 박스 수량에 제한을 두고 있어 허용범위를 사전에 확인하는 것이 중요하다. 특히, 귀금속이나 분실 가능성이 있는 제품은 직접 휴대하는 것이 유리하다. 다만 귀금속 등 고가품은 통관 시 문제가 될 수 있으므로 미리 대비하는 것이 중요하다. 그리고 해상운송이든 항공운송이든 전시물품에 대한 손망실을 대비하여 보험에 가입해야 한다. 운송비가 지나치게 저렴한 운송회사는 포장이나 서비스, 현지 통관 수속 능력이 떨어지는 경우가 있으므로 운송비만 보고 운송회사를 선정하는 것은 바람직하지 못하다.

한편, 해외전시회의 경우에는 전시품 통관절차와 관련된 규정들이 나라마다 상이하고 복잡하며 까다로워 전시품 운송에 있어 주의해야 한다. 이 경우 국제화물 운송전문업체들이 전시품 현지 반입 및 국내운송까지 원스톱 서비스를 제공하고 있어 이들을 적극 활용할 수 있다. 출장 직원이 직접 전시품을 운송할 경우에는 대한상공회의소에서 발행하는 ATA 까르네를 이용하면 용이하게 운송할 수 있다. 그러나 안전하고 확실하게 전시품을 운송하기 위해서는 국제화물 운송 전문업체에 위탁하는 것이 바람직하다.

전시품을 운송 및 통관할 경우 다음과 같은 사항을 유의해야 한다.

첫째, 전시품은 충분한 시간을 두고 발송해야 한다. 대부분 중소기업들은 전시품을 선편으로 발송하고 일부 가벼운 전시품만 항공편으로 발송하거나 핸드캐리 하는데, 가끔 선편으로 발송한 전시품이 제때에 도착하지 않아 전시에 어려움을 겪기도 한다.

둘째, 가급적 현지 사정에 정통한 전시회 주최자가 지정한 통관대행업체를 이용하는 것이 안전하다. 전시품을 수령하는 수탁인(Consignee)은 신뢰할 수 있어야 하기 때문이다.

셋째, 전시품의 도난 방지를 위해서는 포장에 신경을 써야 한다. 각 전시품마다 회사명, 부스번호, 전시회명을 필히 기재해야 한다. 대부분의 국가에서 개최되는 전시회에서는 전시품 통관과정에서 도난사고가 자주 발생하고 있다. 도난방지를 위해서는 Carton Packing 보다는 Wooden Packing이 바람직하며, 만약의 사태에 대비하여 중요한 샘플은 여분으로 핸드캐리 하는 것이 바람직하다.

넷째, 전시품 통관서류 작성 시 가격을 정상가격보다 낮게 표시(undervalue)하는 것에 유의해야 한다. 많은 기업들이 전시품의 인보이스 작성 시 보험료를 절감하기 위해 언더밸류 된 가격을 기재하는데, 이럴 경우 세관에 적발되거나 도난사고가 발생하게 되면 제대로 보상을 받지 못하는 경우가 발생한다.

다섯째, 전시회가 열리는 국가의 통관절차와 규정을 사전에 파악하는 것이 필요하다. 국가별 수입 금지품목, 통관절차의 특이사항 등을 사전에 파악하여 전시품 통관에 문제가 없도록 한다. 가능하면 전시회 개최국가 언어로 작성된 상품설명서를 첨부한다. 일부 국가들은 다른 국가와는 상이한 통관절차나 규정을 시행하고 있는 경우가 있다. 특히, 회교국가의 경우 술이나 여성 나체사진이 있는 잡지는 반입이 금지되므로 이런 아이템을 전시품과 함께 보내서 적발되면 해당 아이템은 몰수되고 전시회 참가 자체가 불가능할 수 있다.

여섯째, 샘플을 항공으로 핸드캐리 하는 경우 관세부과에 대비해야 한다. 이를 위해서는 공항에서 관세면세를 받기 위해 전시품을 증명하는 물품무관에 임시통관증서(ATA Carnet), 송장(Invoice), 포장명세서(Packing List) 등 전시품 통관관련 서류를 사전에 준비해 가야 한다.

일곱째, 전시회 종료 후 전시품의 재 반송 여부를 결정할 때 신중을 기해야 한다. 재반송 비용이 많이 소요되는 전시품은 현지에서 구매자를 물색하여 전시회 종료 즉시 인계하는 것이 바람직하다. 이때에는 재반송 비용과 현지 처분비용을 비교하여 결정하는 것이 유리하다. 현지 매각도 바람직하겠지만, 전시회 기간 중에 매각할 경우에는 전시 주최자로부터 경고를 받거나 심한 경우에는 블랙리스트에 올라 차년도 부스 배정이 배제되거나 벌금을 부과받게 되므로 유의해야 하며, 가급적 전시회 마지막 날 매각하는 것이 좋다. 따라서 전시품을 처분하려면 사전에 예약을 받아두었다가 전시회가 끝날 때 해당 전시품을 인도하는 것이 바람직하다.

끝으로 전시회 참가 직원은 운송과정에서 문제가 발생할 수 있으므로 주말에도 연락이 가능한 운송업체 담당자 긴급연락처를 필히 파악해야 하며, 전시품 운송관련 사본 서류도 별도 준비하여 만일의 사태에 대비하는 것이 중요하다.

〈전시품 운송절차 및 주요 점검사항〉

통관상황의 Monitoring	• 해외 운송은 뜻하지 않은 변수가 많음. 전시회 일정 및 Lead Time에 관리 필요. 지속적인 모니터링을 통해 요구 및 협조 제공 요구
통관 시 주의사항	• 상내국의 통관 규정상 Temporary import가 관세지불보다 비용이나 시간이 더 들 수 있고, 또한 추가 서류 등으로 실익이 없는 경우가 있음
운송 시 주의사항	• 전시회 장소의 반입허용일정 • 일부 미리 반입을 한 경우 보관료 등이 부과될 수 있음
관세 등의 처리 방법	• 상대국에서 관세는 물품인수 시 낼 수도 있고, 일부 수수료로 지불하는 조건으로 운송업체가 선납하고 한국에서 요금과 같이 지불할 수 있음 • DTP = Deliver Duty & Tax Paid, DDP = Deliver Duty Paid 조건
기타 비용의 추가지불 가능성	• 주말(야간)배달, 장소의 변경 및 미리 배달하는 경우 등은 Special Trucking 비용 및 보관료 등의 추가 비용이 발생될 수 있음

Focus 전시품 운송 시 고려사항

- 전시품을 운송할 때에는 박스 숫자를 가능한 줄여서 포장하되 표시를 명확하게 해야 함.
- 전시품 반송용 라벨은 미리 준비하는 것이 중요함.
- 의료기기 등 통관 문제가 발생할 수 있는 품목의 경우에는 사전 대비 중요 (현지어로 작성된 제품 설명서 등 준비)
- 전시품의 현지 처분 여부 사전 확인 필요

- 관세부과에 대비, ATA Carnet(무관세 임시통관증서), 인보이스 등 사전 준비
- 전시품은 충분한 시간을 두고 반송 필요
- DHL 등 특급우편도 국가에 따라 통관이 어려울 수 있으므로 대비 필요
- 안전한 전시품 운송을 위해서는 Wooden Packing 유리
- 샘플, 카탈로그, 명함, 기념품은 충분하게 준비
- 해당운송 도중 변질 위험이 있는 전시품은 항공운송을 이용하거나 직접 휴대 필요
- 전시품 손망실 대비 보험 가입 필수
- 전시품 손망실, 통관 불허, 지연도착 등에 대비하여 비상용 상담자료 준비 필수

6. 주요국별 전시품 운송 및 핸드캐리 시 유의사항

해외전시회에 참가하는 기업은 전시품 운송 및 핸드캐리에 관한 제도가 국가마다 상이하므로 해당 국가의 전시품 운송 및 통관, 그리고 핸드캐리 시 유의사항을 사전에 점검할 필요가 있다. 이하는 주요 국가별로 전시품 운송, 통관 및 핸드캐리 시 유의사항에 관한 KOTRA 자료를 요약 정리한 것이다.

1) 미국

전시품 현지 통관 절차는 전시품 항구 도착, 통관 서류 준비(B/L, Invoice, Packing List 등), 품목별 제품분류, 통관서류 작성, 통관서류 세관으로 이관, 세관 담당자 검토, 세관 Inspector 서명, 세관 통과, 해당 통관업체에 통보 순으로 진행된다. 현지통관 소요기간은 2~5일이며 통관비용은 1 CBM당 US$100~500 정도이다. 그러나 X-Ray Exam에 걸리게 되면 통관기간이 3~7일로 늘어날 수 있다. Inspection은 90% 이상 수행하며 Full Container가 아니면 99% 이상 검열한다.

직접 운반(핸드캐리) 시 현지 공항에서 유의사항과 관련하여 핸드캐리 전시품에 대한 구비서류로는 Invoice, Packing List가 있으며, 세관원이 서류를 요구하면 제시할 수 있도록 준비해야 한다. 이 구비 서류에는 전시회의 전시물품이라는 것을 명

시하기 위하여 "Not for sale" 및 "only OOO 전시회명"과 같이 기입해야 한다. 물품에 대한 제조회사명, 주소, 원산지도 표기해야 하며, 만일 물품이 "Made in Korea"가 아닐 경우 해당 제조회사의 정보(회사명, 주소, 원산지 등)를 표기해야 한다. 참고로 중국이 원산지인 제품의 경우 검문 조사가 더욱 까다롭다는 사실을 간과해서는 안된다.

- Invoice 금액이 250달러 미만인 경우 검색조사가 비교적 용이하며 이 금액을 초과할 경우에는 검색절차가 까다롭다.
- 정식으로 통관하게 될 경우에는 핸드캐리 제품은 1차로 해당 항공사의 참고로 옮겨지며 통관회사를 통해 정식 통관절차를 밟아야 한다.
- 전시물품과 개인용품을 혼합하여 같은 가방에 넣지 말고 핸드캐리 물품이 미국 FDA에 저촉되는 경우에는 사전에 미국 내 통관회사에 문의하여 준비해야 한다.

2) 중국

한국에서 상하이까지 선박 운송에 2~3일, 해관신고, 상품검사 신고 등 절차에 5일이 소요되며, 한국 창고 발송부터 전시장 도착까지 보통 1개월 정도 소요된다. 1 CBM 통관 비용은 약 300달러에 달한다. 통상적으로 전시회 주최 측에서 지정한 물류업체를 이용하면 문제없이 통관할 수 있으나 만일 전시품 통관 지연 시 일부 세관원들은 관례적으로 관세 면제를 조건으로 뒷돈을 요구하는 경우가 있는데 금액이 과다하지 않다면 적절하게 대응하는 것도 방법이다.

직접 운반(핸드캐리) 시 현지 공항에서 유의사항과 관련하여 전시품의 경우에도 정상관세를 납부해야 한다. 주로 Packing List, Invoice, HS Code를 제출해야 하는데, 500달러 이상은 반드시 세금을 납부해야 하므로 Invoice 작성 시 샘플 금액은 가능한 500달러 미만으로 작성해야 한다. 공항에서 문제 발생 시 물류업체를 찾아 직접 통관하는 것이 빠르다.

현지 통관 시 필요서류는 주로 Commercial Invoice 및 Packing List 각 1부, 반송될 물품과 소모품을 별도로 각각 분리해서 작성하되 Invoice 작성 시 제품 HS Code를 필히 기재하여야 한다. 반송 시 면세통관을 위한 면장 발급을 위해 사업자등록증사본도 준비해야 한다.

3) 독일

전시품이 아닌 카탈로그, 브로슈어, 선물용품 등은 반드시 전시품과 별도로 포장하며, 선적서류에 표기되지 않은 물품을 전시품으로 운송하면 안 된다. 독일세관에서는 전시품 밀반출 사례가 잦아 통관심사(전시품 중량 실측, 지적재산권 위반상품 포함 여부)를 엄격하게 진행하고 있다. 따라서 선적서 작성 시 상세한 전시품 정보(전시품 모델명, 시리얼 넘버, HS코드)를 반드시 기입해야 한다. 수입통관의 경우, 전시회 종료 후 전시품의 바이어 인도 및 판매가 가능하다. 면세 통관의 경우 반드시 선적서류에 기재된 무게 및 수량 전량을 독일 반입 통관 신고 후 60일 이내에 한국으로 재반출해야 한다. 면세통관 전시품을 판매 등 현지 처분할 경우에는 사전에 통관업체를 접촉, 수입관세를 납부하여 수입통관 전시품으로 변경해야 한다.

통관절차는 전시품목에 따라 다르지만 통상 해상물품은 14일, 항공물품은 7일 정도 소요된다. 전시품 운송을 위한 Wooden Box와 Carton Box는 반드시 분해 또는 펼쳐서 폐기해야 하며 포장박스가 전시품 반송을 위해 필요한 경우 운송업체에 유료로 보관을 의뢰할 수 있다.

직접 운반(핸드캐리) 시 현지 공항에서의 유의사항과 관련하여 핸드캐리 전시품의 경우에는 반드시 관련 전시회가 기재된 영문 샘플인보이스와 대한상공회의소에서 발행하는 무관세임시통관증서(ATA Carnet) 증빙서류를 준비해야 한다.

현지 통관 시 필요서류는 선하증권, 상업송장, 포장명세서 및 원산지증명서이며 이 밖에 수입 승인이 필요한 품목에 대해서는 별도의 수입허가서(수입 승인)나 감시서류를 독일연방경제기술부 또는 독일 연방식품농업소비자보호부에 제출해야 한다.

4) 일본

일본으로 도착한 화물을 일본 내에서 인도받기 위해서는 화물이 보관된 보세지역을 관할하는 세관에 수입 신고를 하고, 필요 검사를 받은 후 관세, 국내소비세 및 지방소비세를 납부해야 한다. 단, 전시품은 보세취급을 받을 수 있는데 이를 위해 해당 전시회가 일본 관세법 62조 2항(보세전시회의 허가)에 따라 소관 세관장으로부터 보세전시회의 허가를 받아야 한다. 이 경우, 선박이나 항공기로부터 하역된 전시품을 보세품으로 인정되어 전시장으로 반입이 가능하다. 그러나 해당 전시회가 보세전시회로 허가를 받지 않았더라도, 관세정률법 제 17조(1년 이내 재수출 조건으로 반입된 박람회, 전시회 전시물품)에 따라 보세품 취급이 가능하다. 또한, 전시회에 참가하는 기업이 ATA Carnet을 제시하는 경우, 관세 납부 등의 절차 없이 전시품을 보세 상태에서 일시적으로 일본 국내로 반입할 수 있다.

직접 운반(핸드캐리) 시 현지 공항에서의 유의사항과 관련하여 전시품을 직접 운반할 경우, 영문송장, ATA Carnet 등을 필히 지참하여 일본공항에서 관세부과 및 통관절차에 대비해야 한다. 현지 통관 시 필요서류는 수입신고서 외에도 상업송장, 선하증권, 보험증서, 운임명세서, 포장명세서가 기본적으로 필요하다.

5) 베트남

한국에서 베트남까지 해로를 통해 물품을 운송하는 데 약 20일(한국에서 수속 2~3일, 해상 6~10일, 베트남에서 수속 5~7일) 소요된다. 베트남으로 운송되기 전에 한국기업은 베트남 세관 통관 검열을 위해 인보이스와 포장명세서를 준비해야 한다. 베트남 세관 통관의 전시품 검열 수속 절차는 『임시수입 재수출 규정』에 따라야 한다. 대기업 운송서비스를 이용하면 도난 및 망실의 위험이 적고 수속 절차가 간단해진다.

직접 운반(핸드캐리) 시 현지 공항에서의 유의사항과 관련하여 공항 세관원들이 특별히 전시품 샘플을 단속하지 않으며 핸드캐리 규정인 7Kg 이하와 액체 100ml 미만으로 가져간다면 추가 비용 없이 직접 운반이 가능하다.

6) 홍콩

인천항에서 홍콩항까지 선박 운송 소요시간은 4~5일 정도, 항공편으로 운송 시 1~2일 정도 걸리며 현지 통관에 걸리는 시간은 최대 5일 정도다. 홍콩은 자유무역지역이어서 전반적으로 통관하는 데 큰 어려움은 없는 편이며 1 CBM당 통관비용은 US$ 75~95 수준이다. 전시 시작 약 10일 전에 홍콩항에 도착시키면 무리 없이 진행이 가능하다.

직접 운반(핸드캐리) 시 현지 공항에서의 유의사항과 관련하여 원칙적으로 전시품 핸드캐리 시, 세관신고를 필히 해야 하며 Invoice, Packing List 및 전시회 참가증빙서류(전시신청서) 등을 준비해야 한다. 홍콩 공항의 Security가 강화되고 있어 칼, 커터, 면도날 등의 품목은 가급적 핸드캐리 하지 않는 것이 좋다.

7) 러시아

러시아의 운송 및 통관 시스템은 매우 낙후되어 있으며 관료주의가 심한 편이다. 제품의 정식 통관 시 요구되는 서류가 운송하는 제품에 따라 매번 변경되기 때문에 사전에 구비 서류 목록과 작성 방법 등을 면밀히 검토할 필요가 있다. 해상운송의 경우, 한국에서 현지 도착까지 최소 한 달 이상 소요되며 완전히 통관을 마치고 전시장에 배송되는 시점까지 긴장을 늦추면 안 된다. 전시품 운송 계약 시 필히 전시장까지 배송되는 조건으로 진행해야 하며 계약 시 원활한 통관을 위해 러시아 항구보다 함부르크, 코트카, 리가 등으로 배송하는 것이 좋다. 내륙운송을 이용하게 될 경우, 전시장치 공식 공사기간(보통 전시 개막 3~4일전) 내에 트럭이 도착해야 전시장 내부 진입이 가능하므로 해당 일정에 맞춰 운송계획을 세워야 한다. 현지 공항에서 물품 구류를 피할 수 있는 방법으로는 박스 단위 포장보다는 여행자용 가방을 이용해 Hand Carry하거나 여러 사람이 가는 경우 이를 분산해 Hand Carry하는 방법, 그리고 일반 관광객인 경우 짐이 많지 않아 검색이 까다롭지 않으므로 일반 관광객 틈에 끼어서 입국하는 방법 등이 있다. 모스크바 공항 세관원들은 한국, 중국 비즈니스 사절단이 올 경우 의도적으로 물품 검색을 까다롭게 한다. 이 경우 당황하지 말고 전시회에 참가하는 업체임을 설명하고 전시 참가 사실 증명이 가능한 서류를 제시한다. 공항 통관에서 물품 구류 시 세관원이 물품구류를 최종 결정한 경우, 물표(물품압류증)를 발급해 주고 공항에서 물품을 구류해 준다.

8) 아랍에미레이트

한국에서 UAE 까지 선박 운송기간은 3~4주 정도 소요되며 UAE에서 한국으로 향하는 컨테이너 운송비가 반대의 경우보다 저렴하다. UAE의 전반적인 통관 시스템은 안정적으로 운영되고 있으며 뇌물 성행 빈도도 높지 않다. 하역 노동자들의 파업 빈도는 거의 없는 편이고 운송사의 서비스 수준은 보통으로 간혹 포장 및 배달 과정에서 전시품이 손상을 입기도 하므로 포장 시 주의를 요한다. 걸프협력회의 국가로 나갈 품목은 회원국 내 1차 기항에서만 관세가 부과되며 통관절차 및 구비서류는 모든 회원국에서 동일하다.

직접 운반(핸드캐리) 시 현지 공항에서의 유의사항과 관련하여 전시회 참가기업 대부분은 전시회 참가 시 상용비자가 아닌 관광비자로 입국하기 때문에 전시물품의 경우에도 정상 관세를 납부해야 한다. 직접 운반 전시품의 경우, 공항 세관원들은 비즈니스 출장자들을 대상으로 샘플반입을 집중 단속하므로 관광객들 틈에 섞여 세관 검사대를 통관하면 비교적 덜 노출될 수 있으며 샘플은 여러 가방에 분산 휴대하는 것이 좋다. 아울러 전시주최자로부터 아랍어와 영어로 작성된 전시회 참가 확인 레터를 휴대하는 것도 바람직하다.

9) 인도

한국에서 인도(뉴델리 기준)까지 선박 운송 시 약 30일이 소요되며 인도 현지 통관 절차 등 현지 소요기간은 약 5~7일 정도다. 1 CBM당 통관비용은 US$100 정도에 달한다. 늦어도 전시회 개막일 기준 10일 전까지는 전시회 개최도시에 전시품이 도착해야 한다. 전시품의 원활한 운송과 통관을 위해 전시회 참가기업은 상업송장과 포장 명세서를 정확하게 작성하고 현지 운송사에서 요구하는 라벨을 전시품에 부착해야 한다. 라벨에 들어갈 사항은 전시회명, 개최날짜, 업체명/출품자명, 크기 및 무게, 전시회장 및 부스 번호, 박스 개수 및 번호 등이다.

직접 운반(핸드캐리) 시 현지 공항에서의 유의사항과 관련하여 전시회 참가기업의 경우 대부분 전시회 참가 시 상용비자가 아닌 관광비자로 입국하기 때문에 전시물품의 경우에도 수출품으로 간주되며 관세를 납부해야 한다. 다만, 공항 세관원들이 핸드캐리 물품에 대하여 관례적으로 관세를 면제해주는 조건으로 뒷돈(통상적으로 1,000~2,000루피)을 요구하는 경우가 있는데, 상황에 따라 과도하게 요구하지 않는다면 적절하게 대응하는 것도 방법이다. 공항 세관원들은 비즈니스 출장자들을 대상으로 샘플 반입 등을 집중 단속하므로 핸드캐리 시에는 전시품을 종이상자에 담지 않고, 수트케이스에 담는 것이 좋다. 또한, 샘플 가격이 담긴 인보이스와 전시주최자로부터 현지어로 작성된 전시회참가를 확인하는 서류를 휴대하는 것이 좋다.

10) 싱가포르

싱가포르에는 전시품의 통관 시스템이 잘 정착되어 있어 필요로 하는 서류가 정확하게 구비되어 있는 한 전시품의 운송 및 통관은 문제없이 진행된다. 특히, 전시품의 경우 별도의 통관 절차 없이 임시수입허가(Temporary Importation for Exhibitions Auctions & Fairs, Events)를 받아 진행하면 된다. 전시품을 전시장에서 판매하거나 샘플로 무료 제공할 경우에는 임시수입허가를 받을 수 없어 일반통관을 해야 하며 부가세(CIF의 7%)를 지불해야 한다. 싱가포르는 담배와 술, 그 외 수입신고가 필요한 제품을 제외하고는 관세를 부과하지 않는다. 싱가포르는 물류 기반시설이 선진국 수준이며 뇌물이나 운반 중 전시품 도난 및 망실 등의 문제는 거의 없다. 그러나 수입/수출이 제한된 일부 품목은 해당 관청의 허가를 받아야 전시가 가능하다.

직접 운반(핸드캐리) 시 현지 공항에서의 유의사항과 관련하여 전시회 참가기업이 전시품을 직접 운반할 경우에도 선박이나 항공편으로 운송하는 경우와 동일하다. 싱가포르는 일부 품목을 제외하고는 관세를 부과하지 않고 부정부패가 없는 것으로 유명해 공항에서 통관 관련 뒷돈을 요구하는 경우는 없다.

07

Trade Show Marketing Practices

해외전시회 사전마케팅

1. 개요

참가하는 전시회가 매우 유명해서 바이어와 참관객들이 많이 찾아오더라도 자사의 부스로 찾아오는 바이어가 적거나 별다른 기대감이 없는 참관객들만 방문한다면 전시회 참가 의미가 퇴색될 수 있다. 전시회를 잘 활용하는 기업들은 전시회가 개막되기 수개월 전부터 자사제품의 설명서와 참가계획서를 주요 바이어에게 보내서 전시회 현장에서 만나자는 약속을 하고 전시회 기간 중에 이들과의 실질적인 상담을 통해 성과를 이끌어내는 전략을 구사하고 있다.

이처럼 전시회에 참가하게 되면 많은 바이어를 만날 수 있지만 참가 기업이 원하는 바이어를 만나는 것은 쉽지 않다. 따라서 전시회 참가 성과를 극대화하기 위해서는 전시회에 참가하는 불특정 다수의 바이어를 무작정 기다리는 것보다 원하는 바이어와의 만남과 회의를 사전에 예약하는 등의 사전마케팅 활동을 적극적으로 전개해야만 전시회 참가 성과를 높일 수 있다.

바이어들은 무수히 많은 기업의 부스를 모두 방문하는 것은 물리적으로 불가능하기 때문에 사전에 초청받은 업체의 부스나 관심 있는 업체 부스들을 미리 선택하여 방문할 수밖에 없다. 따라서 전시회 개최 전에 기존 거래선이나 이미 알고 있는 바이어, 그리고 잠재 바이어들에게 전시회 참가 사실과 부스번호를 알려주는 초청장과 제품설명서 등을 전시회 개막 2~3개월 전에 보내서 전시회 기간 중 자사의 전시부스를 방문하도록 유도해야 한다.

참가기업은 전시회 예상참관객을 분류하고 타겟 바이어를 선정하여 그에 맞는 마케팅방안을 수립해야 한다. 초청할 바이어 리스트를 작성하고 전시회 개최 전 바이어와 접촉하여 기업이 전시회에 참가한다는 사실을 알려야 한다. 초청 바이어 리스트에는 기존 거래처와 함께 새롭게 진출하고자 하는 시장의 바이어 및 잠재성이 있는 모든 이들을 포함해야 한다. 대부분 기업은 거래를 희망하는 바이어 리스트를 사전에 준비하고 있기 때문에 보유한 리스트를 활용하여 바이어를 전시회에 초청하는 것도 바람직하다. 혹시 바이어 리스트가 없다면 Google, Yahoo와 같은 검색엔진이나 Alibaba, Trade Korea, EC21 등과 같은 무역거래알선 사이트를 통해 기업정보를 무료로 얻을 수 있다. 최근에 홍보수단으로 적극 활용되고 있는 Twitter, Face book, Linkedin 등 SNS를 활용하여 전시회 참가를 바이어들에게 알리는 것도 좋은 방법이다.

▶전시회 성과를 위해서는 사전마케팅계획 수립 필수

전시회에는 많은 참관객과 기업이 참가하기 때문에 아무리 세계적으로 유명한 전시회에 참가하더라도 사전에 체계적인 계획을 수립하지 않고서는 전시회에서 좋은 성과를 기대하기가 어렵다. 따라서 전시회 참가에 앞서 수행하는 사전마케팅(Pre-Show Promotion) 활동은 전시회에 성공적으로 참가하기 위한 필수요건이라고 할 수 있다.

한국무역협회의 조사(2007.7)에 의하면, 사전준비로 2개월 이상 할애하는 기업의 60%는 전시회 참가를 통하여 큰 성과를 거둔 것으로 나타났다. 바이어의 경우 해외전시회 참가 여부에 따라 구체적인 결정은 전시회 시작 2개월 전에 하기 때문에 이 시기에 참가 사실을 잠재 바이어에게 알리고 미팅을 주선하는 것이 매우 중요하다. 즉, 사전 마케팅을 적극 전개하여 바이어와의 미팅을 확약하고 전시회에 참가해야 성공 가능성을 높일 수 있다.

전시 주최자들은 우수한 참관객(qualified attendees)과 참가업체(exhibitors)를 유치하기 위해 나름대로 최선을 다하지만, 이들의 노력에만 의존해서는 안 된다. 참가업체들은 전시회 기간 중 유망 잠재고객이 자사 부스를 방문할 수 있도록 나름대로 사전마케팅계획을 체계적으로 수립 · 시행해야 한다. 특히, 전시회에 처음으로 참가

〈표 7-1〉 해외전시회 참가 성공기업의 사전마케팅 시행기간

구 분	비중(%)
안 한다	0.2
1개월 미만	9.1
1-2개월	30.3
2-3개월	34.5
3-6개월	20.3
6개월 이상	5.6

자료 : 한국무역협회 업체 실태조사(2007.7)

하는 기업들은 전시 주최자가 참관객과 기업을 유치해 주기 때문에 별로 걱정할 필요가 없다고 생각하지만, 많은 참관객들을 자사의 전시부스로 유치하는 것은 전시 참가업체가 스스로 해야 할 일이다.

전시회에 참가해 보면 어떤 부스는 방문객으로 넘쳐나서 부스 상담요원들이 식사할 시간이 없는 경우가 있는데 비해, 별로 준비를 하지 않고 막연한 기대감을 갖고 간 참가업체는 부스가 너무 한산하여 상담요원들이 초조한 모습을 하고 있는 것을 목격할 수 있다.

▶유명 전시회일수록 철저한 사전마케팅계획 수립 및 시행 필요

이런 점에 비추어 볼 때 전시회 참가에 앞서 참관객을 유치하기 위하여 얼마나 적극적으로 사전마케팅 활동을 전개했느냐에 따라 전시회 참가 성과가 크게 달라질 것이다. 따라서 기업의 전시 담당자들은 전시회 참가에 앞서 많은 우량 고객이 자사의 전시부스를 방문하도록 상당한 시간과 비용을 투입하면서 다양한 형태의 프로모션 활동을 전개한다.

규모가 큰 유명 전시회일수록 참관객들이 일정한 시간에 방문할 수 있는 부스가 한정되어 있기 때문에 대부분 참가업체들은 자사 부스로 참관객들을 유치하기 위해 사전마케팅 활동에 많은 노력을 기울이게 된다.

또한, 기업은 전시부스를 잘 꾸미는 것만으로 많은 참관객을 유치하여 거래를 성사시키는 데 한계가 있다는 점을 알아야 한다. 물론 부스 디자인이 독특해서 많은 참관

객들의 시선을 끌 수 있을지는 모르지만, 이들의 대부분은 회사의 목표 고객집단과는 거리가 멀 가능성도 있다. 이보다는 전시회 참가에 앞서 체계적인 사전마케팅계획을 수립하여 잠재 고객을 전시회에 초청하기 위하여 다양한 노력을 기울일 필요가 있다.

한편, 사전마케팅계획을 효과적으로 수립하기 위해서는 다음의 사항에 대한 철저한 준비가 있어야 할 것이다.

- 누구를 접촉할 것인가(Who to contact)?
- 어떻게 접촉할 것인가(How to contact them)?
- 언제 접촉할 것인가(When to contact them)?
- 어떤 내용을 전달할 것인가(What to tell them)?

Focus 사전마케팅 우수 사례 : 테크로스사

이 회사는 세계 최초로 방폭형 선박평형 수처리 시스템을 개발하여 수처리 분야에서 우리나라를 대표하고 있다. 이 회사는 일찍부터 해외로 눈을 돌려 전 세계 조선소와 선사를 대상으로 사업을 진행했다. 이를 위해 테크로스는 독일 국제조선 및 해양기술전시회에 참가하여 회사 제품을 적극적으로 알리고 우수한 거래선을 확보하기로 결정했다. 테크로스는 전시회 개막 수개월 전부터 전시회 준비에 착수했다. 우선 잠재 고객들에게 개별적인 초청장이나 뉴스레터를 발송해 부스번호 등 자세한 정보를 제공했다. 관심을 보이며 답변을 보낸 고객들은 별도로 분류해 미팅 일정을 잡았다. 실제로 전시회가 개막되자 사전에 접촉한 바이어들의 상당수가 부스를 방문하였고 현장에서 수출계약을 체결하는 성과를 거두기도 하였다. 이 회사의 사례는 전시회 성과를 거두기 위해서는 사전마케팅이 필수적이라는 사실을 보여준다.

2. 사전마케팅의 대상

▶전시회 참가에 앞서 부스 유치대상 내방객 명단 작성 필수

전시 참관객들을 회사의 부스로 유인할 수 있는 가장 효과적인 방법은 잠재 고객을 사전에 개별적으로 접촉하여 부스를 방문하도록 권유하는 것이다. 이를 위해서는 회사가 확보하고 있는 기존의 고객명단과 함께 전시 주최자, 한국무역협회, KOTRA, 산업단체 및 협회, 관련업종 발간자료 등 다양한 경로를 통하여 전시회에 참가할 예정이거나 참가할 가능성이 있는 목표 고객집단 정보를 입수하여 유치대상 고객 명단을 작성해야 한다.

전시 주최자나 업종 단체로부터 메일링 리스트를 입수할 경우에는 약간의 비용이 들겠지만, 과거 전시회 실적자료를 무료로 보내주거나 전시 참가 예정업체로 확인되면 전시 참가예정자 명단을 보내 주기도 한다. 따라서 사전에 전시 주최자를 통하여 어떤 정보를 제공해 줄 수 있는지 여부를 파악할 필요가 있다.

위와 같은 경로를 통해 입수한 메일링 리스트의 분량이 너무 방대할 경우에는 면밀하게 검토하여 회사의 특성에 직접적으로 부합하는 잠재고객 명단만 추출해 낼 필요가 있다. 회사와 직접적인 관계가 없는 고객을 접촉하는 데 시간과 비용을 낭비해서는 안될 것이다.

▶잠재 바이어 리스트 정보 수집방법

최근 인터넷의 발달로 회사의 제품을 취급하는 해외 바이어 또는 유통업체 명단을 국내외 웹사이트를 통해 쉽게 입수할 수 있다.

〈표 7-2〉 국내외 주요 거래알선 사이트 현황

국내 웹사이트	해외 웹사이트
• 한국무역협회(www.kita.net) • KOTRA(www.kotra.or.kr) 및 www.buykorea.or.kr • (주)EC21(www.ec21.net) • (주)이씨플라자(www.ecplaza.com) • 중소기업진흥공단(www.sbc.or.kr)	• 알리바바(www.alibaba.com) • 유로페이지(www.europages.com) • 미국 트레이드넷(www.tradenet.gov) • 글로벌소스사(www.globalsources.com) • 인디아마트(www.indiamart.com) • 트레이드인디아(www.trade-india.com) • 차이나페이지(www.chinapage.co.) • 컴파스(www.kompass.com) • 트레이드컴파스(www.tradecompass.com) • 토마스레지스터(www.thomasregister.com)

3. 내방객 부스 유치방법

전시회 사전마케팅은 참가업체의 전시회 참가 성공 여부를 좌우한다고 해도 과언이 아니다. 단순히 전시부스를 설치하고 전시품을 진열한 후 무작정 내방객을 기다리는 것은 무모한 일이기 때문이다.

일단 회사의 전시부스 유치 대상 고객명단이 확보되면 이들에게 초청장이나 이메일, 서한 등을 보내서 사전에 접촉을 시도한다. 이들을 접촉하는 데 소요되는 시간과 비용을 절약하기 위해서는 이메일을 활용하는 것이 좋다. 이메일은 다른 방법에 비해 접촉하기가 용이하고 비용이 적게 들며 제품사진과 회사 로고 등 다양한 정보를 동시에 보낼 수 있는 장점이 있다.

▶전시부스 유치 대상 내방객 접촉 방법

- 초청장
- 서한
- 회사 뉴스레터
- 회사 웹사이트(전시회 참가계획, 전시부스 번호, 제품 세부사항 등 업데이트 정보 게시 필요)
- 웹 광고(Web Announcements) : 전시 주최자 운영 웹사이트상의 디렉토리에 게시
- 광고(Advertising) : 해당 전시회 홍보 뉴스레터에 광고
- 무역관련 발간자료(저널, 매거진, 신문 등)
- 보도자료(Public Relations) 등

〈표 7-3〉 해외전시회 참가 홍보매체 현황

구 분	비중(%)
이메일 홍보	47.1
초청장 발송	35.2
홈페이지 공고	6.5
스폰서프로그램	5.4
매체광고	2.6
텔레마케팅	0.7
기타	2.6

자료 : 한국무역협회 업체 실태조사(2007.7)

(1) 개별초청 : 초청장(Invitation Letter) 발송

유력 바이어를 초청하는 가장 효과적인 방법은 유치대상 고객(기존 및 잠재 고객)에게 회사의 전시부스를 방문하도록 요청하는 공식적인 초청장을 보내서 개별 초청하는 것이나. 잠재고객 리스트는 회사이 영업부서를 통해 확보할 수 있다. 초청장을 보낼 때에는 직접우편(Direct Mail), 팩스, 인터넷 등을 활용할 수 있지만, 비용을 절감하면서 많은 잠재고객을 접촉하기 위해서는 인터넷을 활용하는 것이 가장 효과적이다.

초청장에는 전시회 개요, 회사 소개 및 연락처, 전시회 참가여부 문의, 전시회 참가 시 부스방문 요청, 출품예정 전시품 소개, 거래희망 의사표현, 부스위치, 방문 시 혜택 등의 내용이 포함되어야 한다. 초청장은 일반적으로 전시회 개막 2~3개월 전에 일괄적으로 회사의 대표이사나 고위 경영진의 명의로 발송하고 회신이 없으면 초청장 발송 후 2~3주 정도 지나서 다시 발송해야 한다. 관심을 보인 고객에 대해서는 출품 제품에 대한 구체적인 정보(가격표, 스펙 등)를 송부해 주면서 부스상담 약속을 이끌어낸다.

초청장은 부피가 크지 않게 하고 제품 카탈로그, 가격표 등은 동봉하지 않는 것이 좋다. 초청장을 발송한 후 약 1~2주 후에 편지로, 그리고 2차로 초청장, 전화 등으로 초청을 다시 확인한다. 그들이 회사의 부스를 방문하기로 한 약속을 확인하는 것에 만족해서는 안 된다. 그들과 구체적인 부스 방문시간을 사전에 확정하는 것이 바람직하다.

위는 초청장 샘플임

▶초청장 제작 및 발송 시 참고해야 할 사항은?

• **목표고객(a targeted group)을 초청해야 한다.**

먼저 회사의 목표 고객집단에 해당될 수 있는 참관객들을 파악해야 한다. 이들 리스트에는 기존 고객명단과 함께 영업부서에서 제공한 유망 고객, 관련 협회나 단체로부터 입수한 목표고객, 과거 전시회 참관객 명단 등이 포함되어야 한다.

• **창조적이어야 한다(be creative).**

목표고객 집단에게 보내는 초청장은 다른 회사와 비교하여 창조적이고 독특하게 제작되어야 한다. 왜냐하면, 독특한 초청장은 고객의 관심을 유발시켜 회사를 오랫동안 기억하기가 유리하기 때문이다.

• **전시회 무료입장권을 동봉하라(tie-in with an attendee pass).**

대다수 전시 주최자들은 참가업체에게 특별 입장권을 제공하기 때문에 초청장을 보낼 때 이것을 동봉하게 되면 잠재 고객을 회사의 전시부스로 유치하는 데 긍정적인 영향을 미칠 것이다.

- **인센티브를 제시하라(include an incentive).**

초청장을 소지하고 회사의 부스를 방문할 경우 특별한 선물이나 경품, 기념품, 이벤트 당첨기회 등을 제공한다고 약속하는 것도 효과적이다. 또한, 초청장과 함께 회사 제품을 대표하는 기념품을 보내는 것도 좋은 방법이다.

- **초청장을 구분하여 제작하라.**

전시부스 방문 고객을 차별할 필요가 있을 때에는 초청장을 고객 특성별로 상이한 색상으로 제작하게 되면, 부스를 방문하였을 때 부스 상담요원이 고객별로 무엇을 해야 하고 어떤 선물을 줄 것인지를 신속하게 파악할 수 있게 된다.

- **확인 메일을 보내라.**

초청장을 보내 놓고 무작정 기다리는 것은 바람직하지 못하다. 전시회 개막 1주일 전에 팩스를 보내거나, 2-3일 전에 이메일을 보내서 그 고객으로 하여금 전시회를 기억하도록 확인할 필요가 있다.

- **초청장을 받고 참가한 방문객 숫자를 파악하라.**

부스요원에게 초청장을 받고 부스를 방문한 고객 숫자를 파악하도록 한다. 이렇게 하면 어떤 고객이 초청장에 반응을 보이지 않았는지를 파악할 수 있게 된다. 이는 초청장의 효과와 고객명단의 유용성 등을 검증하는 데 유용한 자료가 될 것이다. 그리고 이 결과는 향후 전시회에 다시 참가하게 될 때 무엇을 개선해야 할 것인가에 관한 방향을 제시해 준다.

(2) 전시회 디렉토리 게재 및 광고

대부분의 전시 주최자들은 참가업체 명단이 알파벳과 품목별로 명시된 공식적인 카탈로그나 전시회 디렉토리(Show Directory)를 발간하는데, 여기에 회사의 이름이 반드시 게재되도록 해야 한다. 선진국에서는 디렉토리 게재비용이 비싸지만, 개도국의 경우에는 게재비용이 거의 없기 때문에 이러한 디렉토리를 적극 활용할 필요가 있다. 특히, 인터넷 전시회 디렉토리의 경우에는 무료로 게재할 수 있는 이점이 있다.

이와 함께 전시회 디렉토리에 회사가 전시회에 참가할 계획이라는 광고를 게재하는 것도 효과적인 방법이 될 것이다. 선진국의 경우에는 전시회 디렉토리 광고비용이 비교적 비싼 편이지만, 개도국은 저렴하기 때문에 적극 활용할 필요가 있다. 일반적으로 전시회 디렉토리 광고 효과는 매우 높은 것으로 평가되고 있다.

(3) 부스방문 권유 전화접촉

전화접촉은 개별초청 다음으로 유망고객을 회사의 전시부스로 유치할 수 있는 좋은 방법이다. 현지의 전화번호부(Yellow Page)를 활용하여 회사와 거래관계가 없었던 공략대상 신규 고객의 전화번호를 입수하여 전시회 개막 2개월 전부터 접촉하여 회사의 전시부스를 내방하도록 권유한다. 통신비용을 절감하기 위하여 현지에 있는 지사나 업무 대리인을 활용하는 것도 바람직하다.

(4) 거래제의 서한(Circular Letter) 발송

기존 및 잠재 고객, 관련단체 및 조합, 디렉토리 등에서 바이어 명단을 입수하여 전시회 개막 3개월 전부터 거래 제의 서한을 3~4주 간격을 두고 2~3회 발송한다. 서한에는 작은 기념품이나 선물을 동봉하면 더욱 효과가 있을 것이다. 기념품이나 선물로 자주 이용하는 볼펜, 달력, 열쇠고리 등은 피하는 것이 좋다. USB를 이용하는 것도 고려해볼 만하다. USB 내용은 회사의 전시회 참가 사실을 간단명료하게 설명하고 초청하면 된다. 사람들은 대개 우편물의 경우 대충 훑어보고 버리지만 USB의 경우에는 그렇지 않다. 그리고 전문잡지에 회사의 전시회 참가 광고를 낼 때 편집인에게 요청하여 광고 페이지를 추가 인쇄하여 우편물로 발송하는 것도 고려해 볼만하다.

한편, 거래 제의 서한에는 상대방을 알게 된 경위, 자신의 업종, 취급품목, 거래실적, 거래국가, 자국 내 위치, 거래경험, 생산규모, 거래조건(특히 결제 및 가격조건 등), 신용 조회처(거래은행명 및 주소), 연락처 등이 포함되어야 한다.

▶거래제의 서한(C/L) 작성요령

첫째, 상대방이 회사와 제품에 대한 신뢰감을 가질 수 있도록 작성해야 한다. 하루에도 수많은 오퍼를 받아보는 바이어의 입장에서 보면 불필요한 미사여구는 오히려

Focus 전화 통화 사례

안녕하세요 (________) 씨와 통화할 수 있습니까?
안녕하세요? (________) 씨
저는 (_______) 회사의 (________) 입니다.
(_______) 개최되는 (_______)전시회에 참관하십니까?

(참관하지 않을 경우)
참관하지 않는다니 유감이군요. (_______) 전시회에서 뵙기를 기대했습니다만...
감사합니다. 참고로 저희 회사의 전시회 참가정보를 보내 드리겠습니다.

(참관할 경우)
잘 됐군요. 귀사의 현지 파견 직원을 저희 회사 부스에서 만나 뵙고 싶습니다. 월요일 아침 11:00시나 화요일 14:00 중에 방문해 주실 수 있습니까?

(상대방이 택일하면)
그 시간에 기다리겠습니다. 방문내용에 대한 확인 편지를 보내 드리겠습니다.
감사합니다. (_______)씨

(상대방이 약속시산을 정하기를 희밍하지 않을 경우)
알겠습니다. 그렇다면 월요일 오전이나 화요일 오후는 어떻습니까?

(상대방이 방문일자를 정하면)
저희 회사 (_______) 씨가 전시장에서 귀사의 (_______) 씨를 뵐 수 있도록 약속내용을 전달해 두겠습니다.

(방문을 거절할 경우)
유감입니다. 전시장에서 뵙기를 희망했습니다만. 필요하시다면 저희 회사 제품자료를 보내드리겠습니다. 감사합니다.

자료원 : KOTRA

신뢰성을 의심받게 하며, 상호 의사교환에 귀중한 시간을 낭비하는 결과로 이어질 수 있다.

둘째, C/L의 내용을 효과적으로 표현할 수 있는 함축적인 주제를 사용하여야 한다. 서술형으로 작성하는 것보다 회사의 제품 특성을 잘 표현하는 문장이나 키워드를 열거하는 것이 좋다.

셋째, 본문은 장황하게 설명하기보다는 상품정보, 일반거래조건, 선적, 보험, 운송 등 거래에 반드시 필요한 사항만을 간결하게 표현하는 것이 효과적이다.

넷째, 회사의 제품을 전시회에서 구입할 때 부스 내방객에게 제공할 수 있는 주요한 인센티브를 제시한다.

다섯째, 상대방의 구매행동을 유발시킬 수 있는 내용으로 작성되어야 한다. 상대방이 보다 자세한 내용을 알 수 있도록 하기 위해서는 전시부스를 방문하거나 웹사이트를 이용하도록 하거나, 아니면 인콰이어리를 보내도록 유도해야 한다.

여섯째, C/L에는 유용한 정보를 전달할 수 있는 홈페이지 및 전자우편 주소가 반드시 명시되어야 한다. 이는 신속한 연락을 취하는 데 많은 도움을 주게 된다. 전자우편 주소는 개인의 주소를 제공할 수도 있으나, 가능한 한 회사명으로 된 이메일 주소를 제공하는 것이 신뢰성 면에서 바람직하다. 개인 메일주소를 바이어에게 알려주게 되면, 업무담당자가 퇴사할 경우 바이어와의 지속적인 관계를 유지하기가 어렵게 될 수도 있다.

Focus C/L 작성 시 유의사항은?

- 간단명료한 문장(5-6 문장 이내)으로 작성한다.
- 상대국 시장은 처음으로 상대방을 통해 개척한다는 점을 강조한다.
- 우리나라에서 제일 규모가 큰 기업이라는 등 과장된 표현은 삼가야 한다.
- 품질의 우수성을 강조하고 상대방에게 경쟁적이고 합리적인 가격을 제시할 수 있다는 점을 강조한다. 이 경우 미국 등 선진국에 대한 수출경험을 언급하면 좋다.
- 거래가 상호 이익을 위한 궁극적인 목적을 갖고 있다는 점을 상대방에게 인식시켜야 한다.

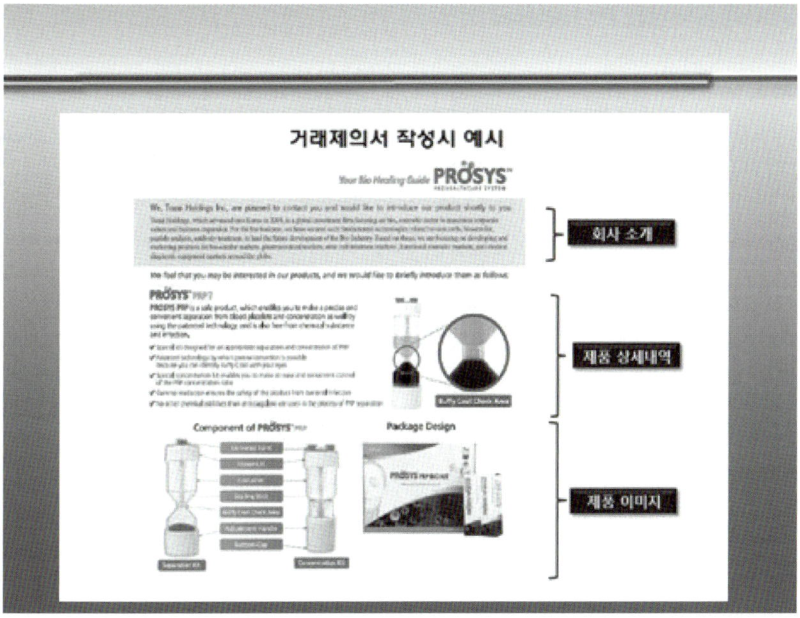

위는 C/L 실제 작성 샘플임

(5) 현지매체 광고(Public Relations)

무역잡지, 소비자 신문, TV, 미디어, 라디오, 인터넷 등 언론매체에 회사가 전시회에 참가할 것이라는 점을 홍보하게 되면 큰 효과가 있을 것이다. 이러한 노력은 전시회가 열리기에 앞서 잠재고객들에게 새롭고 흥미로운 제품정보를 전달하는 기회가 된다.

회사가 광고를 하고자 할 경우에는 먼저 어떤 미디어를 선택할 것인가를 결정해야 한다. 전시 주최자의 지원을 받으면 많은 도움이 될 것이다. 왜냐하면, 이들은 전시회를 대내외에 알리기 위해 각종 매체를 활용하고 있어 미디어에 관한 많은 정보를 갖고 있기 때문이다.

광고는 비용이 많이 소요되기 때문에 예산이 충분하지 않으면 게재하지 않아도 무방하겠지만, 게재할 경우에는 전시회 개막 수개월 전부터 작게 여러 번 게재하는 것이 바람직하다. 특히, 전시회를 맞이하여 발간하는 현지의 신문 또는 잡지 등의 특집란에 광고하는 것도 하나의 방법이 될 것이다. 미국과 유럽의 경우에는 품목별로 다양한 전문잡지가 발간되고 있는데, 여기에 광고하는 것도 바람직하다.

(6) 보도자료(Press Release)

보도자료는 보도가치가 있는 정보를 효과적으로 전달하는 것이 주요 목적이기 때문에, 보도내용은 신상품 개발 또는 제품혁신, 현재 상품의 새로운 분야 적용사항 등을 언급하되 너무 상업적이라는 인상을 주지 않도록 유의해야 한다. 너무 상업적인 내용을 담게 되면 오히려 역효과가 날 수도 있다. 저널리스트의 관점에서 잠재고객들에게 새로운 정보와 사실을 알려 관심을 가질 수 있는 내용으로 구성하면 된다. 즉, 그 기사를 보는 고객들에게 비즈니스 생산성을 제고해 줄 수 있는 해결방안을 제시해 준다면 관심을 갖게 될 것이다.

▶보도자료 작성 시 유의사항

• 머리말을 강한 어조로 시작하라(create a strong heading).

독자의 관심을 빠르게 유발시키려면 보도 자료의 첫 부분은 강한 인상을 줄 수 있는 내용으로 구성하는 것이 바람직하다. 머리말이 너무 지루하고 관련성이 적고 흥미로운 내용이 없어 보이면 독자들은 그 기사에 대해 전혀 관심을 보이지 않게 된다.

• 결론을 먼저 제시하라(state the conclusion first).

이것은 전통적인 보고서의 형태와는 상반되는 것이지만, 미디어는 독자들에게 스토리의 목적을 빠르게 알 수 있도록 구성하는 것이 중요하다. 따라서 결론을 앞부분에 기술하는 것이 효과적이다.

• 내용은 보도체로 작성해야 한다.

일반 잡지나 신문에 배포할 보도 자료를 작성할 경우에는 날카롭고, 직설적이며, 새로운 내용을 포함하고 정보를 제공하는 내용으로 구성해야 한다.

• 인용하는 내용을 포함시켜야 한다.

전문가, 연구보고서, 통계자료 등에서 관련되는 사항을 언급하는 것이 바람직하다. 이처럼 제3자의 코멘트를 언급하게 되면, 독자들은 회사의 보도 내용에 대해 더욱 신뢰하게 될 것이다.

• 간결하게 작성하라.

보도 자료의 분량은 1-2페이지가 적당하다.

• 적절한 시기에 배포하라.

보도 자료의 생명은 시의성이다. 적당한 시기에 보도 자료를 언론사에 보내야지, 너무 빨리 보내게 되면 기자들은 기사내용을 잊어버릴 수도 있다.

• 연락처 등 세부정보를 제공하라.

보도 자료를 배포할 경우에는 기사 작성자의 연락처 정보를 제공해야 한다. 기자들로부터 적당한 시간에 질문을 받지 못하게 되면 당신 회사의 기사내용은 삭제될 것이다.

• 미디어에 인센티브를 제시하라.

언론사에서 집중 취재를 위해 회사를 방문할 의향을 갖고 있는 것으로 파악되면, 회사 CEO와의 미팅을 주선한다거나 리셉션에 참가할 기회를 제공한다든지 하는 등의 인센티브를 제시하여 부스를 방문하도록 유도한다.

(7) 홍보자료(Media Kil)

추가적인 사실 및 통계관련 자료, 제품 브로슈어, 최근 보도된 기사, 수상내용, 회사 연혁자료, 제품 샘플, 제품사진 등 기타 홍보자료를 준비할 필요가 있다. 이들 자료는 프리젠테이션 폴더에 넣거나 기자들이나 참관객들이 사무실에 가지고 갈 때 편리하고 예쁜 쇼핑백에 담아야 한다.

(8) 전시장 및 옥외광고

전시회마다 다소 차이는 있겠지만 어떤 전시회는 사람들의 통행이 잦고 노출이 잘 되는 야외의 공공장소에 광고할 수 있는 공간을 마련하여 참가업체로 하여금 광고물을 설치할 수 있도록 배려하고 있다. 옥외 매체를 통하여 홍보할 경우에는 공항, 행사장, 숙박 호텔 주변 시설물 등에 현판, 조형물, 현수막, 아치, 가로등 배너, 유도사인을 활용할 수 있다.

(9) 무료입장권 발송

입장료가 비싼 독일이나 미국에서 열리는 전시회의 경우에는 잠재 고객에게 무료입장권을 보내는 것도 효과적인 방법이 될 것이다. 무료입장권은 적절한 인사말과 함께 보내야 한다.

(10) 초청 브로슈어 발송

아래의 정보가 포함된 초청 브로슈어를 제작하여 잠재 고객들에게 전시부스를 방문하도록 유도할 수 있다.

- 전시회의 이름, 장소, 일자, 로고 등
- 회사의 이름과 상세한 주소
- 전시부스의 전화번호
- 전시기간 중 개괄적인 행사일정과 개별 일정별 구체적인 주제
- 출품하는 목적
- 전시부스에서 제공하는 특별서비스와 열리는 행사내용
- 전시회 기간 중 내방객들과의 상담일정 등

〈표 7-4〉 전시회를 알게 된 경로

전시회를 알게 된 경로	응답한 참관객의 비중
직접 우편(Direct Mail)	52%
전에 참가한 경험 있음	31%
무역잡지 광고	28%
구전(word of mouth)	24%
전시회 참가업체의 초청	22%
산업 또는 무역단체 회원	22%
인터넷	18%
신문기사	12%
신문광고	7%

자료 : 미국 CEIR, 2004년 조사

4. 부스내방 가능 고객 접촉방법

전시회 전담부서가 있는 대기업의 경우에는 일반적으로 전시회 90일 전에 잠재 고객집단과 접촉을 시작하는데, 중소기업은 반드시 이렇게 할 필요는 없다. 전시회 참가 가능성이 있는 고객에게 보낸 메시지의 내용이 특별하여 예외적으로 기억되는 경우가 아니라면 대부분은 잊어버리게 되기 때문에 아래와 같은 일정으로 진행할 필요가 있다.

- **전시회 개막 1개월 전** : 1차 이메일 또는 우편 발송
- **전시회 개막 2주 전** : 2차 이메일 또는 우편 발송(1차 메일과는 달리 "잊지 말라"라는 사항을 부각시킨다.)
- **전시회 개막 1~2일 전** : 전시회 참가 예정으로 확인된 고객에게 최종 메일을 송부한다.

한편, 전시회 참가 가능성이 있는 고객들에게 보내는 1차 메일에는 "전시회에 참가할 예정"이라는 점과 "자사의 부스를 방문해 줄 것을 요청"하는 내용 등 두 가지 사항이 반드시 포함되어야 한다.

▶사전 메일 작성 시 주요 고려사항

• 부스를 방문해야 하는 분명한 사유를 밝히라.

전시회에 출품할 제품이나 서비스가 종전에 비해 무엇이 다른지를 그 장점을 부각시키고 아울러 신제품을 소개하고 전시회 기간 중 제공하는 특별가격 인센티브에 관한 정보를 제공하여 고객이 반드시 귀사의 부스를 방문하도록 유도해야 한다. 단순히 회사의 이름이나 부스번호를 알려주는 메일만으로는 잠재고객으로 하여금 부스를 방문하게 하는 아무런 유인을 제공하지 못한다.

• 너무 공식적인 인상을 주어서는 안 된다.

너무 형식적이고 틀에 박힌 내용으로 메일을 작성해서는 안 되며, 개인의 이름과 서명을 반드시 포함하여 상대방에게 깊은 관심을 갖고 있다는 사실을 전달해야 한다. 이때 가급적 엽서는 보내지 않는 것이 좋다. 왜냐하면, 엽서는 일종의 광고와 같은

인상을 줄 수 있으며 편지에 비해 덜 개인적이기 때문이다.

- **회사가 참가하고 있는 전시회 스폰서십이나 특별 이벤트를 언급하라.**

회사가 어떤 내용의 스폰서십에 참가하고 있으며, 전시회 기간 중에 컨퍼런스나 세미나에서 발표할 계획 등에 관한 정보를 제공하게 되면 충분히 잠재 고객의 관심을 끌 수 있을 것이다. 회사가 스폰서십에 참가할 형편이 아니라면 전시 주최자가 발간하는 "전시회 프로그램(Show Program)"에 광고하는 것도 고려해 볼 수 있다. 여기에 광고할 경우에는 회사명, 로고, 부스번호 등이 반드시 포함되도록 해야 한다.

〈 사전마케팅 이메일 서한 사례 〉

2016 Machine Tool Show
An Invitation from Hannam Machinery Co., Ltd.

Dear NAME,

I'm writing to invite to you to visit our booth at the upcoming 2008 Machine Tool Show, where we'll launch our new and innovative model for lawn cutter. We are sure that this is an excellent chance to gather valuable information on new technology.

That's why we would like to invite you our booth. Just stop by Booth 123.
Where : Putra World Trade Center, Kuala Lumpur
When : October 24–28, 2016
For more information, visit : www.hanamtec.com

I'd also like to invite you to attend a seminar on new technical trends of machinery on October 26.

I look forward to seeing you at the Show.

Best regards,

Steve Kim, CEO
Hannam Machinery Co., Ltd.
www.hannamtec.com

▶전시회 스폰서십(Show Sponsorship)을 통한 잠재 고객 접촉

전시 주최자들은 등록을 마친 참가업체에게 스폰서십과 관련된 서류를 보낸다. 전시 참가업체들은 스폰서십을 통하여 전시회와 관련된 각종 광고 및 판촉자료에 회사명과 로고를 홍보할 기회를 갖게 된다. 스폰서십 비용은 전시회 규모에 따라 다르겠지만, 일반적으로 250 달러에서 10만 달러에 이르고 있다. 스폰서십 비용으로 얼마를 지불하느냐에 따라 광고 효과는 달라지지만, 대체로 스폰서십을 통하여 다양한 광고 기회를 갖게 된다.

중소기업의 경우에는 예산상의 어려움이 있기 때문에 유망 고객이 많이 참가하는 소규모 전시회의 스폰서십을 하는 것이 바람직할 것이다. 스폰서십은 가능한 빨리 하는 것이 유리한데, 그 이유는 전시 주최자가 전시회 개막에 앞서 발송하는 자료를 업데이트할 때 회사의 이름과 로고를 포함시켜 광고효과를 높일 수 있기 때문이다.

Focus 전시회 사전마케팅계획(Pre-Show Promotion Plan) 체크 리스트

- 사전마케팅 대상 메일링 리스트에 포함될 잠재적인 고객명단과 연락처를 작성하라.
- 전시회 개막에 앞서 미팅약속을 하고 싶은 주요 고객명단을 작성하라.
- 쿠폰 등 중요한 판촉물을 보낼 대상자 명단과 연락처를 작성하라.
- 무료로 활용 가능한 프로모션 기회(전시회 웹사이트 링크, 뉴스레터 등)를 파악하라.
- 참여를 고려하고 있는 스폰서십의 형태를 정리하라.

5. 마케팅자료 준비

일부 기업의 전시회 담당자들은 마케팅과 관련된 오프라인 인쇄물 자료를 반드시 전시회에 지참해야만 하는가에 대하여 의문을 제기한다. 그 이유는 현장에서 부스 내 방객들이 자료를 요청하면 전시회가 종료된 직후 우편이나 이메일로 보다 쉽게 보낼 수 있기 때문이다.

미국 CEIR의 조사에 의하면, 참관객들이 전시장에서 수집한 자료의 90%는 현장에서 곧바로 휴지통에 버려지는 것으로 나타났다. 따라서 부스요원들은 부스 내방객들의 부담을 덜어주기 위해 추후 회사로 자료를 직접 송부해 주는 것이 바람직할 것이다.

그러나 정보수집을 위해 전시회에 참가한다는 전시 참관객들도 많다는 점을 간과해서는 안 된다. 전시부스를 방문하는 참관객들은 회사에 갖고 갈 어떤 자료를 필요로 하는데, 이러한 자료는 추후 해당 참관객들로 하여금 그 회사를 기억나게 하고 전시부스에서 어떤 대화를 나누었는지를 생각나게 하는 중요한 수단이 될 수 있다. 참관객들이 회사의 전시부스에서 아무런 자료를 수집하지 못했다면, 회사의 존재를 금방 잊어버릴 수 있다는 점에 유의해야 한다. 이러한 상황에 대처하기 위해서는 전시부스 스탠드 배너에 QR코드를 포함시키게 되면 휴대폰 저장이 가능하게 되기 대문에 추후 회사를 접촉해 올 수도 있다.

전시회에 지참해야 할 마케팅 자료에는 회사의 프로모션 내용이 담긴 간단한 핸드아웃자료, 카탈로그, 가격리스트, 브로슈어, 명함 등이 있다. 이외에도 주문서식(Order Form), 인보이스 등 주문과 관련된 자료도 준비해야 한다. 일반적으로 전시회 개막 6개월 전에 전시회에 어떤 자료를 지참할 것인지에 대한 세부계획을 수립하고 해당 자료를 체계적으로 준비해야 한다. 그리고 전시회 개막 2~3개월 전에는 해당 자료를 인쇄하고 선적 준비를 시작해야 한다.

▶홍보책자는 어떻게 작성해야 하는가?

전시회에서 배포되는 홍보책자는 주로 회사 소개 브로슈어나 제품 카탈로그가 대부분이며, 요즈음에는 CD로 제작하여 배포하기도 한다. 부스를 방문하는 바이어를 대상으로 제작되는 홍보책자는 가급적 구체적인 정보를 수록하는 것이 바람직하며, 일반 참관객을 대상으로 한 홍보책자는 얇고 가볍게 만들고 충분한 수량을 준비해 가는 것이 중요하다.

홍보책자는 가급적 해당 지역의 언어 또는 영어로 제작하는 것이 바람직하다. 영어로 제작할 경우에는 단어 선택과 문법, 철자 등에 유의해야 한다. 한국식 영어를 사용하게 되면 바이어가 그 내용을 이해하기 어려울 수도 있으며, 오탈자가 많으면 오히려 역효과를 가져올 수도 있으므로 유의해야 한다. 일부 중소기업들은 한국어로

된 홍보자료를 그대로 전시회에 갖고 가는데, 이 경우에는 무성의하다는 인상을 줄 수 있기 때문에 차라리 안 갖고 가는 것이 좋다.

〈표 7-5〉 전시회 참가 시 마케팅자료 준비사항 비교

자료 형태	정 보 내 용	소요량	정보수집 주체	배포시기
핸드아웃 자료	프로모션 내용(특별 오퍼, 전시기간 중 가격할인). 제품별로 핸드아웃 자료를 제작할 수 있으며, 색상은 흑백도 무방하지만 보기에 좋아야 함.	전문전시회의 경우 예상 참관객의 50%에 해당하는 분량(일반전시회의 경우에는 10-20%)	일반 참관객	참관객이 회사와 제품에 관심을 표명할 때(테이블에 비치)
카탈로그	취급제품에 대한 상세한 내용	전문전시회의 경우 예상 참관객의 10-30%에 해당하는 분량(일반전시회의 경우에는 1-10%)	거래의사가 있는 방문객	강한 구매의사를 가진 참관객을 만날 때
가격리스트		상 동	상 동	카탈로그와 함께 배포
브로슈어	회사와 제품관련 프로모션 정보(회사의 미션, 연혁, 수상내용 등 포함)	소량(카탈로그가 있다면 불필요)	상 동	상 동
명 함	연락처(성명, 직위, 회사명, 이메일, 전화, 팩스번호, 웹사이트 URL 등)	250-500매(전시회 규모에 따라 상이함)	부스 방문객	방문객과 대화 종료 후(일부는 참관객들이 가져갈 수 있도록 부스에 비치)

자료 : 저자 정리

08

Trade Show Marketing Practices

전시품 선정 및 전시부스 설치

1. 해외전시회 출품제품의 선정

(1) 개 요

▶ 해외전시회 참가 목적에 부합하는 전시품 선정 중요

대부분의 소매상들이 상점에 어떤 상품을 진열하고 세일기간 중 어떤 상품을 할인품목으로 제공할 것인가를 고민하는 것처럼, 해외전시 참가업체들도 부스에 어떤 제품을 전시하고 전시회 기간 중 특별 할인혜택을 제공할 것인지 여부를 결정해야 한다. 부스에 어떤 제품을 어떻게 진열하고 홍보하느냐에 따라 전시부스 방문객의 숫자가 달라질 것이다.

전시부스를 설치할 때에는 어떤 제품을 전시할 것인지, 그것을 어떻게 진열할 것인지, 그리고 전시회에서 부스와 제품을 어떻게 홍보할 것인지 등을 고려하여야 한다.

그리고 참가업체들은 전시회 참가 목적에 정확하게 일치하는 제품이 전시될 수 있도록 제반요건을 감안해야 한다. 예를 들어, 매출액 증대를 위하여 전시회에 참가할 경우에는 모든 전시품들이 전시회 개막 전에 전시될 수 있도록 적당한 시간 내 전시장에 도착하도록 해야 하고, 혁신적인 기술과 디자인을 선보이는 것이 전시회 참가 목적이라면 전시품들은 최신의 기술과 미적인 기준을 충족시켜야 한다.

〈표 8-1〉 전시품 준비 소홀로 인한 실패사례

구분	실패원인
섬유전	• 해당 지역에 맞지 않는 디자인으로 출품(뉴욕 섬유전에 중동 소비자들이 선호하는 디자인과 소재 원단 출품)
전자제품, 의료기기, 의약품	• 해당 국가가 요구하는 인증을 취득하지 않은 상태에서 출품
식품전, 화장용품전	• 종교적 이유로 해당 소비자들이 먹거나 마시지 않거나 소비하지 않는 제품 출품
건축전	• 개최국에 건축기자재 공장 부재로 건축기자재 수요가 없음에도 출품
시계박람회	• 디자인 침해로 전시기간 중 벌금부과 및 전시기회 박탈

자료 : 전시마케팅기법, 조기창, 두남출판사, 2013.

Focus 전시품 선정 시 주요 고려사항

해외전시회 참가 목적과 출품 제품과의 조화를 위해서는 다음 사항을 고려하여야 한다.

- 모든 제품을 진열할 것인가, 아니면 특별히 강조할 제품을 진열하는 것이 더 좋은가?
- 반드시 진열해야 할 제품은 무엇인가?
- 경쟁업체의 제품에 비해 성능이나 디자인 면에서 우수한 제품은 무엇인가?
- 어떤 제품들이 목표고객의 니즈를 충족시켜 줄 수 있을 것인가?
- 전시제품의 결정과정에서 현재의 경제여건이나 기술동향은 고려했는가?
- 전시회 출품을 위한 특별 모델의 제품을 반드시 생산할 필요가 있는가?
- 브리핑 자료나 홍보용 자료 및 비디오 제작과정에서 반드시 설명될 사항은?
- 전시품의 현장 작동을 위한 전기, 가스, 압축공기 등이 준비될 수 있는가?
- 전시품 작동을 위해서는 어느 정도의 전시부스 면적이 필요한가?

한편, 전시부스를 어떻게 꾸밀 것인지 여부는 회사의 전시회 참가 목적, 전시할 제품 갯수, 제품 또는 서비스 중 무엇을 홍보할 것인가 등에 달려 있다. 특히, 부스에 어떤 제품을 출품할 것인지는 아래의 〈표 8-2〉와 같이 전시회 참가 목적과 직접적인 관련이 있다.

〈표 8-2〉 해외전시회 참가 목적별 전시품목

전시회 참가 목적	전시회 출품 제품
신규 거래처 발굴	목표시장에 가장 호소력 있는 제품 출품
신제품 출시	해당 신제품
브랜드 인지도 및 회사 지명도 제고	베스트셀러 제품(부스 그래픽은 회사의 로고를 선명하게 볼 수 있도록 구성)
해당 업종의 관련 업체 니즈 충족	취급제품군 중에서 우선순위에 있는 제품
기존 고객관계 강화	베스트셀러 제품

(2) 전시대상 제품

▶전시할 제품이 너무 많으면 오히려 역효과 초래 가능

참관객들의 입장에서 전시회에 참가하는 한 가지 장점은 관심 제품을 직접 만져보고 테스트해 보는 것이다. 따라서 기업이 유형의 제품(physical products)을 취급하고 있다면 전시회에 참가할 때 샘플을 갖고 가는 것이 효과적이다. 샘플이 너무 커서 부스에 들어갈 수 없다면 상세한 제품사진이나 스펙을 준비해 가야 한다.

대부분 기업은 전시회 참가에 앞서 어떤 제품을 전시회에 출품할 것인지를 고민하

Focus 해외전시회 출품제품 우선순위 결정 시 고려사항

- 무엇이 새로운가(What' s new)?
  신제품은 전시회 참관객들의 주목을 끌 수 있다. 많은 전시 참가업체들은 신제품을 출시할 목적으로 전시회에 참가하기도 한다.
- 무엇이 가장 잘 팔릴 것인가(What sells best)?
  전시회에 출품할 신제품이 없을 경우에는 회사의 가장 인기 있는 제품으로 부스를 꾸미면 될 것이다.
- 참관객들에게 주어지는 가장 큰 혜택은 무엇인가(What benefits attendees most)?
  회사가 취급하는 제품이 다양하다면 목표시장에서 가장 좋은 반응을 얻을 수 있는 제품을 선택하여야 한다.

게 된다. 핵심 제품이 몇 개 되지 않는다면 모두 가져가면 되겠지만, 여러 제품을 취급하고 있다면 어느 제품을 출품할 것인지를 결정해야 한다. 전시품목 수에 대한 제한은 없지만, 품목 수가 너무 적으면 전시부스가 마치 창고세일(garage sale)처럼 한산해 보일 수도 있기 때문에 유의해야 한다.

Focus 전시품 준비 시 고려사항 (체크 포인트)

- 아이디어 또는 디자인이 우수한 제품인가?
- 현재 수요가 증가하고 있는 제품인가?
- 지금은 아니지만 가까운 장래에 수요 증가가 예상되는 제품인가?
- 현지에서 짝퉁 품목으로 범람하고 있는 제품은 아닌가?
- 현지 틈새시장을 겨냥해 볼 만한 제품은 아닌가?
- 유행에 뒤진 제품은 아닌가?
- 현지 미풍양속을 해치는 제품은 아닌가?
- 현지 주파수나 전압에 부합되는 제품인가?
- 국제적 품질 또는 규격인증을 받은 제품인가?
- 현지 수입 불가 제품은 아닌가?
- 특허나 디자인 복제 분쟁 소지는 없는 제품인가?
- 신제품의 경우 기밀이 노출되는 제품은 아닌가?
- 현지에서 경쟁국 제품들과 이미 치열한 경쟁을 벌이는 제품은 아닌가?
- 운송 도중 폭발, 변질이나 파손의 우려가 있는 제품인가?
- 현지에서 유통망 활용이 가능한 제품인가?
- 현지 수출 후 A/S가 가능한 제품인가?
- 현지 문화, 종교 및 관습 등에 저촉되는 제품은 아닌가?
- 전시회 종료 후 현지에서 매각이나 반출이 가능한 제품인가?
- 현지 산업현황과 매칭이 되는 제품인가?
- 주변국에로의 우회 수출이 가능한 품목인가?
- 지금까지 많은 국내기업들이 해외전시회에 출품은 품목에 해당되는가?

자료 : KOTRA

전시부스에 진열할 핵심 제품을 잘 선정할수록 기업의 핵심적인 메시지 전달이 비교적 용이해 질 수 있다. 그러나 전시부스에 너무 많은 제품을 진열하게 되면 기업의 메시지 전달이 어려워질 수도 있다. 부스를 방문하는 전시 참관객들에게 다양한 제품을 선보이기를 원한다면 제품 카탈로그를 활용하면 될 것이다. 참관객들은 전시회장에서 이곳 저곳을 살펴보면서 무엇을 구매할 것인지를 잠깐 돌아보고 관심 있는 회사 부스를 방문하여 그곳에서 시간을 보낼 것인가를 신속하게 결정하기 때문에 진열된 제품이 짧은 시간에 참관객들의 관심을 끌 수 있도록 해야 한다.

▶어떤 제품을 출품하는 것이 좋은가?

부스장치도 중요하지만, 아무리 전시부스를 훌륭하게 설치하더라도 출품된 제품이 참관객들의 관심을 끌지 못한다면 전시회에서 성공하기가 어려울 것이다. 전시회에 출품될 제품은 먼저 품질과 가격, 기술면에서 경쟁력을 갖고 있어야 한다.

해외전시회에서는 다음과 같은 제품을 출품해야만 성공할 가능성이 높아지게 된다.

• 독창성을 가진 아이디어 제품을 출품하는 것이 바람직하다.

전시회에서 평범한 제품은 참관객들의 이목을 끌지 못한다. 그리고 전시회에는 항상 경쟁업체들이 존재하기 때문에 새로운 아이디어나 기술로 제품을 업그레이드하지 않으면 경쟁업체에게 추월당하는 것은 순간이다.

• 신제품이나 업그레이드된 모델을 준비하는 것이 좋다.

많은 바이어들은 신제품이나 최신 모델을 찾기 위해 전시회를 참관하기도 한다. 따라서 바이어들은 이러한 제품을 전시한 업체의 부스에 더 많은 관심을 갖게 되며, 이 경우 부스를 방문하는 참관객 숫자가 늘어나게 된다.

• 국제적인 품질 및 규격인증마크를 적절히 활용해야 한다.

국제적인 품질이나 규격인증마크를 획득한 제품의 경우에는 전시부스에서 제품을 홍보하는 데 매우 유리한 위치를 점하게 된다. 따라서 회사의 지명도가 낮은 중소기업이 전시회에 참가할 때에는 이러한 조건을 갖추게 되면 품질을 인정받는 효과가 있기 때문에 바이어와 상담하는 데 유리할 것이다.

• 해당 국가의 규정상 수입가능 제품이어야 한다.

미국, 유럽 등 일부 선진국들은 엄격한 인증 제도를 유지하고 있기 때문에 이를 충족시키지 못할 경우에는 통관이나 현지 판매를 금지하고 있다. 따라서 해당 국가의 인증규정에 통과할 가능성이 없는 제품은 출품하지 않는 것이 바람직하다. 예를 들어, 회교국가에서 개최되는 전시회에 술이나 비키니 차림의 여자모델 사진을 담은 제품을 출품하는 경우 통관할 때 전시품이 몰수될 가능성도 있다.

• 틈새시장 진출이 가능한 제품도 유리하다.

해당 전시회와는 직접적으로 관련은 없지만 약간의 관련성을 가진 제품을 출품하여 틈새시장을 공략하는 전략도 바람직하다. 이러한 제품은 경쟁업체들이 많지 않아 바이어와의 상담에서 유리한 위치를 차지할 수 있다. 예를 들어, 악세서리 박람회에 악세서리 케이스를 갖고 참가하거나 정보통신 전시회에 핸드폰 줄이나 케이스를 갖고 참가하는 것이다.

• 가전/전기제품의 경우 현지 전기 주파수나 전압에 맞는 제품을 출품해야 한다.

각국마다 전기 주파수나 전압이 상이하기 때문에 사전에 면밀한 조사를 통해 이에 부합되는 제품을 갖고 전시회에 참가해야 한다. 아무리 품질이 우수하고 성능이 좋다 하더라도 이러한 기준을 충족시키지 못하면 무용지물이나 마찬가지이다.

• 법적인 분쟁 소지가 있는 제품을 출품할 경우에는 주의를 기울여야 한다.

전시회에 출품한 제품이 경우에 따라서는 특허권 침해나 디자인 Copy와 같은 법적 분쟁을 유발시킬 가능성이 있으므로 전시회 출품에 앞서 문제의 소지가 있는지 여부를 면밀히 검토할 필요가 있다.

• 신제품의 경우 기밀 누출에 유의해야 한다.

신제품을 출품하는 참가업체들은 제품 카탈로그와 같은 세부정보를 전시부스에 진열하지 않는 경우가 많다. 왜냐하면, 신제품 메이커들은 항상 경쟁업체에 노출되어 있기 때문이다. 특히, 최근에는 중국 업체들이 전시회에 출품한 신제품을 복제하여 해당 기업에게 엄청난 피해를 가져다주는 사례가 빈번하게 발생하고 있다. 이에 따라 일부 업체들은 부스에서 전시품 촬영을 금지하기도 한다. 전시 주최자가 카메라 반입을 금지할 수 있지만, 최근에는 휴대폰 카메라 기능의 발달로 이를 원천적으로 금지시키기가 어려운 실정이다.

Focus 전시품 지적재산권 보호 기법

- 전시물품에 대한 특허, 상표, 저작권을 보유하고 있다면, 타인이 이를 제대로 인지할 수 있도록 적절히 표시해야 한다.
- 전시물품이 타인의 지적재산(특허, 상표, 저작권 등)을 침해하고 있다는 사실을 알고 있다면 이를 전시하거나 판매해서는 안 된다.
- 타인으로부터 CD, 레터 또는 침해 경고장을 받은 경우라면 이 같은 내용이 사실인지 여부를 분석하고 아울러 특허변호사 등 전문가 조언을 얻을 때까지 동 물품을 전시대상에서 제외해야 한다.
- 민감 전시품목에 대해서는 "No Photographs"라는 문구를 붙여야 한다.
- 지적재산권 침해 전시물품 또는 이를 포함하고 있는 카탈로그 등이 있는 경우 자신의 소속과 이름을 대며 이를 보여줄 것을 요청하는 사람 등이 있더라도 이를 제공하거나 보여줘서는 안 된다.
- 전시 카탈로그의 경우 올바른 저작권 표시를 하여야 한다.
- 전시회에서 공개한 각종 출판물(카탈로그 및 다른 인쇄물)에 대해서는 이를 인쇄, 출판한 일시와 출품전시회 명칭 등을 기록하여 원본 상태로 보관해야 추후 발생 가능한 분쟁에 대비할 수 있다. 침해 사실이 없는데도 침해를 주장하는 악의적인 경쟁기업이 있다면 이러한 증빙들은 훌륭한 반박자료가 될 수 있다.

자료 : 코트라

▶무형제품의 경우에는 어떻게 해야 하는가?

일부 전시 참가업체들은 전시회에 출품할 유형 제품이 없는 경우도 있다. 회사의 주종 품목이 컴퓨터 하드 드라이브 수리업, 여행 및 금융상품, 소매 건설업 등 서비스분야의 '무형 제품(intangible products)' 인 경우에는 과거의 주요 실적을 부각시키는 것이 바람직하다. 전시품목이 서비스 제품인 경우에는 아래의 사항을 참고하여 전시하여야 할 것이다.

- 과거에 수행한 프로젝트를 설명하는 바인더, 보고서 또는 컴퓨터 프리젠테이션 자료 등을 준비하되, 여기에는 완성된 프로젝트와 관련한 사진자료나 해당 프로젝트에 대한 주요 고객의 호의적인 반응자료 등이 포함되어야 한다.
- 부스 그래픽의 하나로 기존 고객명단을 사용하는 것도 좋다. 부스 그래픽 자료에 유명 회사가 포함되어 있다면 새로운 고객으로부터 좋은 반응을 이끌어낼 수 있다.

- 부스 그래픽으로 출품 서비스와 관련된 제품 사진을 사용하는 것도 바람직하다. 만일 회사가 컴퓨터 하드 드라이브 수리업에 종사하고 있다면 컴퓨터에 있는 출품 서비스와 관련된 사진(화면)을 준비하면 된다. 그리고 회사가 여행상품을 판매하는 경우라면 이용하는 항공사의 비행기 사진을 보여줄 수도 있다.

Focus 부스 공간은 어떻게 관리되어야 하는가?

전시회에 어떤 제품을 진열하든지 간에 가급적 전시부스 공간이 넓게 보이도록 해야 한다. 이를 위해서는 아래의 사항을 참고할 필요가 있다.

- 공간을 가급적 넓게 사용한다.
  부스 내부에 너무 많은 전시품이 있다면 눈에 보이지 않도록 부스 밖에 보관하고 테이블 밑에 보관한 제품은 방문고객의 발에 걸리지 않도록 잘 관리해야 한다.
- 사무용품은 가까운 곳에 보관한다.
  테이블 밑에 박스를 보관한다면 자주 사용하는 가위, 스테이플러, 테이프 등을 손이 닿는 가까운 곳에 비치해야 한다.
- 소지품은 가급적 최소화 한다.
  대부분 소지품은 호텔에 보관하고 지갑에는 신분증, 신용카드, 그리고 약간의 현금만 갖고 있으면 된다.

(3) 전시방법

전시부스에 일부 공간이 비어 있게 되면 참관객들은 나머지 공간에 자동적으로 시선을 두게 되며, 자신들에게 중요한 무엇인가를 찾고자 한다. 가급적 전시공간을 깨끗하게 유지하여 회사의 제품과 핵심 메시지에 관심을 갖도록 유도한다.

▶ 전시부스 장치 시 주요 고려사항

• 3-D기법을 활용하라.

전시장 통로에서는 잘 볼 수 없으므로 전시품이나 각종 프로모션 자료 또는 과거의 프로젝트 수행자료 등을 평면으로 보이도록 해서는 안 된다. 전시할 자료가 모두

종이일 경우에는 패널로 제작하여 벽에 보기 좋게 부착하는 것이 좋다.

• 편안한 분위기를 연출해야 한다.

제품을 테이블 위에 진열한다면 부스 공간 내 테이블 위치를 잘 선정해야 한다. 그 이유는 방문객들이 무엇을 진열하고 있는지 잘 볼 수 있도록 배려하기 위함이다. 테이블 위에 놓여있는 제품 중 하나는 최소한 통로를 오가는 전시 참관객들이 잘 볼 수 있도록 전면을 향하도록 진열해야 한다.

• 작업공간을 확보하라.

참관객들에게 주문양식 등 각종 서식을 작성하도록 요구할 경우에는 그들이 편안하게 사용할 수 있는 작업공간을 확보해야 한다.

• 전시공간을 방문하도록 만들어라.

전시부스 문 앞에 테이블을 놓아두어서는 안 된다. 이것은 통로를 오가는 참관객들에게 전시부스의 방문에 걸림돌이 될 가능성이 있기 때문이다. 따라서 참관객들이 쉽게 회사의 부스를 방문할 수 있도록 전시공간을 항상 잘 정리해 두어야 한다.

2. 전시부스 설치

(1) 개 요

전시부스는 제품이나 서비스를 디스플레이 하는 제한된 공간을 말하며, 전시 참가업체들에게는 아래와 같은 의미를 갖게 된다.

- 전시회 참가 증거 및 비즈니스 활동의 중심지
- 새로운 고객을 발굴하는 통로
- 전시 참관객들을 만나는 장소
- 제품이나 서비스를 전시하고 제품을 시연하는 장소
- 기업이나 브랜드 인지도를 구축할 수 있는 전시관

대다수 전시 참가업체들은 전문적으로 디자인되고 제조된 부스를 구매 내지 임차한다. 전시부스는 휴대가 가능하고 저렴한 표준형에서부터 다소 복잡하고 2층으로 된 고급형에 이르기까지 다양하다. 기업이 어떤 형태의 부스를 선택할 것인지 여부는 전시회 참가 예산과 밀접하게 관련되어 있다.

위는 설치된 전시부스 장면임

(2) 전시부스의 중요성

전시부스는 참가기업의 이미지로서 부스를 어떻게 설치 · 운영하는가는 매우 중요하다. 부스의 규모와 디자인, 그리고 장식이 그 업체가 차지하고 있는 위상과 출품된 제품의 중요성과 조화를 이룰 수 있도록 해야 하며, 경쟁업체의 부스와 비교하여 위축되지 않도록 해야 한다. 또한, 참관객들은 기업과 상담하기에 앞서 부스를 먼저 접촉하기 때문에 기업의 신뢰성과 특성을 잘 표현하여 참관객을 유인할 필요가 있다.

전시부스의 크기를 결정할 경우에는 아래의 사항을 고려하는 것이 바람직하다.

- 전시품 진열 공간 : 전시품의 수와 크기를 고려해야 한다.
- 상담 공간 : 바이어와 상담할 수 있는 자리 및 테이블과 같은 비품을 고려해야 한다.
- 보조 공간 : 휴대품 보관소, 주방, 창고 등 전시회 운영 공간을 고려해야 한다.

(3) 전시부스의 형태 및 유형

전시회에 자주 참가해 보면 마치 거대한 건축물처럼 매우 화려해 보이는 전시부스를 목격할 수도 있다. 대부분 기업들은 이러한 부스를 꾸미는 데 막대한 예산이 소요되기 때문에 감히 엄두도 못 낼 것이다. 그렇다고 해서 전시 참가업체 모두가 이런 형태의 전시부스를 설치해야 하는 것은 아니다. 회사의 예산 사정을 반영하여 전시부스 설치 전문회사들이 제공하는 여러 형태의 전시부스 중에서 자사에게 가장 적합한 부스를 임차하거나 구매할 수 있다.

1) 전시부스 형태

전시부스는 규격화된 장치시스템을 이용하는 조립식 장치부스(ready stand)와 전시면적만 임차하여 독립적으로 운영하는 주문식 장치부스(customized stand)로 구분되며, 조립식 장치부스는 규격 장치부스(shell stand)와 임차 장치부스(rental stand)로 나누어진다.

① 규격 장치부스(shell stand) : 조립부스

전시 주최자가 기본 전시면적(3m×3m)과 규격장치를 패키지로 제공하는 부스로서 비용은 비교적 저렴하지만 독창적인 부스를 설치하는 데 한계가 있다. 이 경우에는 기본 조립부스, 간판, 카펫, 기본 조명, 집기 등이 패키지로 제공되며, 우리나라 또는 홍콩 등 동남아 지역 전시회에서 주로 이용되고 있다.

② 임차 장치부스(rental stand)

전시면적만 임차하고 전시 주최자나 전시전문 장치업체가 임대하는 다양한 규격화된 장치 시스템 중에서 자사에게 적합한 시스템을 전시회 참가매뉴얼(Exhibitor's Manual)을 통해 골라서 신청하여 장치하는 부스이다. Shell Stand가 전시면적과 규격장치를 패키지로 임차하는 데 비해, Rental Stand는 전시면적과 규격장치를 별도로 임차한다는 점에서 차이가 있다. Rental Stand는 유럽지역에서 주로 이용되고 있다.

③ 주문식 장치부스(Customized Stand) : 독립부스

전시면적만을 임차하여 참가업체가 자체적으로 선정한 전시 장치업체에 별도로 주문하여 독립적으로 장치하는 부스를 말한다. Shell Stand나 Rental Stand가 규격화된 장치시스템을 사용하는 데 비해, Customized Stand는 설치비가 많이 드는 단점은 있으나 참가업체만의 독특한 디자인을 구현하여 참관객들의 눈길을 끌 수 있는 장점이 있다. Shell Stand나 Rental Stand는 비용과 편리성으로 인해 중소기업이 주로 이용하지만, Customized Stand는 어느 정도 규모가 있는 큰 기업들이 자사의 브랜드나 이미지를 홍보하기 위해 주로 사용하고 있다.

2) 전시부스 유형

① Row Booth

통로 쪽 1개 면만 개방되어 있으며, 비교적 임차료가 저렴한 부스를 말한다.

② Linear Booth

10' ×10', 10'×20' 또는 10'×40' 크기의 부스로서 후방 벽면이 다른 전시업체의 후방 벽면과 맞대어 있다. 높이는 8'(2.4m)이며 옆 벽면 앞쪽 반(5')은 높이가 4'(1.2m)로서 옆 부스 안을 볼 수 있도록 되어 있다.

③ Perimeter Booth

Linear Booth와 유사하지만 한 가지 다른 점은 후방 벽면 높이가 Linear의 경우 8' 이지만 Perimeter의 뒷면 높이는 12'(3.6m)가 된다.

④ Corner Booth

2개 면이 개방되어 있으며, 참관객의 동선을 고려하여 구성한 부스로 참관객과 많은 접촉을 할 수 있다는 장점을 갖고 있다.

⑤ Island Booth

사면이 다 개방되어 어느 쪽에서도 부스에 접근할 수 있도록 되어 있으며, 최소 크기는 20' ×20'(6m×6m)이지만, 30' ×30' 또는 50' ×60' 크기도 있다.

⑥ Pavilion Booth

그룹관 또는 공동관을 의미하며, 토탈 이미지를 부각시키기 위한 주제를 설정하여 그 크기와 시선을 끄는 디자인 등으로 다른 소규모 개별관에 비해 더 많은 바이어를 유인할 수 있다. 국가관(National Pavilion)의 경우에는 2개 이상의 업체가 같은 부스를 사용한다.

(3) 부스 설치 고려사항 및 부스 전문업체 물색

1) 전시부스 설치 시 고려사항

• 부스장치는 부스에 대한 첫인상을 좌우한다.

방문객들의 관심을 끌기 위한 필수조건은 부스장치와 디자인이다. 부스장치는 회사의 이미지와 직접 연결되므로 자주 전시회에 참가하는 업체일수록 부스장치에 신경을 많이 쓰게 된다. 우리나라 기업의 경우처럼 좋은 제품을 갖고도 바이어의 관심을 끌지 못하는 이유는 부실한 부스장치에 기인한다. 부스를 장치할 때에는 방문객에게 전달하고자 하는 기업의 이미지, 출품 전시품 내용, 부스규모, 예산사정, 부스 운영요원 수, 예상 방문객 수 등을 고려하여야 한다.

• 참관객들의 이목을 끌 수 있는 부스이어야 한다.

유명 전시회일수록 방문객의 이목을 끌 수 있도록 쌍방향(interactive) 커뮤니케이션이 가능한 부스를 설치하는 것이 좋다. 왜냐하면, 참관객들은 많은 참가업체의 부스를 방문할 기회가 있기 때문에 당연히 평범한 부스는 그대로 지나쳐 버리기 때문이다. 이를 위해서는 전시품을 참관객들이 가장 잘 볼 수 있는 위치에 전시하고 사진 판넬, 조명, 보조도구 등을 적절히 활용하여 참관객들의 눈에 들어오도록 해야 한다.

• 공동관 참가 시 국내에서 부스 지원물을 가져가는 것이 유리하다.

일부 기업들은 주관업체가 다 알아서 모든 사항을 준비해 주는 것으로 생각하지만, 실제로 부스 분위기를 살리기 위해서는 업체 스스로 필요한 부스 지원물을 준비해 가야 한다. 왜냐하면, 공동관은 같은 형태의 조립식 부스로 구성되므로 모양이 획일적이고 참가업체의 특성이 충분히 고려되지 않기 때문이다. 회사와 제품을 소개하는 간단한 판넬이나 포스터를 준비하는 것이 좋다.

• 부스 조명에 신경을 많이 써야 한다.

아무리 장치가 훌륭하더라도 조명이 미흡하면 전시품을 제대로 부각시키기가 어렵다. 우리나라 기업들은 조명에 소홀한 감이 있지만, 외국의 유명 기업들은 조명 전문가를 동원하면서까지 부스조명에 많은 신경을 쓰고 있다. 부스조명이 미흡하게 되면 참관객들의 관심을 효과적으로 끌지 못하게 된다. 따라서 부스조명은 여자의 화장에 비유할 수 있다.

2) 부스 전문업체 물색

회사의 로고와 그래픽으로 장식된 새로운 전시부스를 설치하기 위한 가장 손쉬운 방법은 전시부스 장치 전문업체를 활용하는 것이며, 이들에 관한 정보는 아래와 같은 경로를 통해 입수할 수 있다.

- **전화번호부** : 전화번호부에서 "Display Designers", "Exhibit Builders", "Trade Shows", "Expositions", "Convention Services"라는 단어로 찾아보면 해당업체의 상세정보를 입수할 수 있다.
- **인터넷** : 위에서 언급한 단어를 검색어로 하여 검색엔진을 통해 찾으면 된다.
- **입소문(Word of mouth)** : 주변 고객이나 파트너들에게 문의하면 관련 정보를 입수할 수도 있을 것이다.

이들 전시 전문업체의 명단을 입수하여 개별적인 접촉을 통하여 부스제품의 내용과 가격을 파악한다. 예산상 어려움이 있는 중소기업의 입장에서는 전시면적과 부스 장치물이 패키지로 제공되는 표준형 전시부스가 현실적인 방법이 될 것이다.

전시 전문업체들은 어떤 형태의 전시부스가 회사에 적당할 것인지 여부를 판단하기 위하여 아래와 같은 정보가 필요하다.

- 전시부스를 어느 장소에 설치할 계획인가?
- 전시부스에 어떤 제품이나 서비스를 전시할 예정인가?
- 회사의 목표 고객집단은 누구인가?
- 전시회 참가 목적은 무엇인가?
- 전시회 참가 예산은 어느 정도인가?
- 전시부스를 언제까지 설치하면 되는가?

Focus 독립부스 장치업체 선정 시 유의사항

- 가능한 주최 측이 지정한 공식 등록업체 이용 : 한국 업체에게 디자인을 맡기고 그 도면을 현지 장치업체에 넘겨 장치 의뢰
- 그 업체가 직접 시공하는지 확인 : 하청업체를 둘 경우 전시회 당일까지 마무리가 이루어지지 못하는 경우가 있으므로 유의해야 함.
- 여러 업체로부터 견적서를 받아보고 최대한 비용절감 노력
- 부스설치 기술, 디자인 능력, 장치자재 수급 능력, 재정상태 등을 체크
- 제안서에 부스디자인 및 각종 사양을 상세히 기재하여 계약서에 첨부해야 함.
- 장치업체 선정은 전시개최일 기준 최소 2-3개월 전 선정하고 계약은 1개월 전 체결
- 계약 시 선금 50%, 부스 완공 후 1주일 이내 잔금 50% 지급이 일반적

자료 : 코트라

그러나 전시 전문업체에 모든 것을 전적으로 위임해서는 안 되며, 회사 나름대로 구체적인 조사를 해야 한다. 우선 해당 전문업체를 활용한 경험이 있는 주변 회사를 알아보고 이들로부터 기회가 주어진다면 그 회사를 다시 활용할 것인지 여부를 파악하는 것도 효과적인 방법이 될 것이다.

전시 전문업체를 선정하게 되면 이들과 수차례 미팅을 갖고 전시부스의 형태와 디자인 등 세부적인 사항에 대해 협의해야 한다. 전문업체를 선정할 때에는 업체별로 아래의 사항을 파악하여 상호 비교하여 결정하면 된다.

전시 전문업체명 :

- 주소 :
- 전화번호 :
- 이메일 :
- 웹사이트 URL :
- 정보/가격 견적 요청일자 :
- 정보/가격 견적 수신일자 :
- 기타사항 :

전시 전문업체 명단을 입수한 후 이들 중 거래를 희망하는 전문업체에게 아래와 같은 정보를 보낼 필요가 있다.

전시회 전시 정보

1. 전시할 장소는?
2. 무엇을 전시할 것인가?
3. 목표 고객집단은?
4. 전시회 참가 목적은?
5. 전시부스 설치에 따른 예산은?
6. 언제까지 부스를 설치해야 하는가?

(4) 전시부스 임차 및 구매

전시회에 참가할 때 새로운 부스를 구입하는 것만이 능사가 아니다. 대다수 기업들은 일 년에 수차례 전시회에 참가하기 때문에 부스를 렌트하거나 중고 부스를 구매 또는 렌트해서 예산을 절감하기도 한다.

중고 부스를 구입할 때에는 전시 전문업체들로부터 가격정보를 직접 입수할 수도 있으며, eBay.com이나 ExhibitAuction.com 등의 웹사이트를 통하여 정보를 수집할 수도 있다. 그러나 전시부스를 렌트할 계획을 갖고 있다면 해당 전시 주최자의 서비스부서로부터 전시 전문업체에 관한 정보를 입수한 후 세부적인 사항을 체크하면 될 것이다.

결론적으로 어떤 전시부스를 선택할 것인가 하는 문제는 회사의 전시관련 예산, 참가할 전시회 숫자, 전시회 참가 목적 등에 달려있다. 그러나 전시회에서 강한 입지를 구축하고 있거나 정기적으로 전시회에 참가하고자 할 경우에는 장기적 측면에서 회사에 알맞은 부스를 구입하는 것도 한 가지 방법이 될 수 있다.

3. 전시부스 디자인

(1) 전시부스 디자인의 중요성

많은 기업이 참가하는 전시회에서 자기 회사를 특별하게 표현하는 것은 매우 중요하다. 이는 부스의 이미지가 참관객에게 회사의 이미지와 신뢰성에 큰 영향을 주기 때문이다. 따라서 전시회에 출품하는 모든 제품들은 각자의 특징들을 시각적으로 최대한 나타낼 수 있도록 전시부스 내에 배치되어야 한다.

전시부스는 출품제품의 진열 공간, 상담 공간, 주방, 창고, 홍보물 비치 공간, 휴대품 보관소 등의 보조 공간을 최대한 나타낼 수 있도록 배치해야 한다.

- 자사만을 특별하게 표현하는 구조물, 광고물을 눈에 잘 띄는 색상으로 제작하여 강렬한 이미지를 준다. 단, 국가마다 선호하거나 싫어하는 색이 있으므로 이를 고려해야 한다.
- 부스는 최대한 밝게 하고 전시품 개별조명을 적극 활용한다.
- 전시품 및 관련 자료를 부스 입구에 배치하여 참관객이 쉽게 자료를 가져갈 수 있도록 하고 전시품을 잘 볼 수 있도록 개방하여 막힌 느낌이 들지 않도록 해야 한다.
- 전시품은 참관객의 눈높이에 맞추어 진열하여 쉽게 볼 수 있도록 해야 한다.

- 부스의 벽면은 제품 이미지와 회사관련 액자 및 포스터 등을 설치하여 단정하고 깔끔한 이미지를 갖춘다. 단, 거치식 현수막은 회사의 이미지가 저평가 될 수 있으므로 설치에 신중을 기해야 한다.
- 동영상 및 시청각 매체는 참관객의 이목을 끄는 효과가 크므로 회사와 공장의 전경, 제품생산과정 등을 표현하면 좋다. 단, 동영상 분량은 5분 이내로 준비하여 보는 사람이 지루하지 않도록 해야 한다.
- 부스 근무자들의 근무복을 통일시켜 단정한 느낌을 갖도록 한다.

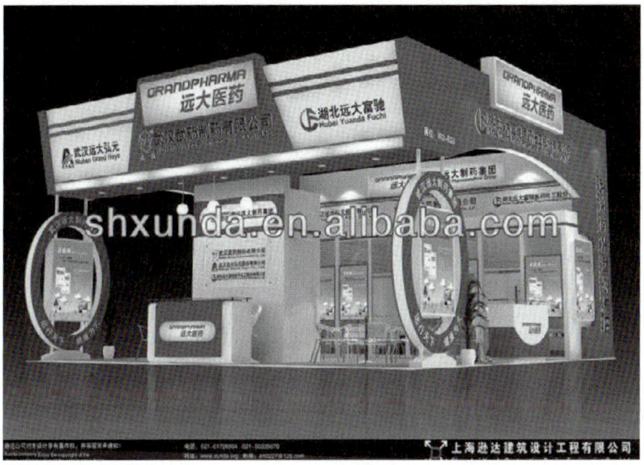

Focus 전시부스 디자인 시 주요 고려사항

전시부스를 디자인하기에 앞서 아래와 같은 몇 가지 질문을 해 보는 것이 좋다.

- 회사의 전시 주제(theme)는 무엇이며, 어떻게 그 주제를 실현할 것인가?
- 전시품을 전시하고 제품시연회를 하는 데 얼마의 전시면적이 필요한가?
- 전시부스에 몇 명의 상담요원을 배치할 것인가? (요원 1명당 2평방미터가 바람직)
- 전시회 기간 중 몇 명의 방문객이 올 것으로 예상하는가? (면적 2평방미터당 한 명씩 상담 가능, 예상 바이어 수를 추정하여 필요한 전시면적을 결정함)
- 전시기간 중 귀사의 신제품을 소개할 계획인가? (그렇다면, 신제품을 소개하고 제품시연회를 할 수 있는 충분한 면적 확보 바람직)
- 전시부스에서 어떤 활동을 할 것인가? (제품시연회, 애니메이션, 오디오/비주얼 사용은 면적이 필요함)
- 부스를 재사용할 것인가? (그래픽만 변경하여 같은 부스를 30개월간 8-10개의 전시회에서 재사용 가능)

(2) 부스 그래픽(Graphics) 및 싸인물(Signs)

전시 참가업체들은 많은 참관객들을 부스로 유인하기 위해 다양한 노력을 기울인다. 어느 회사의 전시부스는 돋보이는데 비해 어느 회사는 따분하고 무관심하게 보이는 경우도 있다. 참관객들이 어느 회사의 부스를 방문하게 되는 동기는 그들이 찾고 있는 제품이나 서비스를 발견했다거나 전에 들어본 회사가 전시하고 있거나, 아니면 부스 그래픽이나 싸인물(제품 설명문구)이 그들의 눈을 사로잡았기 때문일 수도 있다.

따라서 전시부스의 그래픽이나 싸인물을 잘 꾸미는 것은 매우 중요하다. 3초 이내에 참관객의 관심을 끌 수 있도록 전달하고자 하는 메시지는 간결하고 명확하고 호소력이 있어야 한다. 싸인물(단어: words)이나 그래픽(그림: pictures)은 정보전달적인 요소(informational)를 포함하여야 한다.

다시 말해, 정보전달적인 요소인 부스 그래픽은 부스요원이 프리젠테이션을 할 때 도움을 줄 수 있는 2~3가지의 조그만 그림으로 구성된다. 방문객들은 부스요원이 프리젠테이션을 할 때 그래픽을 계속 주시함으로써 마음속에 그 회사와 제품을 오랫동안 기억할 수 있게 된다.

부스 그래픽을 통해 전달되는 정보들은 반드시 필요하면서도 중요한 정보들로 제한되어야 하며, 짧은 시간 내에 부스 방문객들이 이해할 수 있도록 해야 한다.

▶많은 내방객 유치를 위해서는 독창적인 부스 그래픽 필수

부스 그래픽은 전시부스에서 가장 중요한 부분을 차지한다. 대부분의 전시 참가업체들은 참관객들의 이목을 집중시키기 위해 치열한 경쟁을 벌여야 하기 때문에 부스 그래픽이 그들을 사로잡을 수 있도록 돋보이게 한다. 부스 그래픽은 회사의 이미지를 돋보이게 하는 로고, 색상, 기타 디자인 요소 등으로 구성된다.

전시부스는 마케팅 캠페인을 위한 중심 무대이기 때문에 회사의 브로슈어, 광고물, 기타 마케팅 자료 등에서 이미 사용하고 있는 로고나 기타 디자인 요소를 다시 사용할 수 있다. 부스 그래픽을 회사의 다른 홍보자료와 일관성 있게 구성하게 되면, 회사의 이미지나 마케팅 메시지를 고객들에게 전달하는 데 매우 유용할 것이다.

전시부스가 잘 돋보이지 않는 것은 회사의 웹사이트에 있는 자료를 단순 확대하여 사용하기 때문이다. 기존에 사용하는 디자인 관련 자료는 부스 그래픽을 구성하는 데 단지 참고할 수 있는 아이디어를 제공할 수 있을 뿐이며, 전시공간을 꾸밀 때에는 현장의 분위기에 맞게 변형을 줄 필요가 있다. 회사의 웹사이트나 브로슈어에 있는 훌륭한 그래픽이라 하더라도 전시부스에 잘 어울리지 않을 수도 있음을 간과해서는 안 된다.

한편, 부스 그래픽은 외관상 좋게 보여야 하는 것도 중요하지만 아래의 3가지 중요한 사항을 고객들에게 전달하는 것이 더욱 중요하다.

- 당신 회사는 누구인가?
- 당신 회사는 무엇을 하는가?
- 당신의 경쟁업체에 비해 왜 그리고 어떻게 우수한가?

위는 Hamilton사의 전시부스 그래픽임

▶부스 그래픽은 전시회 참가 목표와 연계 필요

부스 그래픽에 로고를 사용하는 것(로고가 명확하지 않을 경우에는 회사명과 함께 사용)은 "당신 회사는 누구인가"를 알릴 수 있는 가장 신속한 방법이 된다. 그러나 당신 회사가 IBM과 같이 유명한 회사가 아니라면 "당신 회사가 무엇을 하는가"를 알릴 수 있는 그래픽을 구성해야 한다. 이를 위해서는 제품사진이나 회사의 제품을 대표하는 심벌(소프트웨어를 판매하는 회사라면 컴퓨터와 CD) 또는 문장이 그래픽에 포함되어야 한다. 그러나 문장을 그래픽에 담을 경우에는 최소한 짧게 구성해야 한다. 그래픽을 그림으로 표현할 경우에는 멀리서도 뚜렷하게 보이는 이미지를 선택해야 한다.

또한, 부스 그래픽은 회사의 전시회 참가 목적을 내포하여야 한다.

- 전시회 참가 목적이 새로운 거래처를 발굴하는 것이라면, 부스 그래픽은 회사의 제품이나 서비스의 장점을 부각시켜야 한다.
- 전시회 참가 목적이 신제품을 출시하는 것이라면, 그래픽은 그 신제품과 그것의 장점을 부각시키는 내용으로 구성되어야 한다.
- 전시회 참가 목적이 회사의 이미지를 제고하는 것이라면, 그래픽은 회사의 로고와 동종업계에서 차지하는 명성을 강조해야 한다.

참가하는 전시회마다 다른 참가 목적을 갖고 있다면, 부스 그래픽도 그때의 상황과 참가 목적에 부합되게 탄력성 있게 구성되어야 할 것이다.

Focus 전시부스의 색상과 문장

부스 그래픽을 디자인할 때 색상과 문장을 사용하는 경우 아래와 같은 사항을 참고하면 유용할 것이다.

- 색상(Color)
  기존의 회사 브랜드와 일치하는 색상을 사용하는 것이 바람직하다. 로고가 빨강색과 노란색으로 구성되어 있다면, 부스 그래픽을 파란색이나 녹색을 배경으로 디자인하는 것은 바람직하지 않다.
- 문장 크기(Text size)
  일반적으로 문장 크기는 2인치를 초과하지 않아야 한다. 회사명이나 특정 제품과 그것의 장점을 표현하는 헤드라인의 크기는 다른 것보다 다소 커야 한다. 전시 참관객들은 복도 중간에서 10~12인치 떨어진 곳에서 회사의 부스 그래픽을 본다는 점을 감안해야 한다.
- 문장 길이(Text length)
  문장은 7개의 단어로 제한하여 눈에 쉽게 들어오고 읽기에도 용이해야 한다.
- 보조문장(Supporting text)
  그래픽에 회사의 장점을 부가시키는 추가적인 내용을 포함시킬 계획이라면 부스의 아래 부분에 포함시키면 된다. 이러한 내용은 부스 방문객 보다는 부스요원에게 더 유용하다. 왜냐하면, 부스에서 유망고객과 상담을 진행할 때 부스 그래픽에 있는 문장을 대화의 통로로 사용할 수 있기 때문이다.

그리고 싸인물(Signs), 즉 제품설명 문구는 방문객들에게 효과적으로 전달될 수 있도록 다음과 같은 사항을 감안해야 할 것이다.

- 읽기 쉬워야 한다.
- 호소력과 행동을 유발할 수 있도록 설득력이 있어야 한다.
- 핵심이 요약되어 있으면서도 간결해야 한다.
- 제품에 대해 잘 모르는 부스 방문객의 입장을 반영하고 그들의 심리상태도 배려

할 수 있어야 한다.

• 전체적인 이미지를 함축할 수 있어야 한다.

(3) 색상(Color)

▶전시부스 및 전시품 색상은 기업 이미지와 연계 필수

회사의 로고나 상표뿐만 아니라 전시부스의 색상도 회사의 이미지 형성에 도움을 준다. 특히, 색상은 인간의 심리에 영향을 미치는 가장 중요한 요소 중 하나이다. 전시부스의 색상을 잘못 선택하면 참관객들의 시선을 끌지 못하기 때문에 부스 방문객들이 적어질 가능성도 있다. 색상은 전시부스와 제품을 연계시킨다. 전시부스 색상을 잘 선택하면 방문객들의 상상력을 자극하는 시각적인 이미지를 창출할 수 있다.

색상을 잘 선택해야 하는 궁극적인 목적은 부스 안에 진열되어 있는 전시품을 돋보이게 하는 것이다. 일부 전시품들은 특성상 시각적인 주의를 끌지 못하는 경우가 있기 때문에 전시부스의 색상을 잘 선택해서 이를 커버할 필요가 있다. 예를 들어, 조그만 자동차 부품, 하드웨어 및 소프트웨어 부품 등은 제품 자체적으로 색상이 드러나지 않기 때문에 전시부스의 색상을 잘 선택해서 시각적인 효과를 높여야 한다. 이러한 경우 강한 색상으로 전시부스를 꾸미게 되면 제품을 돋보이게 할 수 있다. 제품 색상과 전시부스 색상이 조화를 이루도록 해야 한다는 점도 잊어서는 안 된다.

그리고 색상은 연관성(connectivity)을 가져오는 데 중요한 역할을 한다. 어느 기업이 강렬하고 겉으로 드러나는 기업 색상을 갖고 있다면 전시부스에도 이를 활용할 필요가 있다. 예를 들어, 코카콜라의 빨강색을 보면 그 부스가 코카콜라의 전시부스라는 것을 금방 알게 된다.

▶전시부스 디자인 시 문화권별 색상 인지도 차이 반영 필요

문화권별로 색상에 대한 이미지가 다르다는 점을 인식할 필요가 있다. 예를 들어, 일본에서는 노란색이 '은혜(grace)'를 의미하지만 미국에서는 '조심(caution)'을 의미한다. 중국에서도 황실을 대표하는 색상은 노란색이다. 회사가 특정 문화권의 시장을 공략하기 위하여 전시회에 참가할 경우에는 전시부스를 그 문화권에서 긍정적으로 인식되는 색상으로 꾸며야 할 것이다.

▶색상에 대한 문화권별 인식 차이

- **녹색** : 중동 국가는 녹색을 선호하지만 정글 지역인들에게는 녹색이 죽음을 상징하고, 프랑스와 스웨덴에서는 화장품을 연상시킨다.
- **흑색** : 구미 국가는 죽음을 상징하지만 한국과 일본에서는 백색이 죽음을 상징한다.
- **보라색** : 중남미 국가의 대부분 사람들에게 보라색은 죽음을 연상시킨다. 일본에서도 친구 결혼식에 보라색 계통의 옷을 입고 가게 되면 실례를 범하게 된다.
- **황색 또는 오랜지색** : 대부분의 나라에서는 기쁨을 상징하지만 멕시코인들에게는 죽음을 상징한다.
- **청색** : 대부분의 나라에서 청색은 남성적인 색으로 간주되나 이란인들은 싫어한다.
- **핑크색** : 미국인은 핑크색을 최고의 여성적인 색상으로 생각하지만 그 밖의 국가에서는 황색을 가장 여성적인 색상으로 생각한다.
- **적색** : 일반적으로 부와 화려함을 나타내는 색이며, 라틴 아메리카에서는 포장에 많이 사용한다. 그러나 우리나라를 비롯한 일부 아시아 국가들은 일본의 국기 또는 공산주의를 연상한다.

〈표 8-3〉 색상에 대한 문화권별 인식도 차이

색 상	서유럽	일본	중국	중동
빨강색	위험	분노, 위험	기쁨, 연회	
노란색	조심, 비겁자	은혜, 귀족, 유치함	위엄, 로얄티	행복, 번영
녹 색	안전(프랑스: 범죄)	미래, 젊음, 에너지		번성, 강함
파란색	권위, 조용함			가치, 믿음, 진실
흰 색	순수함, 가치	죽음, 애도	죽음, 애도	
검정색	죽음, 악마			

자료 : 코트라

Focus 컬러마케팅(Color Marketing) 사례

브랜드 네임이, 슬로건 또는 캐치프레이즈에 비해 색상(Color)은 더 빨리 인식되기 때문에 Logo와 Mark, Brand 등이 기업 고유의 자산인 것처럼 이제 색상은 기업을 상징하는 강력한 마케팅 무기가 되고 있다. 컬러마케팅의 성공사례는 다음과 같다.

- 샤넬(Chanel) : 검정과 흰색을 배합하여 지적이며 카리스마적인 성격을 그대로 상품에 반영하였다.
- 베네통 : 그린을 자연스럽게 연상시키는 원색과 파스텔 톤의 다채로운 컬러와 단순한 디자인으로 상품을 세계적으로 알리는 데 성공하였다.
- 모토로라 : 블랙 펄, 화이트 펄, 퍼플, 실버 등의 컬러를 사용하여 신세대의 감각에 맞는 세련됨을 나타내고 있다.
- 삼성전자 : 유럽의 컬러TV시장에서 선호되는 비취색을 선택하여 파란색 TV외형을 통하여 성공하였다. 이는 유럽인의 기호와 컬러 선택이 잘 맞아떨어진 컬러마케팅의 대표적인 사례라고 할 수 있다.
- 2% : 미과즙 음료로 물에 가까운 음료로 강력하지 않은 시원한 핑크와 노랑 블루 컬러로 부드럽고 시원함을 자연스럽게 유도하였다.
- 모닝글로리 : 문구류에 미치는 컬러의 영향을 파악하여 특별한 디자인 없이 컬러 하나만으로도 사고 싶은 욕구를 불러일으키게 하는 노트를 개발하였다.
- 코카콜라 : 선명하게 코카콜라임을 나타내는 빨간색은 지난 100년간 흥분과 짜릿한 맛을 느끼게 하는 콜라만의 이미지를 전 세계에 부각시켰다.

(4) 부스조명(Lighting)

일반적으로 조명은 어떤 사물을 다른 사물과 차이나게 하고 주의를 끄는 역할을 한다. 인간의 시각구조는 눈과 두뇌로 구성되는데, 눈은 보고 두뇌는 해석하는 것이다. 조명은 방문객들이 전시부스의 그래픽이나 싸인물을 포착하는 데 큰 영향을 미친다. 조명은 전시부스의 색상을 돋보이게 하고 비즈니스 상담을 위한 좋은 분위기를 창출하는 데 중요한 역할을 한다. 이처럼 조명은 전시계획 중에서 매우 중요한 부분을 차지하고 있기 때문에 선택할 때 주의를 기울여야 한다.

이를 위해서는 우선 적절한 조명 방법을 선택해야 한다. 전시장에서 사용할 수 있는 조명으로는 램프나 고정 조명(fixtures) 등 여러 가지 방식이 있는데, 각각 장단점을 갖고 있다. 조명은 부스의 전체적인 분위기를 연출하기 때문에 조명을 설치할 때에는 아래의 사항을 참고해야 한다.

- 군중들로부터 돋보이게 하라 : 회사의 부스 조명이 주변 부스에 비해 밝다면 그만큼 그들에 비해 돋보이게 된다.
- 부스의 특정 부분의 조명을 강조하라 : 그것이 그래픽이든 제품이든지 간에 특정 부분의 조명을 강조하게 되면 참관객들의 시선을 끌 수 있다.
- 움직이는 조명을 설치하라 : 번쩍이거나 움직이는 조명은 참관객의 시선을 끌게 될 것이다. 그러나 이 경우에는 주변의 다른 회사 부스에 부정적인 영향을 주지 않도록 하고, 아울러 전시회 규정에 어긋나지 않도록 해야 한다. 이 경우에는 사전에 전시 주최자와 협의할 필요가 있다.

(5) 전시부스 바닥(Flooring)

대부분 전시 참가업체들은 부스를 설치할 때 일반적으로 바닥에 대해서는 별로 신경을 쓰지 않고 바닥 색상과 품질 및 설치를 전시부스 전문 설치 업체에 위임한다. 그러나 부스 바닥은 참관객들이 어느 기업의 전시부스를 들어설 때 가장 먼저 접촉하는 곳으로 시각적으로 좋은 이미지를 갖고 있어야 한다. 전시부스 바닥에 관심을 갖지 않는다면 경우에 따라 참관객들의 방문을 가로막는 하나의 걸림돌이 될 수 있음을 간과해서는 안 된다.

따라서 전시부스 바닥은 다음과 같이 우선 보기가 좋아야 하고 내구성이 있어야 하며 설치가 간편하고 보수유지 및 보관 등이 용이하여야 한다.

- **보기가 좋고 편하게 느껴져야 한다(look and feel).**

전시부스 바닥재로는 카펫, 타일, 콘크리트, 목재 등 다양한 재료가 있는데, 어떤 재료를 사용하느냐에 따라 방문객이 편안함을 느끼고 부스에 오래 머물러 있을 수도 있고 들어서자마자 부스를 떠날 수도 있다.

- **내구성(durability)이 있어야 한다.**

내구성은 바닥재를 얼마나 오래 사용할 수 있느냐(longevity)가 아니라 전시부스에 바닥재를 깔 때마다 새로운 제품(brand new)과 같은 느낌을 주어야 한다는 것을 의미한다. 전시부스 바닥재를 선택할 때에는 향후 1~2년 내에 사용하는 횟수 등을 감안하여야 한다.

- **설치(installation)가 용이해야 한다.**

바닥재를 깔 때에는 신경을 써야 한다. 잘못 설치하게 되면 부스 분위기가 전문성이 떨어지고 편안하지 않게 보일 수도 있다. 어떤 바닥재를 사용하든지 간에 모서리가 정돈되어 있어야만 방문객들에게 좋은 이미지를 줄 수 있다.

- **보수유지와 보관이 용이하여야 한다.**

전시회가 끝난 후에는 곰팡이 등이 끼지 않도록 바닥재를 잘 닦아서 보관하여야 한다. 바닥재를 회사 창고에 보관할 때에는 습기가 차지 않는 곳에 보관할 필요가 있다.

(6) 기술(Technology)

기술적인 사항들은 전시회 참가 목표를 달성하는 데 크게 기여할 수 있는 수단이다. 기술은 방문객의 주의를 끌고 상호작용(interactivity)의 효율성을 높이는 데 중요한 역할을 한다. 기술은 전시부스에서 방문객을 대상으로 제품설명을 할 때 효과적이며, 방문객의 경험을 제고시켜 주는 역할을 한다.

이를 위해 전시부스에는 랩탑 컴퓨터, 대형 TV, DVD 플레이어 등을 비치하여야 한다. 컴퓨터는 아래와 같은 목적으로 사용된다.

- 부스 안에서의 제품시연회 및 프리젠테이션
- 전시회 기간 중 수집한 고객정보 정리

그러나 전시부스에 모든 전자 장비를 비치할 필요는 없다. 왜냐하면, 부스에 컴퓨터를 비치하게 되면 오히려 유망 고객과의 개인적 접촉을 방해할 수도 있기 때문이다.

한편, 전시부스를 기술적인 장치를 도입하여 업그레이드하기 위해서는 다음 사항을 고려하여야 할 것이다.

첫째, 부스에서의 음향(sound)에 대해 신경 써야 한다. 인근의 다른 참가업체 부스로부터 요란하게 들려오는 소음과 전시 주최자의 어나운스먼트 등으로 인해 부스 방문객에게 메시지를 전달하는 데 방해를 받게 된다. 따라서 적절한 음향장치를 선택해서 외부로부터 들려오는 소음을 최소화하면서 부스와 현장설명에 대한 방문객의 집중력을 제고시킬 필요가 있다.

둘째, 부스의 시각적(visual) 효과를 제고하기 위하여 기술적인 수단을 사용해야 한다. 부스 요원이 방문객을 대상으로 제품 설명할 때 효과를 높히기 위해서는 카메라, 프로젝터, 모니터, 컴퓨터, 특수효과 조명 등 시각적인 효과를 높여주는 기술적인 도구를 활용할 필요가 있다.

셋째, 방문객들에게 촉각(sensory)을 사용할 수 있는 기회를 제공해야 한다. 그들의 감각을 통해 전시품을 직접 터치하거나 테스트해 볼 수 있는 기회를 주어야 한다. 터치스크린이나 실시간으로 웹에 접근할 수 있도록 하는 간단한 방법도 있다.

(7) 부스 레이아웃(Layouts)

부스 레이아웃을 결정할 때 반드시 참고해야 할 세 가지 원칙은 고객 유인전략(attraction strategy)을 수립하고 제품의 특성을 감안하고 고객유인을 위한 제반활동이 필요하다는 것이다.

▶체계적인 참관객 유인전략 수립

전시회 참가 목적을 감안하여 전시부스의 형태와 디자인이 달라져야 할 것이다. 가능한 한 많은 참관객들을 유인하는 것이 주요한 목적이라면 전시부스 내에 방문객들의 출입을 방해하는 장애물을 제거해야 한다.

▶제품특성별 전시품 레이아웃

제품 또는 서비스의 특성은 부스 디자인에 중요한 영향을 미친다. 전시부스 방문객들은 제품정보를 흡수하는 능력이 제한되어 있다. 따라서 많은 제품을 전시하기 보다는 일부 제품에 중점을 두고 부스 디자인을 해야 한다. 효과적인 부스 디자인을 위해서는 다음과 같이 제품특성을 감안해야 한다.

- 제품 사이즈가 작은 경우에는 전시부스 뒷면 벽쪽 선반에 보기 좋게 전시할 수 있을 것이다.
- 제품시연(Demo)이 필요한 중형 사이즈의 제품은 부스 안에 적당한 거리를 두고

전시하는 것이 좋다.

- 기계공구 등 제품시연이 필요 없는 대형 사이즈의 제품은 부스의 후방에 전시되어야 한다. 이 경우에는 대형 사진이나 후방 벽쪽의 싸인물(signage)을 통해 제품의 장점과 특징을 부각시키는 것이 좋다. 그러나 제품시연이 필요한 대형 사이즈의 제품은 부스 전면에 설치하는 것이 효과적이다.
- 무형의 서비스(intangible services)는 대형 그래픽을 활용하면 효과적이다.

▶고객유인을 위한 활동 및 시설 구비

- **제품시연회(product demonstration)** : 제품의 형태에 따라 다르지만 제품시연회를 통하여 방문객들에게 제품을 실제로 터치하고 조작해 볼 수 있는 기회를 제공할 수 있다. 움직이는 부품이 장착된 공산품은 방문객을 효과적으로 유인할 수 있는 수단이 될 수 있다.
- **비디오 모니터** : 부스 앞에 비디오 모니터를 설치하면 참관객들의 이목을 집중시켜 그들을 효과적으로 부스로 유인하는 가장 좋은 수단이 된다.
- **컴퓨터 스테이션(computer stations)** : 소프트웨어 제품 등 무형의 제품을 시연하기 위한 가장 강력한 수단은 컴퓨터를 활용하는 것이다.
- **극장(theater)** : 기능이 복잡한 제품은 극장식 시연회가 고객의 관심을 집중시키는 효과적인 방법이 될 것이다.
- **상담 장소 확보(meeting space)** : 부스 안에서 방문객과의 거래 상담을 종결시키기 위해서는 별도의 조용한 상담 장소를 설치하는 것이 바람직하다.
- **사진 전시벽(photo wall)** : 제품이나 서비스를 설명하는 사진 판넬을 벽에 걸게 되면 방문객들의 관심을 효과적으로 끌 수 있을 것이다.
- **휴식 공간(refreshments)** : 일부 전시 참가업체들은 고객을 배려하는 차원에서 부스 내에 커피 바, 전자레인지, 팝콘 기계 등을 준비하기도 한다.

Focus 전시부스에 화분(Plants and Flowers)이 필요한가?

일부 전시 참가업체들은 부스에 화분을 준비하는 것은 금전적으로 낭비하는 일이라는 부정적인 의견을 보이고 있다. 그리고 전시회장이 너무 붐비는 경우라면 화분이 필요하지는 않을 것이다. 그러나 부스 안에 화분을 놓게 되면 부스 분위기를 부드럽게 할 것이다.

화분을 준비할 경우에는 강한 향기를 발산하는 꽃이나 식물은 가급적 피하는 것이 좋을 것이다. 왜냐하면, 일부 참관객들은 향기에 너무 민감하거나 알레르기 반응을 보일 수 있기 때문이다.

09

Trade Show Marketing Practices

해외전시회 현장마케팅

1. 개 요

기업은 많은 참관객들을 자사의 전시부스로 유인하기 위하여 여러 가지 방법을 사용한다. 즉, 매직쇼와 같이 볼거리를 제공하거나(entertainment), 세미나 또는 컨퍼런스와 같은 교육 기회를 제공하거나(education), 게임(game)을 즐길 수 있는 기회를 제공한다. 이러한 현장마케팅(On-Site Promotion) 기법들은 각각 장단점을 갖고 있기 때문에 현지의 상황에 맞게 잘 선택하여 시행하는 것이 중요하다. 이외에도 상품을 제공한다거나 제품시연회를 실시하고 전시회 기간 중 특별할인 등의 인센티브를 제공하여 많은 참관객들의 관심을 끌 수도 있을 것이다.

참관객들은 전시회 개막 전에 회사가 전시회에 참가할 예정이라는 사실을 알게 되면 부스 방문일정에 회사를 포함시킬 가능성이 크다. 이와 마찬가지로 전시회 기간 중 회사가 추가적인 특별 프로모션을 할 예정이라면 이 회사는 그들의 우선 방문대상이 될 것이다. 중소기업의 입장에서는 현실적으로 이벤트 스폰서십을 하기가 어렵기 때문에 전시회 기간 중 다양한 형태의 프로모션 방법을 시행하는 것을 고려해 볼 필요가 있다.

위는 전시회에서 많은 참관객들로 붐비는 장면임.

Focus 참관객들을 효과적으로 전시부스로 유인하기 위한 전략은?

- 전시부스에 참관객들의 이목이 집중되도록 해야 한다.
  전시부스를 디스플레이할 때 전시품은 통로를 오가는 참관객들의 시야에 잘 들어올 수 있도록 적당한 위치에 전시하여 참관객들의 관심을 집중시켜야 한다.
- 참관객들과 쌍방향 커뮤니케이션이 가능한 전시부스를 설치해야 한다.
  참관객들에게 컴퓨터를 통해 게임이나 퀴즈에 참가할 기회를 제공하거나 제품시연회 일정에 관한 정보를 제공하여 참관객들이 부스 안으로 들어오도록 유도해야 한다.
- 경품과 같은 판촉물을 비치하여 참관객을 맞이할 준비를 해야 한다.
  통로를 오가는 참관객들이 볼 수 있는 곳에 경품 등을 비치하여 그들의 호기심을 자극하여 회사의 전시부스에 관심을 갖도록 유도한다.
- 참관객의 정보수집에 편리하도록 부스를 정리해 놓아야 한다.
  부스 안에서 참관객들이 부스요원을 기다리지 않고 그들이 필요로 하는 정보를 수집할 수 있도록 편리한 환경을 조성해야 한다. 왜냐하면, 부스요원이 유망 고객과 상담하고 있을 때 일반 방문객이 어떤 정보를 요청하면 상담에 방해받게 되기 때문이다.
- 부스요원 가까이에 방문객들에게 배포할 판촉물이 항상 있는지 확인한다.

회사 소개서, 제품 카탈로그, 브로슈어, 가격표, 명함 등 부스방문객과의 상담에 필요한 각종 판촉물이 부족하지 않도록 비치해야 한다.

- 전시부스는 항상 정돈되어 있어야 한다.
  전시부스가 복잡하거나 정돈되어 있지 않으면 참관객들은 다른 부스로 발길을 돌릴 것이다.
- 부스요원은 항상 방문객과 대화할 준비가 되어 있어야 하고 그들과의 대화에 적극 개입하도록 해야 한다.

2. 경품 제공

▶경품은 부스 내 좋은 상담분위기 조성에 필수적 수단

일반 참관객들의 부스 방문을 유인하기 위하여 배포하는 판촉물(promotion item)은 회사를 기억나게 하고 좋은 상담분위기를 조성해주는 역할을 한다. 판촉물은 부스방문객들에게 큰 부담이 되지 않는 아이템을 선택하는 것이 바람직하다. 우선 가격 면에서 저렴하고 실용성이 있으면서 해당 기업이나 제품 이미지를 잘 전달할 수 있는 아이템이 효과적이다.

대부분 전시 참가업체들은 전시회 기간 중 참관객들이 자사를 오랫동안 기억할 수 있도록 회사 로고가 새겨진 실용성이 있는 볼펜, 넥타이 핀, 명함지갑, 소형 탁상시계, 우산, 봉투 커터, 열쇠고리, 손톱깎이 세트, 쇼핑백, 모자, 휴대폰 줄 등 작은 경품(giveaways)을 제공한다. 일부 기업들은 부스 방문객들에게 사탕이나 캔디, 초콜릿, 팝콘 등을 조그만 경품으로 제공하기도 하는데, 경품은 적절하게 사용될 때에만 가치를 갖게 된다. 방문객들은 빈손으로 부스를 떠나는 것보다 티셔츠, 볼 캡, 제품 샘플 등 기념이 될 만한 작은 물건을 갖고 가게 되면 그 회사에 대해 긍정적인 인식을 갖게 된다는 연구 결과가 있다.

적절한 경품을 준비하기 위해서는 온라인을 통해 전시회 판촉물을 판매하는 전 세계적으로 규모가 가장 큰 경품 판매업체인 브랜더스사의 사이트(www.branders.com)를 적극 활용하는 것도 바람직할 것이다.

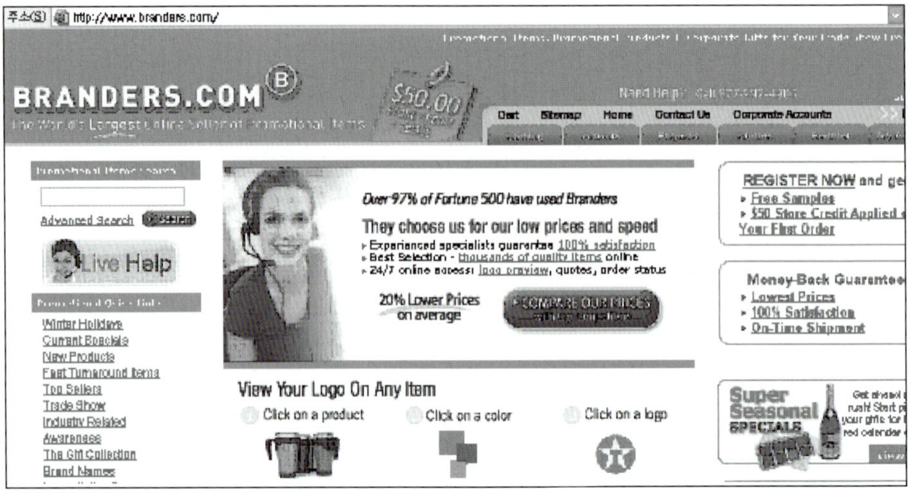

위는 브랜더스사가 운영하는 경품관련 사이트(www.branders.com)의 초기화면임

(1) 적절한 경품

• 회사의 인지도를 높일 수 있는 경품을 사용하라.

경품에는 전시 참관객들에게 회사의 로고와 연락처 등 메시지를 전달할 수 있는 내용이 담겨져 있어야 한다. 즉, 경품과 전시 참가업체의 비즈니스 사이에는 연관성이 있어야 한다는 것이다. 그리고 경품은 적절하게 사용될 때에만 가치가 있다.

• 참관객들에게 유용한 경품을 제공하라.

참관객들에게 제공하는 경품의 내용이 무엇이든지 간에 유용한 경품을 제공하여 참관객들로 하여금 오랫동안 그것을 책상 위에 보관하게 하여 회사에 대한 기억이 유지되도록 할 필요가 있다.

• 참관객의 특성(등급)별로 상이한 경품을 준비하라.

부스를 방문하는 일반 참관객에 대해서는 회사 로고가 새겨진 간단한 경품을 제공하면 될 것이지만, 유망한 방문객에 대해서는 보다 값진 경품을 준비하여 제공하는 것이 바람직하다.

• 부스 방문을 유도하는 경품 이벤트를 마련하라.

전시회 참가 목적이 많은 참관객들을 접촉하는 것이라면 독특한 경품 이벤트 등의 행사를 마련하는 것이 효과적이다. 다른 사람들의 이목을 끌 수 있는 독특한 경품을 준비하여 참관객들로 하여금 부스를 방문하게 하거나, DVD 플레이어 또는 iPod 등의 경품을 추첨할 수 있는 티켓을 배포하여 참관객들을 부스 방문하도록 유인하는 전략도 바람직하다.

(2) 부적절한 경품

• 음식 종류를 경품으로 제공해서는 안 된다.

식음료 업체가 아니라면 사탕이나 기타 음식을 경품으로 제공하는 것은 예산만 낭비하는 결과를 초래한다. 이러한 경우 참관객들은 회사의 제품이 아니라 음식 경품에 더 관심이 있어서 부스를 방문할 가능성이 높아진다. 또한, 참관객들은 음식 경품을 먹고 난 후에는 그 회사에 대해 아무것도 기억하지 못하게 되므로 회사의 프로모션 전략에도 바람직하지 못하다. 그러나 식음료 업체라면 반드시 부스에 해당 샘플을 경품으로 준비하는 것이 좋을 것이다.

• 부피가 크거나 무거운 경품을 제공하지 말라.

이러한 물건을 제공하게 되면 그것이 값진 것이 아니라면 대부분 휴지통에 버려지게 된다.

Focus 경품을 준비 및 사용할 때 유의사항

- 앙증스러움(cuteness)을 피하라.
  앙증스런 아이템도 중요하지만 경품은 제품을 프로모션 하는 수단 이상의 의미를 지녀야 한다. 경품은 기업 이미지와 마케팅 메시지와 연계되어야 하고 회사가 제공하는 제품이나 서비스를 효과적으로 반영할 수 있어야 한다.
- 경품에 회사명과 연락처를 명시해야 한다.
  여기에 회사의 웹사이트 주소 또는 무료 서비스 전화번호 등을 기재하여 방문객으로 하여금 추후 접속할 수 있도록 해야 한다.

- 편리하게 포장해야 한다.
  방문객들이 사무실에까지 갖고 가기 편하도록 포장해야 한다.
- 적당한 곳에 놓아두어라.
  경품은 전시부스 앞쪽에 놓아두어서는 안 된다. 왜냐하면, 방문객들이 부스 안으로는 들어오지 않고 부스 앞쪽에서 경품만 챙기고 그 회사의 비즈니스에는 전혀 관심을 보이지 않는 경우를 대비하기 위해서이다.
- 참관객을 부스에 직접 유인하는 수단으로 사용하지 말라.
  예를 들어, "당신은 디지털시계를 원합니까?"라고 통로를 지나가는 참관객들에게 물어보면 무료로 준다는데 이를 거절할 사람이 누가 있겠는가를 생각해 보아야 한다.
- 부스 안에서 대화가 종료되었을 때 자연스럽게 헤어지는 수단으로 활용하라.
  부스에서 대화가 끝난 후 방문객들에게 경품을 제공할 때에는 경품에 명시된 연락처를 환기시키면서 건네는 것이 좋다.
- 너무 많은 공간을 차지하지 않는 간단한 경품을 준비하라.
  너무 사이즈가 크면 전시부스의 공간이 프로모션 아이템으로 가득 차서 전시회의 실질적인 목적에 배치될 수 있기 때문이다.
- 부스 방문객의 자녀가 아니라 그들이 직접 사용할 수 있는 아이템을 경품으로 선택하는 것이 바람직하다.

3. 제품시연회 실시

(1) 개 요

▶제품시연회는 참관객의 부스유인을 위한 효과적 수단

부스방문 고객의 수준이 파악되면, 부스요원은 그 고객에 대해 어느 정도의 시간을 투자할 것인지를 결정해야 한다. 회사의 제품을 사용할 가능성이 없거나 관심이 없는 고객을 대상으로 제품시연회(product demonstration)를 하는 것은 시간낭비에 지나지 않는다.

효과적인 제품시연회를 하기 위해서는 전시회가 참관객의 관심을 포착할 수 있는 좋은 기회가 되지만, 주변 환경이 시끄럽기 때문에 상세한 협의를 할 수 있는 최적의 장소는 아니라는 점을 인식해야 한다. 대부분의 경우 구체적인 거래 협의는 전시회 종료 후 사후관리를 위한 상호 방문과정에서 이루어지게 된다.

▶제품시연회는 짧은 시간 내에 핵심 내용을 전달하는 것이 중요

전시부스를 방문한 고객은 무한정 부스에 머무르는 것이 아니므로 짧은 시간에 그 고객에게 제품의 장점을 인식시켜 주기 위해서는 제품시연회를 효과적으로 진행하는 것이 무엇보다 중요하다. 부스 방문객들에게 너무 많은 내용을 전달하게 되면 오히려 그들에게 혼란을 가져다 줄 우려가 있으므로 제품시연회의 내용이 많다고 해서 능사는 아니다. 전문가들은 1분에서 7분 이내에 제품시연회가 이루어지는 것이 가장 바람직하다는 의견을 보이고 있다.

그러나 이것은 절대적인 기준은 아니며, 제품시연회의 시간은 기업의 전시회 참가 목표에 따라 달라질 수 있다. 예를 들어, 전시회 참가 목표가 전시회 종료 후 사후관리 단계에서 접촉할 수 있는 많은 고객을 확보하는 것이라면 시연회는 가급적 짧은 시간 안에 이루어지는 것이 효과적이다. 그러나 전시회 참가 목표가 현장에서 주문을 받는 것이라면 제품시연회는 7분을 초과해도 무방하다.

결론적으로 7분은 긴 시간이 아니므로 제품시연회의 내용이 잘 구성되거나 준비되지 않으면 오히려 역효과가 발생할 가능성도 항상 존재한다는 점을 잊어서는 안 된다. 심리학자들은 인간의 두뇌는 한 번에 다섯 조각의 정보를 기억할 수 있다고 주장한다. 따라서 부스 방문객에게 너무 많은 말을 하게 되면 의미가 없게 된다.

위는 제품시연회 장면임

(2) 제품시연회의 필요성

제품시연회를 할 때 가장 중요한 원칙은 "부스 방문객들이 무엇을 알 필요가 있느냐보다는 그들이 무엇을 알기를 원하는가(Tell visitors what they want to know rather than what they need to know)"를 설명해야 한다는 점이다. 따라서 부스요원은 이러한 원칙을 확실하게 인식하고 있어야 한다. "부스방문 고객들이 알고자 하는 것(what they want to know)"은 그들의 관점에서 나오는 것이며, "그들이 알 필요가 있는 것(what they need to know)"은 부스요원의 관점에서 나오는 것이다. 방문객들은 회사의 제품에 대해 궁극적으로는 모든 것을 알아야 하겠지만 제품시연회가 진행될 때만큼은 아니다.

대부분의 상황에서 부스방문 고객이 부스요원은 자신들이 찾고 있는 해결방안을 갖고 있다는 인식을 하고 부스를 떠나도록 만드는 것이 제품시연회를 통해 얻고자 하는 궁극적인 결과이다. 부스요원은 제품시연회를 진행하기에 앞서 모든 방문객을 동일한 그룹으로 보기보다는 그들 방문객의 각각의 니즈가 무엇인지를 파악하는 데 초점을 두어야 한다.

일반적으로 어느 방문객이 회사의 부스를 지나가는 데 약 3.5초가 걸린다. 짧은 시간에 방문객들을 어떻게 회사의 부스로 유인할 것인가는 매우 중요한 문제이다. 전시참가업체들은 방문객들에게 전시부스에 들려 제품을 직접 경험할 수 있는 기회를 제공한다.

제품시연회는 전시장 통로를 오가는 참관객들의 관심을 끌고 자사의 제품이나 서비스에 대한 지식을 전달하는 가장 좋은 방법이 된다. 왜냐하면, 참관객들은 별다른 관심 없이 지나쳤던 부스보다는 현장에서 직접 눈으로 확인했거나 체험했던 회사의 제품이나 서비스를 더 오랫동안 기억할 수 있기 때문이다.

(3) 참관객의 제품시연회 참여도 제고방법

방문객으로 하여금 육감을 통하여 회사의 제품이나 서비스를 경험하도록 하면 그들의 관심도는 더욱 높아지게 된다. 예를 들어, 식품 전시회에서는 많은 기업이 방문객들에게 회사의 샘플을 직접 테스트해 볼 수 있는 기회를 부여해야 한다. 살아있는 제품시연회(live demonstration)는 그들 제품에 대해 특별한 경험을 할 수 있게 하여 그들의 관심을 신속하게 이끌어내는 가장 좋은 수단이 된다.

한편, 제품시연회를 할 때 참관객들의 관심을 끌기 위해서는 먼저 평범한 것보다 청각적이고 시각적인 기법을 활용하는 것이 더 효과적이다. 그리고 제품시연회를 하는 중에 누가 관심을 보이는가를 눈여겨보고 그들을 앞으로 나오게 하여 직접 제품을 테스트할 기회를 부여할 필요가 있다. 또한, 쌍방향 퀴즈나 게임, 그리고 잠깐 동안 풀 수 있는 간단한 문제를 제시함으로써 부스 방문객의 관심을 더욱 높일 수 있다.

제품시연회는 참관객들을 회사의 제품이나 서비스에 몰입시키는 효과를 초래한다. 특히, 데모 이후에 추가적인 질문을 해오는 참관객들은 회사의 입장에서 보면 매우 유용한 고객이 될 수도 있음을 주목해야 한다.

위는 전시회에서 참관객들에게 직접 체험기회를 부여하는 장면임

Focus 효율적인 프리젠테이션 절차

프리젠테이션을 효과적으로 실시하기 위해서는 아래의 단계에 따라 진행되어야 한다.

- 제품의 특징을 설명한다(present the feature).
- 제품의 장점을 설명한다(outline the benefits of the feature).
- 제품의 특징과 장점에 대한 대외적인 인정 증거를 제시한다(show proof).
- Demo 참가자들에게 질문한다(ask the prospect how it could help them).

(4) 제품시연회의 주요 내용

제품시연회는 부스에 들어선 방문객들이 회사의 제품이나 서비스를 이해하고 그들의 당면 과제를 해결하는 데 도움을 줄 수 있도록 충분한 정보를 제공하여야 한다. 제품시연회는 하나의 확장된 형태의 TV 상업광고로 보면 될 것이다. TV 상업광고는 30~40초 동안 제품에 대한 인상을 갖도록 한다. 그러나 제품시연회는 TV광고에 비해 더 많은 시간적인 여유가 있으며, 방문객들에게 직접 경험할 수 있는 기회를 현장에서 제공한다는 점에서 큰 차이가 있다. 시연회를 할 때에는 방문객들이 편안하게 느낄 수 있도록 충분한 공간을 확보하여야 하고 방문객들의 시간을 낭비하지 않도록 핵심적인 코멘트를 하는 것이 무엇보다 중요하다.

회사의 제품이나 서비스의 특징과 장점을 간단명료하게 설명하는 것이 중요하므로 너무 많은 내용을 담게 되면 오히려 역효과가 발생할 수도 있음에 유의해야 한다.

제품시연회의 목적에 따라 내용도 달라져야 할 것이다. 제품시연회의 목적이 유망한 고객으로부터 주문을 받는 것이라면 그들로 하여금 추가적인 정보를 요구하도록 자극할 필요가 있으며, 회사 인지도 제고가 목적이라면 추가 정보는 회사의 웹사이트를 참고하도록 유도하면 될 것이다.

(5) 제품시연회의 핵심 사항

자사제품의 특성이나 독특한 기능을 소개하는 데 주력해야 한다. 자사제품이 평범하더라도 기능과 품질 면에서 다른 회사의 제품에 비해 한 가지라도 우수한 특징이 있다면 이 점을 잘 설명하여야 한다. 제품에 대한 설명은 짧은 시간에 압축적으로 이루어지는 것이 좋다. 왜냐하면, 유명 전시회일수록 너무 볼 것이 많기 때문에 평범한 전시품은 참관객들의 관심을 끌기 어렵기 때문이다.

(6) 제품시연회 진행 시 유의사항

제품시연회는 주로 그룹 또는 개인 참관객들을 대상으로 이루어지는데, 어떤 형태이든지 간에 제품 샘플을 직접 보여주면서 그것이 어떻게 작동되는지를 구체적으로 설명해줌으로써 시각적인 효과를 높여주어야 한다. 이외에도 제품시연회를 진행할 때에는 아래와 같은 사항에 유의하여야 한다.

- **쌍방향이어야 한다(be interactive).**

제품시연회를 할 때에는 가급적 참관객들을 더 오래 시연회에 머물도록 유도해야 한다. 그룹 제품시연회를 진행할 경우에는 자원자들에게 제품을 직접 테스트해 볼 기회를 제공해야 한다. 제품 샘플이 없는 경우에는 참관객들의 관심을 끌기 위해서 자사의 컴퓨터나 DVD 프리젠테이션에 게임적인 요소(game elements)를 가미할 필요가 있다.

• **간단명료해야 한다(be brief).**

제품시연회가 너무 길고 한번에 많은 정보를 제공할 의도로 진행한다면 참관객들을 따분하게 하여 오히려 효과를 반감시키게 된다. 따라서 제품시연회는 5~7분을 초과해서는 안 되며, 기업의 메시지를 전달하기에 충분한 시간이면 된다.

• **참관객들의 니즈에 초점을 맞추어라(focus on attendee's needs).**

제품시연회의 내용은 자사의 제품 크기, 부품 수, 개발기간 등 제품과 관련한 일반적인 사항이 아니라 자사의 제품이나 서비스의 주요 장점이어야 한다.

• **개인적인 니즈를 충족시키는 내용을 담아야 한다(be personalized).**

만일 유형의 제품을 갖고 제품시연회를 진행할 때에는 참관객들의 개인별 니즈를 충족시키기 위해 어떤 말을 효과적으로 할 것인가를 고려해야 한다.

• **무엇인가를 보상하라(include a payoff).**

제품시연회에 끝까지 참가하는 참관객들에게는 간단한 경품을 보상으로 제공하여 관심을 끌 필요가 있다.

• **경품과 연계시켜라(tie in to your giveaway).**

만일 회사의 제품이 저가의 경품을 제조하는 기계라면 제품과 경품을 연계시켜 제품시연회를 진행하는 것이 좋다.

(7) 제품시연회의 구성

① 도입부분

도입부분(the opening)에서는 부스 방문객들에게 말하고자 하는 것을 말하면 된다. 도입부분은 "정보수집(information gathering)"에서 "정보제공(information giving)"까지의 가교 역할을 하게 된다. 여기에서는 회사의 제품이나 서비스가 그들의 니즈를 어떻게 충족시켜 줄 것인가에 관한 고객의 관심을 집중시켜야 한다. 이러한 가교는 고객을 계속해서 부스에 머물도록 하는 데 중요한 역할을 하게 된다.

정보수집단계에서 부스요원은 방문객의 니즈를 파악하는 것이 매우 중요하다. 부스요원들이 고객의 생각을 알면 알수록 더욱 유리한 입장에 서게 된다. 왜냐하면, 방문객들은 전시회를 통해 너무 많은 정보를 수집하여 오히려 자신들의 니즈와 관련성이 부족한 정보를 제공하는 것에 대해 부담을 느낄 수 있기 때문이다.

도입부분 마지막은 방문객에게 다음 단계를 알게 해 주는 것이다. 이러한 도입 과정을 통해 부스요원과 방문객은 제품시연회에서 무엇을 설명해야 할 것인가를 알 수 있게 된다.

② 본론부분

본론(The Body)부분에서는 고객이 갖고 있는 관심사항을 말해야 한다. 부스방문 고객이 원하는 것은 어떤 문제를 해결할 수 있는 방안을 찾는 것이다. 부스요원들이 이러한 문제점을 이해하게 되면 다음 단계에서는 그들에게 그것을 설명하는 것이다. 실제로 전시회장에서 제품시연회를 할 때 대부분의 부스요원들은 제품의 물리적인 특징을 고객에게 설명한 후 곧바로 관련 증거를 제시하면서 제품의 장점을 부각시키기 위해 노력하게 된다. 그런 후에 부스요원은 고객에게 이에 대해 어떻게 생각하느냐(How does that sound?)고 질문하여 계속해서 고객이 부스에 머물도록 유도해야 한다.

③ 결론부분

결론(The Close)부분에서는 사후관리 활동과 관련된 내용을 말하면 되고, 부스방문객과 헤어지기 위한 과정이다. 결론은 방문객의 관심사항을 간단하게 상기시키고 회사의 제품이나 서비스의 장점과 특징을 말하면서 시작된다. 그런 후 부스요원은 방문객과 다음 단계의 조치에 대해 협의해야 한다. 그리고 마지막으로 그 고객이 긍정적인 인상을 갖고 떠나도록 유도해야 한다.

Focus 제품시연회에서 너무 과장하면 역효과를 초래할 수 있다!

부스 방문객들에게 제품시연회를 할 때 가급적 주관적인 입장을 지양하고 객관적인 증거에 입각하여 제품의 특성과 장점을 설명하는 것이 바람직하다. 너무 주관적인 입장에서 자사제품이 가장 신제품이며 기술적으로도 세계 최고라고 설명하게 되면 자화자찬이 되는 경향이 있어 오히려 방문객들에게 거부반응을 초래할 가능성도 있다. 따라서 다른 경쟁업체들과 비교하여 객관적이고 기술적으로 설득력이 있는 수치를 제시하면서 자사제품의 우수성을 주장하는 것이 효과적이다.

4. 특별할인 행사 실시

대다수 기업들은 전시회 기간 중 실질적인 거래 성사를 위해 다음과 같은 특별할인 행사 등 여러 가지 인센티브를 참관객들에게 제공한다.

- 전시회 기간 중 주문한 제품에 대한 일정 비율의 할인행사
- 전시회 기간 중 구매한 제품에 대한 일정 비율의 할인행사
- 전시회 기간 이후 일정 기간 내 주문한 제품이나 서비스에 대한 일정 비율의 할인행사

이러한 전략은 효과적일 수 있으나 경우에 따라서는 오히려 부정적인 결과를 초래할 수도 있음을 알아야 한다. 일부 바이어들은 정상적인 가격으로 주문하지 않고 자신들의 공급업체가 해당 전시회에 참가하여 할인행사를 할 때까지 주문을 연기하는 경우가 있기 때문이다.

따라서 전시회 기간 중 특별 할인행사를 실시하기 전에 전략적으로 신중하게 검토할 필요가 있다. 전시회 기간 중에 할인혜택을 부여하기보다는 오히려 바이어의 주문 횟수가 늘어남에 따라 할인혜택을 지속적으로 부여해야만 바이어의 계속적인 주문을 이끌어 낼 수 있을 것이다.

5. 세미나 등 교육기회 제공

▶세미나는 이상적인 교육 및 정보수집 기회 제공

참관객들은 여러 가지 목적을 갖고 전시회에 참가하는데, 교육 목적도 그 중 하나에 해당된다. 전시회는 신제품과 새로운 서비스에 관한 정보를 수집하고 생산성 제고를 위한 신기술과 기법을 모색하는 데 있어 가장 이상적인 통로라고 할 수 있다. 미국 CEIR의 조사에 의하면, 소비재 전시회에 참가한 고객의 26%가 세미나에 참가한 후 구매물량을 늘린 것으로 나타났다. 그리고 이 중 69%는 세미나 참가를 계기로 향후 12개월 내에 추가 구매를 할 것이라고 답변하였다. 전시 참가업체들은 부스 규모에 관계없이 부스 안에서 방문객들에게 세미나의 형태로 교육기회를 제공할 수 있다.

세미나는 방문객의 입장에서 귀중한 정보를 수집할 수 있는 주요 통로가 된다. CEIR의 조사에 의하면, 전시부스 안에서 이루어지는 세미나에 참석한 방문객들의 63%가 세미나 참가가 그들의 구매결정에 가장 큰 영향을 준 것으로 응답했다.

위는 전시회에서 열리고 있는 세미나 장면임

▶세미나와 제품시연회의 차이점

한편, 세미나와 제품시연회(demonstration)는 내용 면에서 서로 차이가 난다. 제품시연회는 특정 제품이나 서비스에 대한 방문객들의 니즈를 충족시키는 데 목적이 있는 반면, 세미나는 방문객들에게 그들의 생산성을 제고할 수 있는 정보를 제공하는 데 초점을 두고 있다. 따라서 세미나 또는 제품시연회 강사는 이런 점을 감안하여 사전 준비를 체계적으로 할 필요가 있다.

부스 안에서 이루어지는 세미나(in-booth seminar)는 조심스럽게 준비할 필요가 있다. 소규모 전시부스에는 의자를 많이 준비하기가 어렵다. 이 경우 세미나 강사는 차트(flip chart) 또는 오버헤드 프로젝터를 활용하여 세미나를 진행하면 된다. 고급스런 분위기를 갖고 있는 대규모 부스에서는 시청각 장비를 활용하여 입체적인 세미나를 진행할 필요가 있다. 그러나 어느 경우이든지 부스 안에 너무 많은 의자를 준비할 필요는 없다.

그리고 전시장 통로를 오가는 참관객들을 회사의 부스 내 세미나장으로 유인하기 위해서는 T-셔츠, 볼 캡, 전시품 샘플 등의 인센티브를 제공할 필요가 있다. 그러나 전시부스에서 세미나를 성공적으로 진행하기 위해서는 사전에 체계적인 계획과 준비가 있어야 가능하다는 점을 간과해서는 안 된다.

한편, 신문이나 전문잡지, 전시 주최자가 발간하는 전시회 프로그램 또는 회사의 웹사이트를 통하거나 전시회 개막에 앞서 특정 고객에게 세미나 초청장을 발송하여 회사의 전시부스 안에서 이루어지는 세미나 행사를 홍보해야 한다. 결론적으로 부스 세미나는 회사의 전시부스에 대한 참관객들의 관심을 집중시킬 수 있는 가장 강력한 수단의 하나라고 할 수 있다.

6. 엔터테인먼트 기회 제공

부스 안에서 이루어지는 엔터테인먼트(in-booth entertainment)는 특정한 메시지를 비공식적으로 전달하고 즐거운 부스 분위기를 조성하는 데 도움을 준다. 엔터테인먼트는 참관객들의 관심을 끌기 위해 감정적으로 호소를 하는 것이기 때문에 그들이 회사의 전시부스에 관심을 갖게 하는 매우 효과적인 수단이다. 그리고 엔터테인먼트는 종종 정보의 홍수에 지쳐 있는 참관객들의 관심을 끌 수 있는 좋은 아이스브레이크의 역할을 한다.

엔터테인먼트의 형태는 광대, 마임, 마술, 가수, 드러머, 저글링, 곡예 등 여러 가지로 진행될 수 있다. 부스 안에서 엔터테인먼트가 효과적으로 진행되기 위해서는 전달하고자 하는 메시지가 간결해야 하고, 회사 또는 제품과 밀접하게 관련된 마케팅 메시지와 전시회 참가 목표가 반영되어야 한다.

7. 게임기회 제공

게임(games)은 부스 방문객에게는 적극적으로 어느 회사의 전시부스에 몰입하도록 하게 하고, 부스요원에게는 방문객과 열정적으로 의사소통하게 하는 수단으로 작용한다. 일반적으로 게임은 세미나 또는 엔터테인먼트와는 달리 좁은 공간에서도 진행할 수 있는 장점을 갖고 있으며, 엔터테인먼트와 마찬가지로 방문객들의 관심을 끌 수 있는 훌륭한 마케팅 수단이 된다.

방문객의 적극적인 참여를 유도하기 위해서는 퍼팅그린(putting green), 행운의 바퀴(wheel of fortune) 또는 방문객으로 하여금 질문사항에 답변하도록 하는 빙고게임 등과 같이 활동적인 게임을 준비하면 좋을 것이다. 여기서 중요한 점은 어떤 게임이든지 방문객들의 관심을 집중시키는 데 오랜 시간이 걸려서는 절대로 안 된다는 점이다. 즉, 짧은 시간에 방문객들의 관심을 끌 수 있는 게임을 준비해야 하고 게임이 종료된 후에는 시간을 잘 보냈다고 느낄 수 있는 내용으로 게임이 진행되어야 한다.

한편, 게임은 부스요원들에게 방문객과 대화할 수 있는 좋은 기회를 제공해 준다. 부스 요원은 이러한 기회를 통하여 방문객과 유대 관계를 구축하고 다음 단계의 대화로 자연스럽게 이끌어 갈 수 있을 것이다. 이처럼 게임은 훌륭한 아이스브레이커의 역할을 한다. 특히, 부스요원이 게임을 당신 회사의 제품이나 서비스와 효과적으로 연계시킬 수 있다면 매우 유용한 마케팅 수단이 될 수 있다.

10

Trade Show Marketing Practices

전시부스 상담 및 유망 바이어 발굴기법

1. 개 요

기업은 여러 가지 목적을 갖고 전시회에 참가하는데, 그 중에서도 잠재고객의 이름과 연락처 정보를 수집하여 거래기회를 물색하는 것을 중요한 목적으로 하고 있다. 많은 참관객들이 전시부스를 방문하지만 어느 내방객이 유망 고객인지를 파악하는 것은 쉬운 일이 아니다. 전시회를 통해 거래를 성사시키기 위해서는 전시회 개최에 앞서 미리 유망 고객명단을 입수하여 현장에서 직접 대면하여 구체적인 상담을 벌이는 것이 무엇보다 중요하다.

물론 전시회 현장에서도 누가 유망한 바이어인지 여부를 대략적으로 파악할 수는 있다. 이를 위해서는 부스 내방객이 회사의 목표 고객집단에 해당되는지를 파악하기 위하여 몇 가지 질문사항을 사전에 준비할 필요가 있다. 이러한 질문에 대한 응답을 분석하여 부스 내방객이 유망한 잠재고객으로 분류되면 이들의 연락처를 파악하여 전시회가 끝난 이후에도 계속적인 조치를 취해야 한다.

어느 참관객이 전시부스에 들어설 때 그와 대화를 시작하면서 전시회 종료 후 추가적인 약속을 이끌어내야만 전시회에 참가한 보람이 생길 것이다.

일반 내방객을 유망고객(qualified leads)으로 전환시키기 위해서는 다음과 같은 5단계 과정을 거쳐야 한다.

- 1단계 : 개입하라(engage)
- 2단계 : 내방객을 등급화하라(qualify)

- 3단계 : 본격적으로 협의 내지 설명하라(discuss or demonstrate)
- 4단계 : 내방객에 대한 세부 정보를 수집하라(capture information)
- 5단계 : 다음 단계의 조치에 합의하고 헤어진다(disengage)

부스 내방객이 유망고객이 아닌 것으로 판단되면 2단계에서 곧바로 5단계로 넘어가면 되지만, 유망고객일 경우에는 위에서 열거한 5단계 과정을 거쳐야 하며, 단계별로 시간을 적절하게 배분할 필요가 있다.

위는 전시부스에서의 비즈니스 상담 장면임

2. 부스 내방객의 구분

전시회 기간 중 회사가 판매하는 제품이나 서비스에 대해 모든 참관객들이 관심을 보이는 것은 아니다. 미국 CEIR의 조사에 의하면, 부스 내방객 5명 중 1명에 해당하는 16~20%만 '관심집단(interested category)'으로 분류되었다. 그렇다고 해서 나머지 참관객들은 아무런 의미가 없다는 것은 아니다. 전시회 참관객들의 대부분은 다음과 같은 세 가지 범주 중 하나에 속하며, 모두가 가치 있는 고객집단이라고 할 수 있다.

• 동종업종에 종사하는 단순 내방객(Contacts)

이는 전시부스를 방문하는 동종업종에 종사하는 단순 내방객들을 의미한다. 기업은 동종 업종에 종사하는 내방객과의 명함 교환 등을 통하여 회사명과 그의 이름을 제외하고는 그들에 관한 세부 정보를 알 수 없다. 동종 업종에 있는 어느 기업과 거래관계를 구축하고자 한다면 이들 내방객들을 적절하게 활용할 필요가 있다.

• 유망한 내방객(Prospects)

이들은 회사의 목표 고객집단에 속하는 유망한 부스 내방객을 의미한다. 전시회 개막에 앞서 사전조사 또는 전시부스에서 내방객 등급화 작업을 통해서 유망한 내방객을 파악할 수 있다. 이들은 회사의 목표 고객집단의 범주에 속하게 되므로 거래성사의 가능성이 높다고 할 수 있다.

• 강력한 거래 의사를 가진 내방객(Leads)

이들은 전시회 종료 후에도 계속적인 접촉을 통하여 거래관계를 구축하고자 하는 이른바 강력한 거래의사를 가진 내방객들을 말한다. 기업은 전시회가 끝난 이후에도 이들과이 전하접촉, 개별 미팅, 주문 발주, 카탈로그 송부 등 다양한 방법을 통하여 계속적으로 접촉을 해야 한다.

3. 전시부스 상담 진행단계

전시부스를 방문하는 모든 참관객들이 회사의 제품이나 서비스에 관심을 보이는 것은 아니다. 부스를 방문하는 참관객들을 일정한 질문양식에 의해 자체 분석하여 고객 등급화 과정을 통하여 유망한 잠재 고객집단으로 밝혀지면 이들과 아래와 같이 단계적인 접촉이 이루어져야 한다.

- 접촉한다(make contact).
- 대화를 시도한다(initiate the conversation).
- 부스 내방객 등급화 작업을 수행한다.

- 본론적인 대화를 한다(direct the conversation).
- 다음 약속을 이끌어낸다(agree on the next step).
- 대화를 종료한다(end the conversation).

Focus 효과적인 부스업무(Boothing) 수행을 위한 4단계 절차

1. 아이스 브레이크(Ice Breaking)
   - 내방객 접근을 유도하기 위한 질문사항 개발
     - 간단한 질문(open questions : 주로 How, What, When, Where, Why로 시작됨)을 하라.
     - 비즈니스에 중점을 두어라.
     - 대답을 원하지 않는다면 질문을 하지 말라.
   - 아래의 3가지 시나리오에 대한 질문사항 개발
     - 유망고객(prospects)이 부스로 들어왔을 때
     - 제품시연회 또는 샘플링을 하고 있을 때
     - 아무도 부스를 방문하지 않을 때

2. 내방객에 대한 세부 정보수집
   - 'ACTION' 에 대한 질문사항 개발
     - Authority, Capability, Time, Identify, Obstacles, Need

3. 부스 내 제품시연(Demo)
   - 서두(Opening) : 내방객들에게 말하고자 하는 취지를 설명하라.
     - 내방객의 요구사항이 무엇인지를 파악하라.
     - 다음 단계로 들어가도록 유인하는 말을 하라.
   - 본론(Body) : 제품의 특징과 장점을 설명하고 이를 뒷받침하는 증거자료를 제시하라.
   - 결론(Close) : 내방객의 약속을 받아내도록 노력한다.

4. 헤어짐(Disengage) : 좋은 분위기에서 약속사항을 재차 강조하고 전시회 종료 후 취하게 될 조치를 협의한다.

(1) 제1단계 : 개입(engagement)

▶참관객과 적극적인 시선 접촉(eye contact) 필요

제1단계는 전시장 통로를 오가는 참관객과 접촉(make contact)을 시도하는 것이다. 일반적으로 전시회에 참가한 낯선 사람과 대화를 시도한다는 것은 쉬운 일이 아니다. 그러나 전시회 참가에 따른 투자의 효율성을 극대화하고 유망 바이어를 발굴하기 위해서는 전시부스 상담요원의 적극적인 노력이 필요하다. 이런 점에서 전시 참가 업체는 외향적인 성격을 지닌 직원을 전시회 현장에 파견하는 것이 바람직하다.

전시회장의 통로를 오가는 참관객들과 대화를 시도하는 최선의 방법은 먼저 그들과 눈을 맞추는 것이다. 만일 일부 참관객들이 당신과 눈을 맞추는 것을 원하지 않는다면 아마도 이들은 회사의 전시부스에 관심이 없는 사람들일 것이다. 홍보자료를 배포하거나 간단한 경품을 제공하여 참관객들의 시선을 끌 수도 있다. 참관객 중에서 누군가가 시선을 준다면 먼저 그에게 친근감 있는 미소를 보내고 인사("say hello")를 하면서 대화를 시도한다.

부스요원은 먼저 참관객들을 주시하면서 그들에게 관심을 보이고 있다는 인상을 주어야 한다. 부스요원은 복도 가장자리에 서서 통로를 오가는 참관객들과 눈을 맞추어야 한다. 참관객들의 명찰을 신속하게 살피고 이름을 부르면서 반갑게 대한다. 이때 부스요원은 "당신은 우리 회사를 아십니까(Are you familiar with our company?)"와 같은 "Yes-No" 질문을 피하고 "당신은 우리 회사에 대해 무엇을 알고 있습니까(What do you know about our company?)"와 같은 일반적인 질문(open questions)을 하면 된다. 이러한 질문 유형의 예는 다음과 같다.

- What are you looking for at the show today?
- Tell me about your business.
- What your needs on the products looking for?
- How are you enjoying the show?
- What products and services are you looking for?

한 가지 유의할 사항은 이 단계에서 많은 시간을 투입하면 안 된다는 것이다. 부스요원은 낯선 내방객에게 그가 필요한 정보를 입수할 수 있도록 30초 동안에 제품설명을 하고 그를 다음 단계로 이끌어가기 위한 시도를 해야 한다. 이를 위해서는 구체적으로 다음과 같은 내용을 전달해야 한다.

- 회사의 제품이나 서비스에 대한 간단한 설명
- 경쟁업체와의 차이점 부각
- 신뢰할만한 증거 제시
- 자사제품의 목표 고객집단 설명
- 제품이나 서비스의 핵심 장점 설명

한편, 성공적인 개입을 위해서는 다음과 같은 사항을 이해할 필요가 있다.

- 내방객을 평가하고 그들의 개입정도에 따라 흐름을 조정하는 것이 바람직하다. 적극적인 내방객에 대해서는 질문에 답변하고 등급화 단계로 진입하면 되지만, 소극적인 내방객에 대해서는 등급화 단계로 진입하기에 앞서 몇 마디 이야기를 더 주고받는 것이 좋다.
- 대화를 계속 주도해 나가야 한다. 예를 들어 다음과 같은 질문을 할 수 있다.
  "Great question, but let me ask a question.:
  "Before I answer that, let me ask you…"
- 부스요원은 자신을 내방객에게 소개하는 것을 잊어서는 안 된다.
- 부스에서 개인적인 대화는 나누지 말라.

Focus 전시부스에서의 참관객 접촉을 위한 위치 선정 노하우

- 절대로 테이블 뒤쪽에 서 있어서는 안 된다 : 테이블 뒤쪽에 서 있게 되면 당신과 복도를 오가는 참관객 사이에 존재하는 하나의 걸림돌이 된다. 따라서 테이블을 뒤쪽으로 이동시켜 참관객들이 부스를 편하게 방문할 수 있는 공간을 확보해 주어야 한다. 전시 부스에서 직원들은 테이블 옆이나 약간 앞쪽에 서 있는 것이 좋을 것이다.
- 사람들과 쌍방향 접촉이 쉬운 곳에 서 있어야 한다 : 복도를 오가는 참관객들과 보다 쉽게 접촉하기 위해서는 언제라도 그들과 악수할 수 있는 위치에 서 있어야 한다.

- 부스 안에서는 계속 움직여야 한다 : 한 곳에 계속 서 있게 되면 쉽게 피로해지는 측면도 있지만 경직되고 융통성이 없는 것처럼 보일 수도 있다. 서 있는 위치를 수시로 바꾸게 되면 피로를 줄일 수도 있으며, 보다 많은 참관객들의 시선을 끌 수 있게 된다.
- 전시부스의 앞쪽에 서 있어야 한다 : 당신과 복도 사이에는 이미 충분한 공간이 존재하기 때문에 당신이 통로를 오가는 누군가와 쉽게 쌍방향 접촉을 원한다면 가급적 복도와 가깝도록 부스 전체 공간 중에서 앞쪽 1/3 공간에 서 있는 것이 좋다. 그러나 참관객들이 복도를 걸어갈 때 갑자기 뒤에서 위협을 가하는 것처럼 공격적으로 다가가서는 안 된다는 점에 유의해야 한다.

(2) 제2단계 : 대화 시도(initiate the conversation)

전시장 통로를 오가는 어느 참관객과 시선 접촉(eye contact)이 이루어지게 되면 그와 곧바로 대화를 시도한다. 먼저 그에게 악수를 청하면서 당신을 소개한 후 일반적인 질문으로 대화를 시도해야 한다. 예를 들어, "전시회가 재미있는가(How are you enjoying the show)" 또는 "왜 전시회에 참가하게 되었는가(Tell me why you' re here today)" 등과 같은 질문을 함으로써 서먹서먹한 분위기를 바꾸도록 노력해야 한다.

참관객들이 부착하고 있는 명찰(badge)은 벽을 허무는 대화(ice-braker conversation)의 중요한 통로가 될 수 있다. 명찰을 통해 그가 어디서 왔는지를 신속하게 파악하고, 만일 그가 멀리에서 왔다면 여행하느라 정말 고생했을 것이라는 말을 함으로써 동정심을 표시하여야 한다. 그가 말하는 국가나 도시에 갔다 온 경험이 있다면 그곳에서의 경험을 간단하게 이야기할 수도 있을 것이다. 그러나 이야기가 너무 개인적인 내용이 되지 않도록 조심해야 한다. 이러한 이야기를 할 때 상대방이 긍정적인 반응을 보이지 않으면 즉시 화제를 다른 것으로 바꾸어야 한다.

일단 대화가 시작되면 가급적 솔직해지고 오픈 마인드로 상대방에게 접근하고 그가 누구이고 무엇을 필요로 하는지 알고 싶다는 깊은 관심을 보여줌으로써 그로부터 긍정적인 반응을 이끌어내야 한다.

Focus 시선 접촉(eye contact)이 이루어진 후 상대방에 대한 질문사항

- Are you enjoying the show?
- What brings you to the show today?
- How are you enjoying the show?
- What are you looking for at the show today?

이러한 질문을 한 후 조금 기다렸다가 아래와 같은 질문을 할 수 있다.

- What prompted you to visit our exhibit today?
- Tell me what issues your company is dealing with right now?

▶3가지 시나리오에서의 아이스 브레이크(Ice Breaking) 기법

① 내방객이 전시부스에 들어섰을 때

어떤 내방객이 회사의 전시부스에 들어와서 제품이나 부스 그래픽에 대해 관심을 보일 때, 부스요원은 먼저 그를 반갑게 맞이해야 한다. 이어 "회사의 전시부스를 왜 방문했는지(What attracted you to our booth?)"를 물어보아 그가 회사에 진정으로 관심을 보이고 있는지를 파악한다. 그런 다음 부스요원은 자신을 내방객에게 소개하고 다음과 같은 질문을 한다.

- 우리 전시부스에서 어느 부분에 대해 관심을 갖고 있습니까?
- 전에 우리 회사의 제품에 대해 들어본 적이 있습니까?
- 혹시 우리 제품을 사용하거나 취급한 경험이 있습니까?

그런 다음 상대방에 대해 잘 모르겠다면서 아래와 같이 답변을 유도한다.

- 저는 당신 회사에 대해 잘 모릅니다. 무엇을 하십니까(I am not familiar with your organization. What do you do?)

② 제품시연회(Demonstration)나 샘플링을 하고 있을 때

제품시연회의 궁극적인 목적은 참관객들을 회사의 전시부스로 유도하기 위한 것이다. 샘플링은 부스 내방객들에게 신제품을 직접 테스트할 수 있는 기회를 제공한다.

제품시연이나 샘플링이 끝나면 회사에 관심 있는 내방객들은 추가정보를 입수하기 위하여 부스 요원과 심층적인 비즈니스 대화의 단계로 진입하기를 원한다.

특히, 제품시연회를 할 때 다음 사항에 유의하여 적절하게 대처하여야 한다. 예를 들어, 부스요원 A는 내방객과의 상담을 위해 대기 중이고 부스요원 B가 데모 또는 샘플링을 할 때이다. 이때에는 참관객들을 회사의 부스로 끌어들일 수 있는 아주 좋은 기회가 되지만, 부스요원 B는 제품설명을 하고 있기 때문에 내방객들과 대화를 할 수 없어 동료의 지원이 필요하다. 이때 부스요원 A가 해야 할 일은 혹시 관심을 보이는 내방객이 있는지를 예의 주시하면서 추가정보를 원하는 내방객을 찾아내는 것이다. 부스요원 A는 제품시연이 끝나는 대로 그들에게 다가가 다음과 같은 질문을 하면 된다.

- 설명한 사항 중에서 어느 부분이 당신 회사의 요구를 가장 잘 충족시켜 줄 것이라고 생각하십니까?
- 우리 제품은 당신이 현재 사용하고 있는 제품과 비교할 때 무엇이 다르다고 봅니까?

또한, 데모 또는 샘플링을 하고 있을 때 어느 내방객이 제품을 직접 만져보면서 테스트하는 모습을 목격한다면 그는 이미 그 제품에 깊이 관여하고 있다는 증거로 이해할 수 있으며, 이런 내방객들과는 본론적인 대화로 들어갈 수 있는 여지가 크다.

③ 아무도 회사의 전시부스를 방문하지 않을 때

일반적으로 내방객들이 회사의 부스를 방문하지 않을 때 부스요원들은 동료들과 대화를 나누거나 커피를 마시거나 전화를 하거나 하는 행동들은 잘못된 것이며, 이 경우에도 미소를 띠면서 눈을 맞추도록 노력해야 한다. 통로를 오가는 참관객의 95% 이상이 부스요원을 무시한다고 할지라도 누군가와 눈이 마주치면 미소를 지으면서 다음과 같은 질문을 하면서 관심을 유도해야 한다. 이러한 경우는 부스요원들에게 가장 힘든 상황이 되겠지만 인내할 필요가 있다.

- 이번 전시회를 통해서 무엇을 찾고 있습니까?
- 지금까지 전시회에서 본 것 중 가장 인상 깊었던 것은 무엇입니까?

(3) 제3단계 : 부스 내방객 등급화(Qualification)

이는 부스 내방객과의 대화 과정에서 가장 중요한 부분으로 그 내방객에 대해 계속적으로 시간을 투자할 가치가 있는지를 결정하는 단계이다. 전시부스 운영시간과 부스요원의 숫자가 제한되어 있는 상황에서 유망고객을 발굴하기 위해서는 부스 안에서 한 사람이라도 더 만나기 위한 내방객 등급화 작업이 필수적이다.

부스 내방객 등급화 기준(Qualification Criteria)은 업종과 전시회 참가 목표별로 다른데, 대부분 기업들은 일반적으로 다음과 같은 기준을 사용하고 있다.

- 제품관심도(Product Interest)
- 업종(Industry)
- 기업규모(Company Size)
- 직무 기능(Job Function)

이외에도 기업은 부스 내방객 등급화 기준으로 전통적인 방법(sales lead qualification)을 도입하고 있다.

- 예산(budget) : 구입예산의 편성여부와 예산규모
- 의사결정권한(authority) : 내방객이 소속 회사에서 구매의사결정권을 갖고 있는지 여부
- 니즈(need) : 내방객의 문제 해결에 있어 그 제품의 중요성
- 구매 시기(timeframe) : 제품 구매 준비정도와 구매 예정시기
- 잠재적인 판매량(potential sales volume) : 구매물량과 구매빈도의 정도
- 기타 : 기업규모, 종업원 수, 매출액, 업종, 모기업

이 단계에서 부스 내방객 등급화를 위해 사용할 수 있는 질문내용의 예는 다음과 같다.

- What company are you with? What do you do there?
- What are your business objectives?
- What products or services do you use today?
- What challenges do you find?

- Is there a budget available to solve this problem?
- What alternative solutions are you considering?

여기에서 부스요원이 명심해야 할 한 가지 사항은 "시간을 낭비해서는 안 된다"라는 사실이다. 부스요원은 잡담하거나 친구를 사귀기 위해 부스에 있는 것이 아니라 회사의 전시회 참가 목표를 달성하기 위해 거기에 있다는 사실을 명심해야 한다.

(4) 제4단계 : 본격적인 대화 시도(Discussion or Demonstration)

아이스 브레이크와 내방객 등급화 단계를 거치면 가능한 빨리 비즈니스와 관련된 대화를 이끌어내야 한다. 기업은 전시회에서 새로운 바이어를 발굴하기 위해 가급적 많은 유망한 내방객들을 접촉하고자 할 것이다. 어느 내방객과 비즈니스에 관한 본론적인 대화를 할 때에는 가급적 5분을 초과해서는 안 되는데, 그 이유는 참관객들 역시 되도록 많은 회사의 부스를 방문할 계획을 갖고 있기 때문이다.

어느 내방객이 유망한 잠재고객일 가능성이 큰 것으로 판단되면 곧바로 간략한 업무협의에 들어가야 한다. 이 단계에서는 그 부스 내방객에게 제품정보를 제공하고 그의 요구사항이 무엇인지를 파악해야 한다. 특히, 이 단계에서 제품설명을 해야 하는 상황에 처한다면 다음 사항을 유의하여야 한다.

- 너무 빨리 제품설명을 해서는 안 된다. 이럴 경우 시간만 낭비하고 내방객을 불편하게 하는 것일 수도 있다.
- 사전에 제품설명 기법을 연습하라. 시간을 절약하고 내방객에게 부정적인 인식을 심어주지 않기 위해서는 미리 부스에서 기자재를 활용하여 제품 설명하는 것을 연습할 필요가 있다.
- 제품의 장점을 집중적으로 부각시켜야 한다.

한편, 부스 내방객을 등급화하기 위한 질문사항은 다음과 같이 당신이 대화하고 있는 고객이 회사의 목표 고객집단에 포함되는지를 신속하고 용이하게 파악할 수 있는 내용으로 구성되어야 한다.

〈표 10-1〉 본격적인 대화 시도를 위한 질문사항

질 문 내 용	질 문 사 유
What company does the attendee work for?	종전에 들어보았거나 또는 거래관계를 희망하거나 동종업종에 있는 업체인지 알아보기 위함
What needs does the attendee's company currently have?	회사의 제품이나 서비스가 내방객에게 도움이 될 것인지를 파악하여 관련되는 장점을 강조하기 위함
How is the attendee's company currently meeting these needs?	내방객 소속 회사가 현재 거래하고 있는 업체가 경쟁업체인지를 파악하여 경쟁우위관점에서 제품이나 서비스를 소개할 수 있는 기회를 포착하기 위함
What role does the attendee have at their company?	내방객이 의사결정권을 갖고 있는지 파악하기 위함
How quickly is the attendee looking to make a decision/change?	의사결정에 어느 정도 시간이 소요되는지를 파악하여 전시회 종료 이후 사후관리(follow-up)를 효과적으로 진행하기 위함
What kind of budget is the attendee working with?	내방객이 고객으로서 어느 정도 가치가 있는지 여부를 평가하기 위함

부스 내방객에게 상기의 사항을 의무적으로 질문해야 하는 것은 아니다. 부스 내방객과의 대화 중간에 그가 회사의 제품이나 서비스를 필요로 하지 않는다는 사실을 간파할 수도 있기 때문이다. 이런 경우에는 공손하게 대화를 종료하면 되지만, 그 내방객이 회사의 목표 고객집단의 범주에 속한다면 그의 연락처를 파악하고 향후 조치를 협의해야 한다.

(5) 제5단계 : 내방객 정보수집 및 다음 단계 조치 합의

부스 내방객이 유망고객일 가능성이 높으면, 그 내방객으로부터 연락처 등 필요한 정보를 수집하는 단계로 이행해야 한다. 고객정보는 내방객과의 대화를 지속할 것인가를 결정하는 데 매우 중요한 사항이다. 이 단계에서 수집해야 하는 정보의 내용은 다음과 같다.

- 연락처 정보(성명, 직책, 회사명, 주소, 전화, 팩스, 이메일)
- 선호하는 연락방법(전화, 이메일, 방문 등)
- 다음 단계 조치 합의(약속)

즉, 내방객 등급화를 위한 몇 가지 질문을 하면서 부스 내방객이 회사가 찾고 있는 유망한 잠재고객으로 파악되면 비즈니스에 관한 본론적인 대화를 나눈 다음 아래와 같은 다음 단계의 조치에 대해 합의해야 할 것이다.

- 주문 발주
- 전화 또는 미팅 약속
- 샘플 송부
- 카탈로그 등 마케팅 및 프로모션 자료 송부
- 사후관리 이메일(follow-up email) 발송 등

다음 단계의 조치로 이행할 수 있는 가장 적절한 시점은 해당 부스 내방객에게 회사의 제품이나 서비스가 그의 니즈를 어떻게 충족시켜 줄 것인지를 설명한 이후라고 할 수 있다. 그가 긍정적인 반응을 보인다면 즉시 다음 단계의 조치에 대해 언급해야 한다. 이를 위해서는 아래와 같은 질문을 함으로써 다음 단계의 조치를 이끌어낼 수 있다.

- I'd appreciate the opportunity to go over all of this in more detail. Can I call you next week?(당신에게 이 제품에 대해 상세하게 설명할 기회를 주셔서 감사합니다. 다음 주에 제가 전화해도 될까요?)

전화를 하거나 미팅을 갖기로 약속한다면 구체적인 날짜와 시간을 정해야 한다. 어떤 조치를 취하기로 상호간에 합의를 했다면 반드시 그 약속은 지켜야 한다.

Focus 부스 내방객을 대하는 올바른 자세("Think Globally")

세계 각지로부터 많은 참관객들이 전시회에 참가하기 때문에 이들과 효과적으로 접촉하기 위해서는 문화적인 차이점을 이해하는 것이 무엇보다 중요하다.

- 유머 감각이 있어야 한다.
  유머러스한 말은 필요하지만 가능한 한 속된 표현은 피하고 비즈니스 용어를 사용하여야 한다.
- 목소리를 너무 높여서는 안 된다.

영어를 잘 알아듣지 못하면 목소리를 높이는 것이 능사가 아니라 최대한 천천히 말해서 상대방이 알아듣도록 노력해야 한다.

- 추가적인 시간 약속을 하라.
  유망고객으로 분류된 부스 내방객과 새로운 비즈니스 관계를 구축하고 싶다면 5분간의 대화로는 부족하다. 따라서 전시회 일과 후에 그와 식사 또는 레저 활동을 함께 하는 시간을 갖자고 제안하는 것도 좋은 방법이 된다.
- 공손해야 하고 상대방을 높여라.
  부스 내방객의 사전 허락 없이 상대방의 성을 마음대로 불러서는 안 된다. 먼저 상대방으로부터 받은 명함에 대한 존경을 표시한다. 이를 위해서는 명함을 조심스럽게 다루고 해당 내방객이 보는 앞에서 그것을 접거나 뒷면에 메모를 해서는 안 된다.
- 악수를 할 때에는 신중하게 생각해야 한다.
  모든 사람이 악수를 선호하는 것은 아니다. 서양 사람들은 주로 악수를 선호하지만 동양 사람들의 대다수는 악수보다는 고개를 끄덕이거나 절을 더 좋아한다.

(6) 제6단계 : 대화 종료(end the conversation)

대화의 마지막 단계라 할 수 있는 '헤어짐(disengagement)'의 과정을 효과적으로 수행하게 되면 부스 방문고객은 부스요원과 회사의 제품에 대해 긍정적인 인상을 갖고 부스를 떠날 수 있게 된다. 따라서 부스요원은 대화를 효과적으로 종결시키는 기법을 습득할 필요가 있다.

이 단계에서 부스요원은 내방객에 대해 악수를 청하면서 자사의 부스를 방문해 준데 대해 감사의 말을 전하면서 사후관리를 위한 조치에 합의해야 한다.

이러한 상황에서는 "Mr. Brown, it has been great meeting you today. I'll send the information you asked to you as soon as I return to my office and I'll call to set up an appointment. Thanks for your interest and enjoy the rest of the show.(브라운씨! 오늘 당신을 만나 뵙게 되어 매우 기쁘게 생각합니다. 제가 사무실에 돌아가는 대로 요청하신 정보를 즉시 보내드리고 미팅약속을 잡기 위해 전화를 드리겠습니다. 저희 회사에 관심을 보여주신 데 대해 감사드리며, 전시회의 나머지 일정에도 유익한 시간을 보내시길 바랍니다)"와 같은 표현을 사용할

수 있다.

경우에 따라 헤어짐의 과정을 수행하기 어려운 상황이 발생할 수도 있다. 예를 들어, 일부 내방객은 저지하지 않을 경우 계속해서 부스요원과 대화를 원하는 경우가 있다.

내방객으로부터 필요한 정보가 수집되고 사후관리 조치에 대한 협의가 끝나면 내방객과 헤어지기 위한 단계로 진입하게 된다. 내방객과의 작별인사는 공손하게 이루어져야 한다. 상대방의 눈을 주시하면서 악수를 건네고 부스를 방문해 주셔서 감사하다는 인사를 전해야 한다.

부스 내방객과 나누던 대화를 종료하고자 할 때에는 가급적 정직하고 솔직한 마음으로 친밀한 어조로 상대방에게 양해를 구해야 한다. 대화를 종료할 때의 접근방식은 그가 어느 부류에 속하느냐에 따라 아래와 같이 달라지게 된다.

- **유망한 잠재고객**(a qualified lead)

유망한 잠재고객과 대화를 통하여 다음 단계에서 취할 조치에 대해 합의한 후에는 그에게 다음과 같은 말을 함으로써 자연스럽게 대화를 종료한다 : "Thanks for coming by, I'll see/call/email you next week."

- **단순 내방객**(a contact)

유망한 잠재고객이 아닌 단순 부스 내방객과의 대화는 비교적 빨리 끝날 수 있다. 대화를 통하여 유망 잠재고객으로 전환될 가능성이 없다고 판단된다면 그로부터 명함을 받고 악수를 청하면서 대화를 끝내도록 한다.

위의 어느 경우에도 해당되지 않는다면 적당한 사유를 제시하면서 가급적 대화를 신속하게 끝내도록 노력한다. 예를 들면 "우리 회사의 제품은 당신이 찾고 있는 제품이 아닌 것 같군요"라고 코멘트하면서 방문에 감사한다는 말로 종료하고 악수를 청한다. 그리고 어떤 경우이든지 간에 대화를 종료할 필요가 있을 때에는 상대방에게 미소를 지으면서 사과하면 된다. : "I'm so sorry. I've really enjoyed our conversation, but someone else is waiting.(죄송합니다. 당신과의 대화는 정말로 유익했습니다만, 다른 분이 기다리시는군요)"

이외에도 대화를 마칠 때에 사용될 수 있는 인사말은 아래와 같다.

- I hope that's answered all of your questions. If not, please feel free to follow up next week.(이때 상대방에게 명함을 전달한다)
- There's a lot more information on our company website, do you have the URL.

Focus 전시회 단독 참가 시 조치사항

동료 직원이 없이 혼자서 전시회에 참가할 때에는 아래와 같은 사항에 유의함으로써 효과적으로 대처할 수 있다.

- 주변 부스의 관계자와 친하게 지내라(know your neighbors).
  당신 회사의 전시부스 주변에 있는 다른 회사의 직원을 친구로 사귈 필요가 있다.
- 사전에 부스 운영일정을 짜라(plan ahead).
  부스가 비는 시간을 최소화하기 위해서는 식사, 용변 등의 시간일정을 사전에 짜는 것이 좋다.
- 내방객이 뜸할 때 휴식을 취하라.
  참관객의 부스 방문이 뜸할 때에는 틈틈이 휴식을 취하는 것이 좋다. 내방객이 많더라도 계속 서 있어야 하는 것은 아니다.
- 계속 움직여라.
  하루 8시간을 부스에서 보낸다는 것은 정말 힘든 일이다. 복도를 오가는 참관객 수가 적을 때에는 에너지를 충전하기 위해 복도를 왔다 갔다 하는 것이 좋다.
- 시청각 자료를 준비하라(take audiovisual aids).
참관객들의 부스 방문을 유도하기 위해 컴퓨터 프레젠테이션과 같은 시청각자료를 준비하는 것이 좋다.

4. 부스내방객을 통한 정보수집 기법

▶부스요원은 정보제공자가 아니라 정보수집자가 되어야

부스 내방객과의 아이스 브레이크가 이루어지고 대화가 시작된 이후에는 내방객의 수준을 빨리 파악하고, 그 내방객과 비즈니스와 관련하여 본격적인 대화를 계속할 것인지 여부를 결정하기 위한 정보를 내방객으로부터 수집하는 것이다.

부스요원은 내방객과 몇 마디 대화를 주고받은 후 먼저 본론적인 대화를 시작해서는 안 된다("Don' t tell them anything"). 부스요원이 먼저 프리젠테이션을 시작한다면 부스 내방객의 니즈가 무엇이며 내방객의 수준과 특성을 파악할 수 없기 때문이다. 따라서 부스요원은 조급하게 프리젠테이션을 시작할 필요가 없으며, 이보다는 먼저 내방객에 관한 핵심정보를 수집하는 것이 중요하다. 즉, 부스요원은 "정보제공자(information giver)"가 아니라 "정보수집자(information getter)"가 되어야 한다.

부스내방객에 관한 핵심정보를 파악하기 위해서는 이하에서 설명할 "ACTION (Authority, Capability, Time, Identify, Obstacles, Need)"기법을 이해할 필요가 있다.

① 부스 내방객의 의사결정권 수준(Authority)

우선 부스 내방객의 의사결정권 수준(level of authority)을 파악하는 것이 매우 중요하다. 왜냐하면, 이것은 내방객과 다음 단계로 어떤 대화를 진행할 것인가를 결정할 때 하나의 단서를 제공해주기 때문이다. 부스요원이 프리젠테이션을 할 때 내방객의 의사결정권한의 수준을 알고 있다면 적절한 단어를 사용할 수 있을 것이다. 그 내방객이 의사결정권을 갖고 있다면 의사결정이 이루어질 수 있도록 대화를 이끌어 가야 한다. 의사결정권이 없는 부스 내방객에게 의사결정을 유도하는 방향으로 대화를 전개한다면 시간 낭비에 지나지 않는다.

따라서 부스요원은 내방객과의 대화 과정에서 그 내방객의 회사 내 역할이 무엇이며 의사결정은 어떻게 이루어지는지를 파악할 필요가 있다. 이를 위해 부스요원은 내방객에게 다음과 같은 질문을 던질 수 있다.

- 회사에서 당신의 역할은 무엇입니까?
- 신제품 구매에 대한 의사결정권은 누가 갖고 있습니까?
- 구매 의사결정은 어떻게 이루어집니까?

부스요원은 내방객의 말을 주의 깊게 들어보면 그가 실질적으로 의사결정권을 갖고 있는지 여부를 어느 정도 짐작할 수 있다. 그러나 여기서 주의할 사항은 그들이 의사결정권을 갖고 있는지 여부에 관계없이 부스에서는 모든 내방객을 전문성을 갖고 존경하는 자세로 공손하게 대하는 자세가 중요하다.

② 목표 고객집단 해당 여부(Capability)

다음으로 부스요원은 내방객이 자사의 전시회 참가 목표를 달성하는 데 기여할 수 있는지 여부를 파악할 필요가 있다. 부스요원은 내방객이 자사의 목표 고객집단의 범주에 해당되는지 여부를 다음과 같은 질문을 통해 파악해야 한다. 이 과정을 통해 내방객의 특성이 파악되면 그와 대화를 계속할 것인지 여부가 결정되게 된다.

- 당신 회사에 대해 조금만 말씀해 주세요.
- 당신 회사는 어느 업종에 종사하고 있습니까?
- 종업원 수는 어느 정도 됩니까?
- 당신은 어느 부서에서 근무합니까?
- 당신은 그 부서에서 얼마나 근무하고 계십니까?
- 현재 당신 회사는 어떤 제품을 사용하고 있습니까?
- 당신 회사는 제품구입을 위한 관련 예산을 갖고 있습니까?

③ 적절한 시간배분(Time)

전시부스에서 많은 내방객을 만나기 위해서는 시간을 적절하게 배분하여야 한다. 부스 상담요원은 내방객별로 어느 정도의 시간을 투자할 것인가를 결정해야 한다. 부스내방객이 회사의 제품을 사용할 가능성이 있는 고객이라면 단순 내방객에 비해 더 많은 시간을 투입하여야 한다. 회사의 제품을 사용할 가능성이 적은 내방객에 대해 너무 많은 시간을 투자하게 되면 다른 내방객을 만나는 귀중한 시간을 낭비할 수도 있다. 이러한 내방객들에게는 연락처 정보를 제공하여 추후 연락해 올 수 있도록 조치하면 된다.

전시부스에서의 내방객 접촉시간 배분 문제도 중요하지만, 전시회 종료 후 사후관리를 할 때 시간의 중요성이 더 커지게 된다. 전시회가 끝난 후 사무실에 돌아가게 되면, 부스 내방객들로부터 오는 많은 전화와 이메일, 그리고 사후 관리해야 할 많은 주문도 부스요원을 기다리고 있을 것이다. 이러한 많은 주문내용의 우선순위를 정하고 해당 고객과 신속하게 접촉을 할 필요가 있다.

④ 부스 내방객의 신상파악(Identify)

우선 내방객이 부착하고 있는 배지 또는 명함을 통해 부스 내방객의 이름을 파악하는 것이 중요하다. 부스 내방객의 성명, 주소 등의 신상정보를 파악할 때 유의해야 할 사항은 그에게서 받은 명함 뒷면에 메모해서는 안 된다는 점이다. 왜냐하면, 일부 문화권에서는 이러한 행위가 에티켓에 크게 어긋나는 것으로 이해하기 때문이다.

부스 내방객의 의사결정 능력, 예산상황, 구매시점, 제품사용 경험에 관한 사항 외에도 재 구매와 관련된 장애물, 요구사항 등 가급적 부스 내방객에 관한 정보를 많이 파악할수록 사후 관리하기가 그만큼 용이해질 것이다.

전시부스에서 만난 내방객들을 체계적으로 관리하기 위해서는 다음과 같이 고객별로 관리카드를 비치하여 관리하는 것이 바람직하다.

▶고객관리카드(Lead Cards) 작성 요령

- 고객관리카드(lead card)에는 부스 내방객의 의사결정 능력, 구매예산, 요구사항 등 부스 내방객의 수준을 평가할 수 있는 모든 정보가 담겨져 있어야 한다. 이러한 정보 이외에도 내방객의 기호, 부스 상담요원과의 약속사항 등의 부가적

인 정보를 담을 수 있는 공간이 있어야 한다.

- 고객관리카드 크기는 지갑이나 주머니에 들어갈 수 있도록 "4×7"(10cm×18cm)로 만드는 것이 좋다.
- 고객관리카드는 뒷면에 복사지가 부착되도록 하는 것이 좋다. 그 이유는 1부는 부스 요원이 소지하고 다른 1부는 판매부서 또는 마케팅부서에 즉시 보내서 사후관리에 들어갈 수 있도록 도와줄 수 있기 때문이다.
- 고객관리카드는 가급적 내방객과 대화를 진행하면서 작성하는 것이 바람직하다. 내방객이 부스를 나서기 전에 카드 작성이 완료되어야 한다. 그러나 부스내방객은 자신의 앞에서 부스요원이 고객카드를 작성하는 것을 불편하게 생각한다면 부스요원은 자신만 알아볼 수 있게 간략하게 메모를 하거나 사전에 내방객에게 양해를 구하고 메모를 하면 될 것이다.
- 고객관리카드에는 사후관리를 위한 공간이 확보되어야 한다. 내방객들은 자신들이 원하는 방법으로 사후관리 정보를 보내는 것을 감사하게 생각할 것이다. 따라서 부스요원은 내방객에게 "어떤 방식으로 연락받기를 원하는가?" 또는 "당신의 이름을 우리 회사의 사후관리 리스트에 포함시켜도 괜찮겠습니까?"라는 등의 질문을 할 수 있다.

전시회 기간 중 주문을 받거나 부스에서 제품을 판매하거나 회사나 제품의 인지도를 창출하거나 거래 파트너를 물색하거나 어느 경우이든지 고객관리카드는 매우 중요한 비중을 차지한다.

Lead Card
ABC Company

Date :
Authority :
Capability :
Time :
Identify :
  Name :
  Position :
  Organization :
  Address :
  Telephone :
Obstacles :
Need :

Promised Follow-up :

Comments :

Do we have your permission to contact you in the future?
☐ Yes ☐ No

⑤ 장애물(Obstacles)

부스요원들이 내방객을 맞이할 때 직면하게 되는 한 가지 장애물은 그들이 마치 유망고객처럼 행동하는 경우이다. 이외에도 내방객과의 비즈니스 관계 구축을 방해하는 요인으로는 특정 경쟁업체에 대한 충성도, 어떤 업체와의 기존 비즈니스 약정, 회사의 서비스제공 지역을 벗어난 소재지, 바이어의 규제사항, 기술적인 호환 불가능 등이 있다. 장애물을 제거할 시간이 부족하거나 극복할 수 없다면 추후 협의하기로 하고 그 내방객과 대화를 종료하는 것이 좋다. 그렇다고 해서 장애물이 존재하는 모든 경우에 대화를 중단해야 하는 것은 아니다. 부스요원이 이러한 장애물을 효과적으로 파악하기 위해서는 내방객이 하는 말에 주의를 기울일 필요가 있다.

한편, 내방객으로부터 겉으로 드러나지 않은 장애물을 발견하기 위해서는 다음과 같이 몇 가지 질문을 함으로써 파악할 수 있다.

- 과거에 우리 회사와 거래를 한 경험이 있습니까?

- 만일 우리 회사 제품이 당신의 요구사항을 충족시킨다면 우리와 거래할 수 없는 이유가 무엇입니까?

위와 같은 질문들은 내방객의 문제점을 신속하게 노출시키고 일반 내방객인지 여부를 쉽게 파악할 수 있다.

⑥ 요구사항(Need)

부스 내방객의 40%는 부스요원들이 자신들의 요구사항을 이해하지 못한다고 생각하기 때문에 부스에서 어떠한 약속을 하지 않는다고 답변하였다. 예를 들어, "제가 당신에게 우리 회사의 신제품을 보여드려도 될까요?"라고 한다든지 "잠깐 동안 제품 데모에 참가할 시간을 내 주시지 않겠습니까?" 하는 질문들은 내방객보다는 부스요원의 필요를 기초로 하여 이루어진다.

따라서 일단 내방객과 아이스 브레이크가 이루어지면 곧바로 내방객이 왜 당신 회사를 방문했는지 알기 위해 "당신 회사의 상황에 대해 좀 말해주시겠습니까?"라고 한다든지 "이번 전시회에 참가한 목적이 무엇입니까?" 또는 "당신은 지금도 이러한 기술을 사용하고 있습니까?" 등과 같은 질문을 함으로써 내방객의 니즈가 무엇인지 파악해야 한다.

끝으로 내방객이 위에서 설명한 'ACTION'에 따른 사전에 계획된 질문에 참여하지 않은 경우와 부스요원이 질문을 하기 전에 먼저 내방객이 부스요원에게 질문을 함으로써 이러한 과정을 회피하려 들 경우에는 어떻게 대처해 나갈 것인가 하는 문제가 제기된다. 이때에도 내방객의 질문을 무시해서는 안 된다. 부스요원이 내방객의 질문을 무시하게 된다면, 내방객은 그 회사에 대해 부정적인 반응을 보일 것이다. 내방객이 먼저 주도권을 잡고 질문하려 한다면 그렇게 하도록 허용하면서 다음과 같이 대화를 전개해 나가면 된다.

- 내방객 : "당신 회사의 신제품에 대하여 30초만 설명해 줄 수 있습니까?"
- 부스요원 : "드릴 말씀이 많아서 어디부터 시작해야 할지 모르겠습니다. 제가 당신의 관심사항이 무엇인지를 알 수 있도록 몇 가지 질문을 해도 되겠습니까?"

5. 부스 내방객 등급화기법

전시회 성과 측정기준에는 여러 가지가 있을 수 있지만, 가장 일반적으로 사용하는 기준은 전시부스를 방문하여 대화를 나눈 고객 수(leads)가 몇 명이나 되는지를 계량적으로 평가하는 것이다.

여기에서 '고객(lead)'의 의미는 회사의 제품이나 서비스에 관심을 보인 유망 바이어의 성명, 연락처 및 관련정보(background information)로 정의된다. 그리고 "유망 고객(a qualified lead)"은 강력한 구매의사를 보인 고객(prospect)으로 정의된다. 그러나 전시회에서는 일반적으로 '고객(lead)'이라는 용어가 다음을 포함한 모든 형태의 접촉(contacts of all sorts)으로 인식되고 있다.

- 경품을 받기 위해 전시부스에 비치된 명함 통에 명함을 놓고 가는, 즉 단순히 부스를 스쳐 지나간 참관객
- 전시회 사전마케팅 대상 메일링 리스트에 이름이 있는 전시회 참관객
- 전화번호부나 디렉토리를 통해 수집된 접촉 대상 기업명단

전시부스를 방문한 일반 고객을 유망 고객(qualified lead)으로 전환시키기 위해서는 추가적인 노력이 필요하다. 접촉한 고객이 유망 고객일 가능성이 크다면 그에 관한 정보를 판매부서에 보내서 그 고객을 신속하게 관리할 것인지 여부를 결정하도록 해야 한다.

(1) 수집정보의 종류

전시회 참가 목표가 고객 창출(lead generation)이라면 부스 내방객으로부터 고객정보를 입수하는 것이 매우 중요하다. 왜냐하면, 이러한 정보가 없이는 부스방문 고객에 대한 사후관리가 불가능하고 그와 관계를 구축하는 것이 어렵기 때문이다.

그렇다면 전시회에서 부스 방문고객으로부터 어떤 정보를 수집해야 하는가? 유망 고객을 사후 관리하는 데 필요한 정보가 수집되어야 한다. 예를 들어, 특정 제품에 대한 정보를 보내고 판매 약속을 요청하고 전시회 종료 후 연락에 필요한 정보면 충

분하다. 다시 말해, 전시회 종료 후 사후관리에 앞서 추가적으로 연락할 필요성을 제거할 수 있는 정도의 고객정보를 말한다.

부스요원은 고객과의 대화를 통해서 다음과 같은 결과를 얻을 수 있다.

첫째, 부스 내방객이 유망고객일 가능성이 크지 않다면, 즉 당신 회사의 제품을 구매한 경험이 없으며 구매의사결정에 영향을 미치지 못하는 부스 내방객(non-prospects)은 사후관리 대상에서 제외시킨다.

둘째, 전시회가 끝난 후 사후 관리해야 하는 유망고객(true prospects)에 관한 정보를 얻을 수 있다.

셋째, 진정한 구매의사를 갖고 있는 유망 고객을 가려낼 수 있다.

전시부스에서 내방객으로부터 그의 이름과 주소에 관한 정보만을 수집한다면 전시회 종료 후 고객의 등급화를 위해 추가적인 시간과 비용이 들어간다는 점을 인식해야 할 것이다. 따라서 전시부스를 방문한 고객을 사후 관리하는 데 필요한 충분한 정보를 현장에서 입수하게 되면, 고객 등급화를 위하여 추가적인 노력을 하지 않아도 된다.

고객 등급화를 위하여 사전에 준비된 양식에는 아래와 같은 정보가 포함되어야 한다.

- 전시회 명칭, 위치, 기간
- 부스요원 이름
- 내방객 성명, 직위, 회사명, 전화, 주소, 팩스, 이메일
- 선호하는 접촉방법(전화, 메일, 이메일 등)
- 전시회 참가목표
- 구매의사결정권 정도(의사결정권자, 의사결정에 영향을 미칠 수 있는 자 등)
- 회사규모(종업원, 매출액 등)
- 업종
- 고객특성(딜러, 공급업체, 최종 소비자)
- 기존 고객 존재 여부(예, 아니오)
- 구매예정일자
- 구매예산 존재 유무(예산규모, 예산편성 가능성 등)
- 제품 또는 서비스 관심도

- 기존 공급업체
- 사후관리 계획(미팅약속, 견적서 요청 등)
- 고객 등급(A, B, C 등)
- 기타 코멘트 등

전시부스 내방객으로부터 위와 같은 정보를 효과적으로 입수하기 위해서는 사전에 질의서를 준비해 놓는 것이 좋다. 그러나 고객에 대해 인터뷰하는 것처럼 할 필요는 없으며, 부스요원이 수시로 어떤 질문을 할 것인가를 알 수 있도록 가까운 곳에 놓고 참고하면 될 것이다. 가능한 질문내용은 다음과 같다.

- Why did you stop by our booth?
- What are you looking to accomplish at this trade show?
- How soon are you looking to make a purchase?
- How are you solving this problem today?
- Who else do you know who could use our products?
- What' s the best way for us to follow up with you?
- Is this the best phone number to reach you?

(2) 고객정보 수집 기법

부스 내방객으로부터 정보를 입수하는 방법에는 여러 가지가 있을 수 있으나 각각 장단점을 갖고 있다. 어떤 방법을 선택하든지 간에 방문 고객과 접촉해서 정보를 수집하기 시작하는 데 걸리는 시간은 30초에 불과하다.

① 종이양식(Paper-based Process)

고객정보를 수집하기 위한 가장 간단한 방법은 고객접촉 카드(contact sheet)를 준비하는 것이다. 이 양식에는 부스요원이 질문하는 사항에 대한 고객의 답변을 메모할 수 있는 공간이 있어야 한다.

② 전자적 고객관리시스템(Electronic Lead Retrieval Systems)

전시 주최자는 참가업체들에게 내방객의 뺏지를 스캔할 수 있는 전자 장비를 렌트해 준다. 이러한 시스템은 수집정보의 정확성을 높여주며 고객정보를 직접 손으로 기재하지 않아도 되기 때문에 시간을 절약해 준다.

③ PC방식(PC Based Systems)

고객을 체계적으로 관리할 수 있는 PC 소프트웨어 프로그램이 상당수 존재하고 있다. 이들 시스템은 전자 뺏지 또는 명함을 스캔할 수 있는 장비와 연결되어 있다. 이들 시스템의 장점은 내방객이 부스 안에 있는 동안 오류 정보를 현장에서 즉시 수정할 수 있다는 점이다. 또 다른 장점은 활동 상황을 매일 매일 쉽게 보고할 수 있으며, 수집정보를 용이한 방식으로 마케팅 데이터베이스에 송부할 수 있다는 점이다. 그러나 이 방법 역시 제품시연회를 할 때와 같이 부스에 많은 내방객이 있을 경우에는 제대로 작동되지 않는다.

④ 온라인 방식(Online Systems)

인터넷을 활용할 경우 고객정보를 신속하게 수집하고 관리하기가 비교적 용이해진다. 인터넷을 통해 수집된 정보는 즉시 이메일을 통해 고객 프로세싱 시스템으로 전달된다.

(3) 고객등급화 과정

전시부스를 방문한 고객을 등급화해야 할 필요성은 여러 가지가 있다.

첫째, 회사의 전시부스를 방문했다고 해서 그들 모두가 제품을 구매하는 것은 아니기 때문이다. 따라서 모든 내방객에 대해서 귀중한 시간을 투자할 필요가 없다.

둘째, 단순 내방객은 메일링 리스트에 나와 있는 고객보다 가치가 있는 것은 아니다. 이들 방문 고객 중에서 거래 가능성이 있는 유망한 고객을 분류하여 관리하는 것이 더욱 중요하기 때문이다.

셋째, 전시부스에서 방문 고객이 어떤 부류에 속하는지를 구분할 수 없다면 전시회 이후에 고객 등급화를 위하여 귀중한 시간과 비용을 투자해야 하며, 이럴 경우 유망 고객으로 분류된 내방객을 관리하기가 어려워질 수도 있기 때문이다.

▶고객 등급화기준 마련(Setting Qualification Criteria)

마케팅 부서가 해야 하는 가장 중요한 일은 많은 유망고객을 발굴하여 그 정보를 판매부서에 넘기는 것이다. 판매부서는 이를 토대로 거래가 성사될 때까지 그 유망고객을 관리하게 된다. 이러한 프로세스를 통해 기업은 생산성을 높일 수 있게 된다. 그러나 유망고객에 대한 인식이 부서 간에 다를 수 있기 때문에 고객 등급화기준을 설정할 때에는 관련부서 담당자들이 한자리에 모여 구체적인 협의를 거쳐 기준이 마련되어야 할 것이다. 고객 등급화를 위한 합리적인 기준을 마련하기 위해서는 다음 사항을 참고하여야 할 것이다.

- 첫째, 부스 내방객의 구입예산(Budget)에 관한 사항이다. 기준을 설정할 때 고객은 "제품 구입예산을 이미 확보하였는가, 그리고 예산규모는 어느 정도나 되는가"를 반영하여야 한다.
- 둘째, 구매의사결정권한(Authority)에 관한 사항이다. 부스방문 고객은 구매의사결정 권한을 갖고 있는가? 그렇지 않다면, 부스요원은 그 고객으로부터 누가 의사결정권한을 갖고 있으며, 그의 연락처는 어떻게 되는지를 파악해야 한다.
- 셋째, 고객의 요구사항(Need)이다. "회사의 제품은 그 고객이 속한 회사에게 얼마나 중요하며 해결책을 제시해 줄 수 있는가? 해결해야 할 문제는 무엇인가? 회사가 검토하고 있는 대체적인 해결책은 무엇인가? 어느 정도의 제품이 필요한가? 어떤 제품을 현재 사용하고 있는가?" 등에 관한 질문을 해서 부스방문 고객의 니즈가 무엇인지를 정확하게 파악할 필요가 있다.
- 넷째, 구입예정 시기(Timeframe)에 관한 사항이다. 제품을 구입할 준비가 되어 있는가? 언제쯤 제품을 구입할 수 있겠는가?
- 다섯째, 예상 구입물량(Potential Sales Volume)에 관한 사항이다. 회사의 몇 개 부서가 이 제품을 사용하고 있는가? 어느 정도의 제품이 얼마나 자주 필요한가?

위에서 설명한 사항을 반영한 고객 등급화기준을 마련할 때, 참가하는 전시회마다 상이한 기준을 마련할 것인가, 아니면 표준화된 기준을 마련하여 모든 전시회에 적용할 것인가를 결정해야 한다. 이들 2가지 방법은 다음과 같이 각기 장단점을 갖고 있다. 사안별 등급화기준(customized qualification criteria)은 특정 제품과 관련하여 개최되는 전문 전시회의 경우에 적용하는 것이 효과적인 반면, 표준 등급화기준(standard qualification criteria)은 마케팅수단으로 일관성을 유지할 수 있고 정보수집이 비교적 용이하며 시행착오를 줄여주는 데 장점을 갖고 있다.

▶고객등급화를 통한 고객그룹 설정은 어떻게 하는가?

고객 등급화 기준이 마련되면 이를 토대로 고객을 분류했을 때 해당될 수 있는 고객 그룹을 정해야 한다. 일반적으로 사용되는 가장 쉬운 방법은 알파벳순으로 고객을 A, B, C, D 등급으로 분류하는 것이다.

- 카테고리 A는 부스방문 고객(prospect)이 판매부서 담당자를 만날 준비가 되어 있는 고객집단을 말한다.
- 카테고리 B는 전시회 종료 후 추가적인 협의가 필요하고 거래 성사를 위해서는 더 노력을 기울여야 하는 집단을 말한다. 이 경우에는 전시 참가업체의 판매부서에서 부스방문 고객이 빠른 시일 내 제품구입을 결정할 수 있도록 긴밀한 관계를 구축하기 위해 신속하게 접촉을 할 필요가 있다.
- 카테고리 C는 전시부스를 방문하여 부스요원에게 제품에 대해 문의는 했지만 당장 판매부서가 관여할 수 있는 단계는 아니고, 마케팅부서에서 더 많은 노력을 기울여야만 가능성 있는 고객으로 발전할 수 있는 고객집단을 말한다.
- 카테고리 D는 추가적인 노력을 기울일 필요가 없는 단순한 부스 내방객을 의미한다.

이외에도 일부 기업들은 부스방문 고객을 'hot', 'worm', 'future' 등으로 구분하기도 한다.

11

Trade Show Marketing Practices

부스파견요원 선발 및 전시부스 운영기법

1. 개 요

전시회는 짧은 기간에 많은 내방객들을 만나 비즈니스 상담을 해야 하는 업무의 강도와 중요성이 높은 이벤트라고 할 수 있다. 따라서 전시부스에 배치되는 상담요원들은 전시회 참가 목표를 명확하게 인식하고 있어야 하며, 이를 달성하기 위한 충분한 자질을 갖고 있어야 한다. 좋은 위치에 있는 잘 단장된 전시부스는 고객들의 관심을 끌 수 있으나, 부스요원들이 동료들과 잡담하고 커피나 마시는 등 고객을 맞아 대화할 노력을 하지 않는다면 고객들은 다른 회사의 부스로 발걸음을 옮길 것이다. 따라서 훌륭한 부스요원을 선발하여 적절하게 훈련시켜 파견하는 것은 전시회 참가 성과를 극대화할 수 있는 전시회의 필수 요건이라고 할 수 있다. 즉, 동기부여가 되고 자질이 우수한 상담요원을 전시부스에 배치할수록 좋은 성과가 나온다.

위는 전시부스 상담 장면임

2. 부스요원 선발(Staffing and Recruiting)

부스요원의 수준은 전시회 마케팅 프로그램에서 중요한 비중을 차지한다. 회사와 제품에 대한 관련 지식이 풍부하고 열정으로 가득 차 있는 직원을 선발하여 전시회에 파견하는 일은 매우 중요한 일이다. 따라서 전시회 참가에 앞서 해당 전시회에 가장 적절한 요원을 선발하고 훈련시키는 일에 최선을 다해야 전시회를 통해 좋은 결과를 도출해 낼 수 있다.

위는 선발된 부스요원들끼리 인사하는 장면임

(1) 부스요원 선발기준(Staff Selection)

전시부스에서 근무할 요원의 선발은 그들의 제품에 대한 전문지식과 개인적인 자질을 동시에 고려하여 이루어져야 한다. 가장 이상적인 부스요원은 다음과 같은 자질을 갖고 있어야 한다.

- 취급제품에 대해 정통(이론적, 실무적인 지식 보유)해야 한다.
- 성격이 외향적이고 공손하며 사람들과 어울리기를 좋아해야 한다.
- 신뢰감을 줄 수 있으면서도 세련된 매너를 갖고 있어야 한다.
- 자신의 의사표시를 명확하게 할 줄 알아야 한다.
- 임기응변에 능해야 한다.
- 외국어에 능통해야 한다.
- 전시회 참가경험이 풍부해야 한다.
- 부스 내방객의 관심과 수준을 맞출 수 있는 프로근성을 갖고 있어야 한다.
- 부스업무를 효율적으로 수행할 수 있도록 건강하고 기본적으로 여행을 좋아해야 한다.

물론 회사 내부에서 위의 조건을 가진 직원을 선발하는 일이 쉽지 않겠지만, 아래의 사항을 참고하면 부스요원 선발에 많은 도움이 될 것이다.

- 콜센터 또는 고객지원 서비스부서의 직원을 유심히 살펴볼 필요가 있다. 일부 전문가들은 전시부스의 일을 수행하는 데 있어 전화응대 요원이 영업부서 직원에 비해 우수하다고 믿고 있는데, 그 이유는 낯선 사람과 어떻게 대화를 시작하고 문제를 간단하게 해결하는 방법을 알고 있기 때문이다.
- 신입직원보다는 중견직원을 선택하라. 회사와 제품에 대한 충분한 지식을 가진 중견직원을 선택하는 것이 바람직하다.
- 제품지식과 기술적인 스킬을 가진 직원들을 병행하여 선발하라. 전시부스에서는 내방객으로부터 제품이나 기술적인 내용에 대해 많은 질문을 받을 수 있다. 그러나 부스요원이 모든 것을 답변한다는 것은 어려운 일이다. 따라서 제품지식을 많이 알고 있는 요원과 기술적인 스킬에 정통한 요원 간에 서로 협력할 수 있는 분위기를 조성해 주어야 한다.

- 아웃소싱도 고려할 필요가 있다. 회사 내부에 적임자가 없다면 다양한 현장 영업 경험을 갖고 있는 전문가를 임시 고용하여 활용할 필요가 있다.

Focus 전시부스 상담요원의 자격요건

전시회에 어느 직원을 파견하느냐에 따라 전시회 참가 성과가 달라질 수도 있기 때문에 아래와 같은 사항을 참고하여 파견 직원을 선발하는 것이 좋을 것이다.

- 폭넓은 제품지식을 갖고 있어야 한다.

  전시회에 파견된 직원은 회사의 제품이나 서비스에 대한 내방객들의 질문에 주저 없이 답변할 수 있어야 한다. 그러나 이는 제품을 디자인했거나 생산한 직원을 반드시 파견해야 한다는 것은 아니다. 왜냐하면, 이들은 제품에 대한 복잡한 기능을 잘 알고 있겠지만 제품의 장점을 내방객들에게 효과적으로 전달하는 마케팅 노하우에서는 다소 부족하기 때문이다. 이러한 점에서 제품의 기술적 노하우와 마케팅기법을 동시에 잘 아는 직원을 파견하는 것이 가장 바람직하겠지만, 그렇지 않을 경우에는 기술 및 영업부서의 직원을 동시에 파견하여 상호 보완하도록 하는 방법도 좋을 것이다.
- 기본적으로 사람 만나는 것을 좋아해야 한다.

  이런 점에서 고객서비스 업무를 담당하는 직원이 전시 부스에 적격자가 될 수 있다. 왜냐하면, 이들은 다른 사람과의 관계를 신속하게 구축하여 그들에게 긍정적인 인상을 심어주는 데 익숙해져 있기 때문이다.
- 성격이 온화하고 활달해야 한다.

  수줍어하거나 다른 사람에게 다가서는 것을 싫어한다면 낯선 내방객들 앞에서도 편한 마음을 가질 수 없어 소극적이 될 수밖에 없다.
- 남의 말을 잘 들을 수 있는 자세(good listener)를 갖고 있어야 한다.

  부스 파견 직원들은 내방객들의 니즈를 충족시켜주기 위한 본론적인 대화를 잘 이끌어낼 수 있도록 내방객들의 말에 귀를 기울일 수 있는 사람이어야 한다.
- 건강하고 활기가 넘쳐야 한다.

  건강해야만 복도를 오가는 참관객들에게 보다 적극적으로 다가설 수 있게 된다.

이외에도 부스 파견 직원은 부스 안에서 음식을 먹거나 담배를 피우거나 껌을 씹어서는 안 되며, 휴대폰을 오래 사용해서도 안 된다.

(2) 부스요원 모집(Staff Recruitment)

전시부스에서 상담업무를 수행하는 것은 피크닉이 아니다. 따라서 부스요원을 모집할 때 선정되면 부스에서 무슨 일을 수행하게 되며, 성과가 좋을 경우 어떠한 보상이 주어질 것인지 등에 관한 구체적인 정보를 제공할 필요가 있다. 따라서 부스요원을 모집할 때에는 다음과 같은 사항을 참고하여야 한다.

- 부스요원에 대한 인센티브를 제시하라(부스요원별로 명확하고 측정 가능한 목표 달성에 대한 인센티브 제시).
- 전시회는 신입사원들이 참가할 장소는 아니다. 부스요원으로서 적절한 품성과 제품이나 회사 또는 기술적인 분야에 정통하지 않은 직원을 파견해서는 안 된다. 모집과정에서 이들을 사전에 배제하는 것이 바람직하다.

일단 부스요원 지원자가 파악되면 그들에게 전시회를 소개하고 회사의 마케팅 전략과의 연관성 등을 소개하는 자료를 보내야 한다.

- 부스요원 지원에 대한 감사 서한
- 전시회 참가 목표에 대한 세부정보(달성해야 할 목표와 단당업무)
- 과거의 해당 전시회 브로슈어
- 사전(pre-show) 및 현장(at-show) 프로모션 계획
- 전시회 기본정보(일정, 기간, 소재지 등)
- 부스요원 명단
- 전시 참관객 분석
- 부스요원에 대한 특전

이상은 비교적 규모가 큰 기업의 경우에 해당되는 사항이지만, 중소기업의 입장에서는 전시회 참가 경험이 많거나 해외영업 또는 무역부서 근무 경험이 풍부하여 회사나 제품에 대해 잘 알고 있는 직원을 선발하여 전시회 참가를 통해 회사가 실현하고자 하는 점이 무엇인지를 확실하게 인식시켜 줄 필요가 있다.

3. 부스요원 교육(Training)

해외전시회에 참가해서 좋은 성과를 거두기 위해서는 부스파견 상담요원 교육에 대한 투자를 아끼지 말아야 한다. 왜냐하면, 부스요원은 전시회 참가 목표를 달성하는데 커다란 영향을 미치기 때문이다. 미국 CEIR의 조사에 의하면, 부스요원 교육은 부스내방객을 68%까지 우수고객(qualified leads)으로 전환시키는 데 기여한 것으로 나타났다. 부스요원 교육이 필요한 또 다른 이유는 방문판매와는 달리 전시회 판매를 위해서는 독특한 판매기법이 필요하기 때문이다.

이처럼 전시회 참가에 앞서 파견요원 교육이 매우 중요함에도 불구하고 현실적으로 교육을 실시하는 전시 참가업체는 그다지 많지 않다. CEIR의 조사에 의하면, 조사대상 전시 참가업체의 30%만이 정기적으로 교육을 실시하였으며, 2%는 외부 교육전문가를 통하여 체계적으로 전시 파견요원 교육을 실시한 것으로 나타났다.

교육 시기는 일반적으로 전시회 참가 바로 직전에 실시하는 것이 합리적이지만, 회사의 정기 교육 프로그램에 전시회와 관련된 교육내용을 추가하는 것도 바람직하다. 그리고 전시판매(trade show selling)는 현장판매(field selling)와는 근본적으로 다르기 때문에 영업사원들에게 전시판매에 관한 특별한 교육을 시킬 필요가 있다.

한편, 부스요원에게 무엇을 교육시킬 것인가? 아래의 사항을 참고하여 부스요원의 교육을 실시하는 것이 바람직하다.

- 참관객의 흥미를 어떻게 유발시킬 것인가?
- 참관객들을 언제, 어떻게 끌어들일 수 있을 것인가?
- 이름이나 주소 등 내방객의 정보를 어떻게 알아내고 기록할 것인가?
- 일반 내방객에 대해 어떻게 행동할 것인가?

Focus 부스판매(Booth Selling)는 직접 대면판매(face to face)와 무엇이 다른가?

- 부스는 주변에서 나는 각종 소음으로 인해 대화에 집중하기가 어려우며, 많은 내방객들이 부스를 방문하기 때문에 대화시간이 제한되어 있고, 치열한 경쟁 환경에 직면한다.

- 전통적인 판매 전략과는 달리 부스판매에서 부스요원은 특정 유망고객에 대해 가능한 한 제한된 시간을 투자해야 한다는 점이 다르다.
- 부스 내방객들은 각기 다른 니즈를 갖고 있기 때문에 부스요원의 입장에서 사전에 그들과의 상담준비를 할 시간이 없다.
- 부스를 방문하는 모든 사람은 회사의 잠재적인 바이어가 될 가능성이 있기 때문에 차별하지 말고 항상 유망고객을 맞이하듯 해야 한다.
- 부스 안에서 한 번의 만남으로 거래가 종결되는 경우는 거의 발생하지 않는다. 항상 전시회 종료 후 사후관리 과정을 통해 거래가 종결된다는 것이 전시판매의 특징이다.

전시회 파견에 앞서 사전 교육을 받은 부스요원은 내방객들을 쉽게 대화로 유인하여 거래를 종결시킬 수 있는 능력이 있는 것으로 나타나고 있다. 이에 비해 비공식적인 교육은 전시부스에서 내방객을 접촉하는 데 약간의 도움이 되는 신제품 정보를 제공하는 것 이상의 의미를 갖지 못한다. 특히, 비공식적인 교육은 공식적인 교육처럼 진지하게 받아들여지지 않는 것이 특징이다. 따라서 공식적인 교육은 부스요원의 행동에 지대한 영향을 미치게 되기 때문에 반드시 실시해야 한다.

부스요원들은 전시회 참가 목표가 무엇이며, 그것을 어떻게 달성할 것인가를 명확하게 알 필요가 있다. 기업의 전시회 참가 목표가 여러 가지로 분류될 경우에는 부스요원별로 적당하게 업무를 분담해야 한다. 신제품 특징, 제품설명회, 경품, 고객정보관리 등 전시회와 관련된 전반적인 교육이 이루어져야 한다.

한편, 부스요원들은 언제 전시부스에서 근무해야 하는지와 다른 전시회 활동에 참가하고자 할 때 언제 자유시간이 주어지는지 등에 대해 상세하게 알 필요가 있다. 일반적으로 전시부스 업무는 매우 어렵고 피곤한 일이므로 교대시간이 3시간을 초과해서는 안 된다. 그러나 부스요원이 한 명일 경우에는 하루에 8시간 일을 해야 하기 때문에 피로감을 더 느끼게 된다. 전문가들은 가장 이상적인 하루 최대 부스업무시간은 4시간이며, 2시간 단위로 교대하는 것이 부스요원들을 항상 프레시하게 보이게 한다는 것이다.

다음으로 부스요원들은 서로의 장단점과 경험에 관한 정보를 교환할 필요가 있다. 만일 내방객이 기술적인 문제를 물어보면 부스요원들은 누가 적절한 상담대상인지 잘 알 수 있다.

부스요원 교육은 내방객과의 아이스브레이크는 어떻게 해야 하는가, 내방객으로부터 정보 수집을 어떻게 할 것인가, 어떻게 하면 제품시연회를 효과적으로 진행할 수 있는가, 그리고 내방객과 헤어질 때 어떻게 하면 자연스럽게 다음 약속을 이끌어 낼 수 있는가 등에 초점이 맞추어져야 할 것이다. 또한, 전시회 사후관리의 중요성을 인식시키고 효과적인 사후관리기법을 교육시켜야 한다. 미국 CEIR의 조사에 의하면, 전시회를 통해 발굴한 유망고객의 80%가 관리되지 않는 것으로 나타났다.

(1) 부스요원 교육의 장점

첫째, 전시회 교육을 받고 나면 모두가 한 팀이라는 소속감을 갖게 되는데, 전시부스 업무를 효과적으로 수행하기 위해서는 팀 활동이 절실하게 필요하다는 점에서 매우 중요하다.

둘째, 부스 파견요원들은 교육을 통하여 자신들에 대한 기대가 무엇인지를 알게 된다는 것이다. 즉, 전시회 참가 목표를 명확하게 알 수 있게 되며, 전시회를 통하여 어떠한 성과가 도출되어야 할 것인가를 인식하는 데 도움을 준다.

셋째, 부스 파견요원들은 교육을 통하여 서로 다른 기대와 니즈를 갖고 부스에 들어서는 내방객들을 효과적으로 다룰 수 있는 기법을 이해할 수 있게 된다.

(2) 부스요원 교육 내용

선정된 부스요원에 대해서는 다음과 같이 회사의 전시회 참가목표, 참가하고자 하는 전시회의 세부내용, 그리고 회사 및 제품과 관련한 구체적인 내용 등의 교육을 종합적으로 실시해야 한다.

- 자기소개
- 경영진에 의한 전시회 투자의 중요성 설명
- 전시회 개요 설명(전시회 목표, 역사, 프로그램)
- 전시장 정보 : 전시 부스 위치, 도면 등
- 참관객 분석(참관객 프로파일)
  - 목표 고객집단

  - 전시부스 내방객에 대한 정보
  - 해당산업에서 중요한 고객과 주요 단체 현황
- 제품정보 및 지식
  - 자사가 생산하고 있는 제품과 제공하고 있는 서비스 범위
  - 가격과 판매조건
  - 자사의 경쟁력, 경쟁제품 및 경쟁상대의 범위
  - 목표로 하는 고객층
- 전시 부스업무 스케줄 및 과업내용(일일 미팅 스케줄, 복장, 기타 지시사항 등)
  - 내방객과의 대화내용을 어떻게 기록할 것인가?
- 부스요원별 일일 목표달성도(양적으로 측정 가능한 목표치 제시)
- 언론사 접촉 가이드라인
- 부스 내 판매기법 워크숍 (Role Play 등)
- 부스 내 제품설명회 기법
- 내방객으로부터 정보수집 기법 및 고객관리 프로세스
- 다른 회사 부스 방문(현장교육이 실시되는 경우)
- 전시회 기간 중 참가해야 하는 이벤트 내용 및 부스 파견요원에 대한 보상내용

Focus 부스요원이 반드시 숙지해야 할 사항은?

- 자사제품이나 서비스의 범위
- 가격 등 거래조건
- 자사제품의 경쟁력과 경쟁자의 공급범위
- 목표 고객집단
- 주요 고객 및 이해 관계자
- 참관객 프로필 등

4. 파견 부스요원 규모

부스요원 파견 시 고려해야 할 중요한 사항은 부스규모에 적합하게 부스요원을 파견해야 한다는 것이다. 부스규모는 작은데 부스요원이 너무 많게 되면, 참관객들은 부스 내부가 복잡하다는 인식 때문에 그 회사의 부스방문을 꺼리게 된다.

부스 적정인원은 부스규모, 내방객 수, 전시품의 성격, 상담할 내용 등에 따라 달라질 수 있다. 내방객 숫자가 많거나 상담활동이 많으면 더 많은 상담요원이 필요하다. 일반적으로 9.5 평방미터 기본 부스를 기준으로 할 때 2명 정도가 적당하다. 그리고 부스에는 남자 직원만 파견할 것이 아니라 여직원도 파견하여 부스 분위기를 부드럽게 할 필요도 있다. 여기에서 유의해야 할 점은 부스요원을 아무리 많이 파견한다 하더라도 사전에 철저하게 준비하지 않으면 좋은 성과를 기대하기 어렵다는 것이다.

▶부스요원은 어떻게 구성하는 것이 바람직한가?

회사규모에 따라 다소 차이는 있겠지만 부스요원들은 다음과 같이 구성하는 것이 바람직하다. 그러나 이 중에서 통역 등 전시부스 운영과정에서 필요한 임시인력은 현장에서 조달하여 활용할 수 있다.

- 회사대표 : 상담 중 의사결정권을 가진 이사를 포함한 임원
- 전시부스 관리 : 전시부스를 관리할 수 있는 요원
- 전시기술담당 : 제품을 가장 적절하게 전시할 수 있는 요원
- 판매담당 : 제품의 판매 및 상담 전담요원
- 통역요원
- 부스 내방객 안내요원
- 고객방문 시 다과 및 각종 편의제공 요원

▶적정 부스요원의 수는 어떻게 산정되는가?

전시부스에 필요한 부스상담요원의 적당한 규모를 산정하는 공식은 다음과 같다.

- 유망고객 수

(회사의 제품에 관심 있는 참관객 수)/실제 전시 시간 수 = 시간당 유망 고객 수

- 시간당 유망고객
  (prospects) 수/시간당 내방객 응대건수(대략 5-15분) = 필요한 부스 요원 수
- 375 prospects/25 show hours(전시부스 근무시간 수) = 시간당 15 prospects
- 시간당 15 prospects / 시간당 4 demos = 4명

▶부스업무의 효과적 수행을 위한 핸드북 준비 필요

그리고 부스업무를 효과적으로 수행하기 위해서는 다음의 사항이 포함된 핸드북(show handbook)을 준비하여 부스요원들에게 배포해야 한다.

- 요원별 부스근무 스케줄 및 일일 요원미팅 스케줄
- 고객(client) 미팅 스케줄
- 전시회 Floor Plan 및 지도(city maps)
- 요원별 연락처(호텔 룸 번호, 휴대폰 번호 등)
- 제품정보
- 난해한 질문에 대한 답변 샘플(sample answers)

또한, 전시부스 상담을 효과적으로 진행하기 위해서는 부스요원 중 상담 책임자를 지정하고 그에게 책임감을 부여하고 동기부여를 제공한다. 즉, 부스요원별로 특정 임무를 부여하고 상담책임자에 대해서는 근무시간표와 근무일지 작성 및 감독, 주요 고객 환영 및 고객토론 지원 등의 업무를 맡도록 한다.

5. 부스맨십과 부스운영 기법

전시회 기간 중 부스에는 수많은 사람들이 방문하게 된다. 내방객 중에는 중요한 바이어 뿐만 아니라 단순 바이어, 정보파악이 목적인 경쟁업체, 일반인 등에 이르기까지 다양한데, 이들 모두를 동일한 태도로 응대한다는 것은 사실상 어려운 일이다.

그러나 부스요원의 좋은 매너와 자세는 내방객과의 상담을 성사시킬 뿐만 아니라 회사 이미지에도 긍정적인 영향을 미친다.

부스맨십(boothmanship)은 부스요원이 내방객을 대하는 일반적인 예의범절과 판매기법을 의미한다. 부스요원은 전시부스에서의 활동요령을 사전에 잘 숙지하고 있어야 하며, 상담활동계획과 목표도 수립하여야 한다. 자신의 역할이 무엇인지도 모른 채 출장차원에서 전시회에 참가했다면 좋은 성과를 기대하기 어려울 것이다.

부스요원은 단순히 부스를 관리하는 사람이 아니다. 어떤 상황에서도 항상 내방객을 맞이할 만반의 준비를 하고 있어야 한다. 따라서 전시부스에서 일하는 것은 휴식을 취하거나 즐기는 것이 아니라 매우 피곤한 일이다. 새로운 고객들을 접촉하고 그들에게 제품을 구매하도록 설득하는 것은 쉬운 일이 아니기 때문이다.

한편, 유능한 부스요원은 타고 날 수도 있으나 만들어질 수도 있다는 점을 알아야 한다. 유능한 부스요원이 되기 위해서는 다음과 같이 전시부스에서 반드시 해야 할 사항과 하지 말아야 할 사항이 있으므로 이를 잘 인지하고 적절하게 행동해야 할 필요가 있다.

위는 전시부스에서 부스요원이 참관객을 기다리고 있는 장면임

(1) 참관객의 전시부스 방문 전 부스요원의 자세

부스요원은 항상 전시부스 앞쪽에 있다가 지나가는 참관객들을 맞이할 준비를 하고 있어야 한다. 부스요원 개개인에 대한 내방객들의 인상이 회사 전체에 대한 이미

지로 연결된다. 그러므로 부스요원은 내방객을 맞이하기 전에 부스 안에서 해야 할 사항과 하지 말아야 할 사항, 그리고 어떻게 하면 그들로 하여금 회사에 대해 긍정적인 인식을 갖게 할 수 있는가 등에 대해 파악하고 있어야 한다.

1) 하지 말아야 할 사항

① 부스 안에서 앉아 있어서는 안 된다(Don't Sit).

전시부스에서 부스요원으로 하루 종일 참관객들을 상대한다는 것은 정말 지치고 피곤한 일이다. 그렇다고 부스요원들이 부스 안에서 자주 앉아 있으면 참관객들에게 매우 피곤하다는 인상을 줄 수 있으며, 이는 부스를 방문하지 못하게 하는 걸림돌로 작용할 수 있음을 알아야 한다. 부스요원이 육체적으로 너무 피곤하면 다른 요원과 교대로 전시부스 외부의 적당한 곳에서 휴식을 취할 필요가 있다. 따라서 전시부스 안에 의자를 많이 놓게 되면 앉고자 하는 유혹이 생기므로 의자는 가급적 놓지 않는 것이 좋다.

그리고 부스 안에 우두커니 서 있는 것보다는 자연스럽게 계속 움직이는 것이 좋다. 서서 움직이게 되면 건강관리에도 유익하고 부스에 생동감을 주게 된다.

② 부스 안에서 음식이나 음료수를 먹어서는 안 된다(Don't Eat and Drink).

전시장을 오가는 참관객들이 어느 회사의 부스 안에서 부스요원들이 무엇을 먹고 있거나 음료수를 마시고 있는 장면을 목격하게 되면 그들에게 부담을 줄까 우려하여 아예 그 회사의 부스를 지나치게 된다. 일부 부스요원들은 시간이 없다거나 입맛이 맞지 않는다는 이유로 부스 안에서 식사를 주문해서 냄새를 피우면서 식사를 하는 경우가 있는데, 이는 내방객을 배려하지 않고 자기편의적인 생각에서 비롯되는 것이다. 부스는 식당이 아니라는 사실을 반드시 인식해야 한다. 그리고 전시부스 안에서 물을 제외하고 커피, 차, 맥주, 와인 등을 마셔서는 절대로 안 된다.

③ 부스 안에서 동료들과 대화를 해서는 안 된다(Don't Talk to Colleagues).

내방객들이 부스 안에서 상담요원들끼리 서로 대화하거나 잡담을 하는 장면을 목격하게 되면 방해할 수 있다는 생각에 그 부스를 그냥 지나쳐 버리게 된다. 또한, 내방객들이 부스 안에 있을 때 상담요원들끼리 쓸데없는 잡담을 해서는 안 된다. 전시부스에 근무하지 않는 시간에는 부스를 떠나 있는 것이 바람직하다. 그리고 내방객들이 들어와 전시품을 살펴볼 수 있도록 여유 공간을 항상 비워두어야 한다.

④ 부스 안에서 주의가 산만해서는 안 된다(Avoid Distractions).

전시부스 안에서 부스요원들이 바쁠 때에는 오히려 일에 대해 집중이 잘 되지만, 그렇지 않은 경우에는 주의력이 흐트러지기 쉽다. 예를 들어, 부스 내방객이 없으면 신문을 읽는다든지 노트북을 사용한다든지 아니면 전화를 한다든지 사무적인 일을 처리한다든지 할 수 있는데, 중요한 것은 부스 안에서는 본래의 임무에 100% 집중해야 한다는 것이다.

⑤ 부스 안에서 운동을 해서는 안 된다(Don't Exercise).

부스요원이 피로감을 해소하기 위해 부스 안에서 스트레칭과 같은 간단한 운동이 필요한 것은 사실이지만, 내방객의 시각에서 볼 때 이러한 행위는 그들의 부스 방문을 가로막는 장애물로 작용할 수 있음을 알아야 한다.

⑥ 부스를 비워서는 안 된다.

여러 가지 이유로 부스를 자주 비우게 되면, 그 사이 중요한 바이어가 내방했다가 그냥 가버리는 경우가 흔히 발생한다.

⑦ 부스 안에서 휴식을 취해서는 안 된다.

부스는 휴게실이 아니므로 부스 안에서 상담원들끼리 잡담을 하거나 휴식을 취해서는 안 된다. 참관객들은 휴식을 취하고 있는 상담원을 방해하고 싶어하지 않는다.

⑧ 몸 냄새로 인해 불쾌감을 주어서는 안 된다.

점심시간에 한국 음식을 먹는다거나 담배를 자주 피는 사람들은 내방객에게 냄새로 인한 불쾌감을 주지 않도록 해야 한다. 그리고 너무 강한 냄새의 향수를 사용하여 내방객들에게 부담을 주어서는 안 된다.

⑨ 내방객을 무시해서는 안 된다.

부스요원은 자사 부스를 방문하는 모든 고객들을 정중하게 맞이해야 한다. 만일 부스 안에서 동료들과 대화하고 있을 때 내방객이 오면 즉시 대화를 중단하고 내방객을 맞이해야 한다. 내방객들의 옷차림 등 겉모습만 보고 그들의 구매력을 판단해서는 안 된다.

2) 해야 할 사항

① 부스요원은 가급적 비즈니스 복장을 하는 것이 좋다(Be Well Groomed).

내방객의 55%는 그들이 본 것을 토대로 하여 어떤 기업에 대한 인상을 갖게 된다는 연구결과가 있다. 이러한 의미에서 부스요원들의 복장도 매우 중요하다고 할 수 있다. 어떤 업체들은 전시회 참가도 여행의 연장선으로 생각해서 청바지나 점퍼 차림으로 나오는데, 이것은 본인에게는 편할지 모르겠지만 내방객들에게는 좋은 인상을 주지 못할 것이다.

따라서 전시부스에서 상담요원들은 비즈니스맨답게 정장을 하거나 깔끔한 복장을 할 필요가 있다. 전시부스에서 착용할 복장을 선택할 때에는 아래 사항을 참고해야 할 것이다.

- 유니섹스(unisex)한 복장을 선택하라 : 이러한 복장을 입게 되면 남녀 성별에 관계없이 모든 사람들에게 쉽게 다가갈 수 있게 된다.
- 몸에 잘 맞는 복장을 선택하라 : 복장이 몸에 잘 맞지 않아 내방객들에게 불편하게 보여서는 안 된다.
- 갈아입을 복장을 준비하라 : 똑같은 옷을 매일 입게 되면 내방객들에게 식상하게 보일 우려가 있으므로 복장에 변화를 줄 수 있도록 몇 벌을 준비할 필요가 있다.
- 양질의 복장을 선택하라 : 부스요원들이 입은 복장이 내방객들에게 싸구려라는 인상을 주게 되면 회사의 이미지로도 연결될 수 있다는 점을 간과해서는 안 된다.
- 복장은 가급적 통일하는 것이 좋다 : 부스요원마다 다른 복장을 착용한다면 내방객들에게 통일된 이미지를 부여할 수 없다.
- 회사의 이미지를 전달할 수 있는 복장을 선택하라 : 전시회를 통하여 내방객들에게 전달하고자 하는 회사의 이미지와 마케팅 메시지가 담겨 있는 복장을 선택

하여야 한다. 요즈음에는 회사 이름이나 로고가 새겨진 팬시 한 유니폼을 입게 하는 경우도 있고 어떤 업체는 넥타이만 통일하여 상담요원의 아이덴티티를 강조하는 경우도 있다.

- 옷은 비즈니스맨답게 입어라 : 특별한 시연(demonstration)을 해 보일 경우가 아니라면 고유의상이나 유별난 옷차림을 삼가는 것이 좋다.

Focus 성공적인 전시회 복장은?

전시회 복장은 일반적으로 아래의 4가지 카테고리 중 하나에 해당된다.

- 정장을 입어라 : 참관객들에게는 첫인상이 매우 중요하기 때문에 부스요원들은 항상 정장차림을 하는 것이 바람직하다.
- 반정장을 하라 : 참관객들의 대부분이 캐주얼 차림을 하고 있다면 반정장을 하는 것도 무리는 아닐 것이다.
- 회사 로고가 새겨진 복장을 입어라 : 이러한 복장을 입으면 참관객들에게 회사의 이미지를 각인시켜 기업 인지도를 높이는 데 도움이 될 것이다.
- 유니폼을 입어라 : 회사 유니폼을 입으면 참관객들을 부스로 유인하는 데 도움이 될 것이다.

Focus 정장 시 유의사항

- 드레스셔츠 속의 내의가 비쳐 보이지 않아야 한다.
- 드레스셔츠는 긴 소매가 좋다.
- 망사구두는 신지 말아야 한다.
- 흰 양말은 절대 금물이다.
- 주머니에 물건을 많이 넣지 말아야 한다.
- 캐주얼 벨트는 피한다.
- 넥타이를 너무 짧거나 길게 매지 않는다.
- 벨트를 할 경우에는 멜빵을 하지 않는다.

② 제품에 정통하라(Know Your Products).

부스요원들은 회사가 판매할 제품이나 서비스에 대해 철저한 지식을 가져야 한다.

부스요원들은 자신들이 취급하고 있는 제품이나 서비스에 관한 모든 내용을 알기가 어렵다. 기업의 규모가 클수록 이러한 가능성은 커지게 된다. 그러나 내방객들은 부스요원으로부터 어느 정도의 합리적인 정보와 정직한 답변을 원한다는 것을 잊어서는 안 된다. 부스요원이 내방객의 질문에 답변을 못해도 괜찮다. 이 경우에 더 중요한 것은 부스요원은 절대로 내방객을 속여서는 안 되며, 내방객에게 답변을 제공하기 위해 노력하고 그를 올바른 방향으로 이끌어가고 있다는 인상을 주기만 하면 된다.

부스요원들은 제품에 대한 완벽한 지식을 갖도록 하는 것보다 그들로 하여금 회사와 제품을 더 좋아하게 만드는 것이 중요하다. 이렇게 되면 부스요원들은 내방객들에게 회사와 제품을 인식시키기 위해 열정을 다할 것이다. 모든 것을 알도록 기대하는 것보다 진정한 열정이 더 중요한 자산이다.

▶부스요원이 제품과 관련하여 알아야 할 지식은?

부스요원은 내방객과 유리한 거래 상담을 이끌어 내기 위해서는 제품뿐만 아니라 가격체계, 유통구조 등에 대해 종합적으로 이해하고 있어야 한다. 즉, 계약협상과 관련한 일련의 과정인 Letter 교환, Meeting 개최, 계약서 초안 작성, 계약체결, 계약이행 등에 대해 포괄적으로 이해하고 있어야 한다. 따라서 주도권을 잡고 거래를 유리한 방향으로 이끌어가기 위해서는 체계적인 접근방식이 필요하다.

• **가격**

우선 목표시장이 가격 또는 품질시장 인지를 파악해야 하는데, 이것은 시장에 따라 대처방법이 달라지기 때문이다. 만일 가격시장에서 가격을 충족시킬 수 없다면 그 대안으로 제3국에 진출한 공장에서 공급이 가능하다는 내용이나 현재 수입되고 있는 경쟁제품에 비해 품질이 우수하다는 점을 인식시켜야 한다. 목표시장이 품질시장인 경우 품질의 장점을 구체적으로 알려주어 자사제품의 구입에 따른 장점을 제시해야 한다.

대체로 가격은 본선인도가격(FOB)으로 제시되는 경우가 많지만 바이어들은 운임보험료포함조건(CIF)이나 운임포함인도조건(C&F)도 선호하기 때문에 선사 또는 물류회사를 통해 이들 가격내용을 사전에 파악해 두어야 한다. 가격은 수출계약 가운데 가장 중요한 요소로서 언어, 관습, 법률 등이 상이한 국가 간에 그 특징이 다른 제품을 거래하려면 많은 마찰과 오해가 생긴다. 특히, 매매당사자 간 계약조건 해석을 둘러싸고 분쟁이 발생하기도 한다.

이러한 분쟁과 시간과 비용낭비를 막기 위해서는 국제상업회의소(ICC)에서 제정한 무역거래조건에 관한 국제규칙(Incoterms 2010)을 이해해야 한다. 이에 관한 정보는 한국무역협회의 포털사이트(www.kita.net)를 통해 입수할 수 있다.

• 수량

바이어들은 시장수요의 반응을 파악하고 수출업체의 물품인도기간 준수 여부를 판단하기 위해 소량의 테스트 오더(test order)를 하는 경우가 있다. 수출을 처음 시도하는 기업들은 대개 수출물량이 클수록 좋다고 생각한다. 그러나 결제조건이 D/A(인수도 조건) 또는 유전스(Usance) 신용장 조건 등과 같이 외상거래일 경우 수입상이 재고를 안고 있으면 대금결제를 지연시킬 우려가 있다.

또한, 품질하자 등을 이유로 클레임을 제기하게 되면 막대한 손실을 입게 되고 물품인수를 거절할 경우 반송해야 하는 문제가 발생한다. 내방객이 최소물량을 주문할 경우 이를 수용할 수 없는 상황이라면 제품공정이나 선박운임의 문제점 등을 내방객에게 잘 설명해야 한다.

• 결제조건

첫 상담에서 내방객과 줄다리기 싸움을 벌이는 것이 바로 결제조건이다. 수출상은 대개 L/C 일람불 조건(at sight)을 요구하는 반면, 수입상은 결제를 가급적 늦추기 위해 L/C 90days 또는 120days 등 유전스(usance) 방식이나 D/A(인수도 조건)와 같은 외상거래 방식을 선호하는 경향이 있다.

유전스는 은행이 보증하는 L/C에 의한 외상이기 때문에 대개 대금결제가 안전하고 금융시장에서 할인이 잘 되며 할인율도 높지 않아 수입비용이 적게 든다. 그러나 수출상은 현지 상관습과 수입상 정보가 부족할 경우 첫 거래라는 이유를 들어 일람불 신용장조건(L/C at sight)을 요구하는 것이 바람직하다.

• 물품 인도기간

물품 인도기간을 준수하지 못해 거래에 실패하는 경우도 종종 발생하고 있다. 공장에 불의의 사고가 발생하는 등 상황이 급변할 수 있다는 점을 감안하여 물품 인도

기간에 다소 여유를 두는 것이 좋다. 물품인도 기간이 지연되어 신용장의 수정을 요청하게 되면 상대방에게 정중한 사과표명과 함께 여유기간을 제시하는 것이 바람직하다. 신용장 'Amend(수정)'를 자주 요청하게 되면 신뢰감을 상실하고 상대방에게 금전적인 손해를 줄 수도 있다.

• 품질보장 및 견본확인

견본과 계약물품 간 품질, 규격, 디자인, 색상 등의 차이가 발생할 경우 심하면 물품 인수를 거부하고 클레임을 제기하는 사례가 발생할 수 있기 때문에 반드시 확인절차를 거쳐야 한다. 어떤 바이어는 견본에 변형을 가해 주문하는 경우도 있다. 이 경우에는 바이어의 견본을 받아 두거나 변경사항을 기록하고 양측이 서명한 메모 내용을 복사해 보관하는 것이 필수적이다.

• 에이전트의 요구 대처

독점계약(exclusive contract)은 특정 품목의 수출입에 있어 수출상이 지정한 수입상 외에는 동일한 품목을 오퍼하지 않고, 수입상은 수출국내 다른 공급업체와 해당 품목을 거래하지 않는다는 조건으로 이루어진다. 여기에는 매도자와 매수자의 의무가 함께 존재하게 된다.

Focus 에이전트 선정

에이전트 선정 시 검증사항

- 해당 바이어 신뢰도
- 제품에 대한 전문지식 보유 여부
- 마케팅 능력(유통망, 판매망, 디스트리뷰터 확보 및 시장개척 능력, A/S 능력)
- 현지 홍보능력
- 현지 정부, 언론 또는 유력 인사와의 네트워킹 능력
- 현지 타사와의 에이전트 체결 내용
- 정보 수집 능력
- 한국기업과의 거래경험
- 현지 평판 등

검증절차 이후 검토사항
- 계약기간 중 연간 최소 보장 수입량
- 각 제품의 판매목표와 고객층
- 반품 및 재고처리방안
- A/S 방안
- 판매경로 (유통망)
- 시장확대방안
- 인증 및 인허가 취득
- 홍보 및 광고대책
- 대금결제방식 등

에이전트 계약서 포함 내용(표준계약서 사용)
- 에이전트의 관할지역 범위
- 대행하는 제품 및 서비스 범위
- 에이전트 계약기간
- 에이전트 수수료 및 커미션
- 분쟁발생 시 적용 법규
- 에이전트의 역할 및 책임
- 계약해지조건 등

에이전트 지정 후 유의사항
- 에이전트와 신뢰관계 유지
- 에이전트 역량 극대화 (시장개척 여건 조성 및 지원) : 전시회 참가지원, 특판행사 지원, 광고지원, A/S협조 등)

자료 : KOTRA

③ 부스요원은 프로 근성을 가져라(Act Professionally).

전시회의 장점 중 하나는 짧은 기간에 많은 목표 잠재고객을 만날 수 있다는 것이다. 그러나 더 중요한 것은 부스 안에서 상담요원들은 내방객과 대화를 할 때 진지하고 열정적이고 친절해야 한다는 점이다. 왜냐하면, 부스요원과의 짧은 대화를 통하여 그 회사에 대한 내방객들의 첫 번째 인식이 결정되기 때문이다. 그런데 내방객의 질문에 쩔쩔맨다면 상담이 제대로 이루어질 수 없을 것이다.

따라서 부스요원은 전문적인 제품지식과 상담경험을 갖고 있어야 한다. 부스 내방객과 짧은 시간에 구체적으로 상담을 진행시킬 수 있는 경험 있는 상담요원이 필요하다. 그리고 전시 참가업체들은 나름대로 자기 회사에서 내노라하는 전시회 전문가를 파견하고 있기 때문에 참관객들의 입장에서는 항상 비교 대상이 된다는 점을 간과해서는 안 된다.

④ 부스요원은 성실한 자세를 가져야 한다.

근무시간에는 절대로 부스를 마음대로 비워서는 안 된다. 일부 상담요원들은 현지 임시보조원이나 에이전트에게 부스를 맡기고 자신의 일을 보는 경우가 있는데, 이는 아주 잘못된 생각이다. 상담요원이 자리를 비운 사이 유망한 바이어가 왔다가 그냥 가버리는 경우가 허다하게 발생한다. 일부 기업은 직원 교육차원에서 전시회에 참가시키는데, 이 경우에도 상담요원과는 별도로 파견하는 것이 바람직하다.

⑤ 부드러운 부스분위기가 조성되도록 노력해야 한다.

전시 참관객들이 언제 회사의 부스를 방문할지 알 수 없다. 따라서 부스요원은 항상 내방객을 맞을 준비를 해야 한다. 부스 안에서는 언제나 부드러운 미소를 띠고 적극적인 자세로 내방객을 맞이해야 한다. 이를 위해 스낵코너나 바를 설치하여 내방객에세 음료를 제공하는 회사도 있다. 이렇게 된다면 즐겨가면서 상담을 할 수 있는 분위기가 조성될 수도 있을 것이다.

⑥ 전시회 주최 측이 제공하는 명찰을 부착한다.

전시 주최자는 참관객들을 전시 참가업체, 바이어 등으로 분류하여 목걸이나 배지 형태로 된 출입증 겸 명찰을 제공한다. 이 명찰을 부착하지 않으면 내방객들은 누구와 상담할 것인지를 알 수 없게 된다. 명찰은 상대방이 잘 볼 수 있도록 오른쪽에 부착하는 것이 좋다. 그러나 목에 거는 명찰(lanyard)은 가급적 얼굴에 가깝게 하는 것이 좋다.

⑦ 바이어 접대용 음료를 준비하는 것이 좋다.

부스 안에 냉장고를 설치하여 음료나 다과를 준비했다가 바이어들에게 접대하는 것도 바람직하다. 이렇게 하면 내방객을 배려하고 좋은 부스 분위기를 조성하는 데 도움을 주기 때문이다.

⑧ 부스 안에서는 편안한 신발을 신어야 한다.

부스요원은 하루 종일 서 있어야 하기 때문에 발에 피로감을 느끼게 된다. 따라서 부스요원은 오래되고 헤어진 신발이 아니라 깨끗하게 보이는 편안한 신발을 신을 필요가 있다. 그리고 신발은 자주 갈아 신는 것이 좋기 때문에 최소한 3켤레는 준비하여 하루에 최소 한 번 이상은 갈아 신는 것이 보기에도 좋고 건강에도 유리하다. 그러나 부스에 있을 때 신발을 벗고 있어서는 안 된다. 전시부스는 판매 공간이라는 점을 잊어서는 안 된다.

〈표 11-1〉 부스요원의 내방객 상담 시 유의사항

해야 할 사항(Do)	하지 말아야 할 사항(Don't)
• 15분 먼저 부스에 도착한다. • 부스를 항상 정결하게 유지한다. • 명찰을 오른쪽에 잘 부착하라. 특히 내방객이 잘 볼 수 있도록 눈높이에 착용하라. • 편안한 복장을 착용하라. • 머리는 단정히 빗어야 한다. • 신발을 자주 갈아 신어라. • 항상 내방객에게 깊은 관심이 있는 것처럼 보여라. • 식사는 제때에 하라. 특히 부스 근무 전후에 고단백 식사를 하는 것이 좋다. • 술이나 매운 음식과 마늘을 피하라. • 부스요원 업무스케줄을 지켜라. • 부스를 방문하는 모든 사람을 만나라. • 상대방이 알아들을 수 있도록 또렷하게 말하라. • 내방객과 나누었던 대화내용을 메모해 두어라. 따라서 항상 기록할 준비를 하라 • 내방객이 없을 때에도 항상 긴장하고 있어야 한다. • 부스를 항상 정돈하고 산뜻하게 하라. • 다른 회사 부스요원들이 좋은 인상을 주는 태도를 적극 배우라.	• 부스 안에서 음식을 먹지마라. • 껌을 씹어서는 안 된다. • 따분하게 보이지 않도록 하라. • 담배를 피우지 말라. • 상담하는 경우를 제외하고 앉거나 기대어 있지 말라. • 새로운 신발을 신지 말라. • 컴퓨터를 사용하지 말라. • 등을 돌리지 말라. • 팔짱을 끼고 있지 말라. • 호주머니에 손을 넣지 말라. • 부스 동료들과 잡담을 하지 말라. • 농담을 하지 말라. • 휴대폰을 하지 말라. 부스 안에 전화기가 있다면 통화는 간단히 하고 보이지 않는 곳에 두어라. • 무차별적으로 홍보물을 배포하지 말라. • 근무시간에 부스를 떠나지 말라. • 전시품이나 장비에 기대어 있지 말라.

(2) 아이스브레이크 시 부스요원의 자세

부스요원이 내방객을 처음 만나게 될 때 그가 어떤 반응을 보일 것인지를 안다는 것은 매우 어렵다. 만일 소극적인 참관객에게 큰 소리로 인사하게 되면 그는 놀라서 다른 부스로 발길을 돌리게 될 것이다. 내방객에게 다가가는 가장 좋은 방법은 그가 편안하게 느낄 수 있도록 좋은 매너를 보여주는 것이다. 그러나 문제는 부스요원들이 구체적으로 어떻게 해야 할 것인가를 알기 어렵다는 점이다. 다음에서는 내방객들에게 쉽게 다가가는 데 영향을 미치는 중요한 요소를 언급하였다.

• **열정(enthusiasm)을 가져라.**

부스요원들이 일에 대한 열정을 갖고 있다면 이것은 자연스럽게 내방객들에게 전달된다.

• **눈을 맞추어라(eye contact).**

문화권별로 다소 차이는 있으나 대부분 내방객들은 부스요원이 대화중에 직접 눈을 맞추면서 접근할 때 반응을 잘 보인다.

• **내방객의 니즈를 질문하라(questions about needs).**

부스요원들은 내방객의 니즈가 무엇인지를 파악하는 데 초점을 두어야 한다.

• **악수를 하라(handshaking).**

〈악수 에티켓〉

- 웃어른(동양인)에게는 먼저 절을 하고 난 후 웃어른의 뜻에 따라 악수를 한다(황송하다고 두 손으로 감싸는 것은 좋지 않다).
- 외국인과 악수할 때에는 허리를 꼿꼿이 세워 대등하게 악수를 나눈다.
- 악수하면서 상대방의 눈을 보아야 한다.
- 악수를 할 때는 장갑을 벗는 것이 원칙이다.
- 손을 쥐고 흔들 때는 윗사람이 흔드는 대로 따라서 흔든다. 반대의 경우는 실례가 된다.
- 반드시 오른손으로 악수를 한다.

• **미소를 지어라(smile).**

부스요원들의 미소는 내방객들을 편안하게 한다. 만일 부스요원들이 몸이 불편하고 피로감에 젖어 있을지라도 내방객 앞에서는 이를 드러내서는 안 된다. 이러한 상황에서 내방객들은 부담을 느끼게 되기 때문이다.

• **내방객을 관찰하라(observe).**

대화가 시작되는 순간부터 부스요원은 그와 시간을 보낼 가치가 있을 것인가를 결정하기 위해 내방객을 평가해야 한다. 내방객과의 관계는 대화가 이루어지는 순간부터 시작된다. 내방객이 부스요원의 질문에 대해 어떻게 대답하는지를 주의 깊게 듣고 주시할 필요가 있다.

(3) 정보수집 시 부스요원의 자세

자기소개는 내방객 정보를 수집하는 첫 번째 기회가 된다. 부스 내방객이 편안하게 느낄수록 부스요원은 그에 관한 더 많은 정보를 수집할 기회를 갖게 된다. ACTION은 부스요원에게 내방객에 관한 정보를 제공해주고 어떻게 행동해야 되는지 그 방향을 제시해 주는 역할을 한다.

정보 수집을 효과적으로 하기 위해서는 청취(Listen)과정으로 내방객의 말을 잘 듣는 것이 무엇보다 중요하다. 대화에서 가장 강력한 도구 중 하나는 청취 기술(skill of listening)이다. 청취는 정보를 해석하는 과정으로 이해된다. 내방객이 제시한 정보에는 질문에 대한 직접적인 답변과 다음 단계에서 부스요원이 어떻게 해야 하는가에 대한 방향을 제시해 준다. 이에 대한 사례는 다음과 같다.

어떤 유망하게 보이는 내방객이 부스요원에게 “저것은 얼마입니까(How much is that?)”라고 물었을 때, 부스요원이 ‘3,500달러’라고 말한다면 그는 “너무 비싸다(That's too expensive)”라고 대답할 수 있다.

이러한 상황에서 부스요원은 내방객에 대해 어떻게 답변하여야 하는가? 이때 부스요원은 “저희는 이번 전시회기간 중에 이루어지는 모든 주문에 대해 20%를 할인해 주고 있다”라고 하든지 “저희 회사는 이 제품보다 더 저렴한 제품도 있다”라고 하든지, 아니면 “저희 회사는 구입대금을 향후 12개월에 걸쳐 분할 납부할 수 있는 우수한 금융 인센티브를 제공하고 있다”라고 말할 수도 있을 것이다. 어느 대답이 올바른 것인가? ACTION에 관한 질문이 이러한 어려움을 해결하는 데 방향을 제시해 줄 것이다.

• **내방객의 의사결정능력**(Authority)

부스요원이 내방객에게 "회사에서 당신 직책은 무엇입니까?"라고 물었을 때 "나는 CEO"라는 답변을 듣는다면, 그는 확실한 의사결정권자임에 틀림없다는 것을 알 수 있다. 대다수 기업 소유주들은 의사결정권을 매니저에게 위임하는 경우가 많다. 따라서 그 소유주에게 구매업무를 담당하는 매니저를 소개해 달라고 요청하는 것이 보다 현실적인 방식이 될 것이다.

• **내방객의 능력**(Capability)

상대방의 상황을 파악하기 위해서는 "당신의 상황에 대해 저에게 말씀해 주시겠습니까?"라는 일반적인 질문을 던진다. "당신 회사는 어떤 장비를 사용하고 있습니까?"와 같은 질문은 내방객으로부터의 정보 수집이 적절하게 이루어지도록 하기 위함이다.

• **구매 시기**(Time)

"당신 회사의 다음 구매 시기는 언제입니까?"라는 질문을 던졌을 때 내방객이 "다음 회계연도는 4월에 시작된다"라고 말한다면, 부스요원은 "다음 회계연도를 위한 예산은 언제 승인됩니까?"라는 질문을 할 수 있다. 이외에도 부스요원은 "당신 회사를 접촉할 수 있는 가장 좋은 시점은 언제입니까?"라고 질문을 하면서 앞으로 전개될 상황을 명확하게 한다.

• **내방객 파악**(Identify)

시력이 좋은 부스요원은 통로를 오가는 참관객들의 명찰을 보고 그의 이름을 부르면서 자기 회사의 부스를 방문해 줄 것을 요청할 수 있다. 그러나 이와 같이 이름을 언급하면서 친근하게 다가오는 방식을 선호하는 사람도 있겠지만, 자신의 이름이 거명되는 것을 싫어하는 보수적인 사람도 있음을 유의해야 한다.

• **장애물**(Obstacles)

내방객이 직면하고 있는 장애물이 무엇인지를 파악하기 위한 질문사항을 사전에 준비해서 내방객과의 대화 과정에서 적절한 시점을 택하여 질문을 던져볼 수 있다.

• **내방객의 요구사항(Need)**

부스 요원이 내방객에게 "당신은 어떤 해결책을 찾고 있습니까?"라고 물어보았을 때 내방객이 "우리 회사는 제조공정에서 발생하는 배기가스를 줄이는 방안을 찾고 있습니다"라고 답변할 수 있다. 이 경우 부스요원은 "당신 회사는 이를 달성하기 위해 무엇을 할 계획인지 말씀해 주시겠습니까?"라는 질문을 던짐으로써 내방객의 니즈가 무엇인지를 명확하게 파악할 수 있다.

Focus 부스 내방객과의 언어소통이 원활하지 못한 경우에 대처하라!

전시부스에 파견되는 상담요원의 대부분은 어느 정도 영어 등 외국어를 구사할 수 있다. 그러나 영어의 경우에도 지역과 국가마다 영어 표현과 발음이 달라 상담에 걸림돌이 될 수 있다. 따라서 부스 내방객이 물어보는 사항에 대해 동문서답하거나 상담이 엉뚱한 방향으로 진행되는 경우도 발생한다.

이런 경우에는 현지 언어에 정통한 통역원을 임시 고용하여 활용하거나 주변의 해당 언어에 능통한 사람에게 도움을 청해야 한다.

6. 전시장 도착 시 점검사항

(1) 자사부스 및 전시장 구성내용 확인

부스요원은 자사의 부스위치와 면적이 당초 신청내용 대로 적절하게 배정되었는지 여부와 회사명(영문 스펠링 오류 여부) 등을 확인하여 수정, 보완 및 개선이 필요한 경우 적절한 조치를 취해야 한다. 또한, 전시회 주최 측에 사전에 신청한 유틸리티(전기, 전화, 인터넷, 압축공기, 조명 등)와 비품(테이블, 의자, 전시대 등)이 제대로 구비되어 있지 않을 경우 전시주최 담당자에게 협조를 요청해야 한다. 그리고 부스 내 바닥 카펫이 찢기거나 오물이 떨어져 있지 않은지 살펴봐야 한다. 매우 복잡하고 소

란스럽기 때문에 사전에 신청한 내역을 체크리스트로 작성하여 현장 도착 시 리스트를 하나씩 체크하여 문제가 있다면 조치를 해야 한다.

Focus 전시품 디스플레이 전 전시부스 체크 리스트

- 부스 간판에 번호와 업체명이 맞는지 여부(특히 영문 스펠링 점검)
- 주최 측에서 기본적으로 제공하는 집기 종류와 수량(의자나 테이블이 흔들리지 않는지 여부도 점검)
- 추가로 요청한 집기 수량 및 상태 점검
- 조명상태(전구 숫자와 위치가 맞고 전기가 모두 들어오는지 여부)
- 전기 소켓 상태(전기가 잘 들어오는지 여부 점검)
- 인터넷이 되는지와 그 속도는 적정한지 여부 점검
- 부스에서 휴대폰이 잘 터지는지 여부
- 카펫 상태(찢기거나 오물 자국은 없는지 여부)
- 부스 벽면(제대로 고정되어 있는지와 벽면에 흠집은 없는지 여부)
- 부스 내 누수 되고 있는 곳은 없는지 여부
- 부스 벽면에 설치된 선반은 튼튼하게 고정되어 있는지 여부
- 부스 벽면에 못을 박거나 접착제를 사용할 수 있는지 여부
- 급배수, 압축공기, 전화, 오디오 등 부대서비스를 신청한 경우 제대로 작동되는지 여부
- 소화기, 비상구 위치
- 휴지통 구비 여부

(2) 전시물품 도착 여부 확인

전시회에서 가장 중요한 것이 전시물품이다. 기업은 전시물품 운송일정과 전시장 도착일정을 사전에 확인해야 하고 부스설치기간 중 자사 부스 내 전시물품의 입고를 확인해야 한다. 또한, 전시물품의 도착과 함께 회사에서 발송한 전시물품의 수량 및 내용물이 맞는지, 그리고 손망실은 없는지 여부를 확인해야 한다. 만일 전시물품이 도착하지 않았거나 수량과 내용물이 다를 경우에 대비하여 부스요원은 전시물품 운송대행업체의 연락처 등 비상연락망을 확보해 놓아야 한다. 만일 통관이 되지 않았다

면 즉시 현지 운송회사 관계자를 접촉해서 그 사유를 파악하고 미진한 서류나 수수료 등을 보완해야 한다.

(3) 전시품 디스플레이

부스가 확인되고 전시품 준비가 완료되면 참가기업은 다음과 같이 부스 디스플레이에 신경을 써야 한다. 전시회에서 전시부스는 기업과 출품된 제품을 나타내는 얼굴과 같은 역할을 하기 때문에 전시부스 규모와 디자인 및 장식 등이 자사나 출품국가의 위상 및 전시 제품의 중요성과 조화를 이루면서 경쟁업체와 비교할 때 뒤떨어지지 않도록 신경을 써야 한다.

좁은 부스 안에 너무 많은 전시품을 디스플레이 하지 않도록 해야 한다. 부스 벽면을 모두 배너, 사진, 샘플로 치장하지 않도록 유의해야 한다. 전시품 디스플레이에 필요한 물품(가위, 테이프, 고리, 줄, 풀, 스티커, 스테이플러, 압핀, 기타 간단한 공구)을 챙겨가야 한다. 부스 벽면에 못을 박거나 흔적이 남는 접착제를 사용해서도 안 된다.

한편, 전시품은 내방객의 입장에서 무엇이 가장 중요한지 고려해서 배치 및 진열해야 한다. 너무 많은 전시품을 진열하게 되면 오히려 역효과가 날 수 있으므로 눈에 잘 띄도록 부스를 디자인하고 디스플레이할 필요가 있다. 부스의 조명을 잘 활용하게 되면 전시품을 더 고급스럽게 연출할 수 있다. 전시품을 부스에 디스플레이할 때 유의해야 할 사항은 다음과 같다.

- 어떻게 하면 내방객의 시선을 끌 수 있는가?(색상, 디자인, 포장, 배치방법 등)
- 어떻게 하면 내방객들이 전시품을 직접 만져보고 시연해 볼 수 있겠는가? 파손이나 분실에 대비해서 내방객들이 자유롭게 만지거나 조작하는 것을 일정수준에서 통제해야 할 것인가?
- 어떤 전시품을 가장 중앙에 배치할 것인가?
- 어떤 정보를 내방객들에게 전달해야 하는가? 그리고 정보전달을 위한 효율적인 도구(플립차트, 진열대, 오디오 및 비디오기, 시연 샘플 등)는 준비되었는가? 컬러와 그래픽을 이용하여 시각적인 형태로 표현되었는가?
- 부스 내에서 내방객들의 동선 이동에 지장은 없는가?

- 상담용 테이블과 의자는 어떻게 배치하고 테이블 위에 무엇을 놓을 것인가?
- 부스 벽면에는 무엇을 부착할 것인가?
- 통역과 안내원 위치는 어디로 할 것인가?
- 전시품 이외에 내방객의 시선을 끌만한 포인트는 무엇이고 어디에 배치할 것인가?(부스요원 한복 착용 등)
- 통로까지 전시품이나 비품 등이 침범하지 않는가?
- 가구와 전시회 진행을 위해 필요한 각종 기구들의 색상과 질은 적당한가?
- 조명장치 활용이 적절하여 내방객들의 시선을 집중시키고 제품에 대한 선전효과를 증대시켜 성과를 높이는 데 기여할 것인가?
- 사진 슬라이드 상영, 시청각매체(TV, 멀티비전 등)를 적절히 활용할 것인가?
- 주최 측에서 금지하는 전시품이나 비품이 부스내로 반입되지는 않았는가?(전열기구, 가스기구, 소음이 큰 오디오 등)

(4) 전시장 레이아웃 및 경쟁업체 확인

부스요원은 전시부스 디스플레이가 마무리되면 전시장 전체 레이아웃에 대해 확인해야 한다. 전시장 바이어 동선을 예상하여 바이어가 방문할 때 대처방안을 검토해야 한다. 또한, 전시장 내에 전시주최자 사무실, 현장 서비스 데스크, 식당, 의무실, 화장실 등 자사에 필요한 주요 장소의 위치를 확인해야 한다.

7. 전시회 현장에서의 부스운영

(1) 부스운영 및 상담

전시회 개막에 앞서 파견 직원들은 그들의 역할에 대해 분명하게 인식하고 전시회 기간 중 매일 일일실적을 점검해야 한다. 팀장, 통역, 일시 고용인력(아르바이트, 대행사 직원 등) 등이 참가하는 사전회의를 통해 부스운영에 따른 세부적인 사항을 정확하게 숙지하도록 해야 한다. 전시회 기간 중에는 적어도 개막 1시간 전까지 전시장에 도착해서 전시품 및 부스상태를 점검하고 통역과 함께 상담준비를 해야 한다. 전시회가 개막되면 부스만 지키고 있다고 바이어가 저절로 방문하는 것이 아니므로 전시회 기간 내내 전시회에 방문하는 참관객들을 부스로 유인하기 위한 적극적인 마케팅 활동을 전개해야 한다. 최대한 많은 바이어들을 자사 부스로 끌어들이고 이들의 마음을 잡아야 한다.

그리고 전시회 참가 부스요원이 중요하게 생각해야 하는 것은 "친절, 꼼꼼함, 청결"이다. 특히, 한국 기업들은 전시회 기간 중 부스에서 식사를 하는 경우가 많은데, 도시락, 김밥, 컵라면 등 한국음식은 특성상 냄새가 강해서 바이어들에게 불쾌감을

Focus ▸▸▸ 전시회 참가 시 해야 할 행동 10가지

- 항상 부스를 찾아오는 바이어에게 친절하고 웃는 낯으로 대한다.
- 바이어와의 상담일지를 꼼꼼하게 작성한다.
- 유력 바이어에게 증정할 판촉물 또는 기념품을 준비한다.
- 비이어 접대용 다과를 준비한다.
- 시간을 내어 경쟁사의 제품 정보를 최대한 수집한다.
- 통역에게 전시품에 대한 정보를 제공하고 사전 교육한다.
- 전시회 기간 중 부스로 출근하면 전시품을 정리하고 주변을 청소한다.
- 복장은 정장을 하고 면도, 두발 상태 등 외무를 확인한다.
- 다음 날 전시회를 위해 가능한 일찍 잠자리에 든다.
- 전시품을 전시회 종료 후 판매할 경우 사전에 반드시 계약금을 받아둔다.

자료 : 전시마케팅기법, 조기창, 두남출판사, 2013.

줄 수 있으므로 가급적 삼가는 것이 바람직하다. 식사는 전시장 내 카페테리아나 식당을 이용하도록 하고 한국 도시락을 먹어야 하는 경우에는 잠깐 전시장 밖으로 나가서 야외 벤치 등에서 식사하는 것이 좋다.

Focus 전시회 참가 시 삼가야 할 행동 10가지

- 부스에서 식사를 하지 않는다
- 부스를 비우지 않는다.
- 바이어가 오지 않아도 무료한 표정을 짓지 않는다.
- 부스 밖으로까지 전시품을 전시하지 않는다.
- 구매 의사가 없는 바이어로 속단하고 무시하지 않는다.
- 지키지 못할 약속은 하지 않는다.
- 호객 행위나 직매 행위를 하지 않는다.
- 부스 안이나 밖을 지저분하게 하지 않는다.
- 전시회 기간 중에는 음주하지 않는다.
- 단체로 참가하는 전시회의 경우 지나친 개별 행동을 하지 않는다.

자료 : 전시마케팅기법, 조기장, 누남출판사, 2013.

한편, 바이어들은 제한된 시간에 여러 곳의 부스를 방문하고 가장 좋은 상품을 가장 좋은 조건으로 구입하려는 속성이 있다. 그러므로 이들 바이어에게 자사 제품, 부스, 파견 직원에 대한 선명한 이미지를 심어 주어야 한다. 이를 위해 부스요원이 바이어와 상담할 때 유의해야 할 사항은 다음과 같다.

Focus 전시 주최자로부터 수집 가능한 정보는?

- 자사제품의 우월성을 명료하게 설명한다.
- 구매가능성에 따라 바이어를 분류한다.
- 바이어 앞에서 시연을 하거나 동영상을 활용하여 설명한다.
- 바이어의 명함을 반드시 받아두고 상담일지를 꼼꼼하게 작성한다.
- 절대 서두르지 않는다.
- 상담을 통역에게만 맡겨두지 않는다.

- 바이어의 말을 잘 알아듣지 못하면 이해할 때까지 확인한다.
- 바이어의 요청 사항을 확실하게 숙지하고 귀국 후 Follow-up 한다.
- 진지한 상담자세로 바이어에게 신뢰감을 주어야 한다.
- 내말보다는 바이어의 말을 경청한다.
- 바이어 국가와 바이어를 칭찬하고 친밀감을 표현한다.
- 바이어가 충분히 전시품을 관찰할 수 있도록 시간을 준다.
- 가능성이 높지 않은 바이어라도 친절하게 대하고 지나치게 시간을 배정하지 않는다.
- 가능성 있는 바이어는 별도 약속을 해서 다시 만난다.
- 한국이나 외국 언론에 보도된 기사, 광고 등을 바이어에게 보여 준다.
- 명함과 카탈로그, 샘플은 충분히 준비한다. 명함을 복사해서 주는 행위는 금해야 한다.
- 다른 바이어와 상담 중 부스를 방문하는 바이어가 있으면 양해를 구하고 잠시 후 재방문해 줄 것을 정중하게 요청한다.
- 많은 바이어를 만나 성사시키려는 것보다 소수지만 확실한 바이어를 잡도록 한다. 선택과 집중이 필요하다.

자료 : KOTRA

부스를 방문하는 바이어라 해서 모두 가능성이 있는 것은 아니다. 하지만 외모만 보고 속단해서 무례하게 응대하는 자세는 절대로 피해야 한다. 그러나 방문하는 모든 내방객과 무한정 상담 시간을 할애할 수는 없다. 가능성이 크지 않은 바이어로 판단되면 바이어가 기분 상하지 않도록 유념하면서 상담 시간을 최소화 한다. 일반적으로 가능성이 있는 바이어와 그렇지 않은 바이어로 다음과 같이 구분할 수 있다.

Focus 가능성 없는 바이어 특징

- 제품과 시장에 대해 잘 모른다.
- 상담을 하지 않고 샘플부터 요구한다.
- 당장 오더를 하겠다거나 에이전트를 달라고 한다.
- 명함이 없거나 명함을 주더라도 전시품과 관련 없는 회사에 근무한다.
- 수출입 절차에 대해 잘 모른다.

- 전시품을 건성으로 본다.
- 말에 과장이 심하다.
- 부스에 들어와서 상담한 후 자사 전시품과 별 관련이 없는 옆 부스로 들어간다.

자료 : KOTRA

Focus 바이어 상담 시 예상 질문 사항

- 귀사는 제조업체 또는 무역대행사입니까?
- 이 제품의 특징은 무엇입니까?
- 이 제품의 업그레이드 주기는 어느 정도 됩니까?
- 이 제품은 언제 출시되었습니까?
- 현재 이 제품을 어느 국가에 수출하고 있습니까?
- 이 제품과 관련한 인증을 취득했거나 특허를 출연했습니까?
- 이 제품의 최소 주문량은 얼마나 됩니까?
- 이 제품의 납기는 어떻게 됩니까?
- 대금결제방법은 무엇입니까?
- 원자재 가격상승에 따른 대비책은 무엇입니까?
- 품질관리시스템은 어떤 것이 있습니까?
- 제품 생산능력은 얼마나 됩니까?
- 이 제품은 어느 국가에서 생산하고 있습니까?
- 이 제품의 경쟁 상대는 누구입니까?
- 포장방법과 운송방법은 어떻게 됩니까?
- 에이전트 체결 조건은 무엇입니까?
- 이 제품을 수입할 때 A/S는 어떻게 제공됩니까?
- 자체 R&D센터를 운영하고 있습니까?
- 마켓 테스트를 위해 샘플과 홍보자료를 제공할 수 있습니까?

자료 : 전시마케팅기법, 조기창, 두남출판사, 2013.

(2) 부스요원의 복장 및 바이어 응대하기

전시부스요원들의 복장과 외모, 자세도 매우 중요하다. 적절한 유니폼은 직원 간의 거리를 좁혀 스스로 말을 걸도록 하거나 전시되고 있는 제품에 대한 소개를 요청할 수 있도록 유도하는 효과가 있다. 다른 회사 직원들과 차별화 되도록 넥타이나 스카프를 착용하는 사례도 흔히 있다. 내방객들이 대화 도중에 부스요원의 이름을 쉽게 알아보도록 배지를 크게 만들에 착용하는 것도 바람직하다.

바이어들이 전시부스에 들어섰을 때 부스요원들은 그들이 무엇에 흥미를 느끼고 있는지를 신속하게 파악해야 한다. 내방객에게 정중한 인사를 건넬 경우에는 자신에 대해 적절하게 소개하고 관심을 표시하는 제품에 대해 적절하게 언급하는 것이 좋다. 간단한 인사와 대화가 오고간 후 가능하면 빨리 명함을 교환하는 것이 좋다.

부스요원들은 대화 중 고객이 무엇을 말하는지를 듣는 자세가 중요하다. 전시장을 찾게 된 동기, 제품에 대한 불만, 희망하는 기능, 요구하는 품질수준, 구매결정이 얼마나 빨리 내려질 수 있는지 등을 알 수 있도록 적절한 질문을 해야 한다.

바이어와의 대화과정에서 논쟁이나 거부감, 반대 등에 대한 이상적인 해결방안은 구체적인 대안을 제시하는 것이다. 바이어와의 대화를 마감하면서 보다 구체적인 접촉을 약속하는 것이 바람직하다.

(3) 상담일지 작성

전시회가 종료된 후 전시회 참가성과를 객관적으로 평가하고 전시회 기간 중 내방객들에 대한 연락과 서비스를 효과적으로 제공하기 위해서는 내방객과의 대화내용에 대해 상담일지에 정확하게 기록해 두어야 한다. 상담일지를 꼼꼼하게 작성하는 것은 다소 귀찮은 일이지만 전시회 종료 후 고객들과 다시 만나거나 접촉할 때 크게 유용한 자료가 되며 실수를 미리 방지하는 데 도움을 줄 수 있다. 즉, 전시회 참가에서 성약을 위해 상담일지를 작성하는 것은 매우 중요하다. 상담일지에는 바이어와 상담한 직원 이름, 상담일자 및 시간, 바이어 성명/기업명/부서/연락처, 관심제품명, 향후 바이어가 더 얻고자 하는 정보, 향후 바이어와 재미팅 기간, 향후 조치 요망사항, 상담 이후 조치를 취해야 할 직원 이름, 기타(신규/기존 바잉, 중요도, 시급성) 및 특기사항 등을 기재한다.

〈바이어 상담일지 양식 예시 1〉

<table>
<tr><th colspan="4">상 담 일 지</th></tr>
<tr><td>전시회명</td><td colspan="3"></td></tr>
<tr><td colspan="4">1. 참관객(바이어) 주소 (명함으로 대체 가능)</td></tr>
<tr><td>이 름</td><td></td><td>전 화</td><td></td></tr>
<tr><td>직 책</td><td></td><td>팩 스</td><td></td></tr>
<tr><td>부서명</td><td></td><td>이메일</td><td></td></tr>
<tr><td>회사명</td><td></td><td>홈페이지</td><td></td></tr>
<tr><td>영어구사능력</td><td colspan="3">매우 유창( ) 유창( ) 보통( ) 빈약( ) 매우빈약( ) 불통( )</td></tr>
<tr><td rowspan="3">바이어 구분</td><td colspan="3">수입상( ) 유통업체( ) 도매상( ) 소매상( ) 제조업체( )</td></tr>
<tr><td colspan="3">기존 바이어( ) 신규바이어( )</td></tr>
<tr><td colspan="3">대기업 구매바이어( ) 샘플 주문바이어( ) 관심 많고 오더 가능성이 있는 바이어( )
일반바이어( ) 정부/단체 종사자( ) 일반인( )</td></tr>
<tr><td colspan="4">2. 부스 방문일시</td></tr>
<tr><td colspan="4">20 년 월 일 시 분</td></tr>
<tr><td colspan="4">3. 관심품목</td></tr>
<tr><td colspan="4"></td></tr>
<tr><td colspan="4">4. 관심분야</td></tr>
<tr><td colspan="4">수입( ) 에이전트( ) 합작( ) 제3국 진출( )</td></tr>
<tr><td colspan="4">5. 전달품목</td></tr>
<tr><td colspan="4">명함( ) 카달로그/리플렛( ) 가격표( ) 샘플( ) 기념품( ) 기타( )</td></tr>
<tr><td colspan="4">6. 바이어 반응</td></tr>
<tr><td>가 격</td><td colspan="3"></td></tr>
<tr><td>품 질</td><td colspan="3"></td></tr>
<tr><td>디자인</td><td colspan="3"></td></tr>
<tr><td>브랜드</td><td colspan="3"></td></tr>
<tr><td>납 기</td><td colspan="3"></td></tr>
<tr><td>A/S</td><td colspan="3"></td></tr>
<tr><td>최소주문량</td><td colspan="3"></td></tr>
<tr><td>기 타</td><td colspan="3"></td></tr>
<tr><td colspan="4">7. 향후 조치 요망사항</td></tr>
<tr><td colspan="4"></td></tr>
<tr><td colspan="4">8. 현지 주문오더 내역</td></tr>
<tr><td colspan="4"></td></tr>
<tr><td colspan="4">9. 바이어의 기존 거래국 또는 거래처</td></tr>
<tr><td colspan="4"></td></tr>
<tr><td colspan="4">10. 성사 가능성</td></tr>
<tr><td colspan="4">매우 높음( ) 높음( ) 보통( ) 낮음( ) 매우 낮음( )</td></tr>
<tr><td colspan="4">11. 향후 상담일자 확정여부</td></tr>
<tr><td colspan="4">예( )/ 날짜 : 아니오( )</td></tr>
<tr><td colspan="4">12. 특기사항</td></tr>
<tr><td colspan="4"></td></tr>
<tr><td colspan="4">13. 중요성 및 시급성</td></tr>
<tr><td colspan="4"></td></tr>
</table>

자료 : KOTRA

〈바이어 상담일지 양식 예시 2〉

<table>
<tr><td colspan="4">일 시 : 2016/ / /
업 체 명 :
담 당 자 :
전시회명 :</td></tr>
<tr><td colspan="4">Buyer & Custome 인적사항</td></tr>
<tr><td>국가</td><td></td><td colspan="2" rowspan="5">명 함 부 착</td></tr>
<tr><td>업체명</td><td></td></tr>
<tr><td>성명/직급</td><td></td></tr>
<tr><td>전화번호</td><td></td></tr>
<tr><td>FAX</td><td></td></tr>
<tr><td>E-mail</td><td></td><td colspan="2">바이어 구분 (신규 / 기존)</td></tr>
<tr><td colspan="4">상담내용</td></tr>
<tr><td colspan="2">관심제품 :</td><td colspan="2">바이어 중요도(상 / 중 / 하)</td></tr>
<tr><td>제품관심도</td><td>□ 긍정적: □상 □중 □하</td><td>□ 긍정적: □상 □중 □하</td><td>□ 상당금액 :</td></tr>
<tr><td colspan="4"></td></tr>
</table>

(4) 전시부스 관리

전시부스는 항상 깨끗하고 청결해야 하며 각종 판촉물들을 내방객들에게 나누어주는 일로 인해 혼란이 일어나지 않도록 해야 한다. 전시부스의 분위기는 항상 우호적이고 편안하게 만들어야 한다. 전시부스 총괄 책임자는 직원들이 언제, 어느 곳에서 일하는지를 항상 파악하고 있어 예기치 않은 상황이 발생할 경우에 대비해야 한다.

8. 부스요원의 상담기법 및 자세

(1) 부스요원의 상담기법

부스요원이 상담을 훌륭하게 수행하려면 우선 상대방을 잘 파악하고 이에 맞는 세일즈 기법을 활용하는 것이 중요하다. 다음은 부스 내방객과의 거래상담 시 유의해야 할 사항이다.

첫째, 부스요원은 상대를 처음 대할 때 한 번 만나보아도 좋겠다는 인상과 호기심을 주도록 밝은 표정을 지어야 하며, 사람의 표정을 보고 그 사람의 인격 및 사람됨을 측정한다는 점에 유의하고 늘 배우처럼 상황에 맞는 표정을 짓도록 노력해야 한다.

둘째, 내방객과 첫 인사를 나눌 때에는 상대방의 인품이나 성격 및 교육수준 등을 신속하게 파악하고, 이에 맞는 상담 자세를 취해야 한다. 대화할 때에는 상대방이 경쟁사에 대한 가격이나 품질을 언급하면 이들 경쟁사를 비방해서는 안 되며, 오히려 칭찬하는 자세를 보여야 한다. 특히, 회사의 제품을 설명할 때에는 일반적인 사항보다는 경쟁사 및 여타 경쟁국의 제품보다 무엇이 다르며, 어떤 특징을 갖고 있는지 여부에 초점을 맞추어 설명하여야 한다. 그리고 대부분의 바이어들은 가격이 비싼 것을 좋은 품질로 인식하고 있기 때문에 가격은 경쟁사보다 다소 높게 내며, 소수점 이하 두 자리까지 표시한 가격을 제시해야 견적에 대한 신뢰를 받는다. 한편, 상대방으로부터 가격인하 요청을 받으면 즉시 수락해 줄 수 있다 하더라도 난처한 표정을 지으며, 원가계산을 다시 하는 척하고, 몇 번이고 수락하기 어렵다는 면을 보여준 후 마지막에 원가선이지만 이번만은 수락해 준다고 언급하는 것이 바람직하다.

셋째, 자사제품의 우수성을 강조하려면 일본, 미국, 유럽 등 선진국 시장에 수출하고 있다는 점을 강조하면 되고, 회사의 규모에 대하여 질문을 받으면 연간 매출액을 달러화로 환산하여 설명하면 된다. 외국 바이어들은 큰 회사보다 성실한 중소기업을 선호하는데, 이는 소량 주문도 할 수 있고 관리비가 적어 싼 가격으로 상품을 구매할 수 있다고 생각하기 때문이다.

넷째, 선적기간에 대해서는 주문서나 신용장을 받고 30일 내에 이행할 수 있으면 여유를 갖고 45일이나 60일 내에 선적을 해준다고 하고, 기간 내에 선적을 하면 거래처의 신뢰를 받게 된다.

다섯째, 선진국 거래처와 상담할 경우에는 되도록 짧은 시간 내에 상담을 마무리 짓도록 노력하고, 후진국 사람들과는 인간적인 면을 다져놓고 시작하면 된다. 그리고 상담할 때에는 어느 나라를 막론하고 상대방 언어수준에 맞추도록 하며, 특히 후진국 사람들에게는 우리보다 못하다는 경시하는 태도를 보여서는 안 된다. 한국의 자랑은 적정한 선에서 하며, 오히려 상대방의 문화나 종교 등 좋은 면을 칭찬해 주어 일체감 조성을 위해 노력하는 것이 보다 효과적이다.

여섯째, 의사결정은 되도록 상담이 끝나기 전에 하여야 한다. 매사를 상사에게 확인하고 결정을 하면 의사결정권이 없는 사람으로 간주하기 때문에 사전에 원가계산부터 선적까지 세심한 준비가 있어야 한다.

일곱째, 상담이 끝나면 그 내용을 재정리하여 확인받도록 하며, 계약서를 교환하든지 계약서를 작성한 후 상대방으로부터 수락표시를 받는다. 그리고 상대방의 자존심도 세워주고 앞으로는 상대방 시장은 해당 바이어를 통하여 확대하고 싶다고 하면서 거래보다 당신의 어떤 점이 좋아서 깊은 우정을 맺고 싶다고 하는 것도 바람직하다.

여덟째, 초대 시에는 상대방의 기호에 맞는 장소를 선택하고, 초대를 받으면 메뉴를 천천히 보며 이쪽에서 먼저 정하라고 하면 중간가격의 음식을 선택한다. 식사 중 거래에 대한 이야기는 삼가하고 상대방의 취미나 관심사에 대해서 자기의 경험과 지식을 토대로 대화한다. 음식은 부득이한 경우를 제외하고는 그대로 삼키며, 테이블 매너는 상대방의 관습대로 처신하고, 중요한 거래처일 경우 한번쯤 집으로 초대하는 것도 중요한 의미를 갖게 한다.

아홉째, 선물은 상대방이 부담을 갖지 않는 범위에서 오래 기억할 수 있는 품목을 선택하면 되지만 가급적 상대방이 갖고 싶어 하는 물건을 선물하는 것이 좋다.

〈부스요원이 준비해야 할 상담자료〉

- 제품명 및 제품 스펙(specification) : 제품의 기본적인 사항 및 특성, 경쟁사 제품과의 비교 시 자사 제품의 장점 및 비교분석, 제품의 test report 또는 인증서 등
- offer 조건 및 가격 : 수량별 price breakdown
- 가격협상 시 받아들일 수 있는 최저 가격대
- 정형거래조건(Incoterms 2000)에 따른 가격 견적
- 대금지급 방법(payment)
- 수량별 선적조건
- 바이어에 제공할 적절한 샘플
- HS Code 및 쿼터 카테고리(쿼터품목일 경우)
- 자사제품의 기존 거래선
- 월 생산량(capacity) 및 최소 주문수량(order minimum)

(2) 부스요원의 상담자세

부스요원은 자사의 제품이 어떻게 부스 내방객의 니즈를 충족시켜 줄 수 있는지에 대해 요령 있게 설명하고 설득하는 일에 초점을 맞추어야 한다. 부스요원이 내방객과 거래 상담을 할 때 유의해야 할 중요한 사항은 다음과 같다.

▶상대방의 대화내용 경청

상담은 어느 한쪽의 일방통행이 되어서는 안 된다. 열심히 듣는 것은 상대방에 대한 예의이며, 말하는 기술에 못지않게 듣는 기술도 중요하다.

- 열심히 듣고 있다는 것을 태도로 표시한다.
- 시선에 유의하고 자세가 흐트러지지 않도록 한다.
- 말 뒤에 숨은 진의를 파악하기 위해 노력한다.
- 상대의 이야기를 가로막지 않는다.

- 상대방 입장에서 듣는다.

▶질 문

- 상대가 기분 좋게 대답할 수 있는 것을 질문한다.
- 화제가 중심에서부터 이탈될 기미가 있을 때 질문을 던져서 이탈을 막는다.
- 논쟁의 가능성이 있는 질문은 피한다.
- 상대방이 말하고 싶어하는 것을 질문한다.

▶셀링 포인트(selling point) 활용

- 유사상품과 비교하여 간결하고 쉽게 설명한다.
- 여러 가지 셀링 포인트를 한꺼번에 모두 말할 경우 역효과가 발생할 수 있다.

▶상대방의 시각에 호소

- 팜플릿, 안내장 등의 섭외도구를 활용한다.
- 숫자, 통계, 도표 등을 적절히 활용한다.
- 신문, 방송 등 매스컴의 논평을 활용한다.
- 구체적인 사례를 활용한다.

▶자신을 믿게 하는 화법을 사용

- 단언 : 자신이 믿고 있는 것을 성실하고 힘 있게 잘라서 말한다.
- 반복 : 중요한 점을 되풀이해서 말한다.

▶유머 활용

- 상황에 적절한 유머를 구사하면 상담분위기를 자신에게 유리한 방향으로 이끌어 갈 수 있다.

▶상대방의 입장과 감정의 움직임 신속 파악

상대방의 입장이 난처해지거나 감정이 고조되면 상담이 어려워지므로 이러한 순간을 빨리 포착하고 대처한다.

- 이야기 사이에 간격을 둔다.
- 이야기의 템포를 가감한다.
- 잠시 화제를 바꾼다.

▶상담에서 피해야 할 화제 및 내용에 유의

상담에서 상대방의 입장을 곤란하게 만들 수 있는 화제 등은 가급적 피하는 것이 좋다.

- 정치, 종교
- 상대방의 신체적 특징
- 타인을 비방
- 부정적인 분위기('경기가 좋지 않다' 는 등의 이야기)
- 설교적 태도나 지시, 명령조의 화법
- 동업자의 비밀
- 상대방의 약점 혹은 결점
- 어려운 전문용어, 외래어
- 과장된 표현
- 정도가 지나친 칭찬

▶상담시의 호칭

호칭용어를 알맞게 구사함으로써 세련된 매너를 상대방에게 보여줄 수 있으므로 정확한 호칭이나 성함을 사용한다.

12

Trade Show Marketing Practices

전시부스 외부 마케팅 및 네트워크 구축 활동

1. 개 요

일반적으로 전시부스에 파견된 직원들은 부스에서 모든 시간을 보내지는 않을 것이다. 전시회 기간 중 세미나 또는 컨퍼런스도 동시에 열리기 때문에 이들 행사에 참가하여 정보도 수집하고 휴식을 취하는 것이 바람직하다.

그렇다면 어떻게 하면 부스를 벗어나서 보내는 시간을 최대한 활용할 수 있을 것인가? 경쟁업체의 부스를 돌아보고 추후 전시회에 다시 참가할 때 참고할 수 있는 아이디어를 수집하는 것도 한 가지 방법일 것이다. 그리고 하루 일과가 끝난 이후 기존 고객이나 잠재 고객 또는 파트너와 커피타임을 갖거나 식사를 할 수도 있을 것이다.

전시부스를 벗어나서 시간을 보낼 때 고려해야 할 가장 중요한 사항은 그러한 일들이 회사의 전시회 참가 목표를 달성하는 데 얼마나 도움이 되느냐 하는 것이다.

2. 기존 고객관리 활동

▶기존 고객을 잘 관리하는 것이 신규 거래처 발굴보다 더 중요

대다수 기업들은 거래처를 발굴하기 위하여 전시회에 참가하기 때문에 기존 고객

뿐만 아니라 전시회 현장에서 접촉한 고객에 대해 동일한 관심을 가져야 한다. 왜냐하면, 기존 고객과 좋은 관계를 유지한다면 비즈니스 관계를 지속시켜 나갈 수 있으며, 그들의 지인들에게 회사를 소개시켜 줄 가능성이 있기 때문이다. 특히, 회사가 전시회에 신제품을 출시했다면 기존 고객에게 판매할 수 있는 좋은 기회를 갖게 된다.

기존 고객들이 전시회에 방문하는 목적은 혹시 더 좋은 공급업체가 있는지, 무언가 새로운 제품이 있는지 하는 것이기 때문에 이들과 계속적인 관계를 유지시켜 나가기 위한 노력을 소홀히 해서는 안 된다. 신규 바이어에게만 신경을 쓰는 사이에 기존 바이어들은 다른 데로 가버릴 수가 있다. 신규 바이어를 기존 고객으로 만드는 데는 많은 시간과 노력이 필요하므로 신규 바이어 발굴에만 힘을 쏟아서는 안 된다.

회사의 기존 고객들도 전시회에 참가하는 경우가 많기 때문에 이들과 현장에서 비즈니스 미팅을 가질 수 있다. 그러나 일단 전시회에 참가하면 이들의 소재지를 파악하기가 쉽지 않기 때문에 전시회 참가에 앞서 그들과 사전에 미팅약속을 해 두는 것이 바람직하다.

이들과의 비즈니스 약속은 전시회가 진행될 때나 혹은 일과 후에 할 수 있는데, 상황에 따라 편리한 시간을 정하면 될 것이지만, 가급적 다른 참관객의 방해를 받지 않는 일과 후의 시간에 저녁 식사를 하는 등 비공식적인 자리를 마련하는 것이 좋을 것이다.

예산에 여유가 있다면 전시회 일과 후 특별한 자리를 만들어 기존 고객을 초청하는 것도 고려해 볼 만하다. 즉, 회식자리를 만들거나 극장에 함께 간다거나 전시회가 없는 주말에 골프를 치는 등의 특별한 행사를 가져 기존 고객과의 관계를 강화할 필요가 있다. 전시회가 뉴욕, 시카고, 라스베가스 등과 같은 대도시에서 열릴 경우에는 일부 고객은 전시회 기간 중에 여가를 갖고 싶어 한다는 사실을 간과해서는 안 된다. 필요하다면 기존 고객의 일정을 맞추기 위해 전시회장에 하루 일찍 도착하거나 하루 늦게 귀국하는 것도 고려해 볼 수 있다.

기존 고객과 식사를 하든지 미팅을 갖든지 그것이 어떤 형태가 되든지 간에 기존 고객과의 관계를 강화하는 것이 중요하다는 사실을 잊어서는 안 된다.

Focus 원활한 관계구축(Networking)을 위해 알아야 할 사항은?

- 명함을 준비하라.
  상대방이 명함을 준비하지 않았다면 당신의 명함 뒷면이나 전시부스에 있는 노트북에 그들의 연락처를 메모해 놓아야 한다.

  〈명함교환 에티켓〉
  - 명함을 줄 때
    - 자신을 소개하면서 준다.
    - 반드시 서서 준다.
    - 명함은 넉넉히 준비하여 자유롭게 교환할 수 있도록 해야 한다.
    - 인사가 끝난 후 느닷없이 명함을 주는 것은 예의에 어긋난다.
  - 명함을 받을 때
    - 서서 받는다.
    - 받은 명함은 정중하게 다루어야 한다(명함에 낙서금지).
- 이름표나 배지를 착용하라.
  이는 당신의 이름이나 회사의 이름을 기억하는 데 큰 도움을 주게 된다.
- 사람들에게 다가가라.
  음료수를 사기 위해 줄을 서거나 뷔페식당에서 식사를 할 때 주변에 있는 사람들에게 말을 걸어 대화를 시도하는 것도 좋은 방법이 되지만, 이때 주의할 사항은 자기 자신을 너무 드러내서는 안 된다는 것이다.
- 적극적으로 도와주어라.
  어떤 사람이 질문을 하면 그들에게 귀를 기울이고 가급적이면 문제를 해결해 주기 위해 노력해야 한다.

3. 식사시간 활용

▶식사시간은 네트워킹과 관계 구축을 위한 최선의 기회

전시회장에서 이루어지는 모든 형태의 이벤트는 네트워킹과 관계구축을 위한 좋은 기회가 된다. 전시 주최자는 전시회장에서 종종 리셉션을 개최하기도 하는데, 이는 기존고객을 관리하고 새로운 업계 관계자를 접촉하고 유망한 잠재고객을 발굴하기 위한 좋은 기회가 될 수 있다. 전시회에 경험이 많은 매니저들은 전시부스에서 참관객들을 위한 리셉션이나 기타 이벤트를 마련하여 많은 참관객들을 초청하여 새로운 잠재고객을 발굴하는 데 활용하고 있다.

기존 고객과 긴밀한 관계를 구축하고 새롭게 접촉한 고객과 더욱 친해지기 원한다면 호텔이나 컨벤션센터에서 떨어진 곳에서 아침 또는 저녁식사를 하는 것도 바람직할 것이다. 이때 점심시간은 가급적 피하는 것이 좋은데, 그 이유는 전시부스에서는 바쁘고 항상 방문객을 맞을 준비를 해야 하므로 시간을 내기가 여의치 않기 때문이다.

유망 고객과 식사시간에 대화를 한다는 것은 원만한 관계를 구축하는 데 가장 좋은 방법인데, 이때에는 아래와 같은 사항에 유의해야 한다.

• 긴밀한 관계구축에 초점을 맞추어라.

비즈니스 식사는 당신과 고객 간에 서로를 알 수 있는 가장 좋은 기회가 된다.

• 적극적인 청취자(active listener)가 되어라.

비즈니스 식사 때 가장 유의해야 할 사항은 상대방의 말에 귀를 기울이고 질문에 대해 성의 있게 답변하여야 한다.

• 서두르지 말라.

비즈니스 식사를 마치 패스트푸드를 먹을 때와 같이 해서는 안 된다. 되도록 여러 코스를 주문하고 천천히 먹어야 한다. 상대방이 대화를 이끌어 가고 있다면 식사를 빨리 해서는 안 된다. 왜냐하면, 말하고 있는 사이에 식사를 마치게 된다면 상대방이 불편하게 생각할 수 있기 때문이다.

• 식사는 간단하게 하라.

패스타 또는 빅 사이즈 햄버거와 같이 손이 많이 가는 식사를 하게 되면 상대방과의 대화에 집중할 수 없게 하므로 가급적 이러한 식사는 피하는 것이 좋다.

• 술을 마시지 말라.

비즈니스 식사를 하면서 술을 마시는 것은 바람직하지 못하다. 상대방이 술을 원하지 않을 경우에는 술을 주문해서는 안 된다. 그러나 대화 분위기를 조성하기 위해서 상대방도 허용한다면 맥주 또는 와인 한 잔 정도는 곁들이는 것도 좋다.

• 상대방을 성가시게 하지 말라.

상대방과의 대화가 방해받지 않도록 휴대폰은 끄는 것이 좋다.

• 식사 때 많은 자료를 갖고 가지 말라.

상대방이 프리젠테이션, 카탈로그 또는 샘플 등의 자료를 요구하지 않았다면 비즈니스 식사 때 많은 자료를 갖고 갈 필요가 없다. 만일 어떤 자료를 갖고 갈 경우에는 상대방이 보고자 할 때까지 그것을 가방 속에 보관하면 된다.

Focus 비즈니스 식사예절

- 왼손의 포크는 오른손으로 바꾸어 잡아도 무방하다.
- 음식 그릇은 자기가 직접 옮기지 않는다.
- 손에 든 나이프와 포크는 세우지 않는다.
- 먼데 있는 사람과 말하는 것은 옆 사람에게 실례가 된다.
- 음식을 씹고 있을 때는 말하는 것을 삼가한다.
- 기침이나 재채기 후에는 실례의 말을 한다.
- 자리를 잠시 비울 때는 냅킨을 대강 접어서 의자 위에 올려놓는다.
- 포크 또는 나이프를 떨어뜨렸을 때에는 웨이티를 부른다.
- 이쑤시개는 식탁 앞에서 쓰지 않는다.
- 식사가 끝나면 나이프와 포크를 중앙에서 오른쪽으로 가지런히 놓는다.
- 바른 자세를 유지하고 다리를 꼬지 않는다.
- 트림을 하지 않는다.
- 식탁에서 화장을 고치지 않는다.
- 술은 사교의 윤활유로서 취해서는 안 된다.
- 식사 중 잠시 자리를 뜰 때도 실례의 말을 한다.
- 나이프는 왼손에 쥐지 않도록 한다.
- 좌우의 손님들과 먹는 보조를 맞추도록 신경을 써야 한다.
- 웨이터가 술을 따를 때 술잔을 들어 올리지 않는다.
- 반드시 head waiter의 안내를 받는다.

4. 경쟁업체 정보수집 활동

기업이 전시회에 참가하는 목적은 바이어 발굴이 가장 크지만, 전시회 기간 중 신상품 및 신기술 트렌드, 경쟁업체 동향 등 정보수집 활동도 매우 중요하다. 전시회에 2명이 참가할 경우에는 1명은 바이어와의 상담 위주로 활동하고 다른 1명은 정보수집 및 인적 네트워크 구축에 주력할 필요가 있다. 만일 1명만 전시회에 파견되었다면 부스 상담 중에 틈틈이 시간을 내서 다른 참가업체들의 부스를 방문하거나 세미나, 설명회, 리셉션 등에 참여하여 정보를 수집하는 것이 좋다. 일부 전시장이나 부스에서는 사진 촬영을 금지하는 경우도 있어 유의해야 한다. 개별 부스에 방문하여 전시품을 사진 촬영하고 싶다면 사전에 허락을 받는 것이 바람직하다.

오늘날에는 자사 제품의 장단점과 고객의 필요를 알고 있는 것만으로는 충분하지 않다. 경쟁업체가 무엇을 하고 있는지 알아야 한다. 전시회장은 동종업계의 경쟁업체를 알 수 있는 아주 좋은 기회가 된다. 전시부스를 방문하는 고객의 발걸음이 뜸해지면 경쟁업체의 부스를 돌아보면서 그들의 최신 제품정보를 입수하고 기타 프로모션 자료를 수집할 필요가 있다. 이는 전시부스의 운영방식을 개선 및 조정하는 데 많은 도움을 줄 것이며, 특히 아래와 같은 사항을 주의 깊게 살펴보아야 한다.

• 부스상태

경쟁업체들은 제품을 어떻게 전시해 놓았는가? 그들은 어떤 제품을 중점적으로 전시했는가? 그들의 부스 그래픽은 어떤 메시지를 전달하고 있는가? 경쟁업체와 동일하게 전시부스를 꾸밀 필요는 없지만 자세한 조사를 통해 경쟁업체 부스의 어느 부분이 참관객들로 하여금 부스를 방문하게 만드는 요인인지를 파악할 필요가 있다.

• 제품특징

경쟁업체는 최근 어떤 신제품을 출시하였는가? 그들 제품이 어떻게 업그레이드 되었으며 새로 추가된 특징은 무엇이며 이들 제품의 가격 수준은 어떤지를 조사한다.

• 부스 파견 직원

경쟁업체의 부스 직원은 무슨 옷을 입고 있는가? 그들과 대화할 기회가 있다면 방문객과 대화를 할 때 어떻게 시작하고 제품에 대해 무슨 말을 하는지를 주의 깊게 살펴보아야 한다. 이것을 회사의 경우와 비교하여 개선할 점이 있는지를 파악해야 한다.

• **마케팅자료**

가급적이면 카탈로그 등 마케팅자료를 수집하여 그들의 제품라인과 가격 및 포지셔닝 등에 대한 아이디어를 모색한다. 그들이 내세우고 있는 제품의 장점은 무엇인가? 회사의 제품과 비교하여 그들 제품이나 서비스의 장점은 무엇인가? 이러한 과정을 거치게 되면 회사의 마케팅자료를 보완하는 데 도움이 될 것이다.

경쟁업체 평가양식(Competitor Evaluation)

- 그들의 전시부스는 어떻게 보이는가? (그래픽은 무엇을 말하고 있고, 어느 제품이 전시되어 있으며, 부스 크기는 어떠한가를 조사해야 한다)
- 어떤 제품 또는 서비스를 홍보하고 있는가? (업그레이드된 부분은 무엇이며 가격 수준은 어떠한가?)
- 경쟁업체의 부스요원들은 부스를 성공적으로 운영하고 있는가? (그들은 무슨 옷을 입고 있으며 고객과 대화를 얼마나 자주 하고 대화시간은 어느 정도인가?)
- 그들의 마케팅자료의 장점은 무엇인가? (부스에 어떤 마케팅자료를 비치하고 있으며, 어떤 정보를 담고 있고, 그들이 제공하는 경품은 무엇이며, 전시회 기간 중 특별 프로모션 행사를 하고 있는지 등을 체크한다.)

Focus 정보 수집 시 주요 체크포인트

- 신제품 신기술, 아이디어 상품을 파악한다.
- 바이어들이 몰리는 부스는 그 이유가 무엇인지를 파악한다.
- 독특한 디자인, 소재의 전시부스와 효과적인 전시품 디스플레이를 벤치마킹한다.
- 경쟁사들의 출품한 전시품을 조사한다.
- 앞으로 도움이 될 다른 출품업체들의 카탈로그, 샘플을 최대한 수집한다.
- 전시회의 특성과 수준을 파악한다.
- 주요 전시 참관객의 수준을 파악한다.
- 인근 부스 출품자들과 전시회 기간 중 인사하고 지내며 상호 정보를 교환한다.
- 주최자가 개최하는 환영 리셉션에 참가한다.

- 세미나, 설명회 등 부대행사에 참가하여 자료를 챙긴다.
- 전시회 기간 중 무료 배포되는 각종 인쇄물(신문, 잡지 등)을 수집한다.
- 처음 참가하는 전시회의 경우 직전 전시회 참가업체(국내외)들로부터 이번 전시회가 직전에 비해 어떠했는지를 파악한다.

5. 네트워킹 구축 행사 참가

일부 전시회에 가보면 전시 주최자는 대기업과의 스폰서십으로 전시회 기간 중 소비자 인기제품상, 신제품상, 디자인상, 최고 기술상 등 여러 가지 분야로 구분하여 시상식을 개최하거나 일반 참가자에게 경품을 나누어 주기도 한다. 수상한 업체는 스폰서 한 잡지에 소개되어 향후 홍보활동을 하는데 유리한 자료로 활용할 수 있는 기회가 된다.

시상식에는 업계 관계자들이 한자리에 대거 참석하기 때문에 친교의 장소로 적극 활용할 필요가 있다. 전시 주최자들이 주관하는 네트워킹 행사는 시상식이나 리셉션, 세미나 등 제한적인 경우가 많으므로 공동관 참가 주관기관이나 참가업체가 자체적으로 전시회에서 네트워킹 행사를 실시하는 것도 좋은 방법이 될 것이다.

위는 전시장에서 개최되고 있는 세미나 장면임

13

Trade Show Marketing Practices

해외전시회 정보수집전략 및 분석기법

1. 개 요

▶전시회는 비즈니스 정보 수집을 위한 최적의 기회 제공

전시회는 경쟁업체의 기술동향, 제품 디자인 트렌드, 공급업체, 참관객의 특성 등 회사의 비즈니스와 직접적으로 관련된 유용한 정보를 입수할 수 있는 최적의 기회가 된다. 전시장의 모든 장소가 정보를 입수할 수 있는 통로가 된다. 예를 들어, 리셉션 라인에서, 통로를 걸으면서, 점심을 기다리면서, 세미나장에서, 이벤트 행사장에서, 그리고 경쟁업체의 부스에서 원하는 다양한 정보를 수집할 수 있다.

비전문가의 입장에서 볼 때 전시장은 단지 참가업체의 부스가 나란히 나열되어 있는 장소적인 의미로만 보일 수 있으나, 전문가의 시각에서는 경쟁적인 정보를 수집할 수 있는 좋은 기회가 된다.

위는 전시부스에서 정보를 수집하는 장면임

▶정보수집 특별 전략팀 구성

전시회를 통하여 유용한 정보를 수집하고자 한다면, 회사 내에 전시회 정보 수집을 위한 특별 전략팀(strategic intelligence team)을 구성하여 사전 교육을 거친 후 전시장에 파견하는 것이 바람직하다.

정보수집 특별 전략팀을 구성할 때에는 반드시 회사의 직원으로만 제한할 필요가 없으며, 경우에 따라 우량 고객이나 공급업체 등을 아웃소싱 하여 활용할 수 있다. 이들이 전시장에서 해야 할 일은 고객들은 어떤 신제품이나 서비스를 찾고 있으며, 시장동향은 어떤지, 그리고 전시회의 수준과 동종업계에서 새로 등장한 업체는 누구인지 등에 관한 정보를 수집하는 것이다. 또한, 전시회는 동종업계에서 나돌고 있는 루머나 가십 등 사소한 정보도 수집할 수 있는 좋은 기회가 된다.

한편, 전시회를 통하여 정보를 체계적으로 수집하기 위해서는 이하에서 설명하는 단계를 거쳐 사전에 "전략팀 구성 및 활용계획"을 수립 · 시행하는 것이 바람직하다.

2. 정보수집 목표 설정

정보수집 계획을 수립하기 위해서는 먼저 “어느 전시회에 참가할 것인가”와 “그 전시회에 무엇 때문에 참가해야 하는가” 등 2가지 질문에 답변해야 한다.

첫째는 “어느 전시회에 참가할 것인가(Where are you going?)” 하는 문제이다. 경쟁업체의 제품과 서비스를 살펴보고 동종업계에 새로 진입한 기업은 누가 있는지를 자세히 조사하게 되면 시장의 추세와 전망을 이해할 수 있게 된다.

둘째는 “왜 그 전시회에 참가하려고 하는가(What do you need to get there?)” 하는 문제이다. 이와 관련해서는 다음과 같은 정보들이 수집되어야 할 것이다.

- 회사의 경쟁업체들은 새로운 방향으로 나가기 위해 무엇을 포기하였는가?
- 새로운 방향(new direction)은 고객의 인지도에 어떻게 영향을 미쳤는가?
- 새로운 방향에 대해 회사의 직원들은 어떻게 생각하고 있는가?
- 경쟁업체들은 시장을 정확하게 이해하고 있는가?

이러한 질문에 대해 파고들수록 보다 유용한 정보들이 수집될 것이다. 전시회를 통한 정보 수집을 위하여 전략팀이 해야 할 가장 중요한 목표는 회사의 마케팅 전략과 제품개발 전략의 니즈가 무엇인지 그 핵심을 파악하는 것이다.

▶정보수집 목표의 예

다음은 기업이 일반적으로 전시회에서 정보를 수집하여 추구하고자 하는 몇 가지 목표에 관한 예시를 제시하였다.

- 효과적인 전시기법에 관한 아이디어를 모색한다.
- 경쟁업체에 관한 정보를 수집한다.
- 전시회의 특성과 수준을 평가한다.
- 전시 참관객의 수준을 파악한다.
- 전시 주최자(show management)를 만난다.
- 동종업계의 추세와 전망을 평가한다.
- 다른 전시 참가업체를 만난다.
- 동종업계의 전문가를 만난다.
- 미디어센터를 방문한다.
- 해외 바이어를 발굴한다.
- 회사의 인지도를 제고한다.
- 새로운 고객을 발굴한다.
- 기존 제품 및 서비스를 대체하는 새로운 제품을 발굴한다.
- 유망한 파트너를 발굴한다.

그러나 여기서 주의할 점은 정보수집 목표를 정할 때 너무 많은 정보를 수집할 계획이라면 오히려 역효과가 날 수 있으므로 가급적 목표를 3~4가지로 축소하고 우선순위를 설정해서 목표 달성에 중점을 두는 것이 효과적이다. 예를 들어, 위에서 열거한 다양한 목표 중에서 다음과 같이 다섯 가지 목표를 설정하고 우선순위를 정하는 것이 바람직하다.

목표 1 : 전시회의 특성과 수준을 평가한다.

목표 2 : 경쟁업체의 전시 테크닉을 파악한다.

목표 3 : 새로운 시장동향을 파악한다.

목표 4 : 업계 전문가를 만난다.

목표 5 : 유망한 파트너를 발굴한다.

셋째는 다음의 표와 같이 각각의 목표를 계량화하는 것이다.

목표 1. 전시회의 특성과 수준 평가	• 전시회 최종일의 전시요원 숫자 • 유망 고객의 예상 숫자 • 전시회 운영기관
목표 2. 경쟁업체의 경쟁력 파악	• 관련 정보를 파악할 수 있는 경쟁업체의 전시 부스를 방문
목표 3. 새로운 시장동향 파악	• 관련 정보를 파악하기 위한 가장 적절한 전시 참가업체를 선정하고 질문사항을 개발함
목표 4. 업계 전문가 만남	• 가장 중요한 정보가 무엇이며 누가 최적의 대화 파트너인지를 결정함
목표 5. 유망한 파트너 발굴	• 어떤 전시 참가업체가 가장 유망한 고객이 될 가능성이 있으며, 그들을 만나기 위한 최적의 장소와 방법을 결정함

3. 정보수집 실행계획 수립 및 이행

정보수집 실행계획은 전시회 기간 중 주어진 제한된 시간을 최대한 활용하기 위하여 자사의 전시부스를 거점으로 필요한 각종 정보 수집을 효율적으로 수행하기 위하여 수립하는 것을 말한다. 이러한 시행계획을 수립하기 위해서는 해당 전시회가 운영하는 웹사이트나 전시회에 등록할 때 받게 되는 전시회 가이드북에 게시된 내용을 면밀하게 조사하는 것에서부터 출발한다.

정보 수집을 위한 실행계획을 전시부스에 비치하여 전략팀 요원별로 언제 어디에서 누구를 만나 어떤 정보를 수집할 것인가에 관한 현황표를 설치하고 접촉대상자를 A그룹과 B그룹으로 분류하여 조사를 진행하게 된다.

정보수집 실행계획이 구체적으로 수립되면 이를 기초로 정보수집 이행단계로 진입해야 한다. 실현 불가능한 목표를 설정하는 것은 시간낭비에 지나지 않는다. 목표가 실현가능해야만 정보수집 조사를 실행하기가 용이할 것이다. 조사를 이행하기 위해서는 "회사는 어떤 정보를 수집하고 있는가(What are you looking for?)" 하는 점과 "어디에서 그 해답을 구할 수 있는가(Where will you find the answers?)" 하는 등의 2가지 질문에 답변해야 할 것이다.

첫째, "전시회를 통하여 어떤 정보를 수집하고자 하는가" 하는 점이다.

정보를 많이 수집할수록 좋겠지만 그렇다고 해서 어떤 정보든지 괜찮은 것은 아니다. 회사의 정보수집 목표를 충족시키는 데 유용한 정보를 수집하는 것이 무엇보다 중요하다. 이러한 정보를 수집할 수 있는 기회는 다음과 같이 다양하다.

▶전시장에서 주요 정보수집 통로는?

• **전시 참가업체**(exhibitors)

우선 전시 참가업체 디렉토리를 통하여 어떤 경쟁업체가 전시회에 참가하였는지를 파악한다. 이들 경쟁업체들은 회사의 제품이나 서비스를 시장에 도입하거나 전시회에서 마케팅활동을 공동으로 실시할 수 있는 유망한 파트너가 될 수 있는지를 분석한다. 그리고 전시회에서 어느 기업이 주도적인 역할을 하고 있으며, 경쟁업체들은 어느 정도의 전시공간을 사용하고 있는지를 파악한다. 이 경우 회사가 그 전시회에 참가하지 않았다면 앞으로 그 전시회에 참가할 가치가 있는지 여부를 결정하는 데 중요한 정보가 될 수 있다.

• **컨퍼런스 프로그램**(conference program)

컨퍼런스 프로그램에는 워크숍, 특강 등 다양한 컨퍼런스 또는 세미나의 주요 일자와 시간, 주제, 강사에 관한 자세한 정보가 수록되어 있다. 이외에도 일부 전시 참가업체들은 자사의 부스에서 세미나를 개최하는 경우도 있으므로 이 기회를 활용하는 것도 바람직하다. 이러한 행사들은 많은 참관객들이 모일 수 있는 기회를 제공해주기 때문에 정보를 입수하는 주요한 통로가 될 수 있다.

• **산업단체 행사**(industry activities)

대부분 전시회는 산업단체와 제휴하여 진행되는 경우가 많다. 이러한 전시회는 산업단체들의 재정수입원이 될 수도 있으며, 동종업계가 한 자리에 모일 수 있는 기회가 되기도 한다. 많은 산업단체들은 이러한 기회를 통해 미팅을 개최하거나 임원회의(director's summit)를 갖거나, 아니면 교육 장소와 네트워킹을 구축하는 계기로 활용하기도 한다. 전시회 참가 목표가 산업단체를 접촉하는 것이라면 이러한 업계의 이벤트에 참가하는 것이 바람직하다.

• **전시부스**(show layout)

사전에 전시 참가업체의 위치와 세미나 행사장, 특별 이벤트 개최 장소, 휴게실 등 참관객들이 모일 수 있는 장소를 알 필요가 있다. 이러한 장소의 위치를 정확하게 알게 되면 어느 장소에 중점을 둘 것인가에 대한 아이디어가 나올 수 있다.

• **고객과의 접촉시간**(timing)

고객에게 다가갈 수 있는 시간은 언제가 가장 적합한가? 이벤트 시간은 많은 사람들이 모일 수 있는 기회가 되므로 이를 잘 활용해야 한다. 따라서 계획을 수립할 때 전시장에서 이루어지는 각종 행사와 시간 등을 자세하게 파악할 필요가 있다.

• **기타**

조사대상을 위에서 설명한 다섯 가지 경우로만 제한해서는 안 된다. 항상 회사의 목표를 충족시켜 줄 수 있는 또 다른 정보가 존재한다는 점을 간과해서는 안 된다. 즉, 세미나 연사, 업계 관계자, 전시 주최자, 업계 주요인사의 연락처 정보와 함께 호텔 및 교통정보, 등록절차 및 제한사항 등에 관한 세부 정보도 수집한다.

둘째, "그러한 정보를 어떤 경로를 통하여 수집할 수 있는가" 하는 점이다.

회사가 무엇을 알아야 하고 정보수집 목표가 달성 가능한 현실적인 것으로 확인이 되면 이러한 목표를 충족시켜 줄 다음과 같은 다양한 정보소스를 파악하는 것이 중요하다.

• **인터넷**(Internet)

대부분의 전시 주최자는 자체 웹사이트를 운영하고 있으므로 이를 통하여 전시회에 관한 구체적인 정보를 입수할 수 있다. 이러한 웹사이트를 통해 전시회 기간 중 교육행사 스케줄, 특별 이벤트, 투어 프로그램 등 상세한 정보가 제공된다.

• **무역단체 및 무역잡지**(Trade Associations and Publications)

산업단체 관계자들은 관련 전시회에 참가하는 일반적이며, 전시회에 대해 많은 것을 알고 있으므로 이들에게 자사를 소개하고 필요한 도움을 구할 필요가 있다.

• **전문가(Public and Private-Sector Specialists)**

회사가 참가하고자 하는 전시회에 경험을 갖고 있는 다양한 형태의 정부기관에서 온 전문가들과 공급업체와 같은 민간분야의 전문가들을 접촉할 수 있다.

• **고객(Customers)**

회사의 고객을 간과해서는 안 된다. 현장에서 기존 고객을 만나서 그들이 과거에 참가했던 전시회의 경험담을 들어보는 것도 중요한 정보소스가 될 수 있다. 그들에게 어느 전시회에 주로 참가하는지, 각 전시회에 대한 참가 목표는 무엇인지를 물어볼 수 있다. 이들 고객과의 격의 없는 대화는 회사의 목표를 달성하는데 기여하게 될 것이다.

4. 정보수집 활동 역할분담

회사의 직원들은 여러 분야에 걸쳐 각자 다양한 경험과 지식을 보유하고 있으므로 적임자를 찾아서 역할을 분담하는 것이 중요하다. 예를 들어, 기술 분야의 비전문가를 고도의 기술을 요하는 프리젠테이션에 투입시키는 것은 시간을 낭비하는 것과 같다.

역할을 분담하기 위한 가장 쉬운 방법은 직원들로 하여금 선택하게 하는 것이다. 이를 위해서는 다음과 같은 리스트를 작성하고 각자에게 과업을 부여하는 것이다.

〈전략팀 구성계획〉

당신이 가장 참가하고 싶어 하는 이벤트와 책임질 수 있는 분야에 서명하시오.

이벤트	목표	일자	팀원	책임

다음 단계로는 회사의 전시회 참가 목표를 충족시켜 줄 정보를 수집하는 것이며, 구체적인 질의서를 작성해야 한다. 예를 들어, 회사의 목표가 전시회의 수준을 평가하는 것이고 이를 전시 참가업체와 참관객들에게 질문할 계획이라면 다음과 같이 질문내용을 구성할 필요가 있다.

- 이번 전시회는 전에 참가했던 전시회와 비교할 때 어떻게 생각하는가?
- 이번 전시회를 통해 목표를 달성할 수 있다고 생각하는가?
- 전시회의 프로모션 활동은 충분하다고 생각하는가?
- 이번 전시회 정보를 수집하는 데 어려움은 없었는가?
- 전시회 운영기관의 전시 요원들은 어느 정도 도움이 되었는가?
- 이번 전시회를 다시 참관 내지 참가할 계획인가?
- 워크숍 또는 세미나가 어느 정도 도움이 되었는가?

만일 회사의 정보수집 목표가 경쟁업체의 전시 테크닉을 알고자 하며 회사의 직원들에게 교육기회를 제공하는 것이라면 다음과 같은 사항을 조사해야 한다.

- 경쟁업체의 전시공간은 어느 정도나 되는가?
- 경쟁업체는 자사의 전시부스를 어떻게 평가하고 있는가?
- 경쟁업체는 전시부스에 몇 명의 요원들을 파견시키고 있는가?
- 당신은 부스 파견 요원들의 직업 이미지를 어떻게 평가하고 있는가?
- 경쟁업체는 부스 방문객들을 어떻게 취급하고 있는가?
- 전시 부스 파견 요원들은 방문객들을 잘 다루고 있는가?

〈 정보수집 질의서 〉

전시회명 :
일자 :
목표 :
연락처 :

성명 :
회사명 :
부스번호
전화/휴대폰 번호 :

약속 일자/장소

질문사항	답변사항
1.	
2.	
3.	
4.	
5.	

조사담당자 :

5. 정보수집 미션 중복 여부 및 성과 점검

규모가 큰 전시회일수록 전략팀 요원 간 정보수집 미션 중복을 피하고 정보수집 기회가 상실되는 것을 최소화하기 위해서는 수시로 정보수집 상황을 상호 간에 점검할 필요가 있다. 왜냐하면, 요원별로 자신이 달성해야 할 정보수집 목표를 갖고 있기도 하지만 다른 요원들과 공동으로 추진해야 할 목표도 동시에 갖고 있기 때문이다. 따라서 전시회 기간 중 요원들은 자신의 목표를 달성하기 위해 노력하기도 하지만 다른 요원의 목표와 그 추진 현황을 이해하고 있다면 항상 다른 요원들이 간과할 수 있는 기회에 대해 민감하게 생각할 수 있으며, 상실될 수 있는 정보수집 기회를 해당 목표와 관련된 요원에게 조언해 줄 수 있다.

이를 위해서는 전략팀 요원들이 서로 만나서 자신들이 조사한 내용을 비교 분석하기 위해 미팅을 가질 필요가 있는데, 아침식사 미팅이나 일과 후 시간에 가능하다. 이와 함께 부스 내에 게시판이나 메시지 센터를 설치하여 각 요원들이 서로 체크할 수 있도록 하거나 이메일을 보내 정보를 교환하는 방법도 가능하다.

한편, 중복된 정보나 목표와는 무관한 정보를 수집하는 것을 피한다는 것은 실현 가능한 일은 아니지만 최소화할 수는 있을 것이다. 이를 위해서는 우선적으로 전략팀의 정보 수집을 위한 시행계획이 체계적으로 수립되어야 하고 전략팀 요원들이 충분히 휴식을 취하면서 목적을 달성할 수 있도록 배려해야 한다. 그리고 다른 전시 참가업체의 정보를 수집할 때 꼭 필요한 자료만 수집하고 나머지 중요하다고 생각되는 자료는 전시회 종료 후 송부해 줄 것을 부탁하면 된다. 일단 사무실로 돌아오게 되면 그 참가업체를 다시 접촉할 시간이 없을 수도 있기 때문이다.

끝으로 정보수집 전략팀의 요원별로 수집한 정보가 해당 정보수집 목표를 달성하였는지 여부를 점검하고 만일 부족한 정보가 있다면 전시회가 종료되기 전에 수집할 기회를 갖기 위해 정보수집 성과를 평가하는 것이 중요하다. 서로 모일 수 있는 시간이 없다면 다음과 같은 질문에 대해 이메일이나 화상전화를 통해 결과를 주고받을 수 있다.

- 당신은 리스트에 있는 모든 사람들을 접촉하였는가?
- 당신은 찾고 있는 해당 정보를 수집하였는가?
- 당신은 정보수집 과정에서 어떤 장애물을 만났는가?

그리고 각 요원으로 하여금 자신의 활동상황을 요약한 보고서를 준비하도록 해야 한다. 의사결정권자들은 이들의 보고서를 토대로 정보수집 성과와 문제점을 파악하고 향후 다른 전시회에서 정보 수집할 때 참고할 수 있는 권고사항을 제시할 수 있기 때문이다.

14

Trade Show Marketing Practices

해외전시회 사후관리

1. 해외전시회 사후관리의 중요성

▶사후관리는 전시회 참가 성공의 전제 조건

전시회 일정이 종료되면 전시회가 절반 정도 끝난 것이며, 이제부터는 전시회 사후관리가 나머지 절반을 차지한다고 해도 과언이 아니다. 전시회의 사후관리(Post Show Follow-Up)가 부실하면 그동안 전시회에 참가하기 위해 투자한 시간과 비용을 낭비할 수도 있다. 전시회장에서 거래 상담이 종결되는 경우도 가끔 있지만 대개는 전시회가 끝난 이후 3~6개월에 걸쳐 상담이 본격적으로 진행되기 때문에 사후관리가 반드시 필요하다.

따라서 전시회가 종료된 이후에는 전시부스를 내방하여 상담한 유망바이어와 거래관계를 성사시키기 위해 총력을 기울여야 할 것이다. 그러나 전시회 참가 목표가 새로운 거래처를 발굴하는 것이라면 전시회가 종료된 이후 부스 내방객들이 구매의사 결정을 하기까지 다소의 시일이 걸리기 때문에 지나치게 서둘러서는 안 된다.

미국 CEIR의 조사에 의하면, 전시부스 내방객의 57%는 전시회 종료 후 12개월 이내에 구매결정을 하는 것이 일반적이지만, 제품 또는 서비스에 따라 더 길어질 수도 있는 것으로 나타났다. 전시회 참가계획을 수립 및 시행하는 것도 중요하지만 사후관리를 체계적으로 하지 않는다면 전시회 참가를 통하여 좋은 성과를 기대하기가 어려울 것이다.

▶부스 내방객에 대한 사후 접촉은 빠를수록 효과적

최근 우리나라 기업들의 전시회 참가가 폭발적으로 늘어나고 있지만, 상담결과에 대한 사후관리가 여전히 미흡한 것이 커다란 문제점으로 지적되고 있다. 전시회 기간 중 유망 고객들과 실질적인 상담을 벌이고도 사후관리를 소홀히 하여 거래를 성사시키지 못하고 있다. 어떤 경우에는 오히려 바이어가 먼저 연락을 해오는데도 접촉이 되지 않는 경우도 있으며, 가격과 주문물량 조건이 맞지 않는다고 해서 일방적으로 협상을 중단시키는 사례도 있다. 따라서 전시회에서 상담한 바이어들을 보다 체계적으로 관리하는 노력이 필요하다. 그러기 위해서는 전시회가 끝나자마자 전시회에서 상담한 내방객들을 중요도에 따라 분류하고 데이터화하는 작업이 필요하다.

전시부스를 방문한 고객과의 접촉은 빠를수록 좋으며, 전시회가 종료된 이후 1주일 이내가 가장 이상적이다. 왜냐하면, 내방객들은 전시회가 끝난 후 사무실에 돌아와 구매여부를 검토할 때 당신 회사의 제품이나 서비스를 해결방안으로 고려하고 있을지도 모르기 때문이다. 이럴 때 회사가 그 내방객을 시의 적절하게 접촉한다면 상당히 좋은 성과를 얻게 되는 것은 자명하다. 시간이 많이 경과하게 된다면 부스 내방객들은 당신 회사를 여러 구매 후보업체 중 하나로 생각하게 될 것이다.

Focus 성공적인 해외전시회 사후관리의 필수요소는?

① 전시회 참가계획을 수립할 때 사후관리(Follow-Up)계획도 함께 수립해야 한다.
② 사후관리는 전시회가 종료되는 즉시 실행해야 한다. 즉, 사후관리는 시의 적절하게 수행해야 한다.
③ 전시부스를 방문한 고객을 분류(A, B, C, D그룹)하여 사후관리도 차별화하는 것이 바람직하다.
④ 부스 내방객이 구매결정을 내릴 때까지 인내심을 갖고 계속적으로 접촉하여야 한다.
⑤ 전시회가 종료되는 날로부터 2주 이내에 부스 방문에 대한 감사서한과 참고자료를 부스내방객에게 보내주어야 한다.
⑥ 우선 전시부스 내방객 중 유망고객으로 분류된 내방객을 집중적으로 접촉하여 거래를 성사시키도록 노력해야 한다.
⑦ 어떤 형태로든지 전시부스를 스쳐간 모든 내방객들을 사후 관리해야 한다.
⑧ 전시회 참가에 관한 사후평가를 실시한다.

2. 해외전시회 발굴 유망고객의 특징

전시회를 통해 발굴한 유망 고객은 다른 마케팅 수단을 통하여 발굴한 고객에 비해 다음과 같은 이유에서 매우 우수한 고객이 될 수 있다는 연구결과가 나오고 있다.

첫째, 그들 대부분은 실질적인 구매의사를 가진 바이어(serious buyer)라는 것이다. 전시 관련 연구결과를 살펴보면, 참관객의 90%는 전시회를 최고의 구매 소스로 생각하고 있는 것으로 나타났다. 또한, 그들 중 54%는 1년에 한 번만 전시회에 참가하고 있는데, 이런 경우 그 참관객은 매우 실질적인 구매의사를 가진 바이어라고 볼 수 있다.

둘째, 그들이 회사의 부스를 방문했다는 것은 일단 회사에 대해 호의적인 반응을 보였다는 것을 의미한다. 전시부스에서 상담요원들이 그 내방객에게 정보를 정확하게 전달하였다면, 그는 회사에 대해 좋은 이미지를 갖게 되며 사후관리를 할 때 그를 접촉하게 되면 자연스럽게 상담을 지속적으로 진행시켜 나갈 수 있을 것이다.

셋째, 그들은 이미 경쟁업체에 관한 정보를 알고 있다는 사실이다. 전시회는 하나의 전시장에서 One-Stop 쇼핑이 이루어지는 최적의 마케팅 수단이기 때문에 잘 준비된 내방객에게는 전시회가 신제품을 발굴하고 필요한 정보를 수집할 수 있는 가장 효과적인 방법이 될 것이다. 이러한 상황에서 일단 부스 내방객이 회사에 대해 관심을 보였다면, 그는 이미 경쟁업체의 제품정보를 알고 있기 때문에 자신의 제품이 그들에 비해 무엇인가 유리한 측면이 있다고 판단하여 접근해 왔다고 보면 된다.

넷째, 그들은 구매준비가 되어 있다는 점이다. 참관객들은 일반적으로 나름대로 특정한 목적을 갖고 전시회에 참가한다. 그들은 여러 가지 해결방안을 모색하여 상호 비교한 후 구매결정을 한다. 전시관련 연구에 의하면, 이들 내방객의 57%는 전시회에 참가한 후 12개월 이내에 구매결정을 하는 것으로 나타났다. 따라서 내방객을 시의 적절하게 사후관리하기 위해서는 전시회가 열리기에 앞서 체계적인 사후관리 프로그램을 마련하여 시행하여야 한다.

▶부스 내방객과의 상담이 거래성사로 이어지지 못하는 이유는 무엇인가?

전시회에서 접촉한 고객의 80% 정도는 적절하게 관리되지 않는다는 연구결과가 있다. 유망 바이어의 43%는 다른 회사 제품을 이미 구매하기로 결정한 이후에 방문했던 전시 참가업체로부터 자료를 받았지만, 18%는 아예 자료조차 받지 못한 것으로 나타났다.

고객의 질적 수준(lead quality)은 사후관리계획을 이행하는 데 있어 가장 큰 장애물로 작용한다. 전시 참가업체들은 전시회에서 접촉한 많은 고객의 명함을 갖고 사무실로 돌아오지만 책상 서랍에 보관하여 정보를 사장시켜 버리는 경우가 종종 발생한다. 그러나 명함은 성명, 직위, 주소 등 기초정보를 제공해 줄 뿐이므로 전시부스에서 나누었던 상담내용을 사후관리하기 위한 작업에 곧바로 착수하는 것이 좋다.

그리고 전시부스 상담요원들의 공통적인 불만사항은 전시회가 끝난 이후에 사무실로 돌아오면 그동안 밀린 일이 많아서 부스에서 만난 유망고객이 중요하다는 사실을 알면서도 우선 급한 일부터 처리하고 유망고객의 사후관리업무는 뒤로 미루는 경우가 많다. 그러나 사후관리를 처음부터 너무 거창하게 할 필요는 없으며 최소한의 비용과 시간을 투자하면 된다.

일단 전시회가 끝나면 회사의 전시부스를 내방한 고객들은 그들의 관심사항에 대한 해결방안을 찾았다는 기대감을 갖고 회사로 돌아간다. 그러나 이러한 기대감은 오래 지속되지 않을 것이다. 만일 오래 지속되었다면 그들은 회사에 주문을 해오겠지만, 어떤 경우에는 회사에 관한 연락정보를 잊어버렸기 때문에 그렇지 않을 수도 있다. 그렇게 되면 기회는 경쟁업체로 돌아가게 되기 때문에 부스 내방객으로 하여금 회사를 잊지 않도록 신속하게 접촉할 필요가 있다. 우선 전시회에서 만난 고객을 “당장 구매의사가 있는 고객(immediate needs)”, “장기적으로 구매가능성이 있는 고객(long-term potential)”, “구매가능성이 없는 고객”으로 분류하여 체계적으로 관리할 필요가 있다.

Focus 해외전시회 사후관리 성공의 관건은 스피드이다!

전시회 사후관리에서 가장 중요한 요소는 전시부스에서 만난 유망 고객을 얼마나 신속하게 접촉하여 추가적인 협의를 이끌어내느냐에 달려 있다. 그는 회사의 해결방안을 모색하기 위하여 회사의 전시부스를 방문하였고 상담 결과에 대한 신속한 답변을 기다리고 있다. 그런데 전시회가 끝난 후 그에게 곧바로 연락하지 않는다면, 그는 이미 다른 업체로 눈을 돌리게 될 것이다. 사후관리는 24시간 이내에 이루어지는 것이 가장 이상적이지만, 그 내방객이 며칠 동안 전시회장에 머물 계획이라면 처음 접촉이 이루어진 후 1주일 내에 연락해도 무방할 것이다. 그러나 1개월이 경과한 후에 부스 내방객을 접촉하는 것은 무의미하다.

3. 주요 사후관리 내용

전시회 후에는 빠른 응대와 다양하고 적극적인 방법으로 전시부스에서 발굴한 바이어를 지속적이고 체계적으로 관리해 나가야 한다. 전시회 참가 자체가 성공을 보장해주는 것이 아니라 사후관리를 얼마나 잘 했느냐가 성공을 보장한다. 따라서 부스 방문 바이어에 대한 감사서한 발송, 추후 전시회 및 행사안내, 주요 바이어 국내초청 등 적극적인 사후 관리 활동이 필수적이다.

(1) 인콰이어리(Follow-up)

▶부스 내방객의 인콰이어리에 대한 신속한 회신이 거래성사의 관건

회사 상황에 맞게 인콰이어리 사후관리계획을 수립 · 시행하여야 한다. 매일 마감시간과 전시회가 종료될 때 전시부스를 내방한 고객과의 상담을 통해 이루어진 모든 인콰이어리와 명함을 집계해서 사후관리 책임자에게 송부하여 신속하게 처리하도록 조치한다. 인콰이어리를 신속하게 처리하기 위해서는 전시회에 파견되지 않은 직원 중에서 적임자를 선정하여 사후관리 업무를 담당하도록 사전에 조치해야 한다. 사후관리 담당자는 서면으로 인콰이어리 결과를 응답하도록 하고, 각 인콰이어리로 발생하는 판매결과를 기록하게 한다. 전시부스에서 상담요원이 받은 인콰이어리를 요원별로 관리하여 실적이 우수한 요원들을 다음 전시회에 보낼 수 있는 근거자료로 활용하면 바람직할 것이다.

다음으로는 인콰이어리 고객을 회사의 메일링 리스트에 추가하고, 아울러 전시부스에서 회사의 제품에 관심을 보였던 고객들을 계속적으로 접촉해야 한다. 그리고 인콰이어리 고객들을 회사가 참가하는 다음 전시회에 초청하고 무료입장권을 보내 주면 좋을 것이다.

(2) 유망고객 관리

전시관련 연구에 의하면, 전시부스에서 인콰이어리를 제시한 내방객은 전시회가 끝난 후 2주 이내에 그 인콰이어리를 처리해 줄 때 매우 호의적인 반응을 보인 것으로 나타났다. 따라서 전시부스에서 고객으로부터 판매문의, 인콰이어리, 기타 정보요청 등을 받았을 때에는 이를 신속하게 처리해 주는 것이 무엇보다 중요하다.

전시회가 진행되는 동안에 사후관리 정보를 보내주면 더욱 효과가 높아질 것이다. 즉, 고객이 요청한 정보를 가능한 한 신속하게 보내게 되면 그 고객은 회사의 제품을 기억하고 빨리 응답해 올 가능성이 그만큼 높아지게 된다. 전시회가 종료된 후 전시부스요원들을 전시회가 개최된 도시에 2~3일간 더 체류하게 하여 그 지역 고객들을 사후관리하게 하면 더 좋은 성과를 거둘 수 있을 것이다. 이 경우에는 전시부스를 내방한 내방객 중 가장 유망하다고 생각되는 고객을 최우선적으로 접촉하는 것이 중요하다.

(3) 감사메일 발송

전시부스를 방문한 모든 고객에게 감사편지를 보내고 회사를 방문하도록 초청할 필요가 있다. 그들에게 회사의 제품특성과 혜택, 그리고 경쟁우위를 다시 한 번 상기시키되 제품의 주요 장점을 강조할 필요가 있다. 감사서한과 함께 반송용 봉투, 이메일, 전화번호, 팩스번호, 주소 등을 동봉하여 고객이 회사에 아무 때나 답장을 보내

올 수 있도록 조치해야 한다.

전시부스 방문고객의 접촉은 우편, 이메일, 팩스 등 다양한 방법으로 할 수 있으나 고객마다 선호도가 다르므로 사전에 어떤 방법으로 정보를 받기 원하는지를 문의하는 것도 좋은 방법이다. 그리고 전시부스를 방문한 고객을 지속적으로 접촉하는 것이 무엇보다 중요하다. 신제품 발표 등 공지사항, 뉴스레터, 마케팅 이벤트 초대 등을 접촉 수단으로 사용하면 유용하다.

〈 감사메일 작성 사례 〉

Situation 1 : 낮은 구매의사를 가진 부스 내방객에게 보내는 서한

Dear Visitor :

Thanks for dropping into our booth at the XYZ show. I am glad that you had a chance to see our complete line of products and were able to learn about the various solutions we have for process engineers.

I invite you to periodically visit our website to see what we are up to and what has changed. If your situation changes and you have a need for our solution, please call.

Situation 2 : 전시부스 내방객 정보가 해당 부서에 이첩되었을 때 보내는 서한

Dear Visitor :

Thank you for visiting us at the XYZ show. I have passed along your information to your area representative, John Doe, along with the comments you made. He has promised to be in touch with you within seven days. If you need him before that time, please call John at 1-800-555-1212, or me at the number at the bottom of this letter.

We are looking forward to doing business with you in the future.

Thanks again.

Situation 3 : 거래제의를 준비할 때 보내는 서한

Dear Visitor :

Thanks for visiting us at the XYZ show. Your request is being processed by our quotation department. Because of the tremendous interest we received at the show, they have promised me that your information will be available within fourteen days. If you need the information sooner, please give me a call.

We look forward to solving your concerns in the near future.

〈표 14-1〉 해외전시회 참가 성공기업의 사후관리 내용별 중요성 인지도 (단위 : %)

구 분	매우 그렇다	대체로 그렇다	보통이다	대체로 아니다
바이어 인콰이어리에 대한 응대	62.7	31.5	5.1	0.7
발굴 바이어 데이터 관리	41.7	42.9	13.5	1.9
감사서한 발송	45.2	39.6	12.4	2.8
추후 전시회 및 행사공지	29.1	36.4	24.9	8.6
주요 바이어 국내 초청	14.5	22.1	38.5	20.5

자료 : 한국무역협회 업체 실태조사(2007.7)

(4) 해외전시회 결과보고서 작성

전시회 출장을 마치고 귀국하면 곧바로 출장 결과보고서를 작성한다. 특별히 정해진 양식은 없지만 참가기업의 특성에 맞게 작성하여 다음번 재참가 시 참고자료로 활용한다.

〈해외전시회 출장결과보고서 양식 예시〉

출장결과 보고서			
전시회명		기간 및 장소	
출장자			
성명(직명)		부서	
출장 내역			
출장기간			
항공편			
체류호텔명			
참가 내역			
참가규모			
부스형태			
주요 전시품			
전시품 운송회사명			
예산 내역(목표 대비 실질행액 기준)			
부스 임차료		광고선전비	
장치비		통신비	
비품 임차료		도서인쇄비	
Utility 이용료		해외활동비	
전시품 운송비		국외여비	
지급 수수료(통역/안내원 채용)		총예산	
주요 상담내역			
①	주요 바이어와의 상담내역을 요약 기술		
②			
전시회 기간 중 수집한 주요 정보			
향후 추진 계획(사후 관리)			
성공사례 및 요인			
이번 전시회에서 미흡했던 사항			
향후 개선 방안			
건의 사항			
총평			

자료 : KOTRA

4. 해외전시회 사후관리 절차

전시회가 종료된 후 사무실로 돌아오면 모든 것이 끝나는 것이 아니다. 전시회가 끝나고 나서 바이어가 먼저 연락해 오기를 기다려서는 안 된다. 즉, 전시회에 참가하여 유망고객에 관한 정보를 수집하고 현장 상담하는 것도 중요하지만, 그보다는 전시회에서 접촉한 유망 잠재고객을 신속하게 사후관리 하는 것이 더욱 중요하다. 그들을 너무 늦게 접촉하면 회사와 제품에 대해 잊어버리기 쉽고, 다른 경쟁업체에 이미 주문할 수도 있기 때문이다. 그들에게 간단한 이메일을 보내거나 전화를 함으로써 경쟁업체보다 한발 앞서 적절한 조치를 취하는 것이 무엇보다 중요하다.

사후관리는 전시회에서 돌아오는 대로 수집한 각종 자료와 연락처를 컴퓨터에 정리하는 것에서부터 시작된다. 자료를 정리하는 것도 중요하지만 전시부스를 방문한 유망고객과 신속하게 접촉할 필요가 있다. 전시회 기간 중 부스를 방문했던 유망 잠재고객과 약속했던 사항(전화, 카탈로그/우편 송부 등)을 신속하게 이행해야 한다. 그들에게 연락을 빨리 할수록 전시회의 투자성과가 그만큼 높아지게 될 것이다.

전시부스에서 추후 처리해 주기로 고객과 약속한 샘플 발송, 스펙 변경, 가격 Nego 등 조치한 내용을 통보해 주고, 주문한 내용에 대해서는 견적송장(proforma invoice)이나 물품매도확약서(Offer Sheet)를 보내준다. 그리고 가격과 거래조건 등에 대하여 추가적인 네고가 필요한 경우에는 협상을 계속 진행한다.

전시회 사후관리 절차는 아래와 같다.

- 우선적으로 전시회에서 수집한 자료를 정리한다.
- 부스를 방문한 유망 잠재고객과 주요 내방객을 신속하게 접촉한다.
- 전시회 사후 프로모션(post-show promotion)을 실시한다.

1) 수집자료 정리

전시회 수집 자료를 정리하기 위하여 첫 번째 해야 할 일은 전시부스를 내방한 내방객 중 접촉대상 고객의 우선순위를 결정하기 위해 고객을 서열화하는 것이다.

전시관련 연구결과에 의하면, 전시 참가업체들은 부스를 방문한 유망 잠재고객의

80%를 전시회 이후에도 접촉하지 않는 것으로 나타났다. 전시회를 마치고 사무실로 돌아오는 대로 소중한 정보를 사장시키지 말고 수집한 유망 잠재고객 정보를 기존에 관리하고 있는 고객명단에 포함시켜 관리할 필요가 있다. 이를 위해 고객관계관리(CRM) 프로그램을 활용하는 것도 바람직하다. 이러한 방식으로 고객을 관리하게 되면 전화를 할 때 해당 고객 정보를 컴퓨터에서 즉시 파악할 수 있으며, 그 고객과의 접촉 상황을 체계적으로 관리할 수 있다.

이외에도 칼라파일 폴더를 사용할 수 있는데, 이 경우 우선 접촉대상은 빨간색으로, 중간 순위의 접촉대상은 노란색으로, 그리고 낮은 순위의 접촉대상은 녹색으로 구분하여 관리할 수 있다.

회사의 자체 기준에 따라 내방 바이어들을 성격별로 분류하여 상담업체를 체계적으로 관리해야 한다. 예를 들어, 바이어의 비중에 따라 등급을 "A(즉시 거래가 가능한 중요한 업체)", "B(향후 거래가능성이 높은 유망 업체)", "C(지속적인 사후관리가 필요한 업체)", "D(추가적인 사후관리가 불필요한 업체)" 등 4등급으로 구분하여 관리하는 것도 바람직하다.

2) 사후관리의 단계별 이행

전시회가 종료되는 대로 현장에서 접촉했던 고객을 곧바로 사후 관리하는 단계로 진입해야 한다. 그들과의 1차 접촉은 전시부스에서 나누었던 상담내용을 잊어버리지 않도록 전시회가 종료된 시점부터 1일에서 1주일 사이에 시행해야 한다.

(1) 1차 접촉

유망고객을 접촉하는 가장 신속하고도 간편한 방법은 이메일을 보내는 것이다. 이메일 내용은 너무 길거나 복잡해서는 안 된다. 전시회 기간 중 회사 부스를 방문해 준데 대해 감사를 표하고 상대방이 회사를 기억할 수 있도록 하면 된다. 만일 전시부스 내 상담과정에서 어느 고객에게 추가적인 조치를 약속했다면 조만간 상세한 연락을 주겠다는 내용을 포함시키면 된다. 메시지의 내용은 가급적 개인적인 인상을 주도록 기술하고, 제목은 스팸 메일로 분류되지 않도록 너무 모호하게 작성해서는 안 된다.

〈 사후관리 이메일 작성예시 〉

From : YOUR NAME
To : CONTACT NAME
Subject : Thanks for visiting YOUR COMPANY's booth

Dear CONTACT NAME

Thank you so much for stopping by our booth at TRADE SHOW NAME in CITY NAME this weekend. It was a pleasure to see you and talk to you about YOUR PRODUCT/SERVICE NAME.

I hope you had a safe trip back to HOME TOWN.

For our discussion, I'll be sending you a copy of our catalog later this week. I'll give you a call next week to make sure it arrived and answer any questions you might have. In the meantime, you can contact me anytime at YOUR EMAIL ADDRESS or YOUR PHONE NUMBER.

Again, thanks very much and I look forward to speaking with you soon.

Sincerely,

YOUR NAME
YOUR CONTACT INFORMATION

강력한 구매의사를 갖고 있는 유망 잠재고객에 대해서는 안부 인사를 생략하고 곧바로 카탈로그나 샘플을 보내는 등 사후관리에 들어가면 된다. 전자 카탈로그를 보낼 경우에는 이메일에 첨부하면 되고, 우편으로 보낼 때에는 실제 카탈로그를 동봉하면 된다.

한편, 전시부스에서 사후조치에 대해 구체적으로 협의하지 않은 경우에는 다음과 같은 문장으로 이메일을 보내면 될 것이다.

From : YOUR NAME
To : CONTACT NAME
Subject : Thanks for visiting YOUR COMPANY's booth

Dear CONTACT NAME

Thank you so much for stopping by our booth at TRADE SHOW NAME in CITY NAME this weekend. It was a pleasure to see you and talk to you about YOUR PRODUCT/SERVICE NAME.
I hope you had a safe trip back to HOME TOWN.

Please contact me if you have questions about our company or our product. You can reach me anytime at YOUR EMAIL ADDRESS or YOUR PHONE NUMBER.

Sincerely,

YOUR NAME
YOUR CONTACT INFORMATION

(2) 2차 접촉

전시부스 내방객 중 당장 구매의사가 없는 고객의 경우에는 추가적으로 구체적인 조치를 취할 필요가 없으며, 다만 이들의 이름을 메일링 리스트에 포함시켜 향후 참고자료로 활용하면 된다.

그러나 전시회가 끝난 이후에도 지속적으로 구체적인 협의를 하기로 약속한 유망고객에 대해서는 그들과 합의한 사항을 즉각적으로 이행해야 한다. 만일 카탈로그나 제품 샘플을 보내기로 했다면 전시회에서 돌아오는 대로 1주일 이내에 보내야 한다.

① 이메일 및 서한

2차 접촉대상 내방객에게 보낼 이메일이나 편지의 내용은 가급적 짧아야 하고 비공식적이어야 한다. 그리고 이들에게 보내는 모든 사후관리 메시지에는 전시회에 출품한 제품과 관련된 간단한 정보를 언제라도 추가하면 된다.

From : YOUR NAME
To : CONTACT NAME
Subject : More information on YOUR COMPANY

Dear CONTACT NAME

I hope things are settling down for you now that TRADE SHOW NAME is over.

Per your request, I've attached a copy of our latest catalog. I look forward to discussing our products with you after you've had a chance to look through it.

I'll give you a call next week to make sure everything arrived and to answer any question you might have. Please let me know if there's a specific time that works well for you. You can contact me anytime at YOUR EMAIL ADDRESS or YOUR PHONE NUMBER.

Sincerely,

YOUR NAME
YOUR CONTACT INFORMATION

② 전화

이메일이나 서한이 부스 방문고객을 접촉하는 유용한 수단이 되지만, 반드시 전화를 해야 할 경우도 있다. 전화는 전시회가 종료된 후 일주일 내에 다음과 같은 내용으로 하면 될 것이다.

Hi, Mr. Johnson. This is Hong Gil Dong from ABC Trading Company. We spoke the other day at TRADE SHOW NAME, and I'm calling to follow up on our conversation. If you recall, we discussed (INSERT REFERENCE TO TOPICS COVERED IN YOUR TRADE SHOW CONVERSATION, such as "we discussed your search for a new solution for your needs and that you wanted more detail on our products?).

What are some of the questions I can answer for you about YOUR PRODUCT?

What else do you need? [Offer to send product samples or a catalog, or to take an order if they're ready. If you promise to send something, do it same day. Then call again a few days later to follow-up.]

Thanks so much for your time. Let me make sure you have my contact information.

Please don' t hesitate to call or email if you have any questions.
Thanks again and I'll follow up next week.

I look forward to working with you.

그러나 이미 유망고객에게 샘플이나 기타 자료를 보냈을 경우에는 그들이 받았을 것으로 추정되는 날로부터 수일 내에 사후관리 전화를 하면 된다. 보통 이메일을 보냈을 경우에는 2~3일 내에, 그리고 우편으로 보냈을 경우에는 1주일 내에 다음과 같은 내용으로 전화를 하면 된다.

Hi, Mr. Johnson. This is Hong Gil Dong from ABC Trading Company. We met the other day at TRADE SHOW NAME, and I'm calling to make sure you received the catalog I sent.

Do you have any questions I can answer about YOUR PRODUCT?
Is there anything else you need? [Offer to take an order if your customer is ready. If they're not, find out why and address the issue if possible. If you can't take an order--they don't have the budget right now, they need to check with someone else--schedule a follow-up call or an in-person appointment for a conversation time.]

Thanks so much for your time. Let me make sure you have my contact information.

Please don' t hesitate to call or email if you have any questions. Thanks again and I look forward to working with you.

③ 미팅

전화상으로만 부스 방문고객을 접촉하는 것은 한계가 있다. 일반적으로 관계를 구축하고 유지하는 데 "직접 대면(face to face)"보다 더 좋은 방법은 없다. 접촉하고 있는 유망고객이 대형 오더를 발주할 가능성이 크다면 가급적 신속하게 비즈니스 미팅 약속을 추진할 필요가 있다. 이러한 상황에서는 아래와 같은 내용으로 대화를 전개하면 된다.

Thanks so much for taking time to meet with me today. I know you' re busy, so we can get right to the point. Are there any questions I can answer about YOUR PRODUCT.

Okay, I think there' s everything! [Suggest the next step--offer to take an order if they' re ready. If they' re not, find out why and address the issue if possible. If you can' t take an order--they don' t have the budget right now, they need to check with someone else---schedule a follow up call or another appointment.]

미팅을 마치고 난 후에는 상대방에게 감사하다는 말을 전하고 추가적인 제품정보와 명함을 건네주면 된다.

5. 해외전시회 사후마케팅 실행

전시회 전문가들은 전시회가 종료된 이후에도 간단한 선물(경품)을 유망고객에게 보낼 필요가 있다고 강조한다. 왜냐하면, 상대방이 유용하게 사용할 수 있는 팬시 펜 등 간단한 선물을 보내게 되면 유망고객에게 경쟁업체와는 차별적인 인상을 주기 때문이다. 이러한 상황에서는 사후관리 차원에서 상대방에게 전화를 걸 때 자연스런 분위기를 연출할 수 있는데, 이때에는 반드시 선물을 받았는지 여부를 확인해야 한다. 그러나 상대방에게 선물을 보낼 때에는 문화권별로 선물에 대한 선호도가 다르고 어떤 경우에는 선물에 대한 금기사항이 있으므로 사전에 다음과 같은 사항을 고려할 필요가 있다.

〈표 14-2〉 선물 품목선정 시 고려사항

선물로 적합한 품목	금해야 할 품목
• 펜과 연필세트 • 양질의 문방구류 • 수첩, 달력 • 클래식, 재즈, 민속음악 테잎, CD • 조각이 새겨진 열쇠고리 • 고급커피, 차, 치즈, 과일바구니 • 스포츠용품 • 샴페인, 와인, 그 밖의 술	• 지나치게 값비싼 물건은 신중을 기해야 함. • 부피가 크거나 깨지기 쉬운 것 • 질이 낮은 선물 • 외설적이거나 개인적인 선물 • 술(금주자), 담배(금연자) • (애완)동물 • 향수나 남성용 코롱 • 자사 로고가 찍힌 선물(광고인상) • 지갑이나 핸드백을 제외한 의류는 선물로 부적합

Focus 선물관련 주요 국가별 금기품목은?

- 미국 : 백합(부활절 제외)은 죽음을 의미한다.
- 독일 : 선물을 포장할 때 흰색, 검정색, 갈색의 포장지와 리본을 사용하지 않으며 빨간 장미는 연인 사이에만 선물하며, 꽃은 포장하지 않고 준다.
- 프랑스 : 빨간 장미는 연인 사이에만 교환한다. 향수는 금물이다.
- 중국 : 시계는 장송(葬送)을 의미한다.
- 일본 : 흰색, 밝은 색 포장지와 흰 꽃. '4'와 관련된 모든 선물

- 멕시코, 브라질 : 자주색, 보라색의 꽃은 죽음을 의미한다.
- 라틴아메리카 : 칼은 인간관계의 단절을 의미한다.
- 중동 : 손수건은 눈물과 이별을 의미한다. 여성 누드화 또는 애완동물은 격이 낮은 선물로 취급된다.

이외에도 전시회가 끝난 이후 사후관리 차원에서 프로모션 하는 방법은 다음과 같다.

• 회사 웹사이트를 업데이트하라.

전시회가 끝나면 전시회에 출품했던 제품이나 서비스, 그리고 전시회 활동상황에 관한 정보를 웹사이트에 게시할 필요가 있다. 여기에는 회사와 관련한 언론 홍보자료나 사진을 첨부하면 더 효과가 있을 것이다. 그리고 전시부스를 내방한 유망고객에게 사후관리 차원에서 이메일이나 서한을 보낼 때 회사 웹사이트의 전시회 관련 메뉴로 자동 링크되도록 조치할 필요가 있다.

• 전시부스에서 만나지 못했던 고객을 접촉하라.

전시회에서 직접 접촉하지 않았던 참가업체나 참관객 리스트를 전시 주최자를 통해 입수하여 이들에게 이메일을 보낼 필요가 있다. 회사가 전시회에서 특별 프로모션 행사를 했다면 이러한 혜택을 그들에게도 부여하는 것이 바람직할 것이다. 전시 참관객들의 기억에서 사라지기 전에 전시회 종료 1주일 내에 이러한 정보를 제공하는 것이 좋다.

• 일반적인 회사홍보 자료를 보내라.

전시회에서 입수한 참관객들에게 업데이트된 자료나 전시회 관련내용이 포함된 뉴스레터를 보내서 당신 회사의 제품에 관심을 갖도록 하거나 다음 기회에 전시회에 참가하도록 유도할 필요가 있다.

〈표 14-3〉 해외전시회 사후관리 로드맵

사후관리 순서	방 법	목 표	시행일자	책임부서	조치여부
1. 전시회 종료 직후 (Post Show)	서한	유망 고객에게 감사 및 다음단계 조치정보를 담은 서한 발송	전시회 종료 후 7일내	영업부서 관리자	조치 완료
2. 영업부서 접촉 (Sales contact)	전화	미팅 약속 및 바이어의 구매사이클 정보 수집	전시회 종료 후 14일내	영업부서	핵심 의사결정권자와 9월 23일 미팅약속
3. 미팅약속 (Meeting)	개별 방문	바이어와 상세협의	9월 23일	영업부서	플랜트 엔지니어와 차기미팅 약속
4. 엔지니어와의 미팅	개별 방문	바이어와 기술적 사항 협의	9월 30일	플랜트 엔지니어와 세일즈맨 공동	바이어에 관한 세부정보 수집 완료
5. 거래 제의 (Present proposal)	개별 방문		10월 31일	영업부서 및 기술부서 지원	
6. 주문요청 (Review proposal and ask for order)	개별 방문	바이어의 구매약속을 받아냄	11월 15일	영업부서	

15

Trade Show Marketing Practices

해외전시회 성과분석

1. 해외전시회 성과분석의 필요성

▶전시회 성과 측정은 다양한 요소 고려 필요

해외전시회에 참가하기 위해서는 많은 시간과 노력, 그리고 예산이 필요하다. 전시회에 참가하여 어떤 성과를 거두었는지를 파악하기 위해서는 체계적인 전시회 사후평가(post-show evaluation) 작업이 필요하다. 그러나 현실적으로 대부분의 기업은 많은 예산과 시간을 투자하여 전시회에 참가하고도 전시회가 끝난 이후 성과나 문제점에 대한 분석을 소홀히 하여 실질적인 효과를 거두지 못하는 경우도 있다.

이처럼 전시회 참가 성과분석이 보편화되지 못하는 가장 큰 이유는 전시회 성과 측정방법이 체계화되어 있지 않기 때문이다. 어떤 기업은 전시회에 참가하여 별다른 성과를 거두지 못했다고 해서 담당자를 문책하기도 하는데, 이보다는 기업의 입장에서 왜 성과가 나오지 못하는지 그 문제점을 차분하게 분석하는 노력이 선행되어야 할 것이다.

그리고 전시회 참가 성과는 부스 안에서 이루어진 구체적인 비즈니스 상담 실적만으로 평가해서는 안 되며, 기업과 제품의 이미지 홍보효과 등 비판매 효과도 동시에 고려되어야 한다. 전시회 참가 성과를 분석하지 않게 되면 전시회의 성과를 알 수 없고 향후 참가 여부를 결정하는 데 객관적인 기준을 적용할 수 없게 된다. 전시회에 대한 종합적인 성과분석 결과는 전시회 참가 성과를 객관적으로 판단할 수 있는 지표가 되고, 추후 전시회 참가 여부를 결정할 때 중요한 근거자료로 활용된다.

한편, 전시회 참가 성과를 평가하기 위한 가장 효과적인 방법은 아래와 같은 3가지 항목을 세밀하게 분석하는 것이다. 이들 각각의 강점과 약점을 평가하게 되면 보완해야 할 사항이 무엇인지를 파악할 수 있게 된다.

- 참관객의 질적 수준(quality of attendees)
- 전시부스(booth)
- 전시회 참가 목적(goals)

그리고 〈표 15-1〉과 같이 전시회 참가 성과분석 4P요소(Plan, Promotion, People, Productivity)가 달성되었는지를 분야별로 세밀하게 검토할 필요가 있다.

〈표 15-1〉 해외전시회 성과분석 시 고려사항

구분	고려사항
계획 수립 (Planning)	• 회사의 전체 마케팅 전략과 부합되는 무역전시마케팅 전략은 수립하였는가? • 회사가 참가하는 전시회에 대해 현실적이고 측정 가능한 목표는 수립하였는가? • 회사가 공략하고자 하는 목표시장(target market)은 파악하고 있는가? • 현실적인 상황을 반영한 전시회 참가예산을 수립하였는가? • 회사의 전시부스는 명확하고 간결한 메시지를 참관객들에게 보여줄 수 있도록 디스플레이 되었는가?
프로모션 (Promotion)	• 경쟁업체와 차별화할 수 있는 방법을 알고 있었는가? • 회사의 마케팅 메시지는 내방객의 마음속에 반드시 당신 회사를 찾아야 하는 전시부스로 비추어졌는가? • 전시장에서 가능한 모든 프로모션 기회를 활용하였는가? • 부스 내방객들의 기억 속에 남을 수 있는 경품을 제공하였는가? • 회사의 전시부스에 대한 미디어의 관심을 유발시키는 방법을 알고 참가하였는가?
인력관리 (People)	• 제대로 훈련받은 요원을 파견하였는지, 그리고 그들은 부스에서 무엇을 해야 할 것인지 알고 전시회에 참가했는가? • 부스요원은 부스 내방객 중에서 유망고객을 선별해 내는 등 고객을 등급화 하는 기법을 알고 있었는가? • 부스요원은 부스 내방객 중에서 유망고객을 발굴하는 데 필요한 질문사항을 알고 있었는가? • 부스요원은 내방객이 전시부스를 떠나기 전에 추후 약속을 이끌어내는 기법을 알고 있었는가? • 부스요원은 일반 내방객이나 경쟁업체에서 온 내방객을 구별할 수 있는 노하우를 갖고 있었는가?
생산성 (Productivity)	• 부스 내 생산성 제고를 위해 회의는 생산적이고 간략하게 가졌는가? • 전시회 참가에 따른 투자 수익률에 만족하는가? • 사후관리는 제대로 실시하였는가?

Focus 해외전시회 주요 성과분석 내용

- 전시장에서 바이어들이 관심을 보인 제품과 그 이유
- 자사 제품에 대한 바이어들의 평가
- 부스를 방문한 바이어들의 성격상 분류
- 전년 대비 이번 전시회의 전체적인 개최 규모 및 내방 바이어 숫자
- 일자별, 시간대별 부스를 방문한 바이어 숫자 분석
- 전시장에 나온 신제품들의 특성, 디자인, 소재, 주요 성능
- 전년 대비 시장의 변화와 그 요인
- 전체적인 상품 트렌드 및 향후 시장 전망
- 틈새시장 발굴 여부 및 공략방안
- 새롭게 부상하는 국가와 시장을 잃어가고 있는 국가 및 그 요인
- 준비해 간 상담 자료는 충분했는지 여부
- 출품 전시품은 적정하게 선정했는지 여부
- 부스 위치는 적정했는지 여부
- 전시장 부스 디자인, 소재, 전시대 등 집기와 조명 상태
- 주요 참가업체들의 전시 기법
- 주요 경쟁업체들의 참가 유무 및 참가규모
- 사전 마케팅 활동의 효과성 여부
- 사전 약속한 바이어들의 실제 방문 여부
- 당초 목표 대비 실적(바이어수, 상담의 질, 성약 및 계약, 정보 수집 건수 등)
- 전년도 참가 성과와의 비교 분석
- 유사 타 전시회 참가 성과와 비교 분석
- 신제품 소개 성과
- 기업 브랜드 이미지 제고 여부
- 경쟁기업들의 성과 및 의견
- 참가규모 및 파견인원의 적정성 여부
- 전시회 참가 준비 기간의 충분성 여부
- 전시주최자, 장치업체, 운송회사, 여행사 등의 서비스 여부
- 예산 대비 실제 집행액 간의 차이

자료 : KOTRA

Focus 해외전시회 참가 후 성과 부진 요인 고려사항

- 전시회 선정 오류 가능성(시기, 지역, 품목, 성격, 인근지역에서 경쟁 유사 전시회 개최, 주최자 능력 등)
- 전시회는 잘 선정되었지만 출품 전시품 선정의 오류 가능성
  - 해당 전시회 주종 전시품과 거리가 있는 제품
  - 해당 지역에서 별다른 수요가 없는 제품
  - 현지 종교, 문화, 기후 등의 요인으로 인해 전통적으로 사용하지 않는 제품
  - 너무 오래된 모델(유행, 신제품 출시 등으로 판매 격감 제품)
  - 디자인, 소재가 현지 실정에 안 맞는 제품
  - 인증, 수입허가 등 현지 수입요건을 못 맞춘 제품
  - 현지 소비자가 구입하기에는 너무 비싼 제품
  - 경쟁사에 비해 경쟁력이 떨어지는 제품
- 미흡한 사전 준비
- 정보 부족
- 예산 제약
- 주변국들 정세 및 경제 불안으로 바이어 격감
- 부스 위치가 나빠 바이어 접근성에서 불이익
- 파견 부스요원의 자질 부족(외국어 구사력, 상담능력, 상품지식, 매너, 책임감 등)
- 자사보다 경쟁력이 훨씬 앞선 경쟁국, 경쟁사들 대거 참가
- 너무 작은 규모로 참가(부스 면적 제약으로 충분하게 상품 전시 불가)
- 파견인력 부족
- 부적격한 통역 채용
- 빈약하고 너무 평범한 부스 디스플레이로 바이어들의 시선을 끌지 못함
- 전시장 내 전력, 인터넷 등 유틸리티 서비스 부실로 제품시연 또는 프리젠테이션 어려움
- 자사 제품 경쟁력에 비해 너무 경직적인 비즈니스 전략(과다한 최소 주문량, 샘플 미제공, 경직적인 가격 제시 등)
- 돌발변수로 전시품 도착 지연, 통관지연 및 불허, 전시품 도난 및 망실 등
- 단체 참가의 경우 파견기관의 준비 소홀 및 업무 미숙

자료 : KOTRA

2. 해외전시회 종합평가

아무리 유명한 전시회라 하더라도 회사의 제품이나 서비스와 부합되지 않는 경우가 있다. 회사의 특성에 부합하는 전시회에 참가하기 위해서는 일종의 시행착오가 필요하다. 전시회 성과를 파악하기 위해서는 먼저 "부스 방문객은 회사가 정한 유망 잠재고객의 기준에 부합되는가"와 "그렇지 않다면 왜 그런가", "그렇다면 가능한 한 많은 방문객과 상담을 하였는가" 등을 반문해 보아야 한다. 아래와 같은 질문사항은 전시회 성과를 평가하는 데 매우 효과적인 방법이 될 것이다.

〈 해외전시회 성과 평가양식 〉

전시회명 :

1. 이번 전시회의 참가 목적은 무엇이며, 실제로 충족되었는가?
2. 전시회에서 상담했던 참관객 숫자는?
3. 참관객들이 회사의 부스를 방문한 이유는?
4. 이들 중 유망 고객(qualified leads)으로 분류된 방문객 숫자는?
5. 참관객의 전반적인 수준은 어느 정도이며, 이들 중 의사결정권자이거나 의사결정에 영향을 줄 수 있는 참관객의 숫자는?
6. 전시회 참가를 통해서 해당 업종과 관련하여 무엇을 알았는가?
7. 많은 방문객이 부스를 방문하도록 사전 마케팅플랜(Pre-Show Promotion Plan)을 이행하였는가? 그렇다면 성과가 있었는가?
8. 사전마케팅계획과 관련하여 다음 기회에 수정하고 싶은 사항은 무엇인가?
9. 전시회 기간 중 참가한 이벤트는 무엇이며, 그것은 유용하였는가?
10. 전시회에 앞서 기존 고객 또는 이미 알고 있는 사람들과 미팅 약속은 하였는가? 그렇다면 성과는 있었는가?
11. 전시 주최자는 참관객들이 회사의 부스를 방문하도록 하는 데 도움을 주었는가? 향후 전시 주최자와 어떻게 좋은 협력관계를 구축할 것인가?
12. 전반적으로 전시회에 대해 어떻게 생각하는가? 그것이 잘 진행되었다고 생각하는가? 왜 그런가?
13. 다음에도 이 전시회에 참가하겠는가? 왜 그런가?

Focus 전시회 참가 성과가 부진한 이유는?

전시회 참가 성과가 부진한 것은 여러 가지 이유가 있겠지만, 가장 중요한 이유는 다음과 같다.
첫째, 전시품이 경쟁업체에 비해 경쟁력이 없거나 부실한 경우이다. 아무리 유명 전시회라 하더라도 전시품의 내용이 빈약하면 성과를 거두기 힘들 것이다.
둘째, 전시회 성격에 부합되지 않는 전시품을 출품한 경우이다. 전시품이 경쟁력을 갖추고 있다 하더라도 해당 전시회에서 주로 거래되는 품목이 아니라면 상담이 이루어질 수 없을 것이다.
셋째, 거래가 잘 안 되는 전시회에 참가한 경우이다. 아무리 훌륭한 제품을 갖고 전시회에 참가하더라도 거래가 잘 이루어지지 않은 전시회라면 성과를 기대하기 힘들다.
넷째, 전시회 참가준비 또는 사후관리가 미흡한 경우이다. 전시품이 우수하고 유명 전시회라 하더라도 철저한 사전 준비나 적극적인 상담 활동이 없이는 좋은 성과를 기대하기 어렵다.
다섯째, 시장수요가 전체적으로 감소하는 경우이다. 해당산업의 경기가 좋지 않으면 그 여파가 전시회에도 미쳐 거래가 줄어들게 된다.

3. 해외전시회 성과 평가지표

▶전시회 성과 측정은 전시회 참가 목적에 따라 달라야

전시회 참가 성과를 어떻게 측정하고 분석할 것인가? 기업의 전시회 성과 측정 내용은 전시회 참가 목적에 따라 달라질 것이다. 기업의 전시회 참가 목적은 전시회 기간 중 거래실적을 올리는 것, 가급적 많은 바이어들을 만나 유망고객을 발굴하는 것, 기업 브랜드와 제품의 인지도를 높이는 것 등 세 가지로 요약할 수 있다. 따라서 전시회 참가 성과를 단순히 거래실적만을 대상으로 평가해서는 안 되며, 신규 유망 거래선 발굴이나 회사 브랜드 및 신제품 인지도 등의 모든 성과들이 포함되어야 할 것이다. 이러한 항목들은 기본적인 것들이며 기업 사정에 따라 분석대상 항목이 추가 내지 제외될 수 있다.

• **오더 수주실적 분석**

전년도와 비교하여 거래실적이나 수익이 어느 정도 증가했는지를 비교 분석한다.

• **신제품 소개 성과 분석**

부스 방문객이나 바이어들의 반응과 배포되었거나 요청받은 샘플 수, 제품설명회의 횟수와 반응 등을 전년도에 참가했던 전시회 또는 다른 참가 전시회와 비교 분석한다.

• **투입예산 대비 성사된 거래실적 분석**

이를 분석하여 기업의 마케팅 믹스전략 중 전시회 참가가 다른 방법에 비해 유리한지 여부를 분석해 보고 추후 전시회 참가 여부를 결정할 때 근거자료로 삼는다.

• **상담결과의 질적 내용 분석**

상담실적 대비 전시회 종료 후 거래로 연결된 실적 및 소요기간 등을 파악하여 다른 마케팅 방법이나 다른 전시회 참가 시와 비교 분석한다.

• **유망 거래처와의 상담추진 결과 분석**

부스에서 만난 유망 거래선 수와 상담내용, 그리고 전시회 종료 후 상담추진 실적이 어떤지를 다른 전시회에 참가했을 때와 비교 분석한다.

• **현장 판매실적 분석**

이를 과거 실적과 비교 분석한다.

• **신규 바이어나 에이전트 접촉 결과 분석**

이들을 접촉한 숫자와 상담내용을 파악하여 과거 해당 전시회의 실적이나 여타 전시회의 실적과 비교분석하면 어느 전시회가 신규 바이어 발굴에 유리한지를 알 수 있다.

• **기업이미지 브랜드 제고 기여도 분석**

전시회 참가 전후로 구분하여 참관객들의 인지도에 관한 설문조사를 하는 것이 가장 객관적인 방법이겠지만 현실적으로 불가능하다. 이보다는 총 참관객 중 자사 부스를 방문한 참관객 수는 얼마나 되는가와 이들의 반응을 부스상담요원을 통해 파악하는 것이 보다 현실적인 방법이다.

• **기타**

상기 외에도 전시품 선정의 적정성, 부스의 위치나 규모의 적정성, 홍보 활동의 효과성, 예산집행의 적정성 등을 분석한다.

4. 전시부스 평가

전시회가 끝난 이후 전시부스가 전시회 참가 목적을 달성하는 데 기여하였는지 여부를 아래와 같은 방식으로 평가해 볼 필요가 있다.

〈 전시부스 평가양식(Booth Evaluation) 〉

1. 전시부스는 쉽게 설치 및 철거되었는가? 그렇지 않다면 개선사항은 무엇인가?
2. 전시부스 위치의 장단점은 무엇인가? 다음 기회에는 어느 위치를 선호하는가?
3. 전시부스의 디자인과 그래픽은 경쟁업체나 기타 참가업체에 비해 독특하였는가? 그렇지 않다면 개선할 사항은 무엇인가?
4. 제품과 마케팅 자료를 전시하기에 충분한 공간이었는가? 그렇지 않다면 다음 기회에는 어느 정도의 부스공간을 확보하여야 하는가?
5. 전시 부스에 파견된 직원 수는 어떠하였는가? 너무 많았는가, 아니면 너무 적었는가? 다음 기회에는 몇 명이 적당하다고 생각하는가?
6. 부스 방문객에게 홍보용 경품은 제공하였는가? 유망 고객에게만 경품을 주었는가?
7. 부스 방문객이 유망 고객인지를 쉽게 파악할 수 있었는가? 그렇지 않다면 방문 고객등급화를 위한 질문사항을 어떻게 수정할 것인가?

8. 참관객들이 전시부스를 방문하는 데 별다른 장애물은 없었는가? 혹시 부스 입구에 방문객의 방문을 방해하는 것은 무엇이었는가?
9. 부스 파견 직원들은 방문객들을 따뜻하게 맞이하였는가? 그들은 복도를 오가는 사람들과 대화를 시도하였는가?
10. 참관객들은 회사의 부스를 어떻게 찾았는가? 사전 프로모션 플랜으로 인해 부스를 방문하게 되었는가? 방문객의 숫자를 늘리기 위해 해야 할 사항은 무엇인가?
11. 부스 서비스는 적절했는가? 다음 기회에 추가 내지 배제해야 할 서비스는 무엇인가?

5. 해외전시회 참가목표 달성도 평가

전시회 참가 목표가 명확할수록 목표 달성도 평가가 용이해진다. 전시 참가업체들의 대부분은 새로운 고객을 발굴하는 것을 최우선적인 목표로 하고 있다. 이외에도 기업은 아래와 같은 이유로 전시회에 참가한다.

- 동종업종의 관계자 접촉
- 기존 고객관계 강화
- 신제품 출시
- 회사 인지도 제고
- 자사 및 제품의 경쟁력 현황 파악
- 동종업종에 대한 정보수집

그러나 전시회의 성과를 계량화한다는 것은 매우 힘든 일이다. 전시회 기간 중에 몇 명의 방문객과 상담을 벌였는가가 중요한 것이 아니라 몇 명의 유망 잠재고객을 접촉했느냐가 더 중요하다. 예를 들어, 한 명의 유망 고객과의 상담이 100명의 일반 방문객보다 낫다고 할 수 있다. 왜냐하면, 이 잠재고객과 장기간의 거래관계를 구축할 수 있다면 충분히 전시회 참가경비를 회수하고도 남기 때문이다. 전시회 참가 목표 달성 여부를 평가하기 위해서는 다음의 사항을 참고해야 할 것이다.

〈 해외전시회 참가목표 달성도 평가 서식(Goal Assessment) 〉

1. 전시회 참가를 위한 1차적인 목표(primary goal)는 무엇인가?
2. 전시회 참가를 위한 2차적인 목표(secondary goal)는 무엇인가?
3. 전시회 참가 목표가 새로운 거래처(new leads)를 발굴하는 것이었다면, 목표로 설정한 거래처 발굴 숫자는? 이러한 목표는 달성하였는가?
4. 회사의 전시회 참가 목표가 주문을 받는 것이라면 목표로 설정한 주문 숫자는 어느 정도인가? 그리고 이를 달성하였는가?
5. 회사의 전시회 참가 목표가 현실적이었는가? 아니라면 다음 전시회에 참가할 때 현실적인 목표가 될 수 있도록 어떻게 목표를 수정할 것인가?
6. 회사는 전시회에서 현재 및 기존 고객을 접촉하였는가?
7. 참관객들은 전시회에서 회사의 제품이나 서비스에 관심을 가졌다고 생각하는가?
8. 회사는 전시회에서 새로운 비즈니스 기회 또는 전략적인 파트너십을 가능하게 할 업계의 중요한 관계자를 접촉하였는가?
9. 회사는 전시회를 통하여 회사와 브랜드 이미지를 제고했다고 보는가?
10. 전시회에서 경쟁업체에 관한 중요한 정보를 입수하였는가? 동종업계에서 이루어지고 있는 새로운 추세는 무엇인가?

6. 전시부스 만족도 평가

(1) 부스요원 만족도 조사

전시회가 종료된 후 2주 내에 전시회에 참가했던 부스요원들에 대해 아래와 같은 서식으로 만족도를 실시하여 전시부스 운영에 따른 문제점을 찾아내고 향후 개선방안을 모색할 필요가 있다.

〈 전시부스 파견요원 만족도 조사(Post-Show Evaluation Form) 〉

전시회명 :
일　　자 :

〈 파트 1 〉
아래의 5점 척도에서 귀하의 만족도를 표시하시오.(1은 전혀 그렇지 않다, 5는 매우 그렇다)

Ranking	1	2	3	4	5
사전 프로모션(Pre-Show Promotion)					
전시부스 위치(Location)					
전시시간(Show hours)					
전시부스 스케줄(Booth Scheduling)					
전시부스 크기(Booth Size)					
부스 디자인					
부스 그래픽					
전시 주최 측의 기술적 지원					
유망고객정보 수집(Lead collecting)					
전시부스 내 제품시연(Demo)					
전시품 구성(Product mix)					
방문객에 대한 특혜제도(Premiums)					
고객접대(Hospitality)					
부스요원의 업무전문성					
부스요원 운영계획(Staffing schedule)					
방문객의 수준					
경쟁업체의 전시수준					
전시 주최자의 서비스 내용					
전반적인 전시회 프로그램					

〈 파트 2 〉
사후 전시회 참가계획을 수립할 때 참고할 수 있도록 아래의 사항에 대한 의견을 피력해 주시오.

1. 당신은 앞으로도 이 전시회에 참가할 가치가 있다고 생각합니까?
   □ 예　　　□ 아니오
   1) 그렇다면 그 이유는?
   2) 어떤 사항을 개선할 필요가 있다고 생각합니까?
2. 당신은 앞으로 참가할 필요가 있다고 생각하는 전시회를 알고 있습니까?
   □ 예　　　□ 아니오
   * 그렇다면, 어디에서 열리는 전시회를 의미합니까?
3. 이외에도 이번 전시회를 평가하는 데 도움이 될 수 있는 추가적인 커멘트가 있으면 기재해 주시오.

(2) 부스 방문객 만족도 조사

전화, 팩스 또는 이메일을 통하여 다음과 같이 전시부스를 내방한 방문객들을 대상으로 만족도 조사를 할 수도 있다.

전시부스 방문객 만족도 조사(Follow-up Survey)

Show :
Date :

1. Do you recall visiting the ABC Company's booth at the Hardware Show? If yes, what were your impressions, if any?
   ☐ Yes ☐ No

Impressions :
(If they answer no, move to question 2 and then end the survey.
If they answer yes, move to question 3.)

2. Which exhibitors do you best recall? What do you recall about these exhibitors?

3. Were you familiar with the extent of the ABC Company's services prior to your visit?
   ☐ Yes ☐ No

4. On a scale of 1 to 10, with 10 being the highest, how important are th following services to you?

A. ABC's twenty four hour support service
Before the show 1 2 3 4 5 6 7 8 9 10
After the show 1 2 3 4 5 6 7 8 9 10

B. ABC's ability to be better able to provide customized solutions for you.
Before the show 1 2 3 4 5 6 7 8 9 10
After the show 1 2 3 4 5 6 7 8 9 10

C. ABC's in-house design capability.
Before the show 1 2 3 4 5 6 7 8 9 10
After the show 1 2 3 4 5 6 7 8 9 10

5. How has your perception of the ABC Company changed as a result of your visit to their booth?

7. 해외전시회 보완사항 분석

전시부스에서는 방문객과 직접 대면하여 상담을 하기 때문에 그들이 무엇을 질문했으며, 제품에 대한 반응은 어떠했는지를 알 수 있어 마케팅 자료를 보완하거나 판매 전략에 참고할 수 있을 것이다. 앞에서 살펴 본 전시부스 운영 및 전시 참가목표의 성과를 분석하여 추후 전시회에 참가할 때 무엇을 보완할 수 있을 것인가를 알 수 있다.

Focus 전시회 참가 보완사항

1. 전시회 선정기준과 선정과정에서 보완할 사항은 무엇인가?
2. 사전마케팅계획(pre-show promotion Plan)과 관련한 개선사항은?
3. 전시부스 외관(booth appearance)과 관련한 개선사항은?
4. 전시 파견 직원과 관련한 보완사항은?
5. 전시부스 위치 및 서비스와 관련한 보완사항은?
6. 전시부스 방문객의 등급화 과정(lead qualification process)의 개선사항은?
7. 유망고객 정보의 수집 및 자료정리와 관련하여 보완할 사항은?
8. 전시회 참가목표와 관련한 개선사항은?
9. 제품이나 서비스에 관한 개선사항은?
10. 기존 고객이나 알고 있는 사람들을 접촉하는 방법에 있어서 개선사항은?

16

Trade Show Marketing Practices

해외전시회 성공전략

1. 개 요

해외전시회를 성공적으로 활용하는 기업은 그렇지 않은 기업에 비해 마케팅 담당자가 마케팅 수단으로써 전시회를 어떻게 바라보느냐는 시각 차이에 있다고 해도 과언은 아닐 것이다. 어떤 기업은 전시회를 하나의 독립된 이벤트로 보고 있는데, 이 경우에는 전시회 참가업무가 어떤 전시품을 가져갈 것인가, 전시품의 운송과 설치는 어떻게 할 것인가로 국한된다. 그러나 전시회를 기업의 전반적인 마케팅 전략의 일환으로 보는 기업은 전시회 참가가 기업목표 달성에 어떻게 활용될 수 있는가에 대한 전략적 분석에서부터 전시회 참가목표 설정, 사전 프로모션 및 참가성과 측정 등의 운영기획에 이르기까지 전략과 운영이라는 두 가지 관점에서 바라본다는 것이다.

다시 말해, 전시회를 성공적으로 활용하는 기업의 대부분은 전시회를 기업 마케팅 전략의 주요 구성요소로 인식하여 기업목표 달성을 위한 전략적 전시회 참가업무 기획에서부터 구체적인 운영계획 수립 및 실행까지 체계적인 관리를 하고 있다.

전시회에 참가한다고 해서 모두가 성공하는 것은 아니다. 사전준비부터 전시장 내 부스의 효과적인 운영과 내방객 상담, 사후관리로 이어지는 단계를 체계적으로 수행해야만 수출계약이라는 전시회 성과를 거둘 수 있을 것이다.

이하에서는 전시 참가업체의 입장에서 전시회 참가 성과를 거두기 위해서는 어떤 사항에 유의하고 준비해야 하며, 전시 참관객의 입장에서는 어떻게 하면 전시회를 최대한 활용할 수 있을 것인가를 구체적으로 살펴보았다. 아울러 중소기업의 입장에서 전시마케팅을 효과적으로 활용하기 위한 방안도 살펴보았다.

Focus 전시회 성공을 위한 10가지 필수 요소는 무엇인가?

- 전시회 참가계획은 충분한 시간을 갖고 적절하게 수립해야 한다(timely planning).
- 회사 경영진의 전폭적인 지원을 전제로 하는 명확한 전시회 참가 목표를 수립한다.
- 제품시연과 고객 상담을 효과적으로 수행하기 위한 충분한 전시부스 공간을 확보한다.
- 독특한 전시부스 디자인과 회사를 대표하는 경쟁력 있는 전시품을 진열한다.
- 회사 고위경영자의 적극적인 지원이 전제되어야 한다.
- 분야별 최고 전문가(판매 및 기술담당 이사)를 전시부스에 파견하여 회사를 대표한다.
- 전시부스에서 살아있는 제품시연회를 실시한다.
- 전시회 종료 후 전시부스 방문 유망고객에 대한 사후관리(Follow-Up)를 철저히 한다.
- 전시부스에는 경험이 풍부하고 프로근성이 투철한 부스요원을 파견한다.
- 전시회 종료 후 1주일 이내에 전시회 성과분석을 실시한다.

한편, 전시회에 참가하여 별다른 성과를 거두지 못하는 요인은 다음과 같이 요약할 수 있다.

- 회사 특성에 부합하지 않는 전시회 선택
- 명확한 전시회 참가 목표의 미 수립
- 전시부스만 설치하면 내방객들이 자동적으로 전시부스를 방문할 것이라는 믿음
- 제대로 훈련받지 못한 부스요원 파견
- 전시부스 요원에게 너무 많은 업무 부여
- 사후관리 미실행 등

2. 기업의 해외전시회 활용 성공전략

해외전시회를 성공적으로 활용하기 위해서는 해외전시회를 하나의 독립된 이벤트가 아니라 기업의 전반적인 마케팅 전략의 일환으로 평가하여 전시회를 통해 기업의 목표를 어떻게 달성할 것인가에 초점을 맞추어야 한다. 해외전시회를 성공적으로 활용하고 있는 기업의 대부분은 전시회를 마케팅 전략의 중요한 구성요소로 인식하여 기업 목표 달성을 위한 전략적인 전시회 업무기획에서부터 구체적인 운영계획 수립 및 실행에 이르기까지 체계적으로 관리하고 있다는 점이다.

따라서 전시회는 기업의 마케팅 목표 달성을 위한 매우 유용한 수단이지만 치밀하고 체계적인 사전준비와 구체적인 성공전략을 수립하지 않고서는 전시회에 참가하여 큰 성과를 기대하기 어렵다. 특히, 최근에는 경쟁국가의 기업들도 우리와 마찬가지로 수출시장 개척을 위하여 해외전시회에 적극 참가하고 있어 치열한 경쟁환경이 조성되고 있다. 이러한 상황에서 기업이 전시회에 참가하여 좋은 성과를 거두기 위해서는 체계적인 사전준비와 구체적인 성공전략을 수립해야 한다. 해외전시회를 성공적으로 활용하기 위하여 필요한 몇 가지 전략을 제시하면 다음과 같다.

(1) 자사의 제품특성에 부합하는 참가 대상 전시회 선정

전 세계적으로 매년 3만여 건의 전시회가 개최되기 때문에 중소기업의 입장에서 어떤 전시회에 참가할 것인가를 결정하는 것은 쉬운 일이 아니다. 그러나 전시회에서 성과를 거두기 위해서는 회사와 제품의 특성에 부합하는 전시회를 발굴하여 참가하여야 한다. 참가할 전시회가 자사의 제품과 부합되며, 목표 고객집단에 해당되는 참관객들이 해당 전시회에 참가하는지를 사전에 면밀하게 검토해야 한다. 많은 참관객들이 참가하는 대규모 전시회보다는 비록 규모는 작더라도 자사의 잠재고객에 해당되는 참관객들이 많이 참가하는 전시회가 더 가치가 있을 것이다.

이를 위해서는 먼저 해당 전시회의 지명도, 역사, 전시업체 수, 바이어 성향 및 인원 등의 과거실적을 분석하여 어떤 종류의 참관객들과 기업들이 참가하는지를 자세하게 파악해야 한다. 특히, 참가 전시회를 결정할 때에는 구매의사결정권을 가진 참관객들이 많이 참가하는 전시회를 선택하는 것이 바람직하다.

규모가 아무리 크고 유명한 전시회라고 하더라도 자사의 제품이 잘 팔리지 않는 전시회는 좋다고 말할 수 없다. 오히려 규모가 작고 지명도가 다소 떨어져도 자사 제품이 잘 팔리면 좋은 전시회로 평가된다. 따라서 어느 전시회가 좋으냐는 주관적인 측면이 있기 때문에 기업마다 판단기준이 다를 수밖에 없지만, 좋은 전시회가 되기 위해서는 아래의 조건을 충족시켜야 한다.

- 전시회 거래품목이 자사의 제품과 부합되어야 한다.
- 자사제품을 취급하는 바이어가 많이 찾으며 상담성과가 좋아야 한다.
- 자사제품이나 브랜드를 효과적으로 홍보할 수 있어야 한다.
- 자사제품과 관련한 거래동향과 시장정보를 잘 파악할 수 있어야 한다.

(2) 명확한 전시회 참가목표 수립

전시회는 참가하는 데 많은 비용과 시간이 소요된다는 단점이 있지만 가장 빠른 기간에 비즈니스 목표를 달성할 수 있는 효과적인 방법으로 인식되고 있다. 그러나 전시회 참가에 앞서 명확한 목표를 수립하지 않고 막연한 기대감을 갖고 참가하게 된다면 시간과 비용을 낭비할 수도 있다. 따라서 전시회에 매년 습관적으로 참가하거나 경쟁업체가 참가하기 때문에 우리 회사도 참가한다는 식의 생각은 버려야 한다. 미국 CEIR(2001)에 의하면, 구체적인 목표를 수립하고 전시회에 참가한 기업이 그렇지 않은 기업에 비해 더 많은 성과를 거둔 것으로 나타났다. Shipley et al.(1993)은 기업이 전시회 참가를 통한 장 · 단기적 효과를 극대화하기 위해서는 전시회의 판매 목표와 비판매 목표를 모두 결합하여 전시회 참가목표를 수립하는 것이 가장 이상적이라는 견해를 제시하였다.

따라서 전시회 참가에 앞서 목표를 명확하게 수립하고 체계적으로 준비해야만 좋은 성과를 거둘 수 있다. 즉, 전시회를 통하여 회사 인지도를 높일 것인지, 회사 제품에 관심이 있는 바이어를 발굴할 것인지, 아니면 경쟁업체의 상황을 파악할 것인지 등의 전시회 참가목표를 사전에 수립하는 것이 절대적으로 필요하다.

그리고 전시회 참가목표를 수립할 때 고려해야 할 가장 중요한 요소는 "참가목표

〈표 16-1〉 전시회 참가목표의 구분

구 분	내 용
전략적 목표	• 시장진입 및 시장점유율 제고, 시장지배력 확대 등
제품 지향적 목표	• 제품시연, 정보입수, 판매, 매출증대 등 – 자사제품의 시장수용성 점검, 주력제품의 선정, 신제품의 시장 성공여부 판단, 혁신적인 신제품 소개, 취급제품 범위 확대
고객 지향적 목표	• 신규고객 확보, 고객의 요구 파악 – 고객들에 대한 서비스 한계 사항 점검
유통 지향적 목표	• 유통망 점검 – 유통망의 확대, 유통단계의 축소 효과 측정, 새로운 판매 대리점의 물색
가격 지향적 목표	• 가격테스트, 계약체결, 가격정보수집 등 – 가격변동 가능한도의 점검
의사소통 지향적 목표 (커뮤니케이션)	• 기업이미지 및 인식도 제고, 브랜드 노출 강화 등 – 새로운 고객층 발굴 및 고객명단의 확보, 기업 인지도 제고, 기존 거래처와의 관계 강화, 새로운 시장정보의 수집, 기업의 신제품 및 디자인

자료 : 저자 재정리

가 달성 가능하고 현실적이고 도전적이며 측정 가능한 것이어야 한다"는 점이다. 또한 전시회 참가목표에는 반드시 회사의 종합적인 마케팅 전략이 반영되어야 한다. 많은 목표를 수립한다고 해서 성공하는 것은 아니기 때문에 회사의 현실을 감안하여 전시회 참가를 통하여 반드시 달성하고자 하는 핵심적인 목표를 몇 가지만 정하고 이것을 달성하는 데 최선을 다하는 것이 중요하다.

(3) 체계적인 전시회 사전준비

전시회는 다른 마케팅 수단에 비해 여러 가지 장점을 갖고 있지만 전시회 참가에 앞서 철저하게 준비하지 않으면 아무런 성과를 기대할 수 없을 것이다. 따라서 참가할 전시회가 결정되면 최소한 전시회 개막 수개월 전부터 전시회 참가 준비계획을 체계적으로 수립하여 충분한 시간을 두고 준비해야 한다.

한편, 전시회의 성공을 보장해 주는 4가지 필수 요소는 계획(Plan), 프로모션(Promote), 판매(Sell), 사후관리(Follow Up) 등으로 요약되는데, 이 중에서 하나라도 소홀히 해서는 안 된다. 전시회에서 성과를 거두기 위해서는 "전시회 개막 전",

"전시회 진행 중", "전시회 종료 후" 등 3단계로 구분하고, 각 단계에서 구체적으로 필요한 사항을 미리 준비하는 것이 필요하다. 이를 위해 구체적인 사전마케팅, 현장마케팅, 사후마케팅계획을 별도로 수립하여 시행해야 한다.

그리고 전시회 참가 준비는 과거의 단순한 경험에 의존하거나 주먹구구식으로 진행되어서는 안 되며, 전시회 참가 업무준비 매뉴얼과 추진일정표를 구체적으로 수립하여 전시회 업무를 프로세스화 내지 시스템화할 필요가 있다.

(4) 전시부스 방문객 유치를 위한 적극적인 사전마케팅 활동 전개

전시회에는 많은 참관객과 기업이 참가하기 때문에 아무리 세계적으로 유명한 전시회에 참가하더라도 사전에 체계적인 계획을 수립하지 않고서는 전시회에서 좋은 성과를 기대하기가 어렵다. 따라서 전시회 참가에 앞서 수행하는 사전마케팅 활동은 전시회에 성공적으로 참가하기 위한 필수요건이라고 할 수 있다. 단순히 전시부스를 설치하고 전시품을 진열한 후 내방객을 기다리는 것은 무모한 일이다. Friedmann(1992)의 연구에 의하면, 기업의 사전홍보에 의해 전시회 개최여부를 알게 된 방문객은 전체의 17.4%였으며, 전시장 방문객의 76%가 이미 사전에 계획된 일정을 갖고 있는 것으로 나타났다.

전시회 참가 성과를 높이기 위해서는 고객을 전시부스로 유인할 수 있는 다양한 홍보방법을 활용해야 한다. 이를 위해서는 전시회 참가에 앞서 회사의 전체 마케팅 전략에 부합하는 전시마케팅 플랜과 판매촉진전략을 수립하여 부스 내방객 유치를 위한 적극적인 사전마케팅 활동을 전개해야 한다. 즉, 목표 고객집단 명단을 작성하여 이들에게 개별적으로 초청장을 발송하거나 전화로 접촉하여 부스를 방문하도록 권유해야 한다. 이를 위해서는 전시회 개막 3개월 전부터 3~4주 간격으로 2~3회에 걸쳐 서한을 보내는 것이 바람직하다.

한국무역협회의 조사(2007)에 의하면, 사전준비로 2개월 이상 할애한 기업의 60%는 전시회에서 큰 성과를 거둔 것으로 나타났다. 일반적으로 바이어들은 전시회 개막 2개월 전에 전시회 참가 여부를 결정하기 때문에 이 시기에 참가 사실을 잠재 바이어에게 알리고 미팅을 주선해야 한다. 즉, 사전마케팅을 적극 전개하여 바이어와의 미팅을 확약하고 전시회에 참가해야만 성공 가능성을 높일 수 있다.

〈표 16-2〉 전시회 참가 성공기업의 사전마케팅 시행기간

구 분	비 중(%)
안 한다	0.2
1개월 미만	9.1
1~2개월	30.3
2~3개월	34.5
3~4개월	20.3
6개월 이상	5.6

자료 : 한국무역협회 업체 실태조사(2007.7)

(5) 좋은 위치의 전시부스 확보 및 독창적인 전시부스 설치

전시회의 성공 요건에는 여러 가지가 있겠지만, 좋은 위치에 있는 전시부스를 확보하는 것도 매우 중요하다. 물론 부스위치가 전시회의 성공을 보장해 주는 것은 아니지만, 참관객들의 통행이 뜸한 곳에 부스를 확보하게 된다면 좋은 상담실적을 기대하기가 어렵게 될 것이다.

대부분의 전시 주최자들은 참가 신청할 때 참가업체에 대하여 부스위치를 선택할 수 있는 기회를 부여한다. 유럽이나 미국의 경우 부스 배정은 선착순으로 이루어지는 경우가 많기 때문에 유명 전시회일수록 전시회가 끝나자마자 차기 전시회 참가예약을 하는 기업들이 많다. 그리고 일부 전시 주최자는 해당 전시회에 지속적으로 참가하는 업체에게 우선권을 부여하기도 한다. 전시회에 처음 참가하거나 중소기업의 경우에는 전시부스 공간을 선택할 수 있는 기회를 갖지 못한다. 회사가 부스위치를 선택할 기회를 갖는다면 심사숙고하여 결정해야 할 것이다.

이와 함께 많은 참관객들을 자사의 전시부스로 유인하기 위해서는 특색이 있고 분위기가 좋은 전시부스를 설치해야 한다. 전시부스가 회사의 이미지를 좌우하기 때문에 전시부스의 장치 및 디자인에 각별한 신경을 써야 한다. 우리나라 기업처럼 좋은 제품을 갖고도 바이어의 관심을 끌지 못하는 이유는 부실한 부스장치에 기인한다. 전시부스는 전시회에서 그 기업과 출품된 제품을 나타내는 명함과 같은 역할을 한다. 즉, 부스를 얼마나 감각적으로 잘 꾸미느냐에 따라 바이어 유치 효과가 현저하게 차이가 난다. 이를 위해서는 전시 컨셉이 무엇이며, 그것이 자사 제품을 대표하는가,

어떻게 그 주제를 표현할 것인가 등을 고려해야 한다.

유명 전시회일수록 방문객의 이목을 끌 수 있도록 쌍방향 커뮤니케이션이 가능한 부스를 설치하는 것이 바람직하다. 왜냐하면, 참관객들은 많은 참가업체의 부스를 방문할 기회가 있기 때문에 당연히 평범한 부스는 그대로 지나쳐 버리기 때문이다. 이를 위해서는 전시품을 참관객들이 가장 잘 볼 수 있는 위치에 전시하고 사진 판넬, 조명, 보조도구 등을 적절히 활용하여 참관객들의 눈에 들어오도록 해야 한다. 전시부스는 기업의 얼굴이라는 생각을 갖고 회사와 제품의 이미지에 부합되도록 전시부스를 디자인할 필요가 있다. 그리고 회사의 전지부스는 경쟁업체와 차별화되어야 하고 짧은 시간에 전시 참관객들의 이목을 집중시킬 수 있는 내용으로 디스플레이 되어야 한다.

(6) 우수한 부스요원 파견 및 전시마케팅 전문인력 양성

전시회 참가에 앞서 해당 전시회에 가장 적합한 우수한 부스요원을 선발하고 필요한 교육을 실시한 후 파견해야만 전시회에서 좋은 성과를 기대할 수 있다. 전시회는 제한된 시간과 공간에서 부스방문객과의 상담을 통해 거래를 성사시켜야 하기 때문에 회사와 제품에 대한 지식과 경험이 풍부하고 열정이 있으며 사전에 체계적인 교육을 받은 직원을 파견하는 것이 중요하다. 다시 말해, 동기부여가 되고 자질이 우수한 상담요원을 전시부스에 배치할수록 좋은 성과가 기대되기 때문에 이들을 선발하고 적절하게 교육시키는 일은 전시부스를 잘 꾸미는 것만큼이나 중요하다.

전시 참가업체는 전시회 참가 목표를 달성하는 데 부스요원이 미치는 영향이 매우 크다는 점을 감안하여 부스요원 교육에 대한 투자를 아끼지 말아야 한다. 부스요원에 대한 공식적이고 체계적인 교육은 고객과의 접촉 효율성을 높이는 데 긍정적이 영향을 미치며(Gopalakrishna and Lilien, 1995), 전시회 성과 도출에 효과적으로 기여한다(Tanner and Chonko, 1995). 미국 CEIR(2001)에 의하면, 부스요원 교육은 부스방문객을 68%까지 우수고객으로 전환시키는 데 기여한 것으로 나타났다.

부스요원 교육이 필요한 또 다른 이유는 전시회 판매를 위해서는 방문판매와는 달리 독특한 판매기법이 필요하기 때문이다. 따라서 부스요원 교육은 회사의 전시회 참가 목적이 무엇이며, 방문객과의 아이스 브레이크를 어떻게 할 것인가, 방문객으로부터 정보 수집을 어떻게 할 것인가, 어떻게 하면 제품시연회를 효과적으로 진행할 수 있는가, 그리고 방문객과 헤어질 때 어떻게 하면 자연스럽게 다음 약속을 이끌어 낼 수 있는가 등에 초점이 맞추어져야 한다.

이와 함께 전시회 참가 성과를 거두기 위해서는 풍부한 경험과 지식을 보유한 전시 전문 인력을 양성하는 노력이 필요하다. 미국 CEIR(2001)에 의하면, 중소기업의 전시회 참가 성공여부는 조직구성이나 투자비용의 차이가 아니라 해외전시마케팅을 제대로 수행할 수 있는 전문 인력을 어느 정도 확보하고 있느냐에 달려 있는 것으로 나타났다.

(7) 전시회 출품제품의 경쟁력 구비

전시부스에 어떤 제품을 어떻게 진열하고 어떻게 홍보하느냐에 따라 부스 방문객의 숫자가 달라질 것이다. 따라서 전시품은 전시회 참가 목적에 부합되어야 하며, 특히 전시회는 신제품 경연장이므로 신제품과 최신 모델, 아이디어 제품을 위주로 출품할 필요가 있다.

아무리 전시부스를 훌륭하게 설치하더라도 출품된 제품이 참관객들의 관심을 끌지 못한다면 전시회에서 성공하기가 어려울 것이다. 전시회에 출품될 제품은 먼저 품질, 가격 및 기술면에서 경쟁력을 갖고 있어야 하며, 다음과 같은 제품을 출품해야만 성공할 가능성이 높아지게 될 것이다(송성수 2006).

첫째, 독창성을 가진 아이디어 제품을 출품하는 것이 바람직하다. 전시회에서 평범한 제품은 참관객들의 이목을 끌지 못한다. 그리고 전시회에는 항상 경쟁업체들이 존재하기 때문에 새로운 아이디어나 기술로 제품을 업그레이드 하지 않으면 경쟁업체에게 추월당하는 것은 순간이다.

둘째, 신제품이나 업그레이드된 모델을 준비하는 것이 좋다. 많은 바이어들은 신제품이나 최신 모델을 찾기 위해 전시회를 참관하는 경우도 있기 때문에 이러한 제품을 전시한 업체의 부스에 관심을 갖는다.

셋째, 국제적인 품질 및 규격인증마크를 적절히 활용해야 한다. 국제적인 품질이나 규격 인증마크를 획득한 제품의 경우에는 전시부스에서 제품을 홍보하는 데 매우 유리한 위치를 점하게 된다. 따라서 회사의 인지도가 낮은 중소기업이 전시회에 참가할 때 이러한 조건을 갖추게 되면 품질을 인정받는 효과가 있기 때문에 바이어와 상담하는 데 유리하다.

넷째, 해당 국가의 규정상 수입가능 제품이어야 한다. 미국, 유럽 등 일부 선진국들은 엄격한 인증 제도를 유지하고 있어 이를 충족하지 못한 제품에 대해서는 통관이나 현지 판매를 금지하고 있다. 따라서 해당 국가의 인증규정에 통과할 가능성이 없는 제품은 출품하지 않는 것이 바람직하다.

다섯째, 틈새시장 진출이 가능한 제품이 유리하다. 해당 전시회와는 직접적인 관계가 없을지라도 약간의 관련성을 가진 제품을 출품하여 틈새시장을 공략하는 전략도 바람직하다. 왜냐하면, 이러한 제품은 경쟁업체들이 많지 않아 바이어와의 상담에서 유리한 위치를 차지할 수 있기 때문이다. 예를 들어, 악세서리 박람회에 악세서리 케이스를 갖고 참가하거나 정보통신 전시회에 핸드폰 줄이나 케이스를 갖고 참가하는 것이다.

여섯째, 가전/전기제품의 경우 현지 전기주파수나 전압에 맞는 제품을 출품해야 한다. 각국마다 전기 주파수나 전압이 상이하기 때문에 사전에 면밀한 조사를 통해 이에 부합되는 제품을 갖고 전시회에 참가해야 한다. 아무리 품질이 우수하고 성능이 좋다 하더라도 이러한 기준을 충족시키지 못하면 무용지물이나 마찬가지다.

일곱째, 법적인 분쟁 소지가 있는 제품을 출품할 경우에는 주의를 기울여야 한다. 전시품의 경우에 따라 특허권 침해나 디자인 복제와 같은 법적 분쟁을 유발시킬 가능성이 있으므로 전시회 출품에 앞서 문제의 소지가 있는지 여부를 면밀히 검토할 필요가 있다.

〈표 16-3〉 전시회 참가 목적별 전시품목 유형

전시회 참가 목적	전시회 출품 제품
신규 거래처 발굴	목표시장에 가장 호소력 있는 제품 출품
신제품 출시	해당 신제품
브랜드 인지도/회사 지명도 제고	베스트셀러 제품(부스그래픽은 회사의 로고를 선명하게 볼 수 있도록 구성)
해당 업종의 관련업체 니즈 충족	취급제품군에서 우선순위에 있는 제품
기존 고객관계 강화	베스트셀러 제품

자료 : 저자 정리

여덟째, 신제품의 경우 기밀 누출에 유의해야 한다. 신제품을 출품하는 참가업체들은 항상 경쟁업체에 노출되어 있기 때문에 제품 카탈로그와 같은 세부정보를 전시부스에 진열하지 않는 경우가 많다.

(8) 신속하고 체계적인 전시회 사후관리 실행

전시회 사후관리가 부실하게 되면 전시회 참가에 소요된 시간과 비용이 무용지물이 될 수 있다. 전시회장에서 거래 상담이 종결될 수도 있지만 대개는 전시회 종료 후 3~6개월에 걸쳐 본격적인 상담이 이루어지기 때문에 전시회에서 상담한 바이어들을 체계적으로 사후 관리하는 노력이 필수적이다. 이를 위해서는 전시회가 종료되는 대로 전시회에서 상담했던 방문객들을 중요도에 따라 분류, 유력바이어를 선정하여 지속적으로 사후 관리해야 한다. 그리고 전시부스를 방문한 고객과의 접촉은 빠를수록 좋으며, 전시회가 종료된 이후 1주일 이내가 가장 이상적이다. 왜냐하면, 부스 방문객들은 전시회가 끝난 후 사무실에 돌아와 구매여부를 검토할 때 방문했던 회사의 제품이나 서비스를 우선적으로 고려하기 때문이다.

전시회에서 이루어신 새로운 고객과의 접촉은 단지 시작에 불과하다. 접촉된 신규고객과의 거래가 성사되기까지는 수차례의 추가적인 접촉과 시간이 필요하다. 따라서 주요 전시부스 방문객들에게 감사편지와 함께 샘플 등을 발송하고 문의 사항에 대한 후속 작업과 상담 등을 진행해야 한다. 그리고 메일이나 팩스를 통하여 지속적으로 정보를 제공하고 전화를 걸어 그들에게 회사의 존재를 끊임없이 알리는 노력이 필요하다.

그러나 전시회 참가 목표가 새로운 거래처를 발굴하는 것이라면 전시회 종료 후 부스 방문객들이 구매의사결정을 하기까지 다소의 시일이 걸리기 때문에 지나치게 서둘러서는 안 된다. 미국 CEIR(2001)에 의하면, 전시부스 방문객의 57%는 전시회 종료 후 12개월 이내에 구매결정을 하는 것이 일반적이지만, 제품 또는 서비스에 따라 더 길어질 수도 있는 것으로 나타났다.

〈표 16-4〉 해외전시회 참가 성공기업의 사후관리 내용별 중요성 인지도(%)

구 분	매우 그렇다	대체로 그렇다	보통이다	대체로 아니다
바이어 인콰이어리에 대한 응대	62.7	31.5	5.1	0.7
발굴 바이어 데이터 관리	41.7	42.9	13.5	1.9
감사서한 발송	45.2	39.6	12.4	2.8
추후 전시회 및 행사공지	29.1	36.4	24.9	8.6
주요 바이어 국내 초청	14.5	22.1	38.5	20.5

자료 : 한국무역협회 업체 실태조사(2007.7)

(9) 전시회 성과분석 시스템 구축

전시회에 참가하여 어느 정도의 성과를 거두었는지를 파악하기 위해서는 체계적인 전시회 사후평가가 필수적이다. 그러나 대부분 기업은 많은 예산과 시간을 투자하여 전시회에 참가하고도 전시회 종료 후 성과나 문제점에 대한 분석을 소홀히 하여 실질적인 효과를 거두지 못하고 있다. 이처럼 전시회 참가 성과분석이 보편화되지 못하고 있는 주된 이유는 전시회 성과 측정방법이 체계화되어 있지 않기 때문이다.

전시회 참가 성과는 부스 안에서 이루어진 구체적인 비즈니스 상담 실적만으로 평가되어서는 안 되며, 기업과 제품의 이미지 홍보효과 등 비판매 효과도 함께 고려되어야 한다. 전시회 참가 성과를 분석하지 않게 되면 전시회 성과를 파악할 수 없고 향후 참가 여부를 결정하기 위한 객관적인 기준을 마련할 수 없게 된다. 전시회에 대한 종합적인 성과분석 결과는 전시회 참가 성과를 객관적으로 판단할 수 있는 지표가 되며, 추후 전시회 참가 여부를 결정할 때 중요한 근거자료로 활용될 수 있다.

전시회 참가 성과를 어떻게 측정하고 분석할 것인가는 전시회 참가 목적에 따라 달라질 것이다. 기업의 전시회 참가 목적은 전시회 기간 중 거래실적을 올리는 것, 가급적 많은 바이어들을 만나 유망고객을 발굴하는 것, 기업 브랜드와 제품의 인지도를 높이는 것 등 세 가지로 요약할 수 있다. 따라서 전시회 참가 성과를 단순히 거래실적만을 대상으로 평가해서는 안 되며, 신규 유망 거래선 발굴이나 회사 브랜드 및 신제품 인지도 등의 모든 성과들이 포함되어야 할 것이다.

Focus 해외전시회 참가 성공 10계명

① 자사의 제품 성격과 부합하는 전시회를 발굴하여 참가한다.
② 철저한 사전준비가 필요하다. 과거의 단순한 경험에 의지하지 말고 경험을 기록하고 체계화할 필요가 있다.
③ 구체적인 전시회 참가 목표를 수립한다.
④ 보다 적극적인 사전마케팅 활동이 필요하다.
⑤ 전시회는 신제품 경연장이므로 전시품은 신제품과 최근 모델, 아이디어 제품을 위주로 출품하는 것이 유리하다.
⑥ 특색 있고 분위기가 좋은 전시부스를 설치해야 한다.
⑦ 상담은 전시회 현장에서 마무리 지어야 한다. 전시회 기간 중 구체화 되지 않은 상담은 추후 거래로 연결되기 어렵다.
⑧ 위치가 좋은 전시부스를 선택해야 한다.
⑨ 전시회 종료 후 사후관리에 철저를 기해야 한다.
⑩ 유능한 세일즈맨을 전시부스에 파견해야 한다.

3. 참관객의 해외전시회 활용 성공전략

신규 전시회에 참가하거나 처음으로 전시회에 참가하는 중소기업의 경우에는 처음부터 전시부스를 설치하지 말고 먼저 참관객의 입장으로 참가해보는 것이 바람직하다. 이 경우에도 전시회에 주먹구구식으로 참관하는 것이 아니라 체계적인 전략이 필요하다.

전시회를 참관하는 목적은 구매상담, 파트너 물색, 시장정보 수집, 인적 네트워크 구축, 차기 전시회 참가를 위한 사전조사 등을 들 수 있다. 참관 우선순위를 정해서 체류 기간을 효율적으로 이용해야 한다. 단순히 전시회 참관만을 위해 출장을 가는 것보다 전시회 개최 인근국가의 비즈니스 세일즈 출장을 다녀오면서 중간에 전시장을 방문하는 것도 바람직하다. 참관 목적이 여러 가지일 경우에는 체류 일자별로 1~2일간은 상담에 집중하고 나머지 1~2일은 시장정보를 수집한다거나 부대행사에 참가하도록 하는 것이 좋다.

Focus 해외전시회 참관 세부 목표

- 구매상담
- 파트너 물색
- 새로운 사업 구상
- 경쟁사들의 참가 관련 정보 수집
- 시장동향 파악
- 신제품 및 신기술 출시 정보 수집
- 세미나 등 부대행사 참석
- 직원 교육 및 인센티브 기회 제공
- 인적 네트워크 구축
- 차기 전시회 참가를 위한 사전 조사
- 전시회에 참가한 기존 파트너 현장 지원 등

(1) 전시 참관목표 수립 및 대상 전시회 선정

구체적인 목표나 계획이 없이 전시회에 참관하면 시간과 경비를 낭비하는 결과만을 초래할 것이다. 따라서 사전에 왜 전시회에 참가하고자 하는 명확한 목표를 정하고 이것을 달성하기 위한 구체적인 계획을 수립하고 참관해야 소기의 성과를 거둘 수 있을 것이다.

전시회 참관 목표가 설정되면 참가 대상 전시회에 윤곽이 드러나게 된다. 최근 시장동향이나 신제품 트렌드를 파악하기 위해서는 해당 산업계 대부분이 참가하는 유명 전시회가 바람직할 것이고 해당 지역에 대한 거래 상담을 목적으로 할 경우에는 규모가 작더라도 해당 지역의 거래유망 전시회에 참관하는 것이 좋다.

(2) 전시회 참관 준비사항

전시회 참관을 단지 여행의 한 부분으로 생각해서는 안 되며, 다음과 같이 사전에 체계적으로 준비하고 참관해야만 성과를 거둘 수 있다.

첫째, 전시 주최자에게 전시회 참관 사전 등록을 한다. 이렇게 하면 전시회 참관 등록시간을 절약하고 전시회 주최자로부터 사전에 전시회 관련 정보를 입수할 수 있는 이점이 있다. 사전 참관 등록은 전시 주최자의 웹사이트에 들어가서 신청하면 된다.

둘째, 전시회 기간 중 개최되는 세미나 등 전시회 부대행사 참가 신청을 한다. 중요한 세미나는 참가인원이 제한되거나 신청기한이 정해져 있다.

셋째, 숙소와 항공편 예약을 서둘러 해야 한다. 전시회가 가까워질수록 숙소와 항공편을 예약하기가 점차 힘들어지고 가격도 인상되는 것이 일반적이다. 특히, 중소도시에서 개최되는 전시회에 참관할 경우에는 호텔이 제한되어 있기 때문에 예약을 서두르는 것이 바람직하다.

넷째, 전시회장에서 만날 바이어들과 사전 미팅약속을 한다. 기존 바이어들과는 사전에 연락을 해서 전시회 기간 중 미팅 약속을 하고 전시회에 방문할 가능성이 있는 새로운 바이어들을 물색하여 이들과 상담약속을 하는 것이 중요하다.

(3) 전시회 참관 요령

독일 하노버 CeBIT 박람회와 같이 규모가 큰 전시회에 참관하기 위해서는 효과적으로 참관하기 위한 요령이 필요하다.

전시장에 도착하면 입구 등록대에서 참관등록을 한 후 주변의 인포메이션 데스크에서 전체 전시장 위치도면(Floor Plan 또는 Floor Map)과 전시회 디렉토리(Show Directory)를 입수한다. 무료입장이 가능한 전시장도 있지만 유료입장 전시장의 경우 일일 입장권보다는 여러날 입장권이 저렴하다는 점도 고려해야 한다.

전체 위치 도면을 보면 각 홀별로 전시 참가업체의 위치가 알파벳순으로 열거되어 있어 찾고자 하는 업체를 쉽게 찾을 수 있다. 전시회 디렉토리는 품목별, 분야별로 참가업체 명단과 출품품목에 관한 정보를 담고 있다. 전시회에 관한 대략적인 정보가 파악되면 관심업체 부스를 중심으로 전시품을 둘러보면서 부스 상담요원을 통해 카탈로그 등과 같은 구체적인 정보를 수집한다. 그리고 독특한 전시품이나 방문 부스의 상담요원과 나누었던 주요 대화 내용을 메모하는 노력도 필요하다.

전시회장은 반복적으로 둘러볼 필요가 있으며, 전시회 참관 후에는 중요한 사항, 독창적인 사항, 참고가 될 만한 사항 등을 꼼꼼히 메모하여 나중에 참고할 필요가 있다.

(4) 전시회 참관 중 마케팅 활동 요령

전시 참관객의 입장에서는 독자적인 부스가 없어 전시회장에서 마케팅 활동을 하는 것이 막연하겠지만 그래도 아래의 사항을 참고하면 나름대로 제한된 마케팅 활동을 추진할 수 있을 것이다.

첫째, 전시회 참가 바이어와 상담기회를 갖도록 노력해야 한다. 전시회에는 동일 업종 내 유망 바이어들이 대거 참석하는 것이 일반적이므로 전시회 참관에 앞서 이들 유명 바이어 명단을 입수하여 현지에서의 미팅 약속을 정할 필요가 있다. 이 경우에서는 상담 장소가 마땅치 않으므로 전시회장의 비즈니스센터나 Service Area, 호텔 등에서 상호 편리한 시간을 할애하여 비즈니스 미팅을 추진한다.

Focus 상담 시 파악해야 할 주요 사항

- 제품의 성능, 기존 제품과의 차별성
- 제품의 공급 가능 가격
- 제품의 납기
- 대금지불조건
- A/S조건
- 최소주문량
- 공급회사의 규모(자본금, 종업원수, 매출액 등), 브랜드 인지도, 재무상태, 제품개발능력, 주요 판매시장, 한국과의 거래경험 등
- 에이전트 조건
- 샘플, 카달로그, 사진, 동영상 등 상담자료 제공 여부

자료 : KOTRA

둘째, 전시 참가업체와도 상담을 갖기 위해 노력한다. 전시회에는 제조업체만 참가하는 것이 아니라 유통업체나 바이어 등도 참가한다. 만일 자사의 제품과 동일하거나 유사한 제품을 출품한 업체를 발견하면 자사의 제품과 가격과 품질을 살펴본 후 경쟁력이 있다고 생각되면 그 전시 참가업체와 구체적인 상담을 시도할 필요가 있다.

셋째, 최신의 시장 및 제품정보를 입수한다. 유명 전시회는 해당 산업계가 대부분 참가하고 연중 주요 거래가 이루어지기 때문에 전반적인 시장동향과 신제품 및 경쟁사 정보를 파악하기 위한 아주 좋은 기회가 된다.

넷째, 관련 세미나 또는 컨퍼런스에 적극 참가한다. 전시회 기간 중에서는 위크숍, 포럼 등 새로운 기술을 소개하고 참가자들을 교육시키기 위한 세미나가 열린다. 이러

한 세미나 참가를 통하여 최신의 기술정보, 제품 트렌드 정보 등을 파악할 수 있으며, 참석자들과 네트워킹을 구축할 수 있다.

4. 중소기업의 해외전시회 활용 성공전략

최근 들어 전시회는 기업의 마케팅 촉진수단으로서 점차 그 중요성이 더해가고 있다. 전시회는 일반적으로 바이어와의 대면접촉을 통한 거래상담 기회 제공, 해외시장 개척의 효율성, 상품노출의 효과성, 신상품 소개 및 정보수집의 효율성 등 다양한 면에서 효율적인 마케팅 수단으로 인식되고 있다.

그러나 중소기업은 대기업과 함께 전시회에 참가하기 때문에 치열한 경쟁 환경에 노출되어 상대적으로 불리한 여건에 처해 있다고 할 수 있다. 낮은 투자비용, 소규모의 부스참가, 사후관리 미비 등과 같은 요인이 중소기업의 전시회 참가가 실패로 끝나는 주요 요인이 되고 있다.

⊙ 중소기업의 전시마케팅 성공요소

그렇다면 중소기업이 이를 극복할 수 있는 방법은 없는가? 이에 대해 최근 미국에서는 전시회를 활용한 마케팅의 효과성을 높이기 위한 연구가 활성화되어 있으나, 우리나라에서는 아직 이러한 연구가 미흡한 실정이다. 지금까지 국내외 연구를 통하여 도출된 중소기업의 해외전시마케팅의 성공요소는 다음과 같이 정리할 수 있다.

첫째, 전략적인 전시회 참가 목표를 명확하게 설정해야 한다.

전시회는 크게 판매기능과 프로모션 기능이 있는데, 이들 두 측면을 모두 고려하여 마케팅 성과를 높일 수 있도록 전시회 참가목표를 설정하는 것이 중요하다. 특히, 구체적이고 수치화된 형태를 목표로 설정하여 전시회 종료 후 이러한 목표가 얼마나 달성되었는지 여부를 평가해야 한다.

둘째, 부스직원에 대한 사전 전문교육 실시를 통해 고객과의 접촉 효율성을 높여야 한다. 전시회는 일반적인 판매환경과는 다른 특성을 지니고 있다. 고객과 접촉할 수 있는 시간이 매우 한정되어 있고, 많은 기업들이 전시회 현장에서 서로 자사의 부스로 고객을 유치하려 하기 때문에 매우 치열한 경쟁 환경에 노출되어 있다. 따라서 한정된 시간 내에 보다 많은 고객과 효율적으로 거래 상담을 할 수 있도록 현장 부스 직원에 대한 철저한 사전교육과 훈련이 필요하다.

셋째, 전시회 참가 효과를 높이기 위해서는 사전홍보 등의 마케팅 수단을 적극적으로 활용할 필요가 있다.

왜냐하면, 전시회에 나간다고 해서 목표고객이 자사부스에 스스로 방문하는 것은 아니기 때문이다. 고객을 부스로 유인할 수 있는 다양한 홍보방법을 활용해야 한다는 것이다. 이를 위해서는 단순한 광고 게재만이 아니라 미디어 이슈의 개발을 통해 전시회 개최전이라도 자사의 전시회 참가를 언론에 적극적으로 노출시킬 필요가 있다. 특히, 한정된 예산을 가지고 전시회에 참가하는 중소기업으로서는 광고보다는 이러한 PR기회를 적극 활용할 필요가 있다.

넷째, 사내의 전시마케팅 전문 인력을 적극 활용해야 한다.

미국은 대기업의 20% 가량이 자체적으로 전시매니저를 보유하고 있으나, 우리나라 중소기업의 경우에는 이러한 전문 인력의 확보가 매우 어려운 것이 현실이다. 따라서 이러한 분야에 대한 경험과 지식을 보유한 외부기관이나 외부 인력을 일정기간 아웃소싱 하여 이들의 노하우를 활용할 필요가 있다. 참고로 미국의 한 연구조사에 의하면, 중소기업의 전시회 참가 성패여부는 조직구성이나 투자비용의 차이가 아니라 전시마케팅을 제대로 수행할 수 있는 전문 인력을 확보하고 있느냐의 차이인 것으로 나타났다. 따라서 전시회 참가를 계획하고 있는 중소기업은 보다 효과적인 전시마케팅을 수행하기 위해 지속적인 노력을 기울일 필요가 있다.

다섯째, 체계적인 사후관리가 필요하다. 전시회에서 만났던 바이어들의 정보를 비중에 따라 중요업체, 거래 가능성이 있는 업체, 지속적인 관심이 필요한 업체 등으로 분류하여 바이어를 체계적으로 관리해야 한다. 우선 자사 부스를 방문해 준데 대한 감사편지를 발송하고 추가적인 홍보를 실시해야 한다. 전시회가 개최되었던 지역에서 2~3일 더 체류하면서 부스를 방문했던 현지 바이어를 직접 방문하여 유대관계르르 구축하는 것도 좋은 사후 관리 방법의 하나라고 할 수 있다.

Focus 우리나라의 수출성공 중소기업의 10가지 공통점(순위별)

- 해외전시회에 적극 참여하였다.
- 대표자가 풍부한 현장경험을 갖고 있었다.
- 가격을 획기적으로 인하하였다.
- 한국무역협회, KOTRA 등 무역지원기관을 적극 활용하였다.
- 수출상품 특화에 많은 투자를 하였다.
- 수출에 필요한 해외규격인증, 전시회, 광고홍보, 해외출장 시장조사 등 무역마케팅과 관련하여 과감한 투자를 하였다.
- 풍부한 무역경험이 있는 직원을 채용하였다.
- 해외유통망 확보에 주력하였다.
- 해외 Sales Rep를 구축하거나 해외지사를 설립하였다.
- 인터넷을 무역 업무에 적극 활용하였다.

Focus 중소기업의 해외전시회 참가 세부 성공전략

① 자사제품 특성에 부합되는 전시회를 선택한다. 최종 선정은 전시회의 주요 전시품, 개최역사, 전시업체 수, 바이어 수 등을 조회하여 참가할 전시회를 결정한다. 이에 관한 정보는 전시포털사이트(www.gep.or.kr)를 통해 입수할 수 있다.

② 마케팅 대상과 목표를 명확하게 설정한다. 즉, 전시회 동안의 판매목표는 어떤 제품을 전시할 것인가, 어떻게 제품을 소개할 것인가, 전시회를 성공으로 이끌기 위한 최소한의 유망고객 숫자는 등과 같이 구체적인 목표를 설정해야 한다.

③ 관람객 흐름을 파악하여 부스형태를 정해야 한다. 전시회 부스 선정 시 고려해야 할 사항은 부스의 위치, 크기, 형태 등이다. 위치는 전문 제품관 입구 관람객들의 흐름을 살펴본 후 선정한다. 부스의 크기는 전시품목과 상담할 수 있는 바이어, 자사 판매요원 수를 고려한다. 다수의 판매요원을 배치하면 그 만큼 많은 바이어들과 상담하고 더 높은 목표달성이 가능하다.

④ 부스디자인에 관심을 가져야 한다. 부스디자인이 좋을 경우 바이어의 관심을 끌기가 보다 용이해질 것이다. 이를 위해서는 전시 컨셉은 무엇이며, 그것이 자사제품을 대표하는가, 어떻게 그 주제를 표현할 것인가, 전

시기간 중 설명회를 개최할 것인가 등을 고려해야 한다.

⑤ 전시기간 중 이벤트 마케팅을 적극적으로 전개하여야 한다. 이를 위해 전시회 개최에 앞서 다음 사항을 필히 점검해야 한다.
- 무료입장권을 주요 고객들에게 우송한다.
- 편지 또는 이메일을 고객들에게 보낸다.
- DM은 무료입장권과 특별 판촉물, 초청장 등과 함께 보낸다.
- 전시회 개막 1개월 전 잡지, 신문 등에 광고하여 전시참가를 간단하게 알린다.
- 신제품, 자사제품의 혜택을 알리기 위해 기자회견을 한다.
- 기존고객 및 예상고객들과 전시장 내에서 미팅을 사전에 준비한다.

⑥ 언론매체를 활용하여 홍보에 최선을 다한다. 보도 자료를 준비하여 배포하고 전시장 내 자사 부스를 방문하는 VIP와 찍은 사진을 홍보자료로 적극 활용한다.

⑦ 해외 전시회 전담인력을 현장에 배치한다.

⑧ 해외 전시회 참가 지원제도를 최대한 활용한다.

⑨ 충분한 사전활동으로 바이어와의 미팅을 확약하고 전시회에 참가한다.

⑩ 바이어에게 보내는 초청장은 온 · 오프라인을 병행해야 한다.

⑪ 현장에서 경쟁기업 동향이나 비이어 구매성향 등 해외시장 트렌트에 주목한다.

⑫ 오만찬, 세미나, 투어 등 네트워킹 이벤트에 적극 참가한다.

⑬ 감사서한이나 추후 행사안내 등 지속적으로 바이어를 관리해야 한다.

⑭ 모조품 피해, 기타 샘플 주문 등 사기 행위에 주의해야 한다.

5. 중소기업의 해외전시회 활용 성공사례

1) 손톱미용 전문업체 보카스사(BOCAS)

손톱미용 전문업체인 우리나라의 보카스(BOCAS L Body Care System)사는 세계 최대 규모와 권위를 자랑하는 화장품 및 미용산업분야 박람회인 볼로냐 미용전시회(Cosmoprof Worldwide Bologna)에 참가하여 시장개척에 성공한 대표적인 업체 중 하나다. 이하에서는 KOTRA가 2015년에 발간한 해외전시회 참가 수출성공 사례집에 소개된 내용을 소개하였다. 보카스는 2002년부터 손톱깎이 제조업을 시작했다. 1896년에 미국에서 발명된 손톱깎이는 1905년 미국 특허청이 승인한 탄생 100년이 되는 제품이다. 1945년 미군부대에서 흘러나온 드럼통으로 첫 손톱깎이를 만들던 한국은 어느덧 20세기 지구촌에서 손톱깎이를 가장 많이 생산하는 나라가 되었다. 그러나 2000년대로 접어들면서 제조공장들이 서서히 중국으로 옮겨갔고 '손톱깎이 최대 생산국' 의 타이틀도 중국으로 넘어갈 무렵 창업한 보카스는 시작 단계부터 우려의 소리를 들었다. 사실 '손톱깎이' 는 제소업에서 특별한 상징성을 갖는 아이템이다. 단순하게 생긴 겉모습과 달리 금형, 도금, 연마와 같은 30여단계의 공정을 거치는데 이는 정교하며 높은 경도를 유지해야하는 작업들이다. 따라서 손톱깎이를 잘 만드는 나라는 어떤 종류의 제조업도 가능한 곳이라는 인식이 있나.

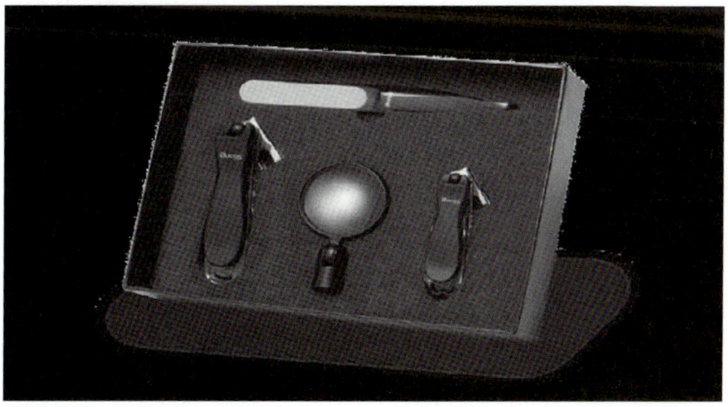

이 회사의 대표는 '지금까지 세상에 없었던 손톱깎이를 만들자' 는 목표를 세우고

제품개발에 힘쓴 결과 날을 원하는 각도로 쉽게 돌릴 수 있어 알맞은 각도에서 편안한 자세로 손발톱을 깎을 수 있는 '회전 손톱깎이' 개발에 성공했다. 일본과 독일에서도 개발이 불가능했던 3차원 곡선 날과 펠리컨 손톱깎이를 세계 최초로 개발한 보카스는 국내뿐 아니라 미국, 중국, 대만에서도 특허권을 획득했고 2006년 '발명특허대전 국무총리상'을 수상하며 "100년 손톱깎이 역사를 바꾼 기업"이라는 극찬을 받았다. 뛰어난 독창성과 제품의 품질을 인정받은 보카스는 과거 '쓰리세븐'처럼 손톱깎이로 세계를 누비는 기업을 지향하고 있다.

사업 시작 3개월 만에 독일의 화장품 회사로부터 손톱깎이 2만 개를 주문받으며 쾌조의 출발을 보인 보카스는 홍콩 기프트 전시회, 볼로냐 미용 전시회, 독일 엠비엔테 가정생활용품 전시회 등 다양한 해외 전시회에 참가하며 수출 길을 열고 있다. 기대를 안고 참가한 해외 전시회지만 막상 와보니 새로운 업체보다 기존에 거래하던 업체에서 신제품을 찾는 바이어가 더 많다는 것을 알게 된 보카스 대표는 돌파구 마련을 위해 무조건 독일의 '헹켈(HENCKELS)' 사의 부스로 달려갔다. 담당자와의 상담 끝에 현장에서 테스트 오더로 2천 개의 주문을 받았다. 한국으로 돌아온 이 회사의 대표는 곧바로 제조에 돌입했고 물건을 받은 헹켈은 보카스 방문 의사를 전달했다. 제품의 디자인도 놀라웠지만 최상의 견고함과 날의 예리함, 그리고 섬세한 절삭력을 갖춘 보카스의 제품이 어떻게 생산되는지 눈으로 직접 확인하고 싶었던 것이다. 보카스를 찾은 헹켈은 공장을 둘러본 뒤 보카스 대표에게 앞으로는 중국으로 공장을 옮기지 말고 반드시 한국에서 이 시스템 그대로 제조해 줄 것을 요청하였다.

최고의 절삭력을 가진 제품을 생산하기 위하여 세계 최초의 전자동 연마시스템을 개발하여 제품 생산을 하는 보카스의 공정은 특수 첨단공법으로 제조해서 칼 브랜드로는 유일하게 세계 100대 명품 반열에 오른 헹켈의 높은 기술 안목을 만족시켰다. 이렇게 시작된 헹켈과의 인연은 매년 20억 개 이상을 수출하는 결과로 이어졌다. 헹켈로부터 인정받은 보카스는 세계 최고의 나이프 제조회사 스위스 빅토리녹스(victorinox)에도 제품을 공급하고 있다. 이와 더불어 손과 발을 위한 다양한 케어 제품도 차별화된 제품으로 만들고 있는 보카스는 신제품을 개발하면 이태리 볼로냐 미용 전시회에서 선보일 예정이다. 이태리 볼로냐 미용 전시회는 구매 결정권을 가진 오너들이 직접 방문하는 전시회로 결정도 빠르며 진행도 빠르기 때문이다.

2) 의료장비업체 SG Heathcare사

글로벌 의료장비 No.1을 꿈꾸는 SG 헬스케어사는 의료산업분야의 미국 플로리다 국제 의료기기 전시회에 참가하여 바이어로부터 호평을 받았다. 차별화된 전략으로 전 세계 바이어들의 눈길을 사로잡는 2010년에 설립된 이 회사는 우수한 품질의 의료기기를 다국적 의료장비 업체보다 저렴한 가격으로 판매하며 바이어들로부터 큰 호응을 얻고 있으며 현재 전 세계 40여 개국에 네트워크를 구축하고 있고 국제 의료기기관련 전시회에 지속적으로 참가하며 네트워크망을 넓혀가고 있다.

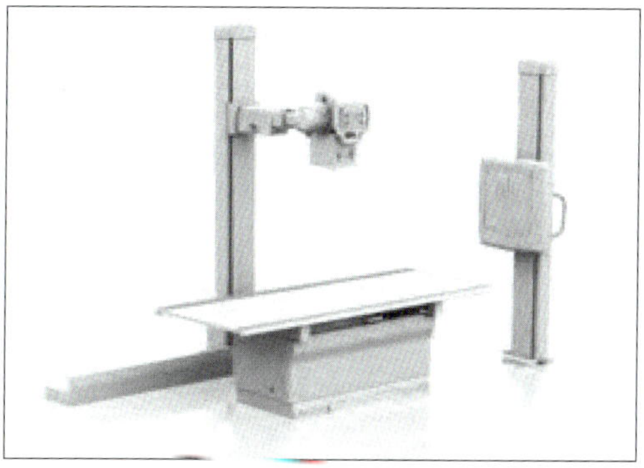

창립한지 5년에 불과한 의료장비업체가 "어떻게 우수한 기술력을 보유하고 차별화된 전략으로 세계시장을 공략할 수 있었을까" 하는 의문이 생긴다. 이 회사의 출발은 외환위기 당시로 거슬러 올라간다. 국내에 벤처 바람이 강하게 불던 1998년 KAIST에 재학 중이던 20대 청년이 중소기업청 주최로 열린 벤처경영대회 대학부에서 대상을 수상하며 '스타브이레이' 라는 의료장비 제조업체를 창업했다. 이 회사는 이후 SG 헬스케어의 전신인 '시텍글로벌' 을 거쳐 지금의 'SG 헬스케어' 를 창업했고, 2014년에는 '대한민국 청년기업인상' 을 수상했다.

대학 시절부터 쌓아온 기술력과 경험을 통해 얻은 경영방식이 'SG 헬스케어' 의 원동력으로 작용했으며 특히, 처음부터 해외시장으로 눈을 돌린 것이 빠른 성장의 비결이였다. 터키, 칠레, 도미니카 공화국, 페루, 콜롬비아 등 중남미 국가가 'SG헬스케어' 의 주요 무대로 최근에도 터키 정부입찰을 통해 디지털 X-레이 250대(1,350만 달러)를 수주한 데 이어 도미니카 공화국으로부터도 동일한 제품을 30대 수주했다. 'SG 헬스케어' 가 해외시장에서 두각을 나타내는 비결은 이른바 '가성비(가격 대비 성능)' 에 있다. 진단기기의 품질은 이미지를 얼마나 깨끗한 영상으로 뽑아낼 수 있느냐가 관건인데, SG헬스케어의 주력상품인 '디지털 엑스레이' 는 GE, 필립스, 지멘스처럼 의료시장을 선도하는 기업들과 어깨를 나란히 할 정도로 고품질이다. 이처럼 성능은 세계 최고 수준이지만 가격은 다국적 의료기기 기업보다 30-40% 가량 저렴한 것이 특징이다. 'SG 헬스케어' 가 제품 라인업을 선보였을 때 세계 바이어들의 이목을 끄는 것은 당연한 일이다. 실제로 SG 헬스케어 매출의 99%는 해외에서 이루어지는데, SG 헬스케어의 탄탄한 해외 바이어 네트워크는 전시회를 통해서 구축된다. 전시회에 참가하는 대부분의 업체들은 새로운 업체와 거래를 체결하기 위해 노력한다. 그런데 SG 헬스케어는 기존의 업체들에게도 미래의 고객 못지않은 공을 들인다. 전시회 참가계획이 결정되면 기존 거래 바이어를 초청해서 지난 전시회 때보다 커진 부스 규모를 통해 회사의 성장을 직접 눈으로 확인할 수 있는 기회를 제공한다. 물론 이 자리에서 신제품에 대한 홍보도 잊지 않는다. 이메일이나 서면으로도 신제품에 대한 안내가 가능하지만 직접 얼굴을 마주 보고 설명할 수 있는 전시회는 더없이 좋은 제품홍보의 장이다. 이렇게 기존의 바이어들을 전시회에 초대하다 보면 네트워크를 공고히 다지는 데 힘이 된다.

또한, 전시회에 초대한 바이어들을 통해 사용자의 의견을 전해 듣고 향후 제품 개발에 적용시켜 끊임없이 품질을 관리하는 것도 SG 헬스케어가 기존 바이어들을 전시회로 초대하는 이유다. 그래서 SG 헬스케어는 전 세계에서 열리는 주요 전문 의료기기 전시회에 지속적으로 참가하고 있는데, 그 이유는 전시회가 기존의 바이어들과 1년에 한 번씩 만나는 의미 있는 자리이자 업계 관계자들을 직접적으로 접촉할 수 있는 만남의 장이며 아직 개척하지 못한 나라로 수출하는 기회도 얻고 예상하지 못했던 가능성을 찾기도 하는 곳이기 때문이다.

한편, SG 헬스케어는 2014년 8월 미국 플로리다 국제 의료기기 전시회에 참가하였는데, 그 이유는 전 세계 의료기기 시장 1위인 미국시장에 진출하기 위한 목표를 달성하기 위함이였다. 미국 시장에 의료기기를 수출하려면 '510K(Five. Ten. K)' 라는 까다로운 인증서를 받아야 한다. 전 세계 어느 시장에서도 판매가 가능한 품질이라는 510K 인증은 최고의 기업들만이 받을 수 있는 인증으로 각고의 노력 끝에 미국 식품의약국안전청(FDA)으로부터 디지털 엑스레이 장비인 JUMONG(주몽) 모델에 대한 FDA 510K 인증을 획득한 SG 헬스케어는 전시회에서 쌓은 네트워크를 기반으로 미국 LA와 마이애미 지사에 힘을 실어서 세계 최고의 무대에서 승부를 벌일 계획이다. 처음 해외전시회에 참가할 때는 KOTRA의 도움을 받아 한국관 한 편에 마련된 자그마한 부스로 시작했던 SG 헬스케어는 2013년 시카고 방사선박람회에서 단독 부스를 운영하는 등 전시회에 사활을 걸고 있다.

3) 천연비누 전문업체 향원

천연비누 전문업체인 향원은 전시회 참가를 통해 일본 시장진출에 성공한 기업 중 하나로 알려지고 있다. 이 회사는 일본 쇼핑몰인 라쿠텐 입점을 시도했지만 여기에 입점하려면 일본 법인과 일본 물류사무소에 3년간 일정 금액 이상의 매출이 있어야 한다. 하지만 향원은 그 어떤 조건도 충족하지 못했지만 제품의 품질이 호평을 받아 결국 라쿠텐 입점에 성공하였다. 이 회사 대표의 아내는 스트레스와 질병을 다스리는 '아로마 테라피스트' 로 활동하며 천연비누를 만들고 있었다. 그렇게 천연재료를 사용하여 수작업으로 만드는 비누에서 부부는 새로운 인생 항로를 발견했다. 2007년에 천연비누 전문기업을 설립한 이 회사의 대표는 한 가지 목표를 세웠다. '비누를 만들되 비누가 아닌 비누를 만들자! 이를 위해서 "비누는 계면활성제의 한 종류로 공장에서 대량 생산되고 가격이 싼 제품"이라는 기본 공식을 뒤집는 작업에 착수했다. 기업의 정신을 담은 사명(社名)을 "향원익청(香遠益淸, 향기는 멀리 갈수록 맑음을 더한다)' 에서 유래한 '향원(香遠)" 으로 짓고 한없이 맑은 향기를 비누 안에 담아서 거리가 멀어진다고 해서 사라지지 않는 제품을 만들기 시작했다. 방부제나 경화제, 계면활성제 등 기존 비누에 들어가는 화학첨가물은 배제하고 풍기의 6년근 홍삼, 지리산 쌍계제다의 녹차, 제주도의 유기농 진피 등 천연 재료만을 사용해서 공방 장인들이 수작업으로 정성을 쏟아 만들었다. 특히 '향원' 은 'Pleasing GIFT'를 강조한다. 이 회사는 주문자가 원하는 디자인을 3D 프린터처럼 정교하게 만들어 맞춤형 천연비누를 제작한다. 공장에서 찍어내는 '공산품' 이 아니라 주는 사람이 부끄럽지 않고 받는 사람이 만족스러운 '선물' 로 만들어서 비누의 품격을 올린 것이다. 처음부터 기프트 시장을 지향한 '향원' 은 보다 가치 있는 제품을 만들기 위해서 디자인과 금형은 금속공예가와 상호는 서각 작가와 포장은 규방공예가와 콜라보레이션Collaboration하는 등 국내에서 2년간 준비한 끝에 2009년 일본에 진출했다.

창립 전부터 꿈꿨던 시장이지만 일본 개척은 쉽지 않았다. 약사법의 규제를 받는 일본 비누 시장 진출을 위해서 미국 바이오 스크린사를 통해 '알러지 프리' 검인과 일본 후생노동성 약사법 기준 성분 분석 및 판매허가까지 획득했지만 한국의 내로라 하는 비누 업체들도 수출에 실패한 일본 시장은 난공불락이었다. 경험도 없고 인맥도 없었던 수출 초보 '향원'의 마지막 희망은 전시회였다. 기업부터 홍보하자는 생각에 일본 기프트쇼(Gift Show)에 참가한 '향원'은 그곳에서 KOTRA의 지사화 사업을 알게 됐다. 일본에서 제품을 판매하려면 현지 법인이 있어야 한다. 하지만 비용을 감당할 수 없는 작은 기업에게 KOTRA 해외무역관이 해외지사와 같은 역할을 수행하면서 해외 판로 개척활동을 밀착 지원해주는 '지사화 사업'은 사막에서 만난 단비와 같은 존재였다. 2010년 오사카 무역관 지사화사업을 시작한 '향원'은 KOTRA 무역관의 도움으로 일본인이 선호하는 재료와 디자인 등 현지 시장을 알게 됐다. 이를 통해 '비누를 팔아야겠다'는 의욕만 앞섰지 일본인의 취향 일본인의 생활은 고려하지 않았던 수출 초기의 미숙함과 실패요인을 돌아보게 된 '향원'은 시장을 더 철저하게 조사하고 바이어의 이야기를 적극 수용하며 원래 일본에 있었던 제품처럼 자연스럽게 스며드는 '비누'를 만들었다. 그 결과 '피코몬테(PICOMONTE 재팬)'과 같은 메이저 파트너를 만나고 일본 최대의 쇼핑몰인 '라쿠텐' 입점, 오사카 무역관이 주관한 관서 TV판촉전 출품, 뷰티 월드 재팬 웨스트(Beautyworld Japan West 2014)에서 올린 654만 달러의 수출실적 등 결실을 맺었다. 2011년에는 '싱가포르 국립식물원'이 자랑하는 꽃 4종을 비누로 만들어 달라는 요청에 6개월 동안 밤을 새워가며 꽃보다 더 아름다운 비누를 만든 '향원'은 싱가포르에서도 인지도를 높여가고 있다. 해외 기프트 시장에서 얼마든지 통할 수 있다는 자신감을 얻은 '향원'은 오늘도 더 먼 곳으로 향기를 전하고 싶어서 전시회에 적극 참가하고 있다.

Appendix

Trade Show Marketing Practices

부록: 주요국의 유망 전시회 현황

1. 독일

전시회명	분야	홈페이지
하노버 국제정보통신 박람회	인터넷, IT, 텔레커뮤니케이션	www.cebit.de
쾰른 국제 식품 박람회	식품, 음료	www.anuga.de
뒤셀도르프 국제의학 박람회	의료기기, 약품, 위생	www.medica.de
뮌헨 국제 건축, 건설, 광산기계 전시회	건축, 건설, 빌딩	www.bauma.de
프랑크푸르트 자동차부품 박람회	자동차, 이륜차	www.automechanika.com
프랑크푸르트 국제 실내 장식용 직물 박람회	섬유, 직물	www.heimtextil.messefrankfurt.com
프랑크푸르트 추계 국제소비자 박람회	소비재	www.tendence.messefrankfurt.com
하노버 산업박람회	산업일반	www.hannovermesse.de
프랑크푸르트 국제 소비재 박람회	소비재	www.ambiente.messefrankfurt.com
뒤셀도르프 국제 플라스틱 및 고무박람회	고무, 플라스틱	www.k-online.de

자료 : 글로벌 전시포털 사이트(www.gep.or.kr), 이하 동일함.

2. 미국

전시회명	분야	홈페이지
라스베가스 Pack Expo	포장산업	www.pmmi.org
애너하임 NAMM	음악, 악기	www.namm.org
시카고 Wind Power	에너지	www.awea.org
라스베가스 Vision Expo	광학, 정밀기기	www.visionexpoeast.com
올란도 PGA Merchandise Show	골프	www.pgashow.com
라스베가스 California Gift Show	가정용품	www.urban-expo.com

3. 중국

전시회명	분야	홈페이지
상하이 화동 수출입 상품 교역회	종합품목	www.ecf.gov.cn
광주 수출입 상품 교역회	종합품목	www.cantonfair.org.cn
이우 국제 소상품 박람회	종합품목	www.chinafairs.org
북경 국제 복장 전시회	의류, 섬유	www.chiconline.com.cn
상하이 자동차 전시회	자동차	www.autoshanghai.org
상하이 국제 식품과 음료 전시회	식품, 음료	www.sialchina.cn
상하이 태양과 에너지 전시회	에너지	www.snec.org.cn
북경 국제 공작기계 전시회	공작기계	www.cimtshow.com
상하이 인터텍스타일 전시회	섬유, 직물	www.intertextile.com.cn
상하이 자동차부품 전시회	자동차	www.automechanika-shanghai.com

4. 일본

전시회명	분야	홈페이지
도쿄 국제나노테크 전시회	전기, 전자	www.nanotechexpo.jp
도쿄 국제전지전시회	전기, 전자	www.batteryjapan.jp/
도쿄 플랫패널디스플레이 제조기술전	전기, 전자	www.ftj.jp/
도쿄 세라믹 종합전	전기, 전자	www.ceramic-expo.jp
도쿄 국제 스마트 그리드 전시회	전기, 전자	www.smartgridexpo.jp/
도쿄 국제 조명 종합전	조명	www.lightingfair.jp
도쿄 드럭스토어쇼	의료기기, 약품	www.drugstoreshow2013.jp
도쿄 테크노 프론티어 전시회	전기, 전자	www.jma.or.jp/TF/index.html
도쿄 자동 인식 종합전	전기, 전자	www.autoid-expo.com/tokyo/
도쿄 식품 개발전	식품, 음료	www.hijapan.info

5. 프랑스

전시회명	분야	홈페이지
파리 자동차박람회	자동차, 이륜차	www.mondial-automobile.com
파리 자동차부품박람회	자동차, 이륜차(부품)	www.equipauto.com
파리 광학 / 안경박람회	시청각	www.silmoparis.com
리용 국제로봇대전	자동차, 로봇	www.innorobo.com
파리 산업박람회	전기, 전자	www.midest.com
파리 국제 보안 및 스마트카드 전시회	인터넷, IT, 텔레커뮤니케이션	www.fr.cartes.com
국제환경전시회(파리/리용)	환경, 생태	www.pollutec.com

6. 영국

전시회명	분야	홈페이지
버밍험 유로 LED	조명, 과학, 기술	www.euroled.org.uk
런던 100% 디자인	가구, 공예품, 문구, 선물 · 판촉품	www.100percentdesign.co.uk
런던 살롱전시회	화장품, 미용용품	www.salonexhibitions.co.uk
버밍험 신재생에너지전시회	신재생에너지	www.renewable-uk.com
버밍험 전자기기쇼	전기, 전자, IT	www.gadgetshowlive.net
버밍험 상용차쇼	자동차, 이륜차	www.cvshow.com
버밍험 교통설비전시회	교통, 보안 · 안전설비	www.traffex.com
버밍험 국제소방안전전시회	보안 · 안전설비	www.ifsec.co.uk
런던 방위산업전시회	기계류, 방위산업	www.dsei.co.uk
버밍험 승마전시회	승마, 레저용품	www.beta?int.com

7. 캐나다

전시회명	분야	홈페이지
토론토 건설 엑스포	건축, 건설, 빌딩	www.constructcanada.com
토론토 국제 중장비 박람회	엔지니어링	www.masterpromotions.ca
토론토 선물용품 박람회	선물, 판촉용품	www.cgta.org
토론토 액세서리 박람회	의류, 패션, 액세서리	www.mode?accessories.com
토론토 SIAL 식품 박람회	식품, 음료	www.sialcanada.com
토론토 태양 에너지 박람회	에너지	www.cansia.ca
토론토 국제 자동차 박람회	자동차, 이륜차	www.autoshow.ca
토론토 건강식품 박람회	식품, 음료	www.chfa.ca
오타와 국제 프랜차이즈 쇼	관리, 행정, 경영	www.franchiseshowinfo.com
밴쿠버 건설자재 박람회	건축, 건설, 빌딩	www.buildexvancouver.com
밴쿠버 국제환경 박람회	환경, 생태	www.globeseries.com
밴쿠버 국제 자동차 박람회	자동차, 이륜차	www.vancouverinternationalautoshow.com
밴쿠버 요식업 박람회	유흥, 요식산업	www.crfa.ca
캘거리 국제 에너지 박람회	에너지	www.gasandoilexpo.com
캘거리 국제 석유 박람회	에너지	www.globalpetroleumshow.com
알버타 선물용품 박람회	선물, 판촉용품	www.albertagiftshow.com

8. 이탈리아

도시	전시회명	분야	홈페이지
밀라노	밀라노 가구 박람회 (SALONE DEL MOBILE)	가구, 가구산업	www.cosmit.it
	밀라노 광학 박람회(MIDO)	광학	www.mido.it
	밀라노 치과기기 박람회(EXPODENTAL)	의료기기	www.expodental.it
	밀라노 구두 박람회(MICAM)	의류, 패션	www.micamonline.com
볼로냐	볼로냐 건축 박람회(SAIE)	건축, 건설	www.saie.bolognafiere.it
	볼로냐 아동도서 박람회(BOLOGNA CHILDREN BOOK FAIR)	서적, 출판물	www.bookfair.bolognafiere.it
	볼로냐 화장품 박람회(COSMOPROF)	화장품	www.cosmoprof.com
피렌체	피렌체 패션 박람회(PITTI)	패션	www.pittimmagine.com

9. 러시아

전시회명	분야	홈페이지
모스크바 국제 건축자재 박람회	건축, 건설, 빌딩	www.mosbuild.com
모스크바 국제 자동차 부품 박람회	자동차 부품, 액세서리	www.mims.ru
모스크바 국제 미용 박람회	화장품, 향수, 미용 기기	www.intercharm.ru
모스크바 국제 난방, 난방기기 전시회	난방, 난방기기, 수도 장비	www.aquatherm?moscow.ru
모스크바 경공업 박람회	섬유, 원사	www.textilexpo.ru
모스크바 국제 IT통신 박람회	인터넷, IT, 텔레커뮤니케이션	www.sviaz?expocom.ru
모스크바 국제 보안 장비 박람회	보안, 안전설비	www.mips.ru
모스크바 국제 치과 전시회	치과 기자재, 장비	www.dental?expo.com
모스크바 국제 소비재 박람회	생활소비재용품	www.consum?expo.ru

10. 네덜란드

전시회명	분야	홈페이지
암스테르담 자체상표 전시회	소비재/식품 · 음료	www.plma.nl
로테르담 해운 전시회	조선 · 보트/해양	www.rotterdammaritime.nl
암스테르담 집적시스템 전시회	방송 · 통신/ 전기 · 전자	www.iseurope.org
유트레히트 철도레일 전시회	엔지니어링/자동차	www.railtech-europe.com
유트레히트 실버 전시회	관광 · 여행/문화	www.50plusbeurs.nl
유트레히트 이벤트 전시회	광고 · 마케팅/ 이벤트	www.ogz.nl
즈볼레 식품 기술 전시회	식품 · 음료	www.easyFairs.com
즈볼레 농업 전시회	농업 · 임업 · 축산	www.icem.nl
로테르담 낚시, 레저용품 전시회	스포츠 · 레저용품	www.visma.nl
암스테르담 교통 전시회	운송 · 물류/교통	www.intertraffic.com

11. 스페인

전시회명	분야	홈페이지
바르셀로나 MWC (Mobile World Congress)	모바일, 통신	www.mobileworldcongress.com
마드리드 CPhI (스페인 · 독일 격년개최)	의약품, 원료	www.cphi.com
발렌시아 주거박람회 (Habitat)	주거, 가정용품	www.feriahabitatvalencia.com
마드리드 공조박람회 (Climatizacion)	공조기기	www.climatizacion.es
마드리드 전기전력 전시회 (Matelec)	전력기기	www.ifema.es/ferias/matelec/default.html
마드리드 교통박람회 (Trafic)	교통시스템, 장비	http://www.ifema.es/web/feries /trafic/default.html
사라고사 풍력박람회 (Wind power Expo)	풍력발전 설비, 기술	www.feriazaragoza.es/ wind_power_expo.aspx
마드리드 관광박람회 (Fitur)	국가 브랜드, 여행상품, 호텔관광 등 연계 서비스업	www.fitur.es
마드리드 미용박람회 (Salon Look Int'l)	화장품, 에스테틱 등 미용용품	http://www.ifema.es/ salonlook_01/
발렌시아 아동복 박람회 (FIMI)	아동패션, 장신구	www.fimi.es

12. 스위스

전시회명	분야	홈페이지
바젤 시계보석박람회	시계, 귀금속	www.baselworld.com
제네바 기능성식품박람회	식품, 약품, 화학	www.vitafoods.eu.com
바젤 교육기자재박람회	교육	www.worlddidac.com
로잔 환경기술 전시회	환경, 나노	www.epmt.ch
바젤 산업기술 박람회	표면처리, 하드웨어	www.swisstech?messe.ch
바젤 아트페어 전시회	미술, 골동품	www.artbasel.com
프리부르 재생에너지 및 신기술 전시회	재생에너지	www.energissima.ch
로잔 의료기기 전시회	의료기기	www.ifas?expo.ch

13. 남아공

전시회명	분야	홈페이지
요하네스버그 아프리카 전력기자재전 2013	전기, 전자	www.terrapinn.com
요하네스버그 아프리카 헬스 전시회	의료기기	www.africahealthexhibition.com
요하네스버그 오토메카니카 2013	자동차	www.messefrankfurt.co.kr
요하네스버그 아프리카 인공위성 박람회 2013	방송, 통신	www.terrapinn.co.za
2013 남아공 요하네스버그 보안, 안전, 방재 전시회	보안	www.montgomeryafrica.com
요하네스버그 남아공 국제 식품 전시회	식품, 음료	www.exhibitonsafrica.com
요하네스버그 헬스 엑스포&컨퍼런스	의료기기	www.mcnaughtonevents.co.za
요하네스버그 남아공 보트쇼	조선, 보트	www.nationalboatshow.co.za
요하네스버그 ACSA 장애 엑스포&컨퍼런스	의료기기, 약품	www.mcnaughtonevents.co.za
요하네스버그 Bauma 아프리카 2013	건설장비	www.bauma?africa.com
요하네스버그 코스메텍스 아프리카 2013	화장품, 미용	www.specialised.com
요하네스버그 베이비 엑스포 2013	아동, 유아	www.babaindaba.com
요하네스버그 아프리카 인터넷쇼	인터넷, IT	www.terrapinn.com

14. 홍콩

전시회명	분야	홈페이지
홍콩 미용박람회	화장품, 미용용품	www.cosmoprof-asia.com
홍콩 국제부석 박람회	시계, 귀금속	www.exhibitions.jewellerynetasia.com
홍콩 전자전(추계)	전기, 전자	www.hktdc.com

15. 싱가포르

전시회명	분야	홈페이지
싱가포르 정보통신 박람회	인터넷, IT, 텔레커뮤니케이션	www.communicasia.com
싱가포르 식품 / 호텔용품 박람회	농수산식품/가공식품, 호텔, 요식산업	www.foodnhotelasia.com
싱가포르 게임 & 만화 전시회	애니메이션, 캐릭터, 영화, 게임	www.singaporetgcc.com
싱가포르 LED 기술 박람회	조명	www.ledtecasia.com
싱가포르 에너지 박람회	에너지	www.siew.sg
싱가포르 바이오 제약 박람회	의료기기, 약품, 위생	www.terrapinn.com/exhibition/ biopharma-asia

16. 대만

전시회명	분야	홈페이지
타이베이 국제 공작기계 박람회	기계	www.timtos.com.tw
타이베이 국제 자전거 박람회	자전거	www.taipeicycle.com.tw
타이베이 자동차 박람회	자동차 부품 및 액세서리	www.taipeiampa.com.tw
타이베이 컴퓨터 박람회	컴퓨터	www.computextaipei.com.tw
타이베이 디스플레이 박람회	디스플레이	www.displaytaiwan.com
타이베이 식품 박람회	식품	www.foodtaipei.com.tw
타이베이 국제 로봇 박람회	로봇	www.tiros.org.tw
타이베이 반도체 박람회	반도체	www.semicontaiwan.org
타이베이 국제 섬유 박람회	섬유	www.titas.tw
타이베이 태양광 에너지 산업 박람회	태양 에너지	www.pvtaiwan.com

17. 베트남

전시회명	분야	홈페이지
베트남 엔텍 하노이	신환경 에너지 관련 사업	http://www.entechhanoi.com/ hanoi/index.php
베트남 국제 산업 박람회	공예품, 기계류, 용접 · 절단, 산업일반	www.vietnamindustrialfair.com
베트남 국제 건설 박람회	건설, 부동산 등	www.vietbuildafc.com.vn
베트남 하노이 조선기술 & 해상운송 국제박람회	조선, 보트	www.vietship-exhibition.com
베트남 엑스포	모든 분야	www.vietnamexpo.com.vn
베트남 하노이 광산 및 광물 전시회	광물산업	www.miningvietnam.com
베트남 국제 의료, 의약 전시회	의료기기, 의약품	www.medipharmvietnam.com
베트남 하노이 환경기술 전시회	환경산업분야	www.envirotexvietnam.com
베트남 호치민 공작기계 전시회	기계류	www.mtavietnam.com
베트남 호치민 어업 박람회	해양, 수산업	www.vietfish.com.vn

18. 태국

전시회명	분야	홈페이지
VIA Asia 2013	농업	www.vivasia.net
THAIFEX 2013	식품, 음료	www.thailandfoodfair.com
METALEX 2013	금속산업	www.metalex.co.th
Entech Pollutech 2013	환경, 생태	www.entechpollutech?asia.com
TIPREX 2013	고무	www.tiprex.com
PROPAK ASIA 2013	식품, 음료	www.propakasia.com
In-Cosmetic Asia 2013	화장품	www.in-cosmeticsasia.com
NEPCON Thailand	기계류	www.nepconthailand.com

19. 인도

전시회명	분야	홈페이지
뉴델리 도시환경 박람회	관리, 행정, 경영	http://www.fairfest.com/fairfest/index.html
뭄바이 엔지니어링 산업 설명회	엔지니어링	http://www.iesshow.in
뉴델리 국제 식품 박람회	식품, 의료	http://www.aaharinternationalfair.com
뉴델리 국제 항공 박람회	항공, 우주	www.interairportindia.com
뭄바이 캠스펙 인디아	화학	www.chemspecindia.com
뭄바이 판금 박람회	금속산업	http://www.blechindia.com
첸나이 국제 기계 공구 엑스포	하드웨어, 공구	http://www.confairs.com
인도 뭄바이 재생 에너지 전시회	에너지	http://www.renewableenergyworldindia.com
뭄바이 전력 발전기 전시회	기계류, 냉난방	http://www.power-genindia.com
뉴델리 공작기계 박람회	공작기계, 기계류	http://www.power-genindia.com/index.html
하이더라바드 포장 박람회	포장산업	http://www.packplussouth.in

20. 브라질

전시회명	분야	홈페이지
상파울루 카드 & 전자 신분증 박람회	전자상거래, 인터넷 · IT · 텔레커뮤니케이션	www.cards-expo.com.br
상파울루 국제 프렌차이징 박람회	교육 · 유학 · 훈련, 식품 · 음료, 의류 · 패션 · 액세서리, 화장품 · 미용용품	www.btsinforma.com.br/Default.asp?
상파울루 국제 화장품산업 박람회	화장품 · 미용용품	www.fcepharma.com.br
쿠리티바 전자 전기 및 자동화산업 박람회	전기 · 전자 자동차 · 이륜차	www.diretriz.com.br
상파울루 교육장비전	교육 · 유학 · 훈련, 기계류, 전기 · 전자	www.futuroeventos.com.br/educar/en/exhibitors/fact-sheet/
상파울루 가전제품 박람회	전기 · 전자	www.bcee.com.br

21. 아랍에미레이트

전시회명	분야	홈페이지
두바이 건축기자재전시회	건축, 건설, 빌딩	www.thebig5.ae
두바이 정보통신박람회	인터넷, IT, 텔레커뮤니케이션	www.gitex.com
두바이 아랍헬스	의료기기, 약품, 위생	www.arabhealthonline.com
두바이 자동차부품전시회	자동차, 이륜차	www.automechanikadubai.com
아부다비 국제 오일에너지 기자재 전시회	에너지 (석유, 가스, 원자력)	www.adipec.com
두바이 식품박람회	식품, 음료	www.gulfood.com
아부다비 신재생에너지전시회	에너지(태양광, 풍력, 수력)	www.worldfuturenergysummit.com
두바이 걸프교육기자재전시회	교육, 유학, 훈련	www.gesseducation.com
두바이 방송통신장비전시회	방송, 통신	www.cabsat.com
두바이 보안장비 전시회	보안, 안전설비	www.intersecexpo.com

참 / 고 / 문 / 헌

김돈유, “전시회를 통한 중소기업의 해외시장 개척전략에 관한 연구”, 무역전시연구, 6(1), 2011. 6.

서문성 · 최병훈, “중소기업의 글로벌 경쟁력 확보를 위한 무역전시회 활용전략에 관한 연구”, 무역학회지, 37(1), 2012. 2.

송성수, 「박람회가 1등 기업을 만든다」, 박영사, 2006.

이대휘 · 전순환, “무역전시회 참여활성화 방안에 관한 연구”. 관세학회지, 10(4), 2009. 12.

이창현, “마케팅수단으로서의 전시회의 효과성 및 전략적 활용방안”, 한국전기산업진흥회 월간전기산업, 2004.11.

이창현, “지속적인 성장을 위한 전시회 경영전략”, 전시저널, 2005.

조기창, 「전시마케팅기법」, 도서출찬 두남, 2013.

조기창, 「전시기획론」, 도서출판 두남, 2013.

진동현, “전문전시회의 효과적인 마케팅 전략”, 무역전시연구, 2(2), 2007, 12.

최장우, 「전자무역시대의 무역마케팅」, 두남출판사, 2003.3.

최장우, 「실전 무역전시마케팅」, 교우사, 2008.

최장우, “국내 중소기업의 무역전시회 활용성공전략에 관한 연구”. 관세학회지, 2008.

한국무역협회, “수출기업의 해외전시회 활용 실태와 시사점”, 2007. 7.

________, 「전시마케팅 아는만큼 성공한다」, 2010.

홍선의 · 이서형, “우리나라의 무역전시회가 수출에 미치는 효과분석”, 관세학회지, 10(4), 2009. 12.

KOTRA, 「해외전시회 참가 수출성공사례집」, 2015.

Barry Siskind, 「Powerful Exhibit Marketing」, Wiley, 2005.

Friedman Susan A, 「Exhibiting at Tradeshows」, Cris Publications, Menio Park, California, 1992.

Julia O'Connor, 「The Trade Show Reader」, TST Publishing, 2001.

Levinson Jay C, 「Guerilla Trade Show Selling : New Unconventional Weapons and Tactics」, John Willy & Sons Canada, Limited, Ontario, 1997.

Miller & Steve, 「How to Get the Most Out of Trade Shows」, NTC/Contemporary Publishing Company, Toronto, Ontario, 1999.

Rhonda Abrams, 「Trade Show」, The Planning Shop, 2006.

Ruth P. Stevens, 「Trade Show and Event Marketing」, Thomson, 2005.

Siskind Barry, 「The Power of Exhibit Marketing」, International Self-Counsel Press, Bellingham, Washington, 1997.

Weisgal Margit B, 「Show and Sell : 133 Business Building Ways to Promote Your Trade Show Exhibit」, AMACOM, New York, 1997.

〈인터넷 웹사이트〉

www.ceir.org : 미국 전시산업연구센터(Center for Exhibition Industry Research : CEIR)

www.edpa.com : Exhibit Designers and Producers Association(EDPA)

www.expoworld.net : Expo World(세계 전시회 검색 사이트)

www.kita.net : 한국무역협회 무역포털 사이트

www.gep.or.kr : 글로벌전시포털사이트

www.tsca.org : 미국 전시참가업체협회(Trade Show Exhibitors Association : TSEA)

기타 전시회관련 웹사이트 및 블로그 다수

찾 / 아 / 보 / 기

ㄱ

ㄴ

ㄷ

ㄹ

ㅁ

ㅂ

ㅅ

ㅊ

ㅋ

해외전시마케팅 이론과 실무

2016년　9월　1일 초판 발행
2023년 10월 10일 초판 2쇄 발행

저　자　최장우
발행자　오판근
발행처　교우사

주　소　서울특별시 동대문구 약령시로 8 교우빌딩 2층
전　화　925-2861~2, 편집부 / 925-2825, 홈쇼핑 / 969-5762
팩　스　925-2860

E-mail　kyowoo@kyowoo.co.kr
홈페이지 http://www.kyowoo.co.kr
북스토어(쇼핑몰) http://www.kyowoo.co.kr

등　록　1994. 3. 24 제6-0256호

ISBN 979-11-251-0179-6
값 35,000 원